本书为 2013 年度国家社科基金项目"来华非洲人社会交往和跨文化适应研究"
（项目编号：13BRK015）的研究成果

浙江师范大学非洲研究文库

非洲研究新视野系列
总主编　刘鸿武

来华非洲人社会交往
与跨文化适应

STUDY ON SOCIAL INTERACTION AND
CROSS-CULTURAL ADAPTATION OF AFRICANS IN CHINA

李慧玲　陈宇鹏　董海宁　著

社会科学文献出版社
SOCIAL SCIENCES ACADEMIC PRESS (CHINA)

总　序
非洲学是一门行走的学问

刘鸿武*

　　学术研究是一种思想性的探索活动，我们做学问，以学术为志业。不会无缘无故，也不能漫无目标，总该有一番意义与价值的思考和追求在里面。①做非洲研究，可能尤其如此，非洲大陆距我们很遥远，地域极为广袤，国家林立，文化多样，从事研究的条件亦比较艰苦。在过往年代，非洲研究一直为清远冷僻之所，少有人问津，近年来随着中非关系快速升温，非洲研究逐渐为人所重视而热闹起来。然而，在非洲研究这样一个相对遥远陌生、复杂多样的学术领域要长期坚守，做出真学问，成得一家言，并不是一件容易的事。

　　中国古人治学，讲求"博学之，审问之，慎思之，明辨之，笃行之"，② 在我看来，若我们立志以非洲研究为人生的事业，则在开始之时，必得先有一番关于此项事业之价值与意义的深入思考，仔细思量一下，非洲研究有何意义？我们为什么要选择做非洲研究？它里面是否有某种不一样的精神追求？我们又该如何做才可更好地认识非洲、把握非洲，并进而可对国家、对民族有所贡献？③ 对这些所谓的"本体性"问题，我们若在一开始时有所思考，有所明了，能寻得一安身立命于此的信念置于心头并努力践行之，那我们或许就能在非洲研究这个相对特殊而艰苦的领域走得远，走得坚定，并最终走出一条自己的路来。

---

　　* 刘鸿武，教育部"长江学者"特聘教授、国务院特殊津贴专家、浙江省特级专家、钱江学者特聘教授、浙江师范大学非洲研究院创始院长。

　　① 钱穆：《中国历史研究法》，生活·读书·新知三联书店，2005，第1页。

　　② 《礼记·中庸》。

　　③ 刘鸿武：《国际关系史学科的学术旨趣与思想维度》，《世界经济与政治》2006年第7期，第78—79页。

一 非洲学何以名

非洲研究，也可称之为非洲学，是对那些有关非洲这片自然与人文区域的各种知识、概念、思想、方法的研究活动及其所累积成果的总和性统称，"这是一门专以非洲大陆的自然与人文现象为研究对象，探究非洲文明历史进程及其当代政治、经济与社会发展问题的综合性交叉学科"。[①] 换句话说，"非洲学是一门在特定时空维度上将研究目光聚集于非洲大陆这一空间区域，对这块大陆的自然与人文现象进行综合性、专门化研究的新兴学科"。[②] 其内容既包括人们所进行的对非洲大陆方方面面的自然和人文事象作认知研究的探索活动与探索过程，也包括由这些探索活动所积累而成的系统化的关于非洲的概念与方法、知识与思想。[③]

非洲地域辽阔，国家众多，文化多样，所涉及的领域与问题也很广泛复杂，为此，我们可以对"非洲学"做广义与狭义两种理解。广义的"非洲学"，包括以非洲这块"地域""大陆"为研究对象的所有知识与思想领域，诸如从人文科学、社会科学、自然科学、工程技术等各学科领域所做的各种研究活动和成果。狭义的"非洲学"，则主要是指以"非洲大陆的文明进程及当代政治、经济与社会发展问题"为研究的核心内容的一门综合性学科，主要包括从人文科学、社会科学层面开展的非洲研究。

从实际的情况来看，今天人们开展的"非洲学"活动，主要还是狭义概念方面的，且大体上集中于两大领域，一是侧重于研究非洲大陆以往历史进程的"非洲文明研究"，二是侧重于研究非洲大陆现实问题的"非洲发展研究"。[④] 总体上来说，"非洲文明研究"重在历史，重在非洲传统；"非洲发展研究"重在当代，重在非洲现实。前者为背景研究、基础研究，后者为实践研究、运用研究。当然，这两部分其实也是一体之两面，互为基础的。

---

① 刘鸿武：《非洲学发凡：理论与实践六十问》，人民出版社，2019，第 2 页。
② 刘鸿武：《初论建构有特色之"中国非洲学"》，《西亚非洲》2010 年第 1 期，第 5—10 页。
③ 刘鸿武：《"非洲学"的演进形态及其中国路径》，《国际政治研究》2016 年第 6 期，第 41—63 页。
④ 刘鸿武：《非洲研究的"中国学派"：如何可能》，《西亚非洲》2016 年第 5 期，第 3—31 页。

一般来说，"非洲学"与"非洲研究"两个概念可以换用，但表达的意义有所不同。"非洲研究"这一概念的内涵很清楚，无须特别解释就能明白，一切与非洲有关的研究活动、研究领域、研究内容，但凡与非洲有关的各类研究活动都可统其门下。而"非洲学"这一概念的指向则有所提升，突出了非洲研究的学科主体性、学理建构性、知识系统性和理论专业性。当我们使用"非洲学"一词时，便是更多地关注非洲研究的理论旨趣、学科路径、体系建构、方法创新等问题，侧重于讨论它的学科建设过程与学科表现形态的某些问题，并且期待它能成为一门相对独立的新兴学科。①

二　非洲学何以立

那么，"非洲学"能够成立吗？有必要建立这样一门学科吗？以我自己多年的实践经历与感受，及目前中非关系面临的客观需求与知识期待，我的基本看法，一是有可能但不容易，二是有必要但需勤为之。总体上说，这门学科的建立与发展，是客观情势所迫，对拓展中国域外知识以完善当代中国学术体系，对积累中非共享知识以助中非命运共同体建设，都是一项意义重大但又必须付出巨大努力才有可能向前推进的事业。②

第一，"非洲学"之所以成立，在于非洲这块大陆一方面无论是作为一个自然区域还是一个人文区域，无论是在历史上还是在当代，内部差异很大而呈现高度多样性与多元性；但另一方面，一直具有一些泛大陆的、泛区域性的共同属性，整个大陆在自然、地理、历史、社会与文化诸多方面，一直有一些共同的内在联系与普遍特征，这一切使我们可以对这块大陆做出整体性、联系性、宏观性的认识与把握。而事实上，在过去百年，许多现代非洲的历史学家、知识精英和思想者、政治领袖，普遍地主张将非洲大陆作为一个有整体性联系的区域来看待，作为一个有共同历史遭遇与现代命运的整体来对待，他们一直强调要特别重

---

① 刘鸿武：《国际思想竞争与非洲研究的中国学派》，《国际政治研究》2011年第12期，第89—97页。

② 刘鸿武：《创造人类共享知识 助推人类命运共同体》，中国社会科学网，http://www.cssn.cn/zx/bwyc/201807/t20180728_4512627.shtml。

视把握非洲大陆各文明各地区间的"具有悠久历史的社会和民族纽带"。① 正是因为这些联系和纽带的历史与现实存在，要求我们必须以一种"整体与联系的眼光"来看待非洲，形成"专门化的"有关非洲的知识与学术体系。

第二，在今日世界体系中，这块大陆又面临着一些共同的发展任务与发展目标，它不仅有共同的历史遭遇，更有共同的现实命运，而这些共同的问题、共同的目标，是可以作为共同的学术问题与现实问题来进行研究的。现代非洲的思想家、政治家们都清楚地知道"非洲大陆乃是一历史文化与现实命运的共同体"，如非洲统一组织创始人之一的加纳首任总统恩克鲁马所说，非洲"要么统一，要么死亡"。因而过去百年，非洲泛大陆的一体化努力持续不断，前有 20 世纪初叶民族解放运动时期声势浩大的"泛非主义运动"，继之为独立后 20 世纪中期的"非洲统一组织"的建立与发展，进入 21 世纪以来"非洲联盟"的地位和作用日显重要，而今天，一个统一的非洲自由贸易区也在推动建设之中，非洲许多政治家依然在追求建立"非洲合众国"的终极理想。也就是说，"非洲学"之存在，是因为"非洲问题"之存在，对"非洲问题"之研究的活动、探索、思考及积累的知识与思想，就自然构成了"非洲学"形成与发展的现实基础。②

第三，相对于世界其他地区，有关非洲的知识与思考，本身也已经形成悠久的传统，今天则面临着更大的现实需要。作为一个具有历史命运共同体的大陆，如要对非洲大陆之各国各地区的复杂问题有整体而宏观之把握，则必须对非洲大陆"作为一个具有共同历史属性与联系性的"自然区域与文明区域的根本问题，即所谓的"非洲性"或"泛非性"问题，有一整体之认知，有一整体之理解。比如，我们时常说非洲大陆是世界上发展中国家最集中的大陆，非洲 54 个国家全部是发展中国家，发展问题是非洲问题的核心，是非洲面临的一切问题的关键，因而需要建立一门面向发展的、发展导向的学科来专门研究非洲的发展问题，等等。所谓把握大局，挈其大纲，如此，则如登临高峰而小天下，举其大纲而通览四野，求得对非洲大陆之普遍性、共同性问题的全景式通览。③

第四，对非洲的研究需要整体与局部、大陆与国别、领域与地域相结合的综

① 阿马杜－马赫塔尔·姆博：《序言》，载 J. 基－泽博主编《非洲通史（第一卷）：编史方法及非洲史前史》，计建民等译，中国对外翻译出版公司，1984，第 xxiii 页。

② 刘鸿武：《非洲学发凡：理论与实践六十问》，人民出版社，2019，第 4 页。

③ 刘鸿武：《新时期中非合作关系研究》，经济科学出版社，2016，第 57 页。

合视野。也就是说，在对非洲大陆做整体把握的同时，我们必须对非洲大陆之各国别、各地区、各专题之多样性问题、差异性问题，有更进一步具体而细致的研究与把握，分门别类地开展非洲东西南北中各区域与次区域、54 个国家各自所在的区域研究与国别研究，以及一些跨区域、跨国别的重大专题的深入研究，从而得以有"既见森林也见树木"的认知成效。① 因而非洲学是一门将领域学、区域学、国别学、专题学融于一体的学问。②

第五，今天在世界范围内，一个相对有聚合性的、联系性的非洲研究学术群体在逐渐形成，有关非洲研究的学术机构、智库团体、合作机制日见增多，非洲研究的相对独立地位也在政府管理部门得到某种程度的认可，如 2013 年度本人当选为教育部"长江学者"特聘教授，就是以"非洲研究"的岗位名称而入选的。③ 在国家人才奖励计划中专门设置"非洲研究"特聘教授岗位，说明非洲研究日益得到国家的重视。又如在"中国社会科学网"的"跨学科频道"栏目中，专门设立的学科栏目有"非洲学""边疆学""敦煌学""藏学""江南学""徽学"等。④ 可见，学术界已经逐渐对"非洲学"作为一个专门化的知识领域，给予了相应的重视和认可。⑤

第六，一门学科之能否成立，大体看是否具备如下特征：一是有自己的研究目标与研究对象，二是有独特的研究价值与研究意义，三是有基本的研究方法与技术手段，四是有突出的社会需求与应用空间。⑥ 总体来说，今日非洲大陆发展问题的紧迫性、中非发展合作的丰富实践与现实需要，都在日见完备地提供这些必要的基础与条件，使得我们可以通过持久的努力，逐渐地形成专门化的认识非洲、理解非洲、言说非洲的知识体系、研究路径、研究方法，从而为我们建构一门相对统一的"非洲学"开辟前进的道路。

---

① 刘鸿武：《非洲文化与当代发展》，人民出版社，2014，第 9 页。

② 刘鸿武：《非洲国别史研究的意义》，《非洲研究》2016 年第 1 卷，中国社会科学出版社，2016，第 250 页。

③ 《教育部关于公布 2013、2014 年度长江学者特聘教授名单的通知》，教育部门户网站，http://old. moe. gov. cn/publicfiles/business/htmlfiles/moe/s8132/201502/xxgk_183693. html，最后登录日期：2018 年 1 月 20 日。

④ 中国社会科学网—跨学科频道，http://indi. cssn. cn/kxk/，最后登录日期：2018 年 3 月 30 日。

⑤ 刘鸿武：《非洲研究的"中国学派"：如何可能？》，中国社会科学网，http://indi. cssn. cn/kxk/fzx/201709/t20170918_3644181. shtml，最后登录日期：2015 年 2 月 12 日。

⑥ 刘鸿武：《人文科学引论》，中国社会科学出版社，2002，第 148 页。

三　非洲学何以行

对人类知识与思想活动进行类型化标注或体系化整合，从而形成各种各样门类化的"学科"或"专业"，是服务于人类认识世界、把握世界、开展学术研究的一种工具与手段。① 考察人类的知识形态演进过程，一方面，由于人类的学问汪洋四溢，知识无边似海，因而得归类、分科、条理，成专业化领域，才可挈纲统领，把握异同，因而学术之发展总需要"分科而治""分科而立"，科学科学，"分科而学"，大致就是对"科学"的最一般性理解。另一方面，因为人类知识本有内在联系，为一整体、一系统，故而在分化、分科、分治之后，又要特别注重各学科间的统一灵魂及其综合与联系，因而学术之发展又需要"整体而治"，需要"综合而立"，多学科融合方成鼎立之势。② 就比如我们今天经常用的所谓"政治学""经济学""物理学""生物学"等概念，也并非自古就有，未来也会有变化，有发展。事实上，科学与学术，往往是在那些边缘领域、交叉领域、跨学科领域获得突破而向前推进的。作为以地域为研究对象的、具有综合性和交叉性学科特质的"非洲学"，其成长也一样要走这种"综合—分化—综合"的螺旋式上升道路。③

"非洲学"是一门以聚焦地域为特征的"区域学"学科，它重视学科知识的地域适应性和时空关联性，特别重视从非洲这块大陆的特定地域与时空结构上来开展自己的适宜性研究，建构自己的适地性知识体系，形成可以系统说明、阐释、引领非洲问题的"地域学"学科群落。从目前我们国家的学科建构与体制来看，"非洲学"这样一种新兴学科、交叉学科的建设与发展，正可以对目前我国以"领域学"为特征的区域国别研究和国际问题研究学科建设起到积极的平衡与补充作用，从而让我们更好地把握和理解世界的多样性与复杂性。

中国传统学术与思想，也有知识划分的传统及"领域学"与"地域学"的

---

① 刘鸿武：《故乡回归之路——大学人文科学教程》，清华大学出版社，2004，第208页。
② 刘鸿武：《人文科学引论》，中国社会科学出版社，2002，第20页。
③ 刘鸿武：《打破现有学科分界是人文学科的发展之路》，中国社会科学网，http：//www.cssn.cn/gd/gd_rwhd/gd_mzgz_1653/201406/t20140624_1225205.shtml，最后登录日期：2016年8月22日。

意识。在"领域学"方面，则如传统意义上的"经、史、子、集"或"诗、书、礼、乐、易"等的划分，到唐代，杜佑撰《通典》将天下之事分为"食货""选举""官职""礼""乐""兵""刑"等领域，大体上如今日之经济学、政治学、行政管理学、社会学、艺术学、军事学、法学等，宋元之际马端临撰《文献通考》对学科领域之划分更细，有"二十四门"之说，略当今日之"二十四科"或二十四门领域学。

不过，中国传统学术，在重视对社会事物做分门别类之领域划分和把握的同时，始终十分重视对人类事象与国家治理的时空关系的综合把握，重视人类文化在地域和时空方面的整体性、差异性和多样性的综合理解，重视文明发生发展的地域制约性、时间影响力的观察世界的传统。因为人类的文化与制度，都是在一定的地理空间与生态环境中，于历史进程中生成和演变的。各不相同的地域空间，中原与边疆、内陆与沿海、北方与南方、西域与南洋，如形态各异的历史大舞台，在什么样的舞台上就唱什么样的戏，一直是文明研究的核心问题。也就是说，我们要特别重视历史和文明的环境因素、时间关系、发展基础与演化动力，不能离开这些具体的环境与条件而侈谈空洞抽象的普适主义。以这样的眼光和理念来研究非洲，我们就不能离开热带非洲大陆这片土地的基本属性，离开它的具体的历史背景与社会环境因素，来做抽象的概念演绎，从书本到书本，而必须沉入非洲这块大陆的时间与空间环境中去，站在非洲的大地上做非洲的学问，这就是非洲学这样的"区域学""国别学"的基本特点。

区域研究并非舶来品，作为一个特别具有"文明发展的时空意识"的民族，中华学术传统中一直就有区域学的历史精神与丰富实践，有特别重视文明发生发展的地域制约性、时间影响力的观察世界的传统。从学术传统上看，中国人看待世界，特别倡导要有一种"文明发展的时间与空间意识"的认识眼光与思维模式。大体可以这样说，所谓"文明发展的时间意识"，指中国人传统上十分重视事物发生发展演变的历史进程与时间关系，凡物换星移，自川流不息，而时过境迁，当与时推移，也就是说，要重视历史的时间背景、基础与动力。每一个国家，每个区域，每个民族，其历史之不同，传统之相异，我们认识它、把握它也得有所不同。而"文明发展的空间意识"，则指中国学术重视事物生存空间环境的差异多元，每个国家，每个区域，环境不同，生态相异，因而需要"入乡随俗"，"到什么山唱什么歌"，因地制宜，分类施治。如此，方可得天时地利之便，求国泰民安人和之策。

从学术史的角度看，两千多年前的孔子整理之《诗经》一书及其所体现出的认识世界的理性觉悟与思想智慧，大致可以看成中国最早的一部"区域研究"著作。[①] 我们知道，《诗经》凡三百篇，大体可分为"风、雅、颂"三部分，其中之"风"则有所谓的"十五国风"，如秦风、郑风、魏风、卫风、齐风、唐风、豳风等，此即时人对于周王朝域内外之十五个区域（"国"）的民风民情（"区域文明"）的诗性文字表述。在当时之人看来，采集这十五个地方的民歌风谣，可观风气、听民意，从而美教化、移风俗、施良策、治天下。《诗经》的这种精神传统，深刻影响了后来中国学术对于区域、地域、文明等"时空概念"的独特理解。

尔后延及汉代，中国知识思想体系渐趋于成熟，汉代大学者班固撰《汉书》，专门设《地理志》之部，承继了《诗经》写十五国风的传统，分别推论自远古夏商以来的国家疆域沿革变迁、政区设置、治理特点，详细记述疆域内外各地区的历史传统与文化特点，及广阔疆域及其周边世界的经济物产、民风民情，以求为治理天下提供知识依托。《汉书·地理志》这一传统后世连绵传承，促使中国古代史上形成了发达的具有资政治国意义的"疆域地理学"或"政区地理学"，历朝历代治国精英与天下学人皆毕一生心力，深入分析国家政区内外的各种自然地理和人文地理现象的相互关系，从国家治理与经济发展的角度编写历史著述，从而使得在中华学术框架下，各类区域的、国别的政区治理学著述不断面世，流传久远。

受这一传统的影响，中国历史上一向高度重视把握特定时空环境下各地区不同的气候、江河、物产、生产、交通、边民情况，详细描述各民族不同的精神状态、心理特征及政治制度的演进与相互关系，从而积累起中国古代成熟发达的国家治理思想与知识体系。如东汉山阴人赵晔著《吴越春秋》以丰富史料和翔实的纪年记载了春秋末期吴越两国争霸天下而兴亡存废之事。北宋苏洵著《六国论》纵论天下治乱得失之道，"气雄笔健，识更远到"，一时洛阳纸贵，名动天下。所有这一切，与今日中国要建立区域国别研究学科、"一带一路"沿线国家

---

① 刘鸿武：《从中国边疆到非洲大陆——跨文化区域研究行与思》，世界知识出版社，2017，第52页。

研究学科的宗旨，可谓"古今一理"，本质相通。就如我们今天要理解非洲、研究非洲，当注重对非洲民风民情的调研考察，掌握真实的非洲大陆及各次地区、数十个国家之具体情况，关注非洲发展之大趋势，做深入扎实的研究，而不拿抽象的标签来贴非洲丰富的生活世界，才可真正认识非洲，懂得非洲。

中华民族是一个崇尚务实精神的民族，尊奉实事求是、理论来自实践的认识原则，由此而形成了中华学术区域研究中"由史出论、史地结合"的治学传统，及"天时、地利、人和"三者必统筹考虑的思维模式。历史上中国人就有比较突出的时空交错、统筹把握的文化自觉，因而管理社会、治理天下，历来主张既要通盘考虑天下基本大势，把握人性之普遍特点，此所谓"天时"；又要把握各国各地国情民状之不同，需因地制宜，一国一策，一地一策，此所谓"地利"；由此而因材施治，将普遍性与特殊性有机结合，方可政通人和，国泰民安，此为"人和"。

历史上，中国发达的方志学、郡国志、地理志，皆可视为历史上中国的"区域研究"知识传统。在中国文化的思想传统中，所谓国有国史、郡有郡志、族有族谱，州、府、县、乡亦有治理传统与本土知识。故而说到国家治理、社会协调、区域管理，中国人都明白"入乡随俗"的道理，因为"一方水土养一方人"，明白"一山有四季，十里不同天"。在中国人看来，人处于不同区域，风土人情、制度文化各有差异，因而无论是认知他人、理解他人还是与他人相处，都应该"因地制宜""到什么山唱什么歌"。好的治国理念原则、有效的社会治理模式，必然是注重人类文明的地域结构与环境生态的差异性与历史多样性，动用时空结构层面上开阔整体的"会通"眼光，依据对象的真实情况，即所谓的区情、国情、社情、民情、乡情，实事求是地努力去了解、理解、适应、建构生活在此特定时空环境中的"这一方水土与一方人"的观念、文化、情感与制度。①

这一传统也为中国共产党人所创新性地继承，当年毛泽东同志撰写的《湖南农民运动考察报告》，开创了中国共产党人反对本本主义和教条主义，重视调查研究、实事求是的工作作风，影响深远。毛泽东后来在延安时期写的《改造我们的学习》一文中，更明确地提出了开展深入的区域调查研究的重要性，他

---

① 刘鸿武等：《中国少数民族文化简史》，云南人民出版社，1996，第12页。

说，"像我党这样一个大政党，虽则对于国内和国际的现状的研究有了某些成绩，但是对于国内和国际的各方面，对于国内和国际的政治、军事、经济、文化的任何一方面，我们所收集的材料还是零碎的，我们的研究工作还是没有系统的。二十年来，一般地说，我们并没有对于上述各方面作过系统的周密的收集材料加以研究的工作，缺乏调查研究客观实际状况的浓厚空气"。他还一针见血地指出，"几十年来，很多留学生都犯过这种毛病。他们从欧美日本回来，只知生吞活剥地谈外国。他们起了留声机的作用，忘记了自己认识新鲜事物和创造新鲜事物的责任。这种毛病，也传染给了共产党"。针对这些问题，毛泽东同志明确指出，中国革命要成功，就"要从国内外、省内外、县内外、区内外的实际情况出发，从其中引出其固有的而不是臆造的规律性，即找出周围事变的内部联系，作为我们行动的向导"。[①]

这一传统在中国共产党的几代领导人那里得到了很好的传承与发扬。邓小平同志一生的最大思想智慧就是根据实际情况治理国家，准确把握世情、国情、区情、社情来处理内政外交，他的思想都是很务实、很接地气的。"地区研究"的最大特点就是倡导思想与政策要"接地气""通民情"。习近平同志早年在河北正定县工作，通过深入调查正定县的基本情况，提出一个区域发展理念，就是"靠山吃山，靠水吃水，靠城吃城"的二十字方针，叫"投其所好，供其所需，取其所长，补其所短，应其所变"。[②] 这"二十字方针"，就是一个根据中国的实际情况发展自我的方针，很有理论意义。当时，著名经济学家于光远在正定农村考察后，建议创办"农村研究所"，研究中国特色社会主义新农村建设问题，解决中国自己的发展问题，这些，也是中国区域研究传统的现代发扬。

中华人民共和国成立后，中国在与广大的亚非拉国家和民族接触过程中，也形成了基于自身民族传统智慧与精神的对外交往原则。早在中华人民共和国成立之初，中国政府提出"求同存异"的原则，提出亚非合作"五项原则"、万隆会议的"十项原则"和后来对非援助的"八项原则"，都基于中国人对自我、对他人、对世界文明与人类文化多样性的理解能力与对传统的尊重。这正是中非合作关系走到世界前列、成为中国外交特色领域的根本原因。从这个意义上说，今日

---

① 毛泽东：《改造我们的学习》，《毛泽东选集》第 3 卷，人民出版社，1991，第 796—801 页。
② 参见赵德润《正定翻身记》，《人民日报》1984 年 6 月 17 日，第 4 版。

的中国要与非洲友好相处，要让中非合作关系可持续发展，也自然先要在观念上、文化上懂得非洲，理解非洲，多从非洲的特定区域的时空结构上理解非洲人的过去、现在与未来。

这些优良的知识传统，这些积累的思想智慧，在今日我们认识中国以外的其他地区和民族，包括认识复杂的非洲大陆的区情、国情、民情、社情时，是可以继承和发扬的。所以我们一直强调，要把学问做在非洲的大地上，做在非洲各国各地区真实的环境里，而不是仅停留在书本和文献中做文字推演和概念分析。遵循这样一种历史时空意识而开展的"区域国别研究"，要求研究者当深入该特定区域、地域、国别的真实环境里去做长期的调研，也就是"深入实际"地通过调查而开展研究，而不是只待在象牙塔中、静坐在书斋里。它要求研究者要"换位思考"，在对象国有"一线体验、一流资料、一流人脉"，把自己努力融入研究对象之中，在"主位与客位"之间穿梭往来，内外观察，多元思维，多角度理解。

这种深入实际的、实事求是的实地研究，有助于研究者超越僵化刻板地套用某种"普适主义"绝对教条，来理解生生不息、千姿百态的天下万物。在中国人看来，认识世界、治理国家，唯有"因时因事因地而变"，方可穷变通久，长治久安，若滞凝于某种僵化刻板的"绝对理念"，从教条的概念来推演丰富的现实，或用"这一方水土这一方人"的观念来强求"那一方水土与那一方人"，一把尺子量天下万物，必然是削足适履，缘木求鱼，得不到真理。

中国传统学术特别强调学术与思想的实践性与参与性。如果说西方的学术传统强调学以致知，追求真理，比如古代希腊的思想家、哲学家柏拉图是纯粹的思想家，那么中国的学术传统强调学以致用，追求尽心济世。总体上看，中国历史上没有像柏拉图、卢梭、孟德斯鸠那样的单纯的政治思想家，他们是通过自己的著书立说来实现对于现实政治加以影响的理想与抱负，而中国古代的政治学家首先是政治家，他先是登上了政治的舞台，参与了实际的国家治理，如果他的政治抱负与政治理想因其参与了实际政治而有所发挥，有所实现了，则是否还要著书立说似乎已不重要。如钱穆所言："当知中国历代所制定所实行的一切制度，其背后都隐伏着一套思想理论之存在。既已见之行事，即不再托之空言。中国自秦以下历代伟大学人，多半是亲身登上了政治舞台，表现为一实际的政治家。因此其思想与理论，多已见诸当时的实际行动实际措施中，自不必把他们的理论来另自写作一书。因此在中国学术思想史上，乃似没有专门性的有关政治思想的著作，乃似没有专门的政论家。但我们的一部政治制度史，却是极好的一部政治思想史的具体材料，此事值得我们注意。"① 这大致也就如王阳明所倡导的那样，知行合于一，知行本一体，两者自不可分离，"知是行之始，行是知之成"，因为"知已自有行在，行已自有知在"，行中必已有知，知则必当行，唯有知行合一，知行合成，方能显真诚，致良知，致中和，最终求得古今道理，成得天下大事。②

四　非洲学何以成

中国古代学术历来是与国家民族的发展、国计民生的改善结合在一起的，立足实践，实事求是，学以致用，经国济世。这些精神品格与文化传统，与今天要建设非洲研究学科、推进中国海外国别与区域学科建设可有对接的历史基础，是值得今日挖掘的学术精神源泉。虽然今天的时代与古代已大不一样，但一些基本的道理还是相通的、一致的。我们今天从事非洲研究，从事非洲政治学的研究，要做得好，做得有益，学者们还是一样要深入中非合作的实践，深入非洲的社会生活，努力了解国家对非战略与政策的制定与实施过程，观察中国在非企业和公司的实际运作情况，将田野考察与理论思考真正结合起来，由史出论，因事求理，理论与实践紧密结合，才可获得对非洲和中非关系的正确把握，我们的著书立说，我们的资政建言，也才会有自己的特色、风格、思想的产生，才可能是管用、可用、能用的。

"区域研究"（也可以叫作"地区研究""地域研究"）的基本特点是"区域性"、"专题性"、"综合性"和"实践性"的综合性运用，它要求有纵横开阔的学术视野与灵活多维的治学方法，有服务于现实的实践可操作性，从目前的趋势来看，这一学科的发展有可能成为我国哲学社会科学研究创新发展的一个重要突破点。

"区域性"是指以某个特定自然地理空间为范畴的研究，这"区域"之空间范围可根据对象与需要之不同而有所不同，可以很大，也可以较小，诸如非洲、

① 钱穆：《中国历史研究法》，生活·读书·新知三联书店，2001，第29页。
② 王阳明著，叶圣陶点校《传习录》，北京时代华文书局，2014，第8页。

拉美、亚洲等，或做更进一步的划分，比如，非洲研究中就可划分为东非、西非、北非、中非、南非的研究，或撒哈拉以南非洲、非洲之角、非洲大湖地区、萨赫勒非洲等各特定区域的研究，也可有按照非洲语言文化、宗教传统与种族集团而开展的专门化研究，如"班图文化研究""斯瓦西里文化研究""豪萨文化研究"等。

"区域化"研究，其实也是"国别化"研究，即按照"国家"这一政治疆域开展专门化的国别研究，比如非洲区域研究中就可有非洲 54 个国家的专门化研究，可以形成某种意义上的"国别研究"，诸如"埃及学""尼日利亚学""埃塞学""南非学"等。事实上，历史有关非洲文明的研究中，早已有类似的知识积累与学术形态，国际上也有所谓的"埃及学""埃塞学"的学会、机构与组织的存在。甚至在一国之内，也可进一步细化，比如像尼日利亚这样相对国土面积比较大，内部经济、宗教、文化差异突出的国家，则可有尼日利亚的北部、东南部、西南部研究的细分；正如古代埃及之研究，从来就有上埃及与下埃及之分野一样。

在此类"区域化"研究活动中，人们总是将某一特定的或大或小的、自然的或文化的或历史的"区域"，作为一个有内部统一性、联系性、相似性的"单位"进行"整体性研究"，探究这一区域上的一般性、共同性的种种政治、经济、社会、文化的结构与关系、机制与功能、动力与障碍、稳定与冲突等问题。而"区域与国别"研究之下，则可做进一步的"专题性"研究。"专题性"则是指对此特定区域和国别的问题做专门化研究，比如，对非洲大陆这一区域的政治、经济、环境、语言、安全等问题的专题研究等，即"非洲 + 学科"的研究，如非洲政治学、非洲经济学、非洲历史学、非洲语言学、非洲民族学、非洲教育学等。

而"综合性"则是指这类区域研究又往往具有跨学科、跨领域的综合交叉特点，需要从历史与现实、政治与经济、军事与外交、文化与科技等不同角度，对这一区域的某个专门问题进行综合交叉性研究。比如，研究非洲的安全问题，就不能就安全谈安全，因为非洲的安全问题总是与其经济、环境、民族、资源、宗教等问题联系在一起的。非洲某个国家的安全问题，其实又是与其周边国家、所在区域的整体安全问题纠缠在一起的。事实上，非洲的许多问题具有跨国境、综合联动的特点，因而非得有学科汇通与知识关联的眼光，非得有跨学科综合研究的能力不可。① 非洲问题往往很复杂，比如，非洲的政治问题、经济问题，其实与非洲的文化、宗教、种族、生态是搅在一起的，是一个整体问题、相互关联的问题，要回答这些问题，就需要从不同领域、不同学科对它开展研究。因而我们说，"非洲学"应该是"领域学""地域学""国别学"的综合，既吸收经济学、政治学等"领域学"的一般性理论与方法，但又特别重视它的地域属性，以区域研究的视野，开展东非、西非、南非、北非的研究，同时，它还是"国别学"，要对非洲一个一个的国家开展研究；最后它也是"问题研究"，要切入一个一个的重大问题来综合研究。

这些年，在学科建设方面，我一直在带领学术团队做综合性的实践探索。比如我们非洲研究院在过去十多年中所聘的二十多位科研人员，考察他们在博士期间所学，其专业背景可以说来自于七八个一级学科，如社会学、历史学、宗教学、民族学、法学、教育学、政治学，甚至还有影视学、传播学。这些不同学科背景的人，进入非洲研究领域后，围绕非洲研究院的学科规划与核心主题，开展聚焦于非洲问题的研究，形成了"非洲 ＋ "的交叉学科态势。这些年，每当年轻博士入职，我们尽量派其前往非洲国家做一段时间的留学调研，获得非洲体验，掌握一线知识。然后从不同学科视角来研究非洲这块大陆各地域各国别的若干共同问题。

为此，非洲研究院建院之初，我提出要聚焦于两个重大问题，一个是"非洲发展问题研究"，另一个是"中非发展合作研究"。这两个重大问题的研究，可以把全院的七八个一级学科的二十多个科研人员聚合在一起，可以从人类学、语言学、经济学、政治学等不同学科角度研究非洲的发展问题，因而学科虽然散，但是问题很聚焦，形散而神聚。经过十多年的发展，我们逐渐提炼出关于非洲发展研究的话语体系，这就是专门化的"非洲学"知识形成的过程。

这些年来，随着中国当代社会发展进程的深入及所面临的问题日趋复杂，我国现行的"一级学科"设置与建设模式不适应现实发展的问题日趋突出，其阻碍新兴学科、交叉学科、特殊学科成长的弊端及解决出路的讨论逐渐引起人们的重视，对此，学术界已有一些研究，提出了许多建议与构想，在国家管理层面也

---

① 刘鸿武：《发展研究与文化人类学：汇通与综合——关于非洲文化研究的一种新探索》，《思想战线》1998 年第 1 期。

陆续出台了一些积极的措施。比如，2016 年 5 月 17 日，中国国家主席习近平同志在出席全国哲学社会科学工作座谈会上指出，"现在，我国哲学社会科学学科体系已基本确立，但还存在一些亟待解决的问题"。他把这些问题归纳为三个方面：一是一些学科设置同社会发展联系不够紧密，二是学科体系不够健全，三是新兴学科、交叉学科建设比较薄弱。针对这些问题，他提出的解决办法是：一是要突出优势，二是要拓展领域，三是要补齐短板，四是要完善体系。他进一步提出，"要加快发展具有重要现实意义的新兴学科和交叉学科，使这些学科研究成为我国哲学社会科学的重要突破点"。①

习近平同志所述中国哲学社会科学学科建设与发展的情形，在中国的非洲研究领域有着更突出的表现。因为非洲学正是一个新兴学科、交叉学科，它既是目前我国学科建设中的"短板"，应该努力补齐，同时它也可能是中国哲学社会科学尤其是国际问题研究实现创新发展的"重要突破点"。从根本上说，要促进中国非洲学的成长，就要克服长期以来中国高校与哲学社会科学学科建设与划分的"这些短板"，需要在认识方面、体制方面、政策方面有一些创新变通的切实举措，通过设立"非洲学"这样的新兴学科与交叉学科，并赋予其相对独立的学科地位与身份，同时，在国家的学科建设、学科评估、学科投入方面，给予相应的关注与重视，这些学科短板才能逐渐得到加强提升。②

非洲研究在当代中国出现和发展的一个基本特点，就是它是伴随着当代中国对非交往合作关系的推进，随着当代中国对非洲认知领域的拓展，而逐渐成长成熟起来的。因而这一学科一开始就带有两个最基本的特点，一是它具有十分鲜明的面向当代中国发展需要或者说面向中非合作关系需要的时代特征与实践特点，具有突出的服务当代中非发展需求的问题导向特征与经世致用精神。二是它作为当代中国人认识外部世界的努力，一开始就不可能是一个简单引进移植他人的舶来品，虽然在此过程中也包含着借鉴移植他人尤其是西方成果的持久努力，但它一开始就必须是扎根在中华学术古老传统的深厚土壤上的中国人自己的精神创造，是中国传统学术走向外部世界、认识外部世界的一种表现形式与产物，因而

---

① 习近平：《在哲学社会科学工作座谈会上的讲话》，人民网，http：//politics. people. com. cn/n1/2016/0518/c1024 - 28361421. html，最后登录日期：2016 年 5 月 25 日。

② 刘鸿武：《中非发展合作：身份转型与体系重构》，《上海师范大学学报》2011 年第 6 期，第122—129 页。

它必然会带上中国学术的某些基本的精神与品格。①

时代性和中国性，决定了当代中国的非洲研究必须面对中非合作中的中非双方自己的问题，建构自己的根基，塑造自己的品格，拓展自己的视角，提炼自己的话语，而这一切，又离不开当代中国学人自己扎根非洲、行走非洲、观察非洲、研究非洲的长期努力。② 概而言之，中国立场与非洲情怀，再加上一个全球视野，是中国非洲学的基本品格。

与其他传统学科相比，目前中国的非洲认识和研究，总体上还处于材料积累与经验探索的早期阶段，在基础性的学理问题、体系问题、方法问题研究方面，尚没有深入而专门的成果问世，这是这门学科现在的基本情况。③ 然而另一方面，过去六十年中非交往合作的丰富实践，过去六十年中非双方在知识与思想领域的交往合作，已经为这门具有中国特色中国非洲学新兴学科的成长提供了充沛的思想温床与知识土壤，因而使得中国的非洲学极有可能成为一门最具当代中国知识创新品质的新兴学科、特色学科。

还在十多年前，我在一篇纪念中国改革开放三十周年的文章中就明确提出，"自 1978 年中国实行改革开放政策以来，中国社会及中国与外部世界的关系都已发生重大变革，其中中非新型合作关系构建及中国发展经验在非洲影响的扩大具有时代转换的象征意义。30 年来，中非关系的实践内容在促进中非双方发展进步方面所累积的丰富经验与感受，已为相关理论及知识的创新提供了基础条件。中国的学术理论界需要对 30 年来中非关系丰富经历做出理论上的回应，以为新世纪中国外交实践和中非关系新发展提供更具解释力和前瞻性的思想智慧与知识工具"。④ 那么，中国的非洲学建设之路应该怎么走？我想，正如当代中非发展合作和中国对非政策本身是一个实践的产物，是在实践中逐渐完善一样，中国的非洲学也一样只能在建设的实践中来完善提升，这需要许多人的创造性参与、探索与实践。

---

① 刘鸿武：《从中国边疆到非洲大陆——跨文化区域研究行与思》，世界知识出版社，2017，第9 页。

② 《外交部副部长张明对中方研究机构加强对非洲原创性研究提出新要求》，中华人民共和国外交部，http://www.fmprc.gov.cn/web/wjbxw_673019/t1492905.shtml。

③ 张宏明：《中国的非洲研究发展述要》，《西亚非洲》2011 年第 5 期，第 3—13 页。

④ 刘鸿武：《论中非关系三十年的经验累积与理论回应》，《西亚非洲》2008 年第 11 期，第 13—18 页。

五　非洲学何以远

学术是人的一种主体性追求与创造，依赖于人的实践与探索，并无一定之规，不可能有什么普适主义的理论或主义可以照着去做，当代中国参与到这一进程中来的每一个人，都可以去探索一条基于自己实践的道路，积累自己的成果，形成自己的思想。人们常说条条道路通长安，学术在于百花齐放、百家争鸣。这几年，由于国家的重视与时代的需要，国内涌现出了不少非洲研究的机构，仅在教育部备案的非洲研究机构就有二十来家，这是一个可喜的现象，但这些机构能否坚持下去，成长起来，还是有一些不确定的因素。这些年时常有一些研究机构负责人来我们非洲研究院交流调研，我也到其中的一些机构讲学，交流学科建设与人才培养的感受体会。

在我看来，作为一个探索中的学科，一个新的非洲研究机构，若要走得远，走得高，走出一条自己的路来，在刚开始的时候还是有一些基本的理念与原则可以遵循。第一，有一番慎思明辨、举高慕远之战略思考与规划构想，遵循古人所说"博学之，审问之，慎思之，明辨之，笃行之"的精神传统，在努力设定好自己的建设宗旨、发展目标与前行路径的基础上，再以严谨勤奋之躬身力行，在实践中一步一步探索、完善、提升。第二，要有一种与众不同、开阔包容之治学理念与精神追求，形成一种独特的学术文化与研究品格，并将其体现在事业发展的方方面面。第三，要有高屋建瓴之建设规划、切实可行之实施路径，并在具体的工作中精益求精，做好每个细节、每个环节，积少成多，聚沙成塔，切忌只说不做、纸上谈兵。第四，要逐渐搭建起开阔坚实的学科建设与发展平台，积累丰富多样的学术资源，汇集起方方面面的资源与条件为创新发展提供空间。第五，要有扎实严谨、亲力亲为的勤奋工作，敏于行而讷于言，在实践中探索，由实践来检验，并在实践中完善提升。第六，要培养出一批才情志意不同凡响的优秀人才，有一批志向不俗的志同道合者，这些人应该是真正热爱非洲、扎根非洲的人，有高远志向，有学术担当，能长期坚守于此份事业。

记得2007年我到浙江金华筹建非洲研究院，每年非洲研究院招聘人才时，会给前来应聘者出一道必答题，一道看似有些不着边际的、与非洲无关的题目："试论学问与人生的关系"。由应聘者自由作答，各抒己见。为什么要考这么个题呢？我们知道，在中国文化的传统世界里，学问从来不是自外而生的，学术本是人生的一种方式，有什么样的人生追求，就会有什么样的学术理想，从而影响其做事、做人、做学问。孔子当年讲"三十而立"，这"立"，并不仅仅是讲"成家立业"，找到一份工作，分到一套房子，有一个家，可能更多的是"精神之立""信念之立""人格之立"。中国传统学术讲"正心诚意、格物致知"，而后"修身、齐家"，最后"治国、平天下"。学问虽广博无边，无外乎"心性之学"与"治平之学"两端，学者唯有先确立内在人格理想，然后推己及人，担当天下，服务国家。只有这内在的人生信念与志向"立"起来了，精神人格上才能做到"足乎内而无待于外"，那么无论外部环境怎么变化，条件是好是差，自己都能执着坚定地走下去。如果这方面"立"不起来，或"立"得不稳，终难免患得患失，朝秦暮楚，行不高，走不远，即便有再好的科研与生活条件，也难成大事业。过去非洲研究条件艰苦，国家能提供的支持和资助很少，往往不易吸引优秀人才，这些年，国家日益发展，也开始重视非洲研究，提供的条件日益改善，这当然是好事情，非洲研究的吸引力明显提升了。但是，学术研究和真理追求，更多是一种精神世界里的事业，它的真正动力与基础还是来自人的精神追求，学术创新的内在支撑力量也来自研究者对这份事业的精神认同，因而一个人如果只是为稻粱谋，只看重名利，其实是很难在非洲研究领域长期坚持下来，很难长期扎根于非洲大陆做艰苦而深入的田野调研的。

　　非洲研究院成立后这些年，我着力最多也最操心的，就是招聘人才、组建团队、培养人才。那么，招聘什么样的人才、培育什么样的团队呢？当然应该是愿意从事和有能力从事非洲研究的人才和团队。中国古人讲，知之不如好之，好之不如乐之，乐之不如行之，行之不如成之，正所谓"知行合一"，是为真诚。学问之事，总是不易的，聪明、勤奋自不待言，才、学、识，行动与实践，缺一不可。但做非洲研究，还有一些特殊之处，它面临许多做学问的挑战，诸如研究对象国之气候炎热、疾病流行、政治动荡、文化差异、语言障碍等，使得做非洲研究不仅相对辛苦，也不易坚持，因而必得有一种精神的追求与心灵的爱好，有一种源自心底的情感牵念，你若爱上非洲，爱上远方，便能于苦中作乐，视苦为乐，如此，方可坚持前行，行远而登高。我常说，非洲研究既难也易，说难，是因为有许多艰苦的地方，它也挑战人对学术的理解是否单纯本真；说易，是说在此领域，毕竟中国人做得还不多，有许多空白领域，所谓门槛还不太高，不一定是特别聪明特别优秀的人才可以做。所以，在非洲研究这个新兴的世界里，在这个中国学术的"新边疆"里，你只要有一真心，扎根于非洲，用你的双脚去做学术，用你的真诚去做学问，坚持不懈，就迟早会有所成就。

"浙江师范大学非洲研究文库"是我院成立之初启动的一项中长期的学术建设工程，历十二年之久，已经出版各系列著作 80 多部，汇集了我国非洲研究领域的众多老中青学者，所涉及的非洲研究领域也很广泛，大体上反映了这些年来我国非洲研究的前沿领域与最新成果，2008 年首批丛书出版时我写过一篇序言《非洲研究——中国学术的新边疆》，于中国非洲研究之发展提出若干思考。① 十多年来，中非关系快速发展，随着研究进程的深入，本次推出的"非洲研究新视野"系列，聚焦于非洲研究的一些基础性、学术性成果，多是我院或我院协同机构科研人员承担的国家社科基金项目或教育部项目的成果。这一系列的推出也反映了我在建院之初提出的建设理念，即"学术追求与现实应用并重、学科建设与社会需求兼顾"，既考虑研究院自身的学科建设与学术追求，又密切关注国家战略与社会需要，努力实现两方面的动态平衡，及"学科建设为本体，智库服务为功用，媒体传播为手段，扎根非洲为前提，中非合作为路径"的发展思路。② 希望本系列著作的出版与交流，对我国非洲研究基础性领域的拓展提升起到积极的作用，有不当之处，也请同行方家批评指正。

---

① 参见刘鸿武、沈蓓莉主编《非洲非政府组织与中非关系》，世界知识出版社，2009，第 11 页。
② 刘鸿武：《中国非洲研究使命光荣任重道远》，《中国社会科学报》2019 年 4 月 16 日，第 1 版。

引　子

在全球化席卷世界的 21 世纪，中国走向世界，世界也走向中国。俗话说：有来有往。当中国人走进世界各大洲之时，非洲人也走进了中国，走进了小小的义乌。据《文汇报》报道：在全球最大的小商品集散地浙江义乌，聚集了大量来自非洲的贸易商人。据义乌市商务局提供的数据，有 3000 多名非洲人常驻义乌经商，约占义乌外商人数的 1/4①。出现了许许多多非洲人在义乌实现"非洲梦"的故事……

一　尼日利亚的里欧与他的中国妻子仙蒂

早上 10 点，在义乌市国际商贸城充满异国情调的街道上，各国语言的交谈声此起彼伏，鳞次栉比的商铺门口挂着各种文字的招牌。在国际商贸城长春一区，街口的一家店铺门口站着三四个黑人朋友，老板里欧·耐格威在跟客户谈价钱，他的妻子则在电话里跟客户谈生意。

这位英文名叫仙蒂的中国姑娘是这家店铺的女主人，她的英文名字是丈夫里欧给她取的。里欧来自尼日利亚，在中国已经待了将近十年，是个地道的"中国通"，五年前从广州来到义乌。

里欧说："我主要的生意是饰品，当我第一次来义乌的时候，在市场里看到了所有我需要的商品。之前我从义乌进货先运到广州，然后再运回尼日利亚。到这里后我觉得从义乌直接采购运输更加方便，而且价格上也有优势，所以我把公司搬到了义乌，我的客户从尼日利亚给我下单，我直接帮他们采购从水路运回尼日利亚。"

来到义乌后不久，里欧就赶上当地开展"市场采购贸易方式"的试点。这是 2011 年国务院批准义乌国际贸易综合改革项目后，义乌市推出的相关重要举措之一。它给里欧这样主要为非洲中小客户提供采购和运输服务的贸易商带来了

---

① 3000 多名非洲人常驻浙江义乌经商［N］. 文汇报，2013 - 03 - 27.

很大的便利。

据义乌市外宣办王罡先生介绍："义乌市现在实行的市场采购贸易方式从2011年开始试点，是针对类似义乌这样的专业市场，由国家层面顶层设计的一种贸易方式。它跟其他贸易方式的区别在于，一个柜子（集装箱）里面可以装多样化的货物，上百种产品可以跟抓中药一样地集中到一个柜里进行海关商检，然后出货。按照以前的传统模式，一个柜里必须是单一品种，如果要运输多种品种货物的话，报关单就需要很多，报关的时候每种产品都要抽检，费用很大，成本很高，并且周期也很长。因此，这种新的市场采购方式也使得这些中东和非洲地区的客人愿意到义乌来采购。"

义乌是一个建立在市场上的城市，商业氛围十分浓厚，对市场与政策方向的变化感应非常敏锐：从上百年前每年冬春农闲之时，肩挑"糖担"、手摇"拨浪鼓"去外地"鸡毛换糖"的传统，到20世纪80年代提出"兴商建县"战略，再到90年代中后期从繁荣的内贸向外贸发展……这座独特的城市始终处于变革的前沿。

近年来，在全球经济环境疲软和电商对实体市场的冲击下，义乌再次嗅到市场变革的气息，从2008年开始推进贸易方式的转型，大力发展电子商务，逐步实现实体与电商的深度融合，使得当地电商规模不断扩大并超过实体市场，成为继北上广以后第四大体量。在义乌经商的里欧先生也是这一仍在进行的变革的亲历者和受益人。

里欧说："电子商务这种形式使得我的生意更加便捷，你只要上网注册，比如注册阿里巴巴，你就能很方便地跟客户沟通，按照他的要求寻找货源，商谈价格。电子商务这种形式让我在生意上更加如鱼得水，因为通过网络你能找到更多货源，联系到更多的客户，更多客户意味着更多的生意。"

里欧将生意从广州搬到义乌的决定，不仅让他获得更丰厚的利润，还让他邂逅了他的中国媳妇，组成了幸福美满的家庭。里欧说，"我在义乌进货的时候遇见了我老婆，结果在吃晚饭的时候在餐厅又遇见了她，我对她一见钟情，所以我鼓起勇气要了她的电话号码。后来我们结婚了，她成了我生意上的得力助手，她很能干，主要帮我从事电子商务方面的工作，在网上寻找货源、联系客户、议价，等等，特别是与中国客户沟通全靠她，因为我中文不是特别好。她是我生活跟工作中不可缺少的一部分，跟我肩并肩在一起"。①

---

① 徐璟. 非洲人，在中国义乌淘金的故事！［EB/OL］. 津巴布韦吧［2016 - 07 - 09］. https://mp. weixin. qq. com/s？_biz = MzAxODg1ODQ2NA%3D%3D&idx = 1&mid = 2651668941&sn = 0de959c4 83c0c 97990da22b2ec8d44a3.

二 塞内加尔的苏拉成了义乌"老娘舅"

塞内加尔的苏拉身材高大,穿着黑色西裤、雪白的衬衣,虽然是盛夏,但领子仍然一丝不苟地扣得严严实实,有着与众不同的气质,自信、彬彬有礼,说着字正腔圆的中国话,声音洪亮,不时发表他与众不同的见解,讲述他来中国的经历。

据称,他出身于商业世家,他的父亲和兄弟都在从事各自的生意,而且都做得非常好。他是这个家族十一个孩子中的第三个,来义乌前和哥哥一起在泰国和印度尼西亚做服装生意,2000年哥哥先来到广州,2002年苏拉也到了广州,那时他才二十几岁,2003年和哥哥第一次来到义乌,当时还没有想在义乌开一个外贸公司,经常是只住几天,作为一个客商采购完立马就回广州。2006年他突然想改变在义乌只住几天的习惯,于是就在义乌住了一个多月,发现了很多只待几天不能发现的机会,于是开始考虑在义乌常驻。用了一年多的时间,苏拉专心于自己的生意,同时还接待并帮助自己国家或其他非洲国家认识自己的人,这种帮助可能是替客商找货、荐货,有时候还提供一些生活帮助,不纯粹是为了利益。客户感到满意了,又会推荐自己的朋友找苏拉帮忙,于是苏拉成立了自己的贸易公司。

为了融入中国社会,苏拉认为必须有朋友,这样的朋友与生意的朋友是有区别的,"生意上的关系主要是生意好,那关系永远都是好的。你生意不好,这个人会变,那是非常正常的事情。因为他跟你不是别的关系,就是生意上的关系"。(S:20150711)苏拉有两个中国朋友,他称他们为兄弟,刚认识时这两个朋友经济条件都不是很好,但是苏拉感觉他们的人品很好,"温州的那个朋友,我跟他认识的时候,他条件是不好的。但是经过我了解他,了解他的人品,我觉得他这个人跟我是合得来的。现在我跟他认识12年了"(S:20150711),苏拉现在与他合作办了一个厂。

我现在跟他一起办了一个厂,为什么我可以跟他办一个厂?虽然我们开始的关系是一种普通的关系,但是我有机会做事,需要合作让他赚钱,我为什么要去外面找呢?我自己的内部里面也有,我还要去外面找干吗呢?我跟朋友,或者说我跟兄弟一起合作。所以现在他跟我也是合作关系,也很好。我认识他时,他是一个上班族,但是你跟他聊,他经常说什么?"我能有今天，是因为你。"他每一天都会说这句话。我后来跟他说，我不想听这句话。这个是因为你自己做到了，这个条件不是我给你的……（S：20150711）

从访谈资料中可以看出，苏拉非常熟悉中国关系的特点是"内外有别"，他把朋友视作"兄弟"，是属于"内部"的自己人，所以可以信任和合作，而且"自己人"不需要太客气。

另一个朋友是浦江人，他在苏拉 2008 年开始独自办厂时，有一次对苏拉说："这个地方你必须有自己的人。"苏拉那时住的条件也不好，也没有人脉，于是，过了几天后，那位浦江朋友又对苏拉说，"我叫我爸爸来帮管理，你不用管太多。你只要给他一个睡的地方，工资也不用管，你不用给他工资"。苏拉认为那位浦江朋友就是把自己当成了"自己人"，所以最后让其在自己的贸易公司做了总经理，还认他的爸爸妈妈为干爸干妈。

苏拉用中国人交往中"认干亲"的方法，主动为自己构建起拟制的"亲缘"关系，从而融入了中国社会。

苏拉善于学习和思考，又有出色的跨文化交往的能力，所以他在中国如鱼得水，不仅生意做得越来越好，而且舞台越来越大。他既是义乌塞内加尔商会的负责人，又是义乌市涉外纠纷人民调解委员会的调解员，俗称"老娘舅"。苏拉自成为"老娘舅"以来，成功调解了数十起涉外纠纷。现在，义乌市政府如果征求外商的意见和建议或者外商代表列席两会，都会邀请苏拉。他的创业故事被新闻媒体宣传报道，他还经常接受国外媒体的采访，甚至塞内加尔国内媒体也大量报道了他在中国义乌成功的故事。2014 年塞内加尔总统访华，苏拉代表在华的塞内加尔人，得到总统的接见，回国后他还被总统约见，被塞政府任命为塞内加尔的经济顾问。

"老外不见外"是苏拉常常挂在嘴边的一句话，对他来说，做调解员最深的感触是，"这里真的需要我们"。苏拉希望能够继续当好中外客商之间的"沟通之桥"，因为在他看来，在纠纷调解中安排外籍调解员，是义乌这座城市对外国人的一种礼遇，很有意义①。

2016 年 1 月，塞内加尔国家电视台采访苏拉。苏拉穿着深色西服，显得高

---

① 段菁菁. "老外不见外"：义乌聘请外国人调解涉外纠纷 [EB/OL]. 新华网 [2005 – 02 – 07]. http://news. xinhuanet. com/world/2015 – 02/07/c_1114290961. htm.

大又精神。面对自己国家的"央视"，他特意要求带上义乌市涉外纠纷人民调解委员会的徽章。"我喜欢这个徽章，这是我在义乌受到礼遇的象征。"苏拉说。①

三　毛里塔尼亚的西德把义乌当作第二故乡

毛里塔尼亚商人西德对义乌有着特殊的感情。和大多数在义乌的阿拉伯商人一样，西德租了一套写字间作为自己公司的办公室，里间是自己的办公室，外间是几名中国雇员的办公场所，布置很是简洁整齐，墙上的挂毯以及桌上的《古兰经》摆件给整个屋子增添了几分阿拉伯风情。

西德经常对人们说："义乌是我的第二故乡，我已经习惯了这里的一切。这里有我的事业，我的家庭，我的未来。我希望义乌能更好。"

义乌为什么会成为西德的第二故乡呢？

1994年，西德还是个18岁的小男孩，懵懂之间就被公派到中国留学，在北京学了一年语言。之后，到大连海事大学学习船舶驾驶，后来又读了航运管理专业的研究生。毕业后曾在海运公司上过班，那时他结交了不少在义乌做生意的阿拉伯商人，后来就随他们"下海"经商了。他从帮助别人"盯柜台"干起，直到自己另立门户并把生意越做越大。

从刚开公司只能聘用临时雇员，到现在公司规模稳步扩大，西德认为要感谢义乌的发展所提供的机遇。他说："刚开始的时候比较困难。我刚来义乌的时候，这里还不是很发达，外国人还没这么多，生活设施也没有这么便利，尤其是外事手续很麻烦，比如办体检证明啊、居住证啊等手续还得到金华、杭州去办，但后来慢慢地都变好了。"后来，西德选择了在义乌定居，并把妻子从毛里塔尼亚接到义乌生活。现在他们两口子已在义乌养育了四个儿女，最大的儿子9岁，最小的女儿刚满周岁。可见，西德热爱中国、钟爱义乌的理由很简单，不仅因为长达20年在中国的生活已经让他感觉自己是中国的一员，还因为义乌对于一个阿拉伯人来说生活上极为便利，感觉和毛里塔尼亚国内没什么区别。所以他认为："义乌的阿拉伯社区很便利，是一个适合生活的地方。有阿拉伯风味的餐厅，有做礼拜的清真寺，有阿拉伯人开的理发店，阿拉伯人也很多，我们的生活

---

①　沈超.苏拉：甘做一个快乐的"老娘舅"［EB/OL］.浙江在线－钱江晚报［2016－02－13］.http://news. eastday. com/eastday/13news/auto/news/csj/20160213/u7ai5283113. html.

习惯都差不多，平时交流啊，活动啊，都没有任何问题。以至于我们一离开义乌就感觉像在外地，就想回到义乌。"

　　由于西德在中国时间很长，能说一口流利的汉语，加上头脑灵活，性格沉稳，先后被推选为义乌毛里塔尼亚商会会长和义乌阿拉伯商会副会长。他也因此更多地参与当地社会公益活动，2008 年汶川地震发生后，义乌毛里塔尼亚商人在他的倡议下纷纷慷慨解囊，向中华慈善总会捐赠了近 20 万元人民币善款。对于感谢和赞美，西德的回答很简单："中国就是我的家。"①

四　尼日利亚易卜拉欣的义乌情缘

　　"西米露，这个，啊，一个西米露，知道吗？这个，一个。"

　　"这个，一个？"

　　"嗯。"

　　西非尼日利亚的商人易卜拉欣用中文与服务员进行着交谈，他没有专门学过中文，但是经过在义乌 15 年的生活，他笑言自己已经成了半个中国人，他与中国人之间的交流已经不存在障碍，他对中文情有独钟。他说："我很感恩，在与中国人交往的过程中，'听其言，观其行'，我学会了中文，可以很好地与他们进行交流，尽管我并没有去学校进修，专门学习中文，但是我依然可以在生活中掌握中文，比如说，现在，我们准备吃饭，用中文说，就是'我们吃饭了'。"

　　语言是交流思想和表达情感的工具，操着一口熟练的中文，身处灯光璀璨的义乌城，回想起自己在中国发展的经历，易卜拉欣的眼中饱含深情，这 15 年对他来说意味深长。他告诉采访他的记者说，在出国之前，他曾在尼日利亚北部的卡诺做生意，但是由于电力等基础设施的短缺，商业环境恶劣，加上日益严峻的安全形势，所以他的生意难以为继，甚至到了破产的边缘。一个偶然的机会，他随朋友来到中国义乌，令他没有想到的是，那次中国之行注定了他与义乌的缘分。

　　在义乌 15 年是一段曼妙的时光，给他的人生带来了全新的体验，更让他在商业上崛起。他说，"我 15 年前来到义乌，便开始了与这里的不解之缘。来到义

---

①　丽微．毛里塔尼亚商人西德："义乌是我的第二故乡"［EB/OL］．国际在线［2013－07－08］．http：//gb．cri．cn/42071/2013/07/08/6651s4174064．htm．

乌之后，经过 3 年的考察，我发现这里一切与非洲不同，便开始做些布料、衣帽等小额贸易，后来不断扩大规模，经过 12 年的发展，我的事业得到了长足的发展。我现在主要做大额贸易，把货物源源不断地从中国义乌发往尼日利亚和非洲其他地区。这 15 年的经历对我来说很重要，它让我的人生发生了很大转变，对我的商业生涯、生活方式、家庭观念都产生了积极的影响，我因此对一切都充满着感激之心，这让我感觉很棒"。

多年来，易卜拉欣很乐意将自己在义乌的感受传递给自己的朋友。索马里人穆罕默德是易卜拉欣的朋友，也是商业上的合作伙伴。2011 年，穆罕默德刚来义乌的时候，他对这里的一切都感到很陌生，生意规模很小。易卜拉欣就邀请自己的中国朋友一起帮助穆罕默德。穆罕默德说："他们对我们非常非常好，这让我们的事业得到发展。最初，我主要从事电器贸易，每年的成交量约为半个或者一个集装箱，现在，我交易的商品品种不断丰富，质量不断提高，成交量也翻了几倍，目前能够达到 3 个、4 个甚至 5 个集装箱，我现在热切地憧憬着未来能够获得更大的成功！"

易卜拉欣和穆罕默德都是较早来自非洲并在义乌获得成功的代表，如今每年来到义乌的外籍人士已超过 38 万人次，其中有 8 万人次来自非洲，他们个人的成功故事正是造就义乌作为世界第一大小商品集散中心奇迹的基石。正如易卜拉欣所说："义乌的许多地方都让人流连忘返，但对于我这个外国人来说，最重要的就是义乌对于宗教的宽容，它尊重我作为一个穆斯林的宗教信仰，并且不干涉我的宗教生活，这是非常难能可贵的。据我所知，义乌为穆斯林修建了 20 多所清真寺，其中有的清真寺非常恢宏，让人叹为观止，这使得像我这样的外国穆斯林能够正常地进行祈祷等宗教生活，而不会在异国他乡心里产生失落感。"①

五 埃及商人阿星："义乌是实现我梦想的地方"

阿星的阿拉伯名字叫艾哈迈德·阿卜杜·阿齐兹。他告诉我们："我在义乌已经 7 年了，我是 2007 年 10 月 22 日下午 2 点 50 分来到中国的。"

他之所以对这个日子记得如此深刻，是因为这个日子对他很重要，因为从那

---

① 靳利国．尼日利亚商人易卜拉欣 15 年的义乌情缘 [EB/OL]．国际在线 [2013－07－03]．http://gb.cri.cn/42071/2013/07/03/6651s4169292.htm.

一天起他在中国的故事开始书写，他的生活轨迹由此迎来了新的开端。

2007 年，阿星随两位经常来中国采购商品的朋友一起来到了中国，在那之前他在埃及开罗的艾资哈尔大学读了四年的中文专业，还在"汉语桥"比赛中获过奖。当时他们去了上海和温州，但就在离开前的最后一晚，阿星发现自己的护照丢了。于是他让朋友先回国，自己在上海补办护照，之后又随一个朋友来到义乌。他说："义乌和其他城市完全不一样，这边有很多外国人，有很多餐厅，饮食和习俗、宗教不会有问题，有很多清真寺。买我们自己的服饰都很方便，不会感觉陌生，就想在这边找个工作。"

于是，通过网上发简历，阿星在一家中国公司找到了一份工作。他从普通业务员及简单的翻译工作做起，慢慢学会了下订单、收货、验货、装柜、跟单等贸易业务。由于他做事效率高、责任感强，很快当上了业务经理，领导一个工作团队。他说："我刚来的时候什么都不懂，虽然当时我当过翻译，但来这边后做外贸，一开始做外贸没有什么经验，从一名小翻译开始慢慢学习，不断成长，一直到我做部门经理。"

2011 年，在完成经验储备以后，羽翼渐丰的阿星创立了自己的进出口公司，自己当老板是他多年前为自己设立的目标。他说："外国人在义乌创业、开公司并不困难，政策比较简便，也不需要太多的资金，我平时比较（节俭）控制开销，所以上班五年来的收入就足够开一个自己的公司了。"

在中国发展的 7 年中，阿星在事业获得发展的同时也收获了美满的婚姻。2009 年底，阿星所在的公司来了一个福建女孩美琴，她面容清秀，性格随和。两人由于在不同的部门彼此并不熟悉，直到在 2010 年夏天世界杯期间，两个人由于共同的爱好——足球走到了一起。

"她很喜欢看足球，我也喜欢看足球，一起去看足球赛，就认识了。这边的很多女孩子家里人甚至自己都没法接受嫁给外国人，但我老婆她家里人几乎没有反对过，我家里人思想也比较开放，他们相信我的眼光。"

对于美琴来说，不同的宗教、文化背景以及生活习惯的差异让两人最开始的相处小摩擦不断，然而情感的力量还是让美琴更多地选择了包容和迁就。美琴说："我们俩生活习惯上完全不一样。他是夜猫子，我是早睡早起的，我十二点之前一定要睡觉，他是十二点以后再睡觉，然后吃的也有点不一样。其实还是需要包容，双方都有爱的话，就愿意迁就对方。他身上有大的优点，就能忽视那些小的缺点。"

　　阿星性格开朗，通情达理，对家庭照顾得细心周到。2013 年，两人的爱情结晶"嘟嘟"诞生了，三个人的小家更是和和美美。谈起和阿星的婚姻生活，美琴幸福地说："过得还是蛮舒心的。因为我老公还是比较体贴的，思想开明。他们说埃及的男人会有大男子主义，但我老公还好，还可以沟通，没有那么主观和固执。评价他就是三个字，'没的说'，他是个很称职的爸爸和好老公。"

　　从一个二十出头的小男生到而立之年的成熟男人，从一个埃及学中文的大学生到一个拥有自己注册公司的小老板，从一个人单身漂泊他乡到拥有自己的小家庭，从一个普通的男生到妻子眼中的好丈夫，阿星在义乌的 7 年时间里取得了事业和感情的双丰收。他说，在义乌他实现了自己的成长和蜕变。他说："我觉得中国对我来说，义乌是最好的城市。我离不开义乌。这里是实现我梦想的地方。"①

　　确实，来义乌的非洲人，人人都有一个在中国义乌实现"非洲梦"的故事……在此，人们不禁要问，为什么他们的"非洲梦"会在义乌实现呢？这正是本书要探讨和回答的问题。

---

① 董丽征．埃及商人阿星："义乌是实现我梦想的地方" ［EB/OL］．国际在线 ［2013－07－03］．http：//gb．cri．cn/42071/2013/07/03/6651s4169289．htm.

目 录
CONTENTS

表目录

图目录

第一章
绪　论

凡事都讲究一个缘分。我们做"来华非洲人社会交往和跨文化适应研究"这个课题，是有大背景的。这个大背景一方面是在全球化大潮中，中非关系进入了合作共赢、共同发展的新时代；另一方面是"一带一路"倡议在实现全球化再平衡中，使中非关系在更大范围、更高水平、更深层次上实现大开放、大交流、大融合。

第一节　研究背景："一带一路"倡议下的中非民间交往

远在古代，中国人就建立了"天下"的世界情怀，在与他国的交往过程中，具有兼济天下的理想目标。

早在汉唐时期，中国与非洲通过陆上丝绸之路和海上丝绸之路建立了直接联系，中国的丝绸、瓷器出现在非洲；广州、泉州的商贸往来频繁，也有非洲人定居在商贸城市。明朝永乐年间，郑和率庞大的船队七下西洋，跨过印度洋，最远到达非洲东海岸。

在中国经济崛起、中华民族复兴的时代背景下，习近平总书记于 2013 年先后提出"丝绸之路经济带"和"21 世纪海上丝绸之路"的战略构想，简称"一带一路"，以一种积极、开放的心态，重新恢复古时丝绸之路的贸易盛况，与外部世界构建新的互为机遇、互为动力的新型国际关系结构①，实现全球化再平衡，并改变世界发展的不平衡，实现共同发展。

在华非洲人研究正是基于这一大背景展开。

2008 年全球金融危机以来，各个经济体至今仍困难重重，唯非洲经济一枝独秀，10 亿人口、2 万亿美元的国内生产总值、大量的年轻劳动力、10 余年来

---

① 刘鸿武，卢凌宇．"中国梦"与"非洲梦"：中非命运共同体的建构［J］．西亚非洲，2013（6）：19 – 33.

经济年均增长超过5%，非洲拥有极大的市场潜力，2014年中非贸易达到2218.8亿美元。因此，非洲经济发展对目前国内生产过剩、出口形势严峻、经济结构正在加速优化调整的中国而言是极为重要的机遇。中国需要非洲，并且在非洲的发展中得到了回报。同样，中国深度参与非洲经济发展，包括无条件的经济援助、基础设施投资、质优价廉的消费品提供、引导民营企业投资等，帮助非洲经济实现了腾飞。

随着非洲经济的发展，非洲对西方的支配依附关系发生了根本的转变。李克强总理将非洲定位为"三个一极"：世界政治舞台上的重要一极、全球经济增长新的一极以及人类文明的多彩一极①。在西方警惕和围堵中国崛起的背景下，非洲对中国的政治支持显得尤为可贵，这种政治支持在1971年非洲兄弟把中国"抬进"联合国的过程中已充分显示了力量，今后在国际舞台上仍然可以同声相应、同气相求，相互支持。

李泽华认为中国与非洲相互需要：非洲是中国开展国际合作的政治基础；可持续发展的重要市场；全球战略的坚实支撑。对非洲而言，中国的援助、经贸合作、文化交流、政治互信是非洲实现新发展的资源和财富；而中国的发展模式对于非洲具有重要借鉴意义②。

过去，中非之间的关系更多地聚焦于政府层面，随着中非关系主体的多元化，当前，国家越来越重视民间的交往。我们看到越来越多的中国商人、公司在非洲发展，现有2500多家中国企业、约100万中国人在非洲从事各类经济活动③；也看到越来越多的非洲商人、留学生等出现在中国。双方无疑进入了民间外交的时代。实地来看，这种趋势有利于扩大中非交往，但如果缺乏重视，也有可能让一些摩擦、不和谐变得更加直接，甚至影响到国家层面的关系。

我们已关注到中非关系在加强的同时，中国在非洲的形象变得更加复杂。非洲官方对中国的评价较正面，但民间层面则相对负面或多元。这与西方对中国的恶意抹黑有关，与中非民间直接交往时，出现的一些不尊重相互的风俗、文化、法律上的差异，假冒伪劣商品的销售，底层商贩生存空间被挤压的现象相关，还与中国和非洲当前的发展阶段相关。

---

① 李因才. 中非"命运共同体"建设及其进展 [J]. 当代世界社会主义问题，2015 (2)：82 - 94.

② 李泽华. 中国与非洲的相互需要——论新时期中非关系的特殊性质与前景 [J]. 贵州大学学报（社会科学版），2013，31 (3)：13 - 20.

③ 刘贵今. 理性认识对中非关系的若干质疑 [J]. 西亚非洲，2015 (1)：4 - 20.

当前，政府越来越重视在非洲的中国人的经营，并倡导他们造福当地社会，不搞重商主义，遵守所在国的法规，履行企业社会责任，但对在华非洲人，也需要给予充分的重视。学界也需要研究他们，关注他们在中国的直接体验，并用他们的体验讲好中国的故事。我们注意到，来华非洲人中多数人都很年轻，他们是非洲与中国未来交往的坚实基础，寄希望于中非青年人之间的交流，让他们可以承担更多的中非友好的使命。

在这样的大背景下，中非民间交往无疑在"一带一路"建设中具有重要的作用，民心相通是国家外交战略的重要组成部分。只有人民的热情参与，"一带一路"的基础才能巩固夯实；只有惠及人民，"一带一路"才能得到人民的支持和拥护。因此中非民间交往大有可为。在政府间关系升温的基础上，我们还需要看到民间交往中存在的问题和挑战，如在华非洲人与本地居民间的社会交往仍然不足，彼此形象认知存在隔阂，西方媒体的歪曲报道以及中国部分媒体对在华非洲人的不正确报道加大了相互之间的"负面印象"。所以，我们需要关注在华非洲人的直接体验，促进民心相通，让他们能真正成为中非命运共同体的桥梁。

历史的镜头正对准来华的非洲人。

在本地户籍人口只有80余万人的中国义乌，来华的非洲人更是显眼、突出，更是引人注目，更是深深地吸引了我们的学术注意力。

第二节　来华非洲人研究目的和意义

在这样的大背景下，我们关注义乌的研究目的是什么呢？以义乌为例，"来华非洲人社会交往和跨文化适应研究"这个课题的研究又有什么意义呢？

一　来华非洲人研究的目的

确实，义乌只是一个县级市。历史上很少有外国人进入，更不见有成千上万的非洲人进入。但是，在全球化浪潮的席卷下，非洲人来了，成千上万地来了，他们要吃要住要娱乐要交往，还要做生意，我们怎么办？怎么为他们服务？怎么管理他们？怎么与他们做生意？这一切都是小小的义乌始料未及的。

（一）从民众视角看义乌的来华非洲人

尽管在国家层面上，中国对非关系的重视已提升到一个新高度，并提出了"中非命运共同体"的概念，提出了"一带一路"倡议，但在现实层面上，特别是民间的直接交往关系上，还需要廓清一些迷雾：我们需要仔细评估现有的非洲人与中国人"面对面"的交往状况；认清非洲人来到中国义乌后，如何与义乌人进行跨文化交往；他们如何适应中国义乌社会；在此过程中，他们遭遇了怎样的困难和挑战；又有哪些因素影响着他们的交往关系；怎样才能更好地促进相互之间的交往和适应，从而从民众的层面夯实"中非命运共同体"的基础。

（二）从比较视角看广州与义乌来华非洲人

广州和义乌都是来华非洲人聚居较多的城市，但在 70 多篇研究论文或专著中，对广州非洲人的研究占了绝大多数，其中有 20 多篇在论题中直接出现了广州；相比较而言，对义乌的非洲人研究仍显不足，只有极个别的几篇，这与义乌是第二大非洲人聚居城市的现状不符。有学者已经指出"在研究来华非洲人的问题上，义乌只会变得越来越重要"。[①] 作为就在义乌的本地研究团队，我们于 2013 年开始进入这一研究领域，4 年时间，利用在本地的优势和资源，对在义乌的非洲人进行了较为深入的问卷调查和田野调查，并希望通过与广州的比较，更完整地呈现来华非洲人社会交往和跨文化适应状况，以让人们更多地了解来华非洲人，消除文化、种族差异所引起的种种隔阂、误解甚至歧视，并促进中非之间的交流。

最终我们希望通过广州与义乌两座城市中非洲人与中国人社会交往和跨文化适应情况的比较研究，揭示差异背后的结构性因素，并希望通过研究，为中非命运共同体以及"一带一路"倡议的实施贡献一份智慧和力量。

（三）从经验视角看义乌来华非洲人

一般来说，目的反映了人与客观事物的实践关系。从 20 世纪末，1998 年亚洲金融危机以后，一些非洲人从香港进入广州，也有少数进入义乌。近 20 年来，来义乌的非洲人日益增多，据义乌市出入境管理局 2016 年统计，当年到义乌的非洲人有 9 万余人，这对常住人口只有 200 多万人的义乌来说，比例是不小的。

人们不禁要问：义乌管理来华非洲人的经验是什么？这些经验的价值何在？

人的实践活动以目的为依据，目的贯穿实践过程的始终。从民众视角、比较视角和经验视角出发，"来华非洲人社会交往和跨文化适应研究"这个课题的目的，就是要通过对来华非洲人社会交往和跨文化适应研究，以及从义乌管理来华

---

① 博艾敦，等 . 非洲人在中国：问题、研究与评论［J］. 刘霓，编译 . 国外社会科学，2016（1）：158 - 159.

非洲人的实践中，总结义乌管理外国人的经验，为国家对来华外国人管理的制度的进一步完善提供参考。这就是我们努力的目标和方向。

二 来华非洲人研究的意义

国际移民问题历来是历史学、社会学、人类学、人口学等学科理论关注的热点问题之一。围绕国际移民最核心的问题就是移民的社会关系的重建与移民适应问题。

中国传统上是移民输出国，自近现代以来，中国人移民海外早已成为国际移民的主流之一，其所形成的华人华侨族群已成为一道亮丽的风景线。但现在世界移民的走向发生了巨大的转势，对于非洲人来说，中国现在成了跨国流动人口的目的地国，尤其是南南流动趋势强劲，这在世界移民史上是一个重大的课题，研究这个转势、走势和趋势必将是对世界移民史研究的一大贡献。

从社会学的角度去考察和研究这个课题，移民是社会互动的一种基本形式，"推拉理论认为，现代社会移民现象是不可避免的，因为 20 世纪以来国与国之间的社会经济发展差距不但没有缩小，反而在不断扩大。也就是说，对发达国家来说，不论是非法移民还是合法移民，都是无法断绝的"①。来华非洲人实际上在中国义乌构成了一个移民社会。在这个移民社会中，移民与移民之间、移民群体与移民群体、移民群体与其他群体、移民与社会、移民群体与社会之间存在一个极其复杂的互动关系和过程。正如澳大利亚社会学家斯蒂芬·卡斯尔斯教授所说："移民问题在当今绝大多数国家的社会转型过程中起着关键的作用，移民既是全球变化的结果，同时也是移民输出社会和接受社会进一步变化的强大推动力量，不但在经济方面的影响立竿见影，而且还会影响到社会关系、文化、国家政治和国际关系。"② 与此同时，他还指出，与移民问题相伴随的九大矛盾：接纳与排斥、现代性与后现代性、市场与国家、全球与地方、经济与环境、国家公民与全球公民、个人与网络、财富增加与贫困化、自上而下的全球化与自下而上的全球化等方面的矛盾③。凡此等等有关移民社会学的理论问题，大多在本课题研

---

① 毛园芳. 移民社会学研究对象探讨 [J]. 人民论坛（中旬刊），2010（6）：210 - 211.

② 斯蒂芬·卡斯尔斯. 全球化与移民：若干紧迫的矛盾 [J]. 国际社会科学杂志，1999（2）：23 - 30.

③ 斯蒂芬·卡斯尔斯. 全球化与移民：若干紧迫的矛盾 [J]. 国际社会科学杂志，1999（2）：23 - 30.

究中会有所证实、有所发现、有所发展。

这个课题对人类学理论的发展也是有意义的。从1910年末到1920年，美国社会学芝加哥学派领军人物托马斯（W. I. Thomas）和兹纳涅茨基（F. Znaniecki）先后出版了《身处欧美的波兰农民》（*The Polish Peasant in Europe and America*）五卷本（译林出版社，2000），这部关于移民的五卷本著作震惊了学界①。其运用人类学的理论，甩开史学界传统上侧重的围绕领袖人物和重大事件的政治、战争等主题，寻求从"普通人"的失业、贫困、社会动荡、拥挤、无根漂泊等问题入手，"自下而上"地书写身处欧美的波兰农民是如何实现跨文化认同和适应的。但是，100年后的今天，世界移民的潮流把非洲人推到了中国。今天来华的非洲人，大有当年中国人下南洋的气势。正如范可所说："'下南洋'是闽南对海外谋生的说法。农民一旦下南洋，那就不再是蔡亚诺夫（A. V. Chayanov）意义上的小农了。因为大部分人下南洋为的是发财而不是为了生存。"② 历史真有点惊人的相似，今天非洲人来华，除留学生以外，到广州、到义乌为的也"是发财而不是为了生存"。这样问题就来了，从人类学的角度去考察和研究这个课题，这些为"发财"而来义乌的非洲人就有一个跨文化认同和适应的问题。经济全球化所带来的跨文化交流，使来华非洲人面临跨文化的认同和适应的挑战。来华非洲人与中国人构成了互为镜像的他者。中国尚处在国际移民流入的早期阶段，国际移民政策还不完善，中国社会也未做好接纳国际移民的准备。现阶段，受到日益汹涌的跨国流动人口的冲击，中国的民众、社区、政府、公共服务等各个环节都还有许多不适应，甚至出现各种问题，有时候还形成危机事件，影响国家形象和国际关系。因此，从人类学的理论出发，互为他者的主要着力点就是越界和沟通，这恐怕既是义乌管理来华非洲人经验的一个基点，也是发展应用人类学的一个空间。

当然，"来华非洲人社会交往和跨文化适应研究"这个课题与人口学也有密切的关系，在国际人口移民走势中，非洲人进入中国的新动向和新态势无论从国际、国内来看，都是一个新的研究领域，其人口学的理论意义是不言而喻的。

目前中国已成为非洲第一大贸易伙伴国，非洲是中国第四大海外投资目的地。2014年中非贸易额超过2000亿美元。随着中非关系的稳定发展，中非双方将有越来越多的经贸往来和人员往来。随着近年来中非关系的持续升温，越来越

---

① 张继焦. 跨地区、跨国界的移民趋势 [J]. 思想战线，2006（5）：81.
② 范可. 移民与"离散"：迁徙的政治 [J]. 思想战线，2012（1）：14 – 20.

多的非洲人涌入中国，追求他们的"淘金梦"。他们采购便宜的中国商品，然后运回自己的国家贩卖，从差价中获利。广州早已成为国内最大的非洲商人聚居地，2014 年，常住广州的非洲人数量超过 1.6 万，常住义乌的非洲人数量超过3000。近年来，中国各级政府针对外国人管理和服务做了大量的工作，积累了一些经验，取得了一定的效果，但是中国人与非洲人之间的矛盾和纠纷数量有所增加，政府管理与非洲人群体之间的误会与矛盾也时有所闻，究其深层次原因就是社会交往和跨文化适应问题。非洲人来到中国这个陌生的环境，对居住环境、语言、心理、交往等方面都存在一定的适应问题。对非洲人的跨文化适应进行调查和研究，有利于制定更加科学合理的境外人员公共管理和服务政策，提高对来华非洲人的管理服务水平，从而有利于中非之间的经济、政治、文化交流，提升双方的关系。

第三节　来华非洲人研究述评

"知己知彼，百战不殆。"要做好"来华非洲人社会交往和跨文化适应研究"这个课题，必须对来华非洲人社会交往和跨文化适应研究的文献进行学术回顾。

一　来华非洲人研究缘起

全球化背景下，人口的跨国流动正成为不可阻挡的趋势，由于跨国流动既给人口流出国带来影响，也给迁移目的地国带来影响，所以对于这一跨国流动群体的研究，正在成为社会学、人类学、人口学、经济学、政治学等跨学科关注的焦点。中国是传统的移民输出国，但从 20 世纪 90 年代末以来，经济快速增长、政治社会稳定、综合国力快速增强，中国在输出移民的同时，正在迅速成为移民目的地国。近年来，移民问题在欧洲引起轩然大波①，而中国正处在移民输出国向移民目的地国转型的关键时期，加大跨国移民群体的研究，避免欧美国家在移民政策上出现的失误，这是学界责无旁贷的担当。非洲人在中国由于肤色明显的差异，相互之间刻板化的印象，在若干城市形成"族裔聚居区经济"的事实，因此成为跨国移民问题学者关注的重点，近年来形成一股研究的热潮。

最早对来华非洲人群体进行关注和研究的学者是维也纳大学的教授亚当斯·

---

① 丹哈里斯，龚志伟．全欧反移民趋势日增站在十字路口的欧洲［J］．世界博览，2016（5）：33－35；冯迪凡．智库：欧洲反移民情绪将激化［N］．第一财经日报，2016－03－23；高宣扬．欧洲移民的悖论性及其历史基础［J］．国外理论动态，2016（1）：74－83．

博多姆（Adams Bodomo）。作为来自加纳，又是语言学家的博多姆1997年到香港大学任教时，就敏感地注意到中国的非洲社区的存在与发展①，形成了最早的来华非洲人研究团队并开展项目研究②，2003年开始发表相关研究成果③，在十余年的研究中，博多姆团队分别调查了居住在广州、义乌、北京、上海、香港和澳门的800多名非洲人，形成了第一本在华非洲人研究专著④，不仅估算了在华非洲人的数量、人口构成，还揭示了在华非洲人的日常生活，系统地回答了非洲人为什么来到中国、他们在做些什么、怎么与东道国的人民交流、他们的中国之旅有什么样的机遇、遇到了什么样的问题挑战、又是怎样被中国政府接纳等问题。通过对来华非洲人先驱性的探索，博多姆提出了"桥梁理论"，乐观地认为来华非洲人在移民来源国与东道国之间架起了政治、经济、文化的桥梁，对中非关系具有积极的促进作用⑤。

国内的学者中，2006年始中山大学李志刚团队通过实地调研，对广州非洲人聚居区的城市"跨国空间"的特征、生产、演进机制进行研究，认为空间机制经由被动隔离、主动聚居，已经形成典型的"族裔聚居区经济"（ethnic enclave economy），其人口构成异质多元、流动性强⑥。与博多姆的相对乐观相比，李志刚等对非洲人族裔聚居区的走向显然相对悲观，认为一个负面的黑人群体形象已经在广州被建构起来了⑦，从2008年始，被称为"巧克力城"的广州非洲

① 李安山. 中非关系研究中国际话语的演变 [J]. 世界经济与政治，2014（2）：19 – 47.

② Musakwa T. Adams Bodomo Discusses His Research on Africans in China-The China Africa Project [EB/OL]. [2017 – 04 – 16]. http://www. chinaafricaproject. com/adams-bodomo-discusses-his-research-on-africans-in-china/.

③ Bodomo A B. Introducing an African Community in Asia：Hong Kong's Chungking Mansions' [J]. A Squib to the International Scientific Research Network：The African Diaspora in Asia（TADIA），2003；Bodomo A B. Cultural and Linguistic Parallels between Africa and China：The Case of Some West African and Southern Chinese Societies [J]. Third Roundtable Discussion on African Studies，University of Hong Kong，2006；Bodomo B A. The Emergence of African Communities in Hong Kong and Mainland China [J]. Standford Africa Table，2007，23.

④ Bodomo A. Africans in China：A Sociocultural Study and Its Implications for Africa-China Relations [M]. NY：Cambria Press，2012.

⑤ Bodomo A. The African Trading Community in Guangzhou：An Emerging Bridge for Africa-China Relations [J]. The China Quarterly，2010（203）：693 – 707.

⑥ 李志刚，薛德升，Michael Lyons，等. 广州小北路黑人聚居区社会空间分析 [J]. 地理学报，2008，63（2）：207 – 218.

⑦ 李志刚，薛德升，杜枫，等. 全球化下"跨国移民社会空间"的地方响应——以广州小北黑人区为例 [J]. 地理研究，2009，28（4）：920 – 932.

族裔聚居区经济走过兴起期和繁荣期，已步入衰退期①。2008 年起许涛从社会学角度对广州的非洲商人的社会交往和社会适应进行了研究探讨，研究内容涉及非洲商人的关系形态、关系原则、关系特点等②，并从非洲人的社会支持网络的弱化、断裂与重建角度说明了他们的社会适应机制③。

2009 年 "7·15" 事件④前，国内外只有零星的学者关注到在华非洲人。事件发生后，媒体与学者对来华非洲人投注了更多的目光⑤，特别是从 2011 年起国内一批社会学和人类学学士、硕士研究生和博士研究生在导师的指导下，对来华非洲人进行了更为深入的研究⑥。2013 年后，中国政府提出 "一带一路"、中非命运共同体的理念，中非关系深入发展，国内一批高质量的研究成果陆续发表在《社会学研究》等权威学术刊物上⑦，标志着来华非洲人研究逐渐从群体总体的泛泛描述或猜测，过渡到较为精确的定量分析，或者对某个领域或某类关系的

---

① 李志刚，杜枫．中国大城市的外国人 "族裔经济区" 研究——对广州 "巧克力城" 的实证 [J]．人文地理，2012 (6)：1 - 6.

② 许涛．广州地区非洲人的社会交往关系及其行动逻辑 [J]．青年研究，2009 (5)：71 - 86.

③ 许涛．广州地区非洲人社会支持的弱化、断裂与重构 [J]．南方人口，2009，24 (4)：34 - 44.

④ 2009 年 7 月 15 日，几百名黑人聚集在广州广园西路派出所前，抗议几天前一名黑人为了躲避护照检查而跳楼身亡，媒体称之为 "7·15" 事件。"7·15" 事件后，国内外媒体与学者对在华非洲人更为关注。

⑤ Morais I. "China Wahala"：The Tribulations of Nigerian "Bushfallers" in a Chinese Territory" [J]. Transtexts Transcultures，2009 (5)；Rennie N. The Lion and the Dragon：African Experiences in China [J]. Journal of African Media Studies，2009，1 (3)：379 - 414；周华蕾．中国需要移民局吗？——非洲人的 "广州麻烦"？[J]．中国新闻周刊，2009 (30)：24 - 29；Bredeloup S. African Trading Post in Guangzhou：Emergent or Recurrent Commercial Form? [J]. African Diaspora，2012，5 (1)：27 - 50.

⑥ 何艳婷．跨国族群的文化调适——以聚居于广州市矿泉街的非洲人为例 [D]．厦门：厦门大学，2011；李焱军．广州市民对在穗非洲黑人的种族态度研究 [D]．广州：中山大学，2011；聂立．在粤非洲裔外国人的社会资本影响因素研究 [D]．广州：中山大学，2012；温国砥．20世纪 90 年代以来在华非洲商人生存状态研究——以在义乌和广州的非洲商人为例 [D]．金华：浙江师范大学，2012；雷森远．在华非洲黑人对中国人的种族态度研究——以在穗非洲黑人为例 [D]．广州：中山大学，2012；杰西．中非关系视野下的在华非洲人商贸活动研究 [D]．金华：浙江师范大学，2012；王世华．在粤非洲裔外国人的中文水平与社会适应的社会学研究 [D]．广州：中山大学，2012.

⑦ 梁玉成．在广州的非洲裔移民行为的因果机制——累积因果视野下的移民行为研究 [J]．社会学研究，2013 (1)：134 - 159；牛冬．"过客社团"：广州非洲人的社会组织 [J]．社会学研究，2015 (2)：124 - 148；邱昱．清洁与危险：中—尼亲密关系里的去污名化技术和身份政治 [J]．开放时代，2016 (4)：88 - 107；牛冬．"过客家户"：广州非洲人的亲属关系和居住方式 [J]．开放时代，2016 (4)：108 - 124.

"深描"，移民因果机制、种族态度、亲属关系、性别关系等主题得到了更为深入的讨论，其研究结果更让人信服，一批青年学者如李志刚、许涛、梁玉成、牛冬、邱昱等脱颖而出。

回顾这段简短的学术研究，前人的探索可以帮助我们廓清笼罩在来华非洲人身上的迷雾，进一步厘清研究思路，提出关键问题，找到理论方向。

二 来华非洲人研究文献回顾

来华非洲人研究的文献并不多，为了弄清来龙去脉，必须从非洲移民（African Diaspora）的概念与历史入手，再了解来华非洲人的态势，以厘清来华非洲人研究的视角和基本情况。

（一）关于非洲移民的概念与历史

非洲移民的本质和组成已经随着时间的推移发生了显著的变化：从过去被奴隶贩子从非洲强迫移民到现在的自由自愿移民，有熟练技能的非洲人寻找政治避难或经济机会；从与原出生地几乎没有联系到现在对母国保持积极接触；所有这些形成了一个独特的跨越大洲和不同文化、满世界流动的非洲移民群体[①]。

从时间阶段来看，非洲移民的历史可分为五个阶段[②]。第一阶段是公元前19世纪奴隶贸易阶段，包括非洲内部的奴隶贸易、大西洋奴隶贸易和东非到亚洲的奴隶贸易。非洲人被贩卖到欧洲、亚洲、中东和美洲为奴。同时，这一阶段也有自由的非洲人以水手、商人、旅游者或者学生的身份沿着奴隶贸易路线旅居。

第二阶段是19世纪殖民时代，废除奴隶贸易运动、解放黑奴运动兴起，一些非洲奴隶从英国、新斯科舍（加拿大）、牙买加、美国、巴西等被遣返回非洲大陆，塞拉利昂、巴瑟斯特（冈比亚首都班珠尔）、利比里亚等一批接纳被解放黑奴的定居点在西非大西洋沿岸新建，从巴西遣返回来的黑奴被安置到加纳、多哥、贝宁、尼日利亚等国，在亚洲印度的孟买非洲人则返回了肯尼亚。这一结果显示了非洲移民与非洲之间的重新联结，而且往返于非洲与新大陆及非洲内部的移民流动有所加强。这些有"海归"经历的非洲人有的成了小商人，有些成了熟练的工人，如从巴西回来的非洲人，成了巴西与西非贸易的中介。但好景不

---

① Akyeampong E. Africans in the Diaspora：The Diaspora in Africa［J］. African Affairs, 2000, 99（395）.

② Akyeampong E. Africans in the Diaspora：The Diaspora in Africa［J］. African Affairs, 2000, 99（395）.

长，殖民主义在瓜分非洲的同时，为了控制非洲人，在西非转而支持黎巴嫩移民成为贸易代理，在东非则支持在非洲的印度人。

第三阶段是 20 世纪初到 50 年代中期，一些殖民地非洲人也在西方的大都市旅居、求学，但他们都是暂时的居留。如 1911 年出生在非洲或他们的父母出生在非洲，生活在伦敦的非洲人有 4540 人，1931 年才增长到 5202 人，但 1951 年翻了一番，达到 11000 人①。随着殖民地城市的发展，从农村到城市的移民也在增加。例如法国原殖民地马里索宁凯地区的人们，从中世纪开始就有经商的传统，在新的经济机会面前，来到了同是法国殖民地的塞内加尔从事花生出口生意，或者被法国人雇用成为水手，20 世纪 30 年代进入工厂，最后又从塞内加尔的达喀尔来到法国的港口城市如马赛，现在在法国的黑人移民 85% 来自这一地区。索宁凯地区的非洲人因为自己家乡的环境恶化，再加上有经商的传统，所以他们选择到外部世界主动求富打工，回到家乡后才能保持自己的精英地位②。

但这并不意味着这一时期的移民都是自愿移民，在第一次世界大战期间，殖民地政府通过加税、征粮、征兵，加强了殖民剥削。在欧洲战场，法国征用了45 万黑人士兵，还有 13.5 万黑人劳工在战时进入了工厂③。6.5 万人死在欧洲战场，还有超过 10 万人死在东非。同样在第二次世界大战期间，撒哈拉以南地区虽然并非战场，但法国殖民地征用了 8 万黑人士兵投入法国战场，其中 1/4 的人死于德国 1940 年 5 月对法国的入侵。英国在北非和缅甸使用了黑人士兵，有些非洲人还在战时加入了英国皇家空军，甚至获得了荣誉勋章。但非洲人在战时的服务也只是临时的，战后还是复员回到了非洲。战争只是扩大了未来非洲移民的视野，但无助于他们移民定居。

战后由于欧洲重建对劳动力的需要，欧洲鼓励北非移民，逐渐地，非洲人在欧洲前殖民宗主国的移民增加了起来，阿尔及利亚人、塞内加尔人、马里人在法国，索马里人在意大利，扎伊尔人在比利时。但这些劳工移民也是被认为是临时的，他们出于经济动机去欧洲。

第四阶段是殖民地独立后非洲政治、经济混乱时期的移民。二战后，民族解放运动在全球风起云涌，非洲各殖民地纷纷摆脱西方的殖民统治，取得了国家独

---

① Killingray D. Africans in Britain [M]. Frank Cass & Co, 2013.

② Manchuelle F. Willing Migrants：Soninke Labor Diasporas, 1848 – 1960 [M]. James Currey, 1998.

③ Rathbone R. World War I and Africa：Introduction [J]. Journal of African History, 1978, 19（1）：1 – 9.

立。但非洲国家独立后，经济上并没有得到预期的发展，而是继续处于边缘位置，依附于世界体系，政局也不稳定，经常发生军事政变，爆发战争，从而导致非洲难民蜂拥进入欧洲，迫使欧洲各国采取更加严格的移民政策。尽管如此，移民仍通过北非偷渡进入意大利。

以加纳的海外移民历史为例，开始时，加纳人旅居海外往往是为了得到更好的教育，到了 20 世纪 90 年代，超过 12% 的加纳人居住在海外①。1964～1984年，加纳经济衰退，政治也不稳定，接受过良好教育没有用才之地，这些经济、政治原因导致许多加纳人到了国外。起初是加纳的精英阶层和他们的孩子到国外去，后来无论是专业人员还是非专业人员，精英还是普通人，男人还是女人，都往国外移民，在 1983 年尼日利亚驱赶非法的外国移民时，加纳在尼日利亚的移民有 90 万到 120 万人②，包括大学和中学教师、工匠、用人、非技术工人和妓女，这个人数是当时加纳人口总数的 1/10。由于有一半到 2/3 的人才外流，这对加纳来说显然是一个巨大的人力资源损失。在加纳国内，由于经济损失、被政府掠夺等，加纳人一贫如洗，基本抹平了阶层差异，有钱他们也不愿意做长期投资，只是把资金用于贸易这类可以快速得到资金回报又灵活的项目上。快点去国外成了文化，有没有海外关系成了区分阶层差异的标志，海外带来的一些商品，他们用于装饰和显摆，而不是消费使用，因为这些是稀缺的资源，不是有钱就可以买得到的。

由于突然被尼日利亚人驱赶，加纳移民选择把赚取到的财富往家乡转移，那些本来一文不名出去却给家庭带来财富的移民受到了家乡人民的尊重。对于移民而言，最大的噩梦是两手空空地回来，他们经常被人们讥笑为"英雄"回来了！

在这样的价值观下，20 世纪 80 年代，加纳人还开辟了新的移民途径，他们到了英国、新西兰、德国、比利时、意大利和北美，他们也到日本及中国香港、台湾地区，还到了盛产石油的利比亚和沙特阿拉伯，南非种族隔离制度取消后，又进入了南非，把贸易网络扩展到全球。到 90 年代中期，加纳人有 2 万人在多伦多、1.4 万人在意大利、1.5 万人在新西兰、3 万人在芝加哥，因为有非法居留的现象，所以这些数字还是低估的。

---

① Dijk R A V. From Camp to Encompassment: Discourses of Transsubjectivity in the Ghanaian Pentecostal Diaspora [J]. Journal of Religion in Africa, 1997, 27 (2): 135-159.

② Brydon L. Ghanaian Responses to the Nigerian Expulsions of 1983 [J]. African Affairs, 1985, 84 (337): 561-585.

　　第五阶段是非洲经济腾飞时期的非洲移民。进入 21 世纪后，非洲经济增长速度加快，政局保持相对稳定，又有大量的年轻人口，加上现代化的基础设施如交通、通信设施在中国的援助下建设加快，便利而又能支付得起的空中交通、移动电话、互联网，促使非洲加快融入全球经济体系。移民在这一过程中发挥了他们独特的作用。他们不仅把自己从海外赚到的财富汇到国内，或者返回家乡投资，还促进了商品的流通，使像中国生产的便宜的消费品能够让非洲的消费者迅速接受。他们在此前积累的跨国流动经验及所构成的跨国网络进一步刺激了移民的数量和跨国流动的速度，而且他们的目的、经济冲动性更强，自愿性也更强。

　　回顾非洲移民的历史，有助于我们加深对在华非洲移民的认识，历史的维度能让我们对非洲移民所遭受的苦难，面对歧视和排斥表现出来的坚忍，加深同情和理解，并对他们的传统和他们未来移民的动机及方式都有更好的方向判断。同时，比较我们的海外移民史，能够看到似曾相识的一幕，西方列强所施加给我们的苦难，我们所受到的排斥和歧视也是一样，连新时期中非移民追求更好生活的梦想也是一致的，从而也让我们更深刻认识到中非之间同呼吸、共命运的命运共同体的关系。

（二）来华非洲人研究

　　来华非洲人指的是谁？因为对于中国，包含了内地、台湾、香港和澳门，所以来华非洲人广义上指涉的是在中国内地，也包括港、澳、台地区的非洲人。

　　而对于非洲人而言，我们也有不同的指涉和看法。中国民间习惯把非洲人视作一个整体，即黑皮肤，又是从非洲某个国家来到中国（确切地说是从撒哈拉以南非洲国家来的人），并不包括欧美裔的非洲人，也不包括马格里布国家和地区的人，事实上，马格里布地区虽然在非洲，但他们更多地把自己视为阿拉伯人的后裔。更复杂的是，虽来自非洲，如南非，他们有黑人，但也有白人后裔，我们怎么来区分和认定？还有，一个黑人也许是欧美裔的，他们怎么认定自己的非洲属性？中国人如果不询问他们的国籍，是把他们当作非洲人来看待的；但如果知道他们的国籍，可能会表示惊讶，何况一般而言是不会用国籍来区别的，而只是简单地用肤色来作区分。

　　为了明确对象，方便研究，我们把在中国内地来自非洲大陆国家的非洲移民（African Diaspora）作为研究对象，离散（diaspora）并不是移民（migrant），更多的是指定居的对象，一般带有永久性定居的目的，他们与移民来源地的社会脱离，并融入移民目标社会。金（King）在综述欧洲移民现象时就提出这样一个问题："一些人根据固定或非固定的节奏、路线频繁地巡回于两个或多个国家，他们是'真正的'移民吗？"① 所以，离散不仅包括国外定居者，还指涉临时的、流动在本国与外国之间的群体。因此，在华非洲人与其说是移民，还不如称他们为跨国流动人口。席勒等提出了跨国移民的概念，分析移民同时参与移出和移入两个甚至更多社会的政治、经济和社会生活的现象②。在华非洲人频繁往返于中非之间，甚至呈现全球流动的图景，已远超越我们对传统移民的概念。

1. 在华非洲人数量的研究

关于在华非洲人的确切数量，由于流动性大，经商的非洲人往往在一年内多次入境，加上非法居留人口，因此难以统计清楚，另外由于政府相关部门信息公开不及时等原因，缺少非常精确的数字。研究者只能根据已有信息进行估计，但结论差异较大，甚至一些媒体玩起了数字游戏，以强调移民数量的激增以及对地方的威胁③。博多姆等估计中国居住有 40 万~50 万非洲人，其中有 30 万~40 万名贸易商，3 万~4 万名学生，4000~5000 名专业人员，1 万~10 万名旅游者以及 1 万~2 万名游商④；其中广州有 10 万人⑤。许涛估计在广州顶峰时期有 10 万非洲人，一般有 3 万~5 万人⑥；李志刚等估计有 1.5 万~2 万人⑦。根据 2014 年广州市政府提供的数据，共有 1.6 万非洲人，其中临时居留约 1.2 万人（6 个月以下）⑧。

2. 在华非洲人人口特征研究

研究者多数指出来华非洲人年轻，男性居多，多持临时签证，主要以经商为

① King R. Towards a New Map of European migration ［J］. International Journal of Population Geography, 1969，8（2）：89 - 106.
② Schiller N G, Blanc C S. From Immigrant to Transmigrant：Theorizing Transnational Migration ［J］. Anthropological Quarterly, 1997，68（1）：48 - 63.
③ 党芳莉. 全球化时代中国地方媒体对在华非洲人的媒体报道研究——以广州报刊为例 ［J］. 西安文理学院学报（社会科学版），2016，19（1）：78 - 83.
④ 博艾敦等. 非洲人在中国：问题、研究与评论 ［J］. 刘霓，编译. 国外社会科学，2016（1）：158 - 159.
⑤ 亚当斯·博多姆. 非洲人在中国：研究综述 ［M］. 中国非洲研究评论（2013），社会科学文献出版社，2014.
⑥ 许涛. 在华非洲商人的社会适应研究 ［M］. 杭州：浙江人民出版社，2013.
⑦ 李志刚，薛德升，杜枫，等. 全球化下"跨国移民社会空间"的地方响应——以广州小北黑人区为例 ［J］. 地理研究，2009，28（4）：920 - 932.
⑧ 广州市副市长谢晓丹举行新闻发布会 ［EB/OL］. ［2017 - 04 - 16］. http://www. gz. gov. cn/gzjd-jg/gzdt/201411/2766397. shtml.

目的，语言主要用英语，还有一些用法语，来自西非国家，学历较高①。1997 年前后，最早一批非洲商人因为东南亚金融危机，从雅加达、曼谷等城市迁移到香港，继而来到相邻的广州，然后又扩散到广州周边的佛山、番禺、东莞等；在浙江主要是在义乌；重庆、武汉、上海、北京等各大城市也有分布②。在广州，非洲人主要聚居于三元里、越秀区的环市东、天河北、二沙岛、番禺③；在义乌，非洲人主要聚居于商贸区、江南四区、江东四区、永胜小区、端头小区④。

非洲人在中国主要经营纺织品、电子产品、日用百货、建筑材料、机械设备等。他们当中有临时采购的行商，因为签证时间短，所以只能匆匆采购，采购完了就随身携货或者找货代拼柜装船回非洲。他们既可以自行采购，也可以委托贸易代理商采购。而贸易代理商往往有长期签证，并且租用了写字楼、商场摊位，有较为稳定的客户来源，有些举家移居中国。还有为临时采购的行商、贸易代理商提供各种服务的中介，处于最底层的是属于"三非"的帮工，他们因为非法的身份，还要时刻担心被发现遣返，所以只能忍受低工资与不良的工作环境。

（三）来华非洲人研究视角

从不同的学科进入，形成了在华非洲人研究的不同视角。

1. 人类学视角的研究

马恩瑜从社会人类学的视角研究了在华非洲人的饮食。饮食对于国际移民而言，既是保持与原来的亲族、社会、文化联系的一条关键纽带，也是他们在迁入地建立新的群体过程中的一种核心元素。饮食有助于移民的文化持守、身份认同、群体融合、社群建构。在非洲人的生活中，饮食的各种仪式有十分重要的意义，通过饮食，可以发现非洲人的精神形态、文化观念、部族传统、历史记忆。通过描写在广州的非洲人消费的非洲餐厅、家庭式半公开餐厅以及流动餐厅，马

---

① 梁玉成. 在广州的非洲裔移民行为的因果机制——累积因果视野下的移民行为研究 [J]. 社会学研究，2013（1）；Bodomo A. Africans in China：A Sociocultural Study and Its Implications for Africa-China Relations [M]. Cambria Press, 2012；许涛. 在华非洲商人的社会适应研究 [M]. 杭州：浙江人民出版社, 2013.

② 许涛. 在华非洲商人的社会适应研究 [M]. 杭州：浙江人民出版社, 2013；Bodomo A. Africans in China：A Sociocultural Study and Its Implications for Africa-China Relations [M]. Cambria Press, 2012.

③ 李志刚，薛德升，Michael Lyons，等. 广州小北路黑人聚居区社会空间分析 [J]. 地理学报，2008，63（2）：207 - 218.

④ 陈宇鹏. 非洲商人的中国文化适应——以来华尼日尔商人为例 [J]. 北方民族大学学报（哲学社会科学版），2017（1）：90 - 94.

恩瑜深刻揭示了在广州的非洲人群体特点、区域性特点，以及非洲饮食的群体身份认同作用、信息中心作用、文化展示持守作用①。

马成城从音乐人类学的角度对生活在广州的尼日利亚伊博族基督教信仰进行了研究，发现宗教信仰渗透在广州的非洲人生活中，而音乐作为基督教崇拜仪式中必不可少的部分，弥漫在"巧克力城"的各个角落，对他们具有极为特殊的意义②。

牛冬对在中国的非洲人的社团进行了深入的人类学考察，阐述了非洲人社团的运作机制，并从中概括出"过客社团"的概念，揭示了非洲人在中国的暂时性、流动性和不确定性，并称之为"过客"属性③。牛冬在后续的研究中继续运用和阐发在中国的非洲人的"过客"属性概念，从人类学亲属研究出发，依据在华非洲人的家庭完整程度对非洲人进行分类，区分为独身型非洲人、非独身不完整家庭型非洲人和完整家庭型非洲人，从前两种类型的非洲人占绝对多数而得出在华非洲人呈现个体化和高流动性的特点，又探讨了在华非洲人的居住方式主要是以亲戚朋友共租、家庭旅店为主，形成了缺乏亲属关系联结且女性缺位的家户成员为要素的"过客家户"④。根据在广州的非洲人"过客"属性，牛冬提出了一个尖锐的问题：非洲人在中国是"移民"还是"过客"？牛冬对此的回答是，在广州的非洲人只是在中非之间从事国际贸易的非洲商人，他们缺乏融入中国社会的需求，中国的地方文化排斥也使他们不能融入中国社会，广州非洲人，只是中国社会中短暂的存在，他们只是在中国现阶段参与全球化过程中的"过客"⑤。

周阳和李志刚选择跨国婚姻与同居现象进行了研究，发现"中非伴侣"及其混血子女为应对来自地方的社会排斥、协调社会关系，主动选择和采取"区隔中融入"的文化适应策略⑥。

邱昱通过人类学田野调查，讨论在广州做生意的尼日利亚人如何在日常生活层面对其同居的中国亲密伴侣进行道德改造，进而营造一个安全的"干净"的

---

① 马恩瑜. 从广州非洲人餐饮活动透视其文化特性. 非洲研究 2014（1）[M], 中国社会科学出版社, 2014.

② 马成城. 走进虔诚宗教信仰下的广州"巧克力城"——非洲人教堂音乐生活初探 [J]. 文化艺术研究, 2014（2）: 39–49.

③ 牛冬. "过客社团"：广州非洲人的社会组织 [J]. 社会学研究, 2015（2）: 124–148.

④ 牛冬. "过客家户"：广州非洲人的亲属关系和居住方式 [J]. 开放时代, 2016（4）: 108–124.

⑤ 牛冬. 移民还是过客？——广漂非洲人的现状观察 [J]. 文化纵横, 2015（3）: 62–69.

⑥ 周阳, 李志刚. 区隔中融入：广州"中非伴侣"的社会文化适应 [J]. 中央民族大学学报（哲学社会科学版）, 2016（1）: 70–79.

小环境，这一道德改造的对外作用是去除尼日利亚人和其他非洲人在中国背负的种种污名，对内作用则是剔除中国亲密伴侣的"中国性"。这种以身体和灵魂的清洁为中心的去污名化技术和身份政治，并不是以个人道德提升为目的的自我技术，而是以小团体为核心的关系技术，它不仅仅被放置在一个形成了丰富而流变的"卫生""现代化"等观念的中国和后殖民时期的尼日利亚大背景中，更应该被看作尼日利亚人在中国所面对的不确定的移民环境而形成的生活策略①。在来华非洲人研究过程中，人类学视角能够紧紧抓住生活的细节，并放至大背景下深入阐发其意义，对小群体的研究具有独特的穿透洞察力。

2. 社会学视角的研究

许涛阐述了在广州的非洲人的社会支持弱化、断裂与重构的过程和机制②，分析了非洲人的社会交往关系及其行动逻辑③，认为在广州非洲商人呈现双层叠加关系格局，并相互渗透与转化④。许涛还对广州地区非洲商贸居住功能区的形成过程与机制以及非洲商人迁移广州的行为特征进行了社会学分析，并对非洲商人的社会适应机制进行了较为系统的研究。⑤

梁玉成对在广州的非洲裔移民行为的因果机制进行了研究，他采用受访者驱动抽样（respondent driven sampling）方法，实证量化研究发现，在广州的非洲人行为具有国际移民早期阶段的发生特征，移民社会资本的累积因果效应不断加强，只要中国经济继续发展，社会稳定，后续的非法移民将不断加强和拓展。因此建议采取抬升来华非洲人的社会阶层，抑制流入者的阶层下降速度和规模⑥。柳林等还对非洲人迁居现象进行量化分析，发现该群体迁居行为普遍，其居住空间分布呈宏观扩散、微观集聚的态势。迁居受性别差异、社会支持与融入、政府管控的影响较大，受经济因素的影响较小，因此得出了广州非洲人的迁居存在源于被动而后主动适应的特点，迁居是他们适应当地生存的重

①　邱昱．清洁与危险：中—尼亲密关系里的去污名化技术和身份政治［J］．开放时代，2016（4）：88 – 107.
②　许涛．广州地区非洲人社会支持的弱化、断裂与重构［J］．南方人口，2009，24（4）：34 – 44.
③　许涛．广州地区非洲人的社会交往关系及其行动逻辑［J］．青年研究，2009（5）：71 – 86.
④　许涛．在华非洲人的双层叠加关系格局及其渗透与转化——广州地区非洲商人社会交往关系的再分析［J］．浙江师范大学学报（社会科学版），2011（4）：10 – 15.
⑤　许涛．广州地区非洲商贸居住功能区的形成过程与机制［J］．南方人口，2012（3）：49 – 56；许涛．非洲商人迁移广州的行为特征分析［J］．浙江师范大学学报（社会科学版），2012（4）：55 – 63.
⑥　梁玉成．在广州的非洲裔移民行为的因果机制——累积因果视野下的移民行为研究［J］．社会学研究，2013（1）：134 – 159.

要手段①。梁玉成和刘河庆还针对本地居民对外国移民的印象结构及其生产机制进行了实证分析，发现非洲裔移民并未真正进入广州劳动力市场，而是以经商为主，因此不同类型的本地居民对他们经济影响方面的印象并无明显差异，本地人对他们的印象，主要由人们实际遇到的威胁以及感知到的威胁所决定，对个体社会经济地位变量影响不大，而群体接触的正面效应则被否定②。

3. 城市地理学的研究

李志刚等研究了小北路黑人聚居区的社会空间特征、机制，结论是广州黑人聚居区作为一种典型的族裔经济区出现，其经济形态已经开始向聚居区族裔经济发展。黑人聚居区的形成与社会排斥机制相联系，主要体现为黑人的主动聚居与被动隔离并存，黑人居民具有流动性和多样性特征，社会构成差别巨大。小北路黑人区因全球化下新的"自下而上"的跨国经济联系而生，因广州城市的商贸文化、宗教历史和贸易网络而兴③。

这样一个族裔经济区的存在，广州地方响应又是什么？李志刚等根据研究认为，一个负面的黑人群体形象已经被建构起来，就居民的年龄、性别、受教育程度、居住时间、宗教信仰等，各类本地居民在对黑人聚居的看法上并无太大差别，但不同职业类型的居民看法差别很大，本地媒体排斥、矮化性的负面响应导致排斥心理的产生④。广州非洲人族裔经济区已具有成型的社会网络结构，第一层即核心层为非裔商人圈，第二层为非裔社会组织圈，第三层为非裔商人与本地中国居民所组成的外圈层，新社会空间的产生，标志着深度全球化时代的来临⑤，族裔经济区的兴起与中国的"世界工厂"地位密切相关，在社会、经济和政治力量影响下，其衍化也经历了兴起、繁荣和衰退三种形态⑥。

① 柳林，梁玉成，宋广文，等. 在粤非洲人的迁居状况及其影响因素分析——来自广州、佛山市的调查 [J]. 中国人口科学，2015 (1)：115 - 122.

② 梁玉成，刘河庆. 本地居民对外国移民的印象结构及其生产机制——一项针对广州本地居民与非洲裔移民的研究 [J]. 江苏社会科学，2016 (2)：116 - 126.

③ 李志刚，薛德升，Michael Lyons，等. 广州小北路黑人聚居区社会空间分析 [J]. 地理学报，2008，63 (2)：207 - 218.

④ 李志刚，薛德升，杜枫，等. 全球化下"跨国移民社会空间"的地方响应——以广州小北黑人区为例 [J]. 地理研究，2009 (4)：920 - 932.

⑤ 李志刚，杜枫. "跨国商贸主义"下的城市新社会空间生产——对广州非裔经济区的实证 [J]. 城市规划，2012 (8)：25 - 31.

⑥ 李志刚，杜枫. 中国大城市的外国人"族裔经济区"研究——对广州"巧克力城"的实证 [J]. 人文地理，2012 (6)：1 - 6.

三 来华非洲人社会交往和文化适应研究

全球化促进了人口的跨国流动，越来越多的人跨越国界，到异国他乡去工作、经商、学习和交流。非洲人来到中国，对于他们来说，跨文化经历意味着生活发生了重大的变化，他们的生活环境、生活方式甚至思维模式都会有所变化。具体而言，当人们从自己的国家来到客居国，对新的文化环境感到惊奇，还会遇到各式各样的文化冲突和误解，由此会带来情绪的紧张和不安。由于文化不同，所以饮食习惯、社会交往、自我认知等的差异需要克服。他们在原先文化中所擅长的交往技能和策略，在新的文化环境中往往不适用，所以可能产生困惑、失落甚至否定自己的价值，对自我身份的认知也容易产生怀疑，甚至产生躯体化的反应。这种不适应称为"文化休克"或"文化冲击"。

正因如此，跨文化适应才成为我们关注的焦点。跨文化交流的研究可以追溯到 20 世纪 20 年代，但是学者们公认霍尔为"跨文化研究之父"，他在 20 世纪 50 年代提出了跨文化问题①。相较于国外的研究，中国对此的研究刚刚起步。国外的研究从 50 年代末期开始，而我国的研究则局限于比较文化差异，对于如何适应及相关影响因素的研究还比较欠缺。而基于对非洲人在我国跨文化适应状况进行调查和田野的研究，可以填补相关空白。

跨文化适应是指在短期逗留、定居、在亚文化间流动迁徙及社会变迁等过程中，外来者对新的社会文化环境的适应②。国外对此的研究有的从个人的文化意识和观点成熟度出发，有的从社会交往出发，研究与当地居民的关系质量，有的从个人发展或任务完成情况出发，有的从心理情感因素考察人们的生活满意度及情绪状态，有的考察行为，研究适应的技能策略的发展。

一些学者通过揭示人们在文化碰撞过程中所承受的压力及逐渐进行的心理调整来理解适应性变化。美国人类学家奥伯格（Oberg）把适应分为四个阶段：第一阶段为蜜月期，此阶段人们对新的文化环境着迷，会较为兴奋、欣喜和乐观；第二阶段进入逆反期，跨文化初期所经历的兴奋感逐渐减弱，取而代之的是对新环境的偏见甚至敌对情绪，会用比较消极的态度看待目标社会的文化现象，感到茫然和受挫，并主要与自己国家的人接触；第三阶段为恢复期，在这一阶段，经

---

① Hall E T. The Anthropology of Manners [J]. Scientific American, 1955 (192): 84 - 91.

② Kim Y Y. Becoming Intercultural: An Integrative Theory of Communication and Cross-cultural Adaptation [M]. Sage Publications, 2001.

过一定时间的磨合和适应，人们的语言技能有所长进，跨文化交际能力有所提高，能够与当地文化更加广泛地接触，从而对当地社会更加适应；第四阶段为适应期，在这一阶段，旅居者对当地文化的适应过程结束，在客居国的不适感及敌对情绪完全消失，已经逐渐克服了生活中出现的困难，慢慢地对客居国产生一种归属感，能够接受乃至享受目标文化①。

综上，已有研究有以下三个特点。

第一，关注到全球化背景下中国从传统的移民国到移民目的地国，跨国流动人口进入中国后，与中国民众直接接触交流，这一转变本身就具有重要的意义，他们来到中国后如何适应中国社会？又会在怎样的程度上影响中国社会？这一关注成为众多研究的焦点，由此延伸出不同的研究视角，而来华非洲人则成为学术界最为关注的群体。对这一群体的研究，前期多以田野观察、访谈为基础，重点描述来华非洲人为什么来中国，来到中国后在从事什么职业，他们如何在中国生活，与中国民众如何交往，遇到了什么样的问题，又是怎么来应对的。这些研究发现为后续的量化研究奠定了基础。

第二，在对来华非洲人的众多关注中，最核心的问题是来华非洲人是否能够跨文化适应中国社会。这一问题的背后，有如下三个关切：一是来华非洲人的适应状况与中非关系；二是适应状况与中国社会的稳定；三是涉及非法移民倾向的担忧。对此研究者给出了不同的回答，如牛冬认为来华非洲人具有"过客"属性，而非移民倾向，所以现阶段不会产生类似欧洲的移民问题困境。而博多姆等认为来华非洲人能够成为"桥梁族群"，而且，有一部分非洲人会留在中国，中非通婚后还会有非洲—中国宝宝，中国需要为此作好准备。一些研究涉及中国的结构性因素如对境外人员的签证政策、管理服务、经济政策、宗教政策、种族观念、偏见与歧视等对来华非洲人适应的影响。还有更多的研究聚焦于具体适应策略的运用，如社团②、亲属关系③、社会支持网络④、中非"伴侣"的亲密关系⑤，

---

① Oberg K. Cultural Shock: Adjustment to New Cultural Environments [J]. Curare, 1960, 7 (2): 177 – 182.

② 牛冬. "过客社团"：广州非洲人的社会组织 [J]. 社会学研究, 2015 (2): 124 – 148.

③ 牛冬. "过客家户"：广州非洲人的亲属关系和居住方式 [J]. 开放时代, 2016 (4): 108 – 124.

④ 许涛. 广州地区非洲人社会支持的弱化、断裂与重构 [J]. 南方人口, 2009, 24 (4): 34 – 44.

⑤ 邱昱. 清洁与危险：中—尼亲密关系里的去污名化技术和身份政治 [J]. 开放时代, 2016 (4): 88 – 107; 周阳, 李志刚. 区隔中融入：广州"中非伴侣"的社会文化适应 [J]. 中央民族大学学报（哲学社会科学版）, 2016 (1): 70 – 79.

这些都涉及来华非洲人的社会交往关系。

第三，许多研究聚焦于来华非洲人的社会交往关系，但是主要聚焦于关系的某一具体层面，尚缺乏整体的视角。这就给本课题的研究留下了足够空间。

第四节 来华非洲人研究的思路与方法

博多姆等指出，目前从事来华非洲人研究的学者主要以定性研究方法为主，忽视甚至摒弃定量的方法，他批评不管是新闻调查的蜻蜓点水，还是社会学和人类学的参与式观察，都回避了大范围的人员采访。所以这种没有实证基础的研究很难对来华非洲人的问题给出令人满意的答案①。

21 世纪，随着移民和散居人口问题变得更为复杂化，采取定性和定量兼顾的方法更为合理。同时，从跨学科角度而言，有关离散人口的研究涉及若干不同的学术领域，因此多种方法的结合可以形成更为深入的认识。

本课题将采用定量研究和定性研究相结合的方法，以来华非洲人为调查对象，通过一份包括 60 大题 244 个变量的问卷，对他们的社会交往和跨文化适应进行了细致的调查，并采用 SPSS 统计软件对数据进行分析。

一 来华非洲人研究问卷设计

根据课题组对以往移民社会交往及跨文化适应文献的系统阅读，结合前期访谈所了解到的情况，我们设计了自己的研究目标和重点、理论框架和研究假设，并据此设计问卷。

课题组于 2014 年完成问卷设计，并在武汉和义乌进行了试调查，根据试调查结果修改问卷，并征求相关专家的意见和建议，最后才定稿，前后费时一年有余。本次调查问卷被分别翻译成英文和法文两种版本，根据被调查对象的需要选择问卷。两种版本的问卷经过了语义矫正与互译，在形式和内容上尽量保持了对应与一致，避免了语言版本对于调查的干扰。

问卷的各部分说明如下。

第一部分，主要调查来华非洲人的背景，具体包括：国籍、来华时间、性

---

① 博艾敦，等. 非洲人在中国：问题、研究与评论［J］. 刘霓，编译. 国外社会科学，2016（1）：158 – 159.

别、年龄、学历、来华目的、签证、来华前状况、工作、收入、汉语水平、母语、对中国印象（来华前和来华后）、宗教信仰、居住状况、婚姻状况、家人来华状况、与来华前比较生活的变化、跨国流动经历、中国国内流动情况等。

第二部分，主要调查来华非洲人的跨文化社会交往状况，具体包括：跨文化社会交往意愿（动机）、交往对象、交往内容［个体跨文化社会交往，包括职业交往和生活交往；群体社会交往（社团、社区参与）］、社会交往亲密度、社会交往方式、社会交往态度（态度和行为开放度测量）、社会交往认知（评价）、社会交往障碍等。

第三部分，来华非洲人跨文化适应状况，具体包括：总体的适应状况、生活适应、中国认同、制度适应、跨文化敏感性测量、跨文化适应测量（心理适应和文化适应）。

二　来华非洲人研究田野工作过程

本课题田野工作的对象主要是来自非洲大陆、累计来华时间3个月以上的非洲人。2015年7～8月，课题组在义乌、广州两地开展了问卷调查，同时还在杭州、北京、天津、南京等地做了小部分的问卷调查，具体情况见表1－1。因为调查对象总体是隐匿性较强的小群体，流动性很大，所以课题组成员主要通过滚雪球的方式寻找合适的被调查对象，先找到愿意协助我们进行调查的非洲来华人士，再通过他们找到他们的朋友，或者在他们的协助下分发问卷。

表1－1　问卷调查来源地区

地区	问卷（份）	百分比（%）
义乌	483	52.2
广州	399	43.1
其他地区	43	4.6
合计	925	100

问卷调查期间，课题组成员一般从晚上8点到凌晨1点，在义乌商贸区的非洲人聚居的啤酒吧、夜排档、咖啡馆、小饭馆以及基督教堂、穆斯林礼拜点、商会活动点发放问卷，甚至直接深入来华非洲人居住的家里、外贸公司进行调研，也寻找到十余位非洲人进行协助，用滚雪球的方式发放问卷，并现场检查回收问卷。在广州，我们不仅从义乌带了一位非洲留学生担任研究助理，协助发放和回

收问卷，也在广州找到了像刚果商会的会长、在登峰一带活跃的两位非洲留学生协助，帮助在登峰宾馆附近、市场周边发放英文、法文版本的问卷并回收，一共发放 1100 份，共回收问卷 952 份，回收率达 86.5%，其中有效问卷 925 份，有效率约 97.2%。

三 来华非洲人研究深度访谈

通过问卷调查所获得的资料虽然比较全面，便于统计分析，但是问卷调查所获得的资料比较表面化、简单化，很难深入被调查者的思想深处，很难感受到回答者思想和行为的整体生活背景[①]。来华非洲人对于不熟悉人的问卷调查比较敏感，签证、收入、婚姻等都是比较敏感的问题，问卷调查所获得的资料难免有所不足。

因此，在发放问卷的同时，我们进行了田野考察，特别是在义乌，我们广泛访问了政府相关管理部门，直接参加了许多次有关境外人员管理的高层会议，也访问了相关的对非外贸公司。既在街头与短期来华的非洲人聊天，也与在中国多年的非洲贸易商聊天，还到他们的仓库观察货物装柜。访谈了非洲人在义乌的 5 个商会（塞内加尔、马里、苏丹、肯尼亚、几内亚），也访谈了广州的刚果商会，并参加了 3 次商会组织的活动。我们访谈了中非混合家庭、与非洲人经常打交道的商户、商店老板、负责运输的小货车司机、装柜的装卸工人、载客的出租车司机、贸易翻译群体、穆斯林宗教场所的阿訇、基督教堂的信徒、开非洲餐馆、咖啡馆、啤酒吧的老板以及租房给非洲人的房东等。我们在社区建立了境外人员服务站，在提供服务的同时，也与经常参与活动的非洲人聊天，而且义乌工商职业技术学院有 50 多位非洲留学生，我们以老师的身份多次访谈了他们，为研究积累了丰富的田野资料，这无疑有助于我们深入地了解这一群体。

至于广州，课题组曾 3 次去广州做调研，其中主要的一位课题组成员在中山大学周大鸣教授处做访问学者 1 年，在广州非洲人聚居的小北、登峰街、三元里附近等做了深入的观察和访谈，也访问了矿泉街派出所、登峰街非洲人服务点，曾经为了体验也入住非洲人喜欢登记住宿的登峰宾馆，也到非洲人经常踢球的场地和他们经常吃饭聊天的场所去观察。

在大规模的问卷抽样调查的基础上，总计对 90 多位来华非洲人，120 多位

---

① 风笑天. 社会研究方法 [M]. 第 4 版. 北京：中国人民大学出版社，2013：16.

中国商人、翻译、房东、教师、警察、社区工作人员进行了深度访谈，以补充问卷调查的不足，加深对研究对象的主观体验和感受。

四 来华非洲人研究分析方法

问卷采用 SPSS 19.0 对调查数据进行分析，主要采用描述性分析、列联表分析、相关分析与回归分析的方法，以充分呈现各变量所表现出来的数量特征以及它们之间的关系；同时对田野资料进行整理、编码和分析；在分析的过程中，适时采用比较的方法，反映义乌和广州的非洲人不同的人口特征、环境特征、交往特征及适应情况。

第五节 研究的主要框架

本课题主要研究来华非洲人社会交往和跨文化适应，主要围绕来华非洲人的社会交往情况和跨文化适应展开。具体如下：

全书分为引子，以及绪论、中非命运共同体与来华非洲人、来华非洲人社会交往、来华非洲人文化适应和结语五章。

第二章
中非命运共同体与来华非洲人

非洲人来华是世界历史人口流动的一个重大事件。在正式进入课题研究之前，有必要对非洲人来华的历史和现状做一个整体性的简述。

第一节　中非经贸关系与来华非洲人

中非关系始于经贸关系，这个关系延续至今，发展成了成千上万的非洲人为了实现"发财"的"非洲梦"，不远万里，来到中国。

一　中非经贸关系的历史与发展

中国与非洲大陆的交往始于春秋战国时期，到了西汉时期，张骞出使西域开辟了古丝绸之路，在中非贸易过程中发挥了重要的作用。唐宋时期，东西方新航路的开辟，不但使中国人与非洲大陆的交往从北非、东非渐次扩大到南部非洲以及西非、中非，而且贸易往来的商品种类大大丰富，数量大大增加。15世纪末16世纪初以来，西方殖民者先后入侵了非洲大陆和中国，中非经贸中断。新中国成立以后，随着中国改革开放的发展，中国与非洲之间的贸易往来得到了快速的发展。近十多年来，非洲国家经济保持了稳定的增长，增长水平高于全球平均水平。南非标准银行集团研究显示，撒哈拉以南非洲经济表现排前11名的国家（安哥拉、埃塞俄比亚、加纳、肯尼亚、莫桑比克、尼日利亚、南苏丹、苏丹、坦桑尼亚、乌干达、赞比亚）中产阶级数量自2000年以来增长了230%，非洲消费潜力将持续增长[1]。世界银行首席经济师弗朗西斯科·费瑞尔认为，非洲地区仍是世界三大经济快速增长区域之一，将在20年内持续快速发展。以2011年为例，这一年不仅撒哈拉以南非洲地区大多数国家保持了较好发展趋势，平均增

---

[1]　非洲消费潜力将持续增长［EB/OL］. 环球网［2014－09－15］. http://china. huanqiu. com/News/mofcom/2014－09/5138685. html.

速超过 5%，在当年全球经济增长最快的国家中，有 6 个集中在非洲大陆，位于西非的加纳以更快的增长速度位列全球榜首①。

2013 年 3 月，中国国家主席习近平访问非洲，宣布一系列支持非洲发展的新举措，为推动中非经贸关系迈上新台阶注入强大动力②。据中国海关统计，2014 年，中国与非洲进出口额 2218.8 亿美元，创历史新高，同比增长 5.5%，是 2000 年中非合作论坛启动时的 22 倍，占非洲对外贸易总额的比例由 3.82% 上升到 20.5%。其中对非出口 1061.5 亿美元，首破千亿美元大关，增长 14.4%；自非进口 1157.4 亿美元，下降 1.5%；逆差 95.9 亿美元，下降 61%。2014 年，中国对非出口增速一枝独秀，全年对非洲出口额增长 14.4%，在各大洲中增长最快，显著高于整体外贸出口额 6.1% 的增幅③。在全球经济延续弱复苏的背景下，2018 年中非贸易额达到 2042 亿美元，同比增长 20%，中国已经连续 10 年成为非洲第一大贸易伙伴国。从 2003 年至 2013 年，中非贸易从 190 亿美元增长至 2100 亿美元，10 年间增幅逾 10 倍。国务院总理李克强 2014 年 5 月在非盟会议中心发表演讲时说，到 2020 年力争实现中非贸易规模在 4000 亿美元左右④。

2013 年 3 月，中国国家主席习近平访问非洲三国并出席在南非德班举行的金砖国家领导人第五次会晤。习近平主席提出了"中非命运共同体"的概念，并从历史、现实和未来的角度解析了这一概念。他以"共同的历史经历、共同的发展任务、共同的战略利益"，高度凝练地剖析了中非作为命运共同体在彼此外交关系中的战略地位。习近平主席的演讲，向世界提出了"中非命运共同体"的概念，宣示了中国对非政策主张和外交布局。

"一带一路"倡议提出后，受到国际社会广泛关注，也得到了非洲国家的强烈响应。如果"一带一路"能与非洲发展战略相结合，将为新的全球发展提供巨大机会，也会对南南合作做出巨大贡献。"一带一路"提出的合作领域对于实现非洲"2063 年愿景"的总体发展目标具有十分积极的意义。众所周知，"一带一路"提出了政策沟通、设施联通、贸易畅通、资金融通、民心相通五大合作重

---

① 刘鸿武. 非洲发展大势与中国的战略选择 [J]. 国际问题研究，2013（3）：72 – 87.

② 白皮书：合作广泛 中国梦和非洲梦可共圆"圆梦" [EB/OL]. 中国网 [2013 – 08 – 29]. http://news. china. com. cn/world/2013 – 08/29/content_29860091. htm.

③ 2014 年中国与非洲贸易额首次突破 2200 亿美元 [EB/OL]. 中华人民共和国商务部网站 [2015 – 01 – 26]. http://www. mofcom. gov. cn/article/tongjiziliao/fuwzx/swfalv/201501/20150100877417. shtml.

④ "2015 中非友好之夜"举行. 中非贸易持续增长 [EB/OL]. 求是网 [2015 – 01 – 28]. http://www. qstheory. cn/qsgdzx/2015 – 01/28/c_1114163306. htm.

点，而 "2063 年愿景" 明确指出其目标是 "一个统一的、繁荣富强的以及和平安宁的非洲"。"一带一路" 的实施，将进一步推动中非合作，有助于 "2063 年愿景" 的实现①。

"中非命运共同体" 既是中非经贸关系历史发展的必然结果，也为非洲人来华提供了新的机遇。

二　当代来华非洲人的整体态势

随着中非贸易的持续发展，来华非洲人数量不断增长。

据官方统计，广州的非洲人口从 1998 年开始剧增。亚洲金融危机，许多东南亚国家货币贬值，在那里投资的非洲人，其财富断崖式下跌。而毗邻的中国，政局稳定，经济繁荣。他们在离香港最近的地方发现了商贸高度发达而生活成本又相对低廉的广州，于是越来越多的非洲人从东南亚迁徙过来，逐步建立了全中国最大的非洲人社区。尤其是 2001 年中国加入世界贸易组织后，以旅游签证来华的非洲人人数成倍增长；2003 年以来，在广州的非洲人每年以 30% ~ 40% 的速度递增。广州在中非贸易中无疑扮演着重要的角色。相似的气候，便利的交通，发达的物流，以及极强的包容性，使得广州成为非洲人聚居的首选地②。

如果从来华的时间上看，新中国成立以来，大规模来华非洲人可以分成两代。第一代为改革开放以后到 2000 年（中非合作论坛），2000 年以后则为第二代。

（一）第一代来华非洲留学生

第一代为改革开放以后到 2000 年（中非合作论坛）。这一代来华非洲人可以分成两类，第一类为来华留学人员。"20 世纪 80 年代末，已有 43 个非洲国家向中国派遣了留学生，在中国学习的非洲留学生已达 2245 人，所学专业涵盖农业、计算机、生物学、应用化学、生物化学、医学、机械工程、建筑学、水利工程、食品工程和汉语等各种自然与人文学科。非洲留学生中绝大多数是大学本科生。他们来华学习的渠道也主要是双边政府的教育交流协议，以及受中国政府提供的奖学金资助。在 20 世纪 90 年代的 10 年间，在中国学习的非洲留学生增至 5569

①　舒运国. "一带一路" 与 "2063 年愿景" 中非发展合作迎来新机遇 [J]. 当代世界, 2015 （12）：20.

②　"广漂" 非洲人淘金热降温 [EB/OL]. 网易新闻 ［2014 - 11 - 24］. http://news. 163. com/14/ 1124/14/ABQR148V00014AED. html.

人。1989 年是接收非洲自费留学生的第一年，从 1990 年到 1999 年，中国就接收了来自非洲 42 个国家的 1589 名留学生。"① 在此期间，大部分非洲留学生学成回国或者到其他的国家工作和生活。也有少部分留在中国，主要从事商业和贸易工作。例如义乌苏丹商会的会长、义乌市涉外纠纷人民调解委员会的艾哈迈德先生，2003 年在东华大学留学，因为家族做纺织生意，与中国有生意往来，所以被父亲派到中国，学习了纺织专业后，先是在绍兴柯桥经商，然后因为觉得在义乌生活经商更方便，所以留在义乌已经有十余年了。中国在改革开放之前以及之后的一段时间，对非的教育援助培养了一批非洲留学生。他们接受中非友好的理念，还具有懂得中非两国之间文化的优势，加上同一时期中非经济快速发展，贸易往来频繁，一些来华的非洲留学生选择在中国开展中非贸易。

（二）第一代来华非洲商人

第一代来华非洲人的第二类是来华非洲商人，时间是 1997 年亚洲金融危机以后。非洲人跟随阿拉伯人的足迹，构建跨国生意网络。从中东阿联酋的迪拜，到东南亚马来西亚的吉隆坡、印度尼西亚的雅加达、泰国的曼谷，再到南亚的印度、东亚的韩国、日本以及中国香港和台湾地区，均有这些跨国商人的足迹。他们是有丰富跨国经商经验的职业商人，在非洲及世界其他各地有着生意网络。有些人家族世代经商，或来自有丰富经商技能的家族，亚洲金融危机后，他们逐渐来到中国，先是在广州，再扩散到中国的其他城市，如浙江义乌、绍兴柯桥、广东中山等城市。广州因为毗邻香港，既是中国加工制造业的中心，也是历史悠久的对外贸易港口城市，所以第一批来华经商的非洲人聚居在广州，建立了广州贸易"据点"，成为中非贸易的中转站、桥头堡。大量非洲人聚集在广州三元里和小北路一带，逐步形成"巧克力城"。

非洲人来华更宏观的背景是中国加入世贸组织，经济总量迅速崛起为世界第二，成为世界工厂，世界最大的小商品市场——义乌国际商贸城也在这个阶段崛起。几乎与此同时，非洲经济也开始起飞，年轻人满世界寻找机会，他们发现了中国，他们来中国是为了追求财富，同时也是自我发展、确认能力的能动选择②。

（三）第二代来华非洲留学生

2000 年中非合作论坛后，中非教育合作取得了显著的发展。随着中非教育

---

① 贺文萍. 中非教育交流与合作概述——发展阶段及未来挑战 [J]. 西亚非洲, 2007 (3): 13-18.

② Adams C J. Structure and Agency: Africana Immigrants in China [J]. Journal of Pan African Studies, 2015, 7 (10): 85-108.

合作的深化，非洲来华留学生逐步增多，2004 年，来华非洲留学生人数为 2186 人，占来华留学生总人数的 1.97%。2015 年，来华非洲留学生人数为 49792 人，占来华留学生总人数的 12.52%，同比增长 19.47%①。2016 年，来华非洲留学生为 61594 人，在来华留学生总量中，非洲留学生人数增长最快，为 23.70%②。

第二代来华留学生数量的增加，一方面是由于中非教育合作的稳步推进；另一方面，就是中非合作论坛以来，中国经济的持续发展，非洲国家经济的快速发展，以及中非贸易的稳步发展，吸引了大量的非洲留学生来华留学。其中有部分享受中国政府奖学金，在中国的北京、武汉、广州、上海等大城市学习医学、采矿、机械制造、中文等专业。另一部分自费到中国各个城市学习，非洲留学生学习专业主要集中在非洲国家经济社会发展的紧缺专业，其中部分非洲留学生由父母或者兄弟姐妹提供学费来中国学习，一是中国的学费相对于欧美国家偏低，大部分非洲家庭可以接受；二是这些留学生学成回国后他们的父母或者兄弟姐妹可以帮助其谋到一份不错的政府部门、医院或者大企业的工作。还有部分非洲留学生是非学历留学生，在中国主要是以短期的汉语培训为主，多集中在广州、义乌、深圳、绍兴柯桥等商贸城市。非洲留学生学习汉语的目的以从事中非贸易为主。

（四）第二代来华非洲商人

随着非洲经济的起飞，人口的快速增长，以及中非贸易额的不断扩大，越来越多的非洲青年怀揣着梦想，出国经商赚钱，并把首选地放在中国。因此来到中国的非洲人有年轻化的趋势，他们不像第一代人，第一代非洲商人大多辗转多个国家从事贸易，在商海摸爬滚打多年，有着丰富的跨文化交往经验，知道如何和客居国的人们相处，而且有较雄厚的经商资本，知道控制风险。而第二代来华非洲商人是在中非经济持续稳定发展的背景下，伴随大批非洲商人来华"淘金热"的浪潮来到中国的。他们来中国的盲目性大大增加，有的非洲人为了来中国冒险，甚至变卖家产，忍受中介的盘剥，想办法弄到签证，然后买上昂贵的机票来到中国，希望能带一批货回去，赚取一点利润差价。他们来到中国后省吃俭用，但发现生意并不是那么好做，特别是盲目独身来华的非洲人。所以有些非洲人签

---

① 2015 年全国来华留学生数据发布［EB/OL］.中国教育国际交流协会网站［2016 - 04 - 18］. http://www.cosa.edu.cn/news/201604/t20160418_1388207.shtml.

② 2016 年来华留学生总数达 44.28 万 非洲留学生人数增长最快［EB/OL］.中国情报网［2017 - 03 - 02］.http://www.askci.com/news/chanye/20170302/17032392295.shtml.

证到期后会滞留中国，在中国非法务工，甚至从事违法犯罪活动。

第二代来华非洲商人中也有一部分延续着第一代非洲商人的在华贸易。非洲大家庭的集体意识突出。第一代非洲商人意识到如果他们要持续在中国进行贸易，就必须在家庭里面选择1~2个成员来到中国帮助其从事贸易，选择对象多数以年轻的男性为主，可以是儿子，也可以是弟弟。被选择的第二代非洲商人肩负着延续大家庭生意的使命。第一代非洲商人也意识到学习汉语和了解中国文化的重要性，因此首先他们会让第二代商人在中国的大学学习一段时间汉语或者相关专业，学习汉语可以让他掌握做生意的基本工具，从而提高效率。同时，学习汉语或者相关专业可以更好地了解中国的文化、社会环境和制度，有利于其生意做大做强，实现可持续发展。在中国大学学习还容易获得学习签证，相较于旅游签证和商务签证，学习签证来华居留时间长，可减少换签证带来的开支，也免去警察等工作人员对他们的检查和询问。第一代非洲商人大多承担了第二代非洲商人来华学习期间的学费、生活费、房租和其他开销。而第二代商人在学习之余要帮助第一代商人承担与贸易相关的工作，如找商品、监督装货柜、跟单等。

三 来华非洲人速写

来华非洲人的形象和状态如何？由于来华非洲人首先是从广州进入，让我们以广州和义乌两地为例，做一个动态的速写。

（一）广州贸易市场与来华非洲人

广州在中心城区还保留有大量城中村。来华非洲人来到广州后，选择在靠近市场的城中村落脚，登峰街道宝汉直街是来华非洲人喜欢聚集的主要居住点之一，这条街就直穿过城中村。

城中村给人的表面印象是杂乱、狭窄、拥挤，还有治安问题。但这里人口密集，店铺林立，生活设施齐全，市场就在周边，人流量大，人员更替快，所以热闹非凡、富有活力，为人们提供了无限生机。城中村吸引人的地方除了生活便利、方便生意，主要还在于租金低廉，降低了生活在其中的人们的生活成本。集聚的效应是非洲人以及大量的中国人，包括快递员、搬运工、清洁工、送水工、快餐店员、货车司机都在这个独特空间找到了自己的位置，并努力实现着"梦想"，他们在逐梦的同时，也支撑起这座城市的发展。

1997年亚洲金融危机后，大量非洲商人由东南亚迁至广州，2000年前后，广交会和广州的批发经济吸引了非洲人的到来，并在2003~2005年形成一波非洲人来穗经商的高峰①。曹珊珊等估计 2007 年在广州的非洲人有 1 万人，参加广交会的非洲人有 4 万 ~6 万②。许涛调查广州的非洲人时估测，在广州有 2 万非洲商人，而相关人士估计有 10 万③。李志刚估计，在广州的非洲人有 10 万 ~20 万。广州市政府公布的数据显示，非洲人占居住在广州的外国人士总数的 14%，约 1.6 万人。据邱昱的调查，在广州的尼日利亚人，在 2012 年的人数在 8000 ~15000 人④。

这些跨国移民多为来自西非地区的族裔散居者、漂泊者，以男性居多，并形成了 5 个跨国移民较为集中的片区，其中包括小北、天河北一带的非洲人聚居区。

这片区域也被一些学者和媒体称为"巧克力城""小非洲城"，这片区域边上，有几个或大或小的国际贸易市场，主要面向非洲市场。他们经营着服装、鞋子、首饰、手机配件、国际货运等各类生意。在这里做生意的，以尼日利亚南部依博族（Igbo）和约鲁巴族（Yoruba）人为主，信仰基督教五旬节派。官方语言为英语，平时内部交流用族群语言，依博语和约鲁巴语，还夹杂着尼日利亚的皮钦语。

在这些市场中，一些店铺被尼日利亚商人转租下来，他们借助文化、语言、移民网络等优势，招揽前来广州进货做买卖的同乡人。在几个市场，甚至整层楼的店铺全部由尼日利亚人经营。

在广州，非洲人进口服装、陶瓷、建材、自行车、摩托车、小轿车雨刷、电器产品、餐具、假发、发卡、女包、女鞋。这样，为非洲人服务的贸易公司、货代公司，以及餐饮店、服装店、理发店等都聚集在一起。这些公司的资本积累和市场都在当地，与大型跨国公司有很大的不同，其业主是非洲人，以区别于跨国公司。

（二）义乌贸易市场与来华非洲人

非洲人是如何进入义乌的呢？彭慕兰在《贸易打造的世界》中说：一个市场的形成，一是市场并不总是自然形成的，它的出现依赖于社会习俗的形成；二

---

① 甄静慧. 非洲黑人在广州 [J]. 南风窗，2009 (19)：56 - 58.
② 曹珊珊，郭力方，曹欢，等. 走近中国"非洲部落" [N]. 人民日报（海外版），2007 - 11 - 15.
③ 许涛. 在华非洲商人的社会适应研究 [M]. 杭州：浙江人民出版社，2013：30.
④ 邱昱. 清洁与危险：中—尼亲密关系里的去污名化技术和身份政治 [J]. 开放时代，2016 (4)：88 - 107.

是文化是起作用的；三是在制度和信念中凝结的因文化而异的偏好，和地理因素一起，创造出了不同的地区（region）①。义乌市场起源于鸡毛换糖的习俗，义乌人多地少，土地贫瘠，又无资源，所以义乌人为了增加土地的单位产量，就用鸡毛肥田，在农闲时挑着糖担，摇着拨浪鼓走街串巷，收集鸡毛，兼换农村人日常生活所需的针头线脑，大江南北留下了义乌人的足迹，培育了义乌人的经商头脑，换来的鸡毛不仅用于肥田，还做成鸡毛掸子。这一小小的产业还形成了最初的商业组织——糖担，也催生了小商品批发市场的雏形。改革开放后，由最初的马路市场到第五代国际商贸城，义乌在短短30年间发展成为全球最大的小商品交易批发市场，吸引了无数的中外客商，创造了经济社会发展的奇迹。

根据义乌市的经济统计数据，义乌目前市场总面积已达到550万平方米，经营商位66857个，商户数达71615个。2010～2015年，在义乌市场采购贸易方式改革推动下，义乌对外贸易迅速增长，进出口贸易总额从2010年31.2亿美元，增至2015年的342.2亿美元，其中出口额从2010年的28.6亿美元，增至2015年的338.6亿美元，年均增长速度为63.9%②。显然，大量的境外客商为义乌外贸出口做出了贡献。

据义乌市出入境提供的数据，2010年常住（散居）义乌的境外人员2.96万人，短期内来义乌的境外人员是39.28万人，全年合计42.24万人次；2011年的常住（散居）义乌的境外人员是3.17万人，短期内来义乌的境外人员是41.2万人，全年合计44.37万人次；2012年常住（散居）义乌的境外人员是3.39万人，短期内来义乌的境外人员有所下降，为38.23万人，全年合计41.62万人次；2013年常住（散居）境外人员是3.59万人，短期内来义乌的境外人员是38.87万人，全年合计42.46万人次。通过数据可以看到，常住义乌的境外人员每年都在增加，而流动的短期来义乌境外人员数量随国际政治、经济形势在发生变动。2014年全市共登记境外人员41.7万余人次，2015年41万人次③。

---

① 市场采购贸易方式是指在经认定的市场集聚区采购商品，由符合条件的经营者在采购地办理出口通关手续的贸易方式，是为专业市场"多品种、多批次、小批量"外贸交易创设的贸易方式。具有"通得快、便利化、免税收、集中监管"的特点。以往，有不少国际采购商到市场采购商品拼箱组货出口，因拿不到相应发票，只能用旅游购物贸易方式申报，受数量和监管限制，极为不便，影响了市场外贸业务的发展。现在有了市场采购贸易方式，就可以让这些小批量交易活动合法、便捷地办理出口手续，为产品走向国际市场打开了一条便利通道。

② 数字义乌［EB/OL］. http://www.yw.gov.cn/zjyw/csmp/szyw/.

③ 以上数据由义乌市出入境管理局提供并整理。

非洲是义乌第二大洲际贸易伙伴，仅次于亚洲，对非贸易占义乌总贸易额的23%。2018年，义乌对非洲出口额589.18亿元，同比增长10.53%，涵盖非洲54个国家和地区。2010年10月20日落户于国际商贸城五区的"非洲产品展销中心"，已成为展示和销售非洲特色产品的聚集地。作为中非合作的一项重要成果，"非洲产品展销中心"吸引了来自20多个国家的5000多种商品入驻，乌木制品、民间手工艺品、咖啡、乐器、鼓、珠宝首饰等不一而足，非洲商品逐渐为国人所认知和青睐。除了进出口贸易，义乌与非洲的经贸成果还涉及投资等领域。截至2015年底，义乌市企业在非洲7个国家开展了投资，投资项目13个。埃及、南非、毛里求斯、阿尔及利亚、埃塞俄比亚等非洲国家企业也积极在义乌市进行投资，投资项目70个。有来自非洲50多个国家和地区的3000多名非洲商人常驻义乌，每年来义乌的非洲商人超过8万人次，义乌已成为国内富有活力的非洲人社区。为方便在此经商生活的外商，义乌专门设立国际贸易服务中心，为外籍人士提供"一站式"服务①。

非洲人出现在义乌是在2000年后，他们跟随中东阿拉伯人而至，来义乌的非洲人主要还是以北非马格里布地区为主。他们在身份认同上与撒哈拉以南的非洲人有所差异。2010～2013年来义乌的非洲人中平均6000～7000人常住义乌，每年临时来义乌的非洲人有6万～8万。他们或在义乌经商，或在义乌投资，也有的携带家眷，他们的孩子进入了义乌的幼儿园、小学，接受中国的教育，还有一些年轻人因为家人在义乌的，所以也来到义乌，在这座县级城市的唯一一所高校——义乌工商职业技术学院留学，他们主要是学习汉语，并为接手在中国的家族生意而做准备。这所学校每年有1000多人次的留学生，其中1/3来自非洲。

因为不断增多的外商，义乌的商贸区异国风情街周边，有涉外餐厅：埃及、叙利亚、也门、巴西、哈萨克斯坦，这些餐厅的老板、厨师、食料都是来自其本国。涉外服务的超市、宾馆、货运公司、贸易公司、批发商也都聚集在这片区域。一到夜幕降临，这里便会热闹非凡，吃饭的、喝茶的、喝啤酒的、谈生意的、逛夜市的，至于酒吧，临近午夜的11点才会开始喧闹起来。

商贸区是义乌的境外人员最喜欢聚集的地方，但他们大部分人不一定居住在商贸区，而是分散居住在新改造好的城中村，如江东的端头、山口、下王、青岩

① 义乌：打造中非全方位交流合作基地［EB/OL］. http://wqb. yw. gov. cn/wqdt/201604/t20160422_910708. html.

刘、后成、下傅、五爱等。还有一个居住相对集中的点在国际商贸区附近。为了满足他们的宗教需要，各个居住点附近都会有穆斯林礼拜点，在江滨西路，还有一个由丝绸厂改造的穆斯林宗教活动场所（穆斯林称之为义乌清真大寺），在宗泽路与环城南路之间，还有一个基督教堂。

根据达乌达·西塞（Daouda Cissé）对义乌非洲贸易商的研究，义乌的非洲贸易商大致可分为企业家、贸易代理商和临时性游商三类[1]。义乌的非洲人企业家拥有自己的贸易公司、货代公司甚至工厂。例如来自塞内加尔的苏拉先生，他拥有一家贸易公司，雇用了 20 多名中国员工，贸易公司主要帮助短期来中国的商贩组货出柜、报税清关。非洲贸易代理商，持有短期的商务或旅游签证，在中国的厂家、批发商和非洲贸易商之间从事中介和促销工作。

上述两类人之外，还有越来越多的非洲人出于商业目的定期前往中国，在贸易代理商的协助下，购买中国商品并在非洲市场进行销售。他们一般直接把货随身带上飞机运往非洲。

非洲贸易网络的传统形式是家族型的，一个典型的非洲商人，往往在本国有自己的生意，扔给妻子或者家人打理，然后自己每隔一段时间来到中国进货。他们还与不同地区商人建立长期的商贸关系。由于非洲许多交易是非正式的，维系商人之间生意往来的基础主要是信任。近年来，非洲贸易商的网络有所变化，受商业驱动，新一代的非洲企业家呈现商业全球主义者的特色，他们在国家、地区和泛非组织的基础上创建工商网络，出生国、宗教和种族等因素已经退到次要地位。

不管是往来穿梭还是常驻义乌，非洲贸易商通过跨国的贸易网络，将中国制造的消费品分销至非洲大陆的各个市场。随着中国产品的涌入，许多非洲年轻人获得了供养自己和家人的商业机会。除此之外，一些非洲贸易商还在自己家乡开设了商店，这些商店兼做批发和零售，产品类型则扩展到家用电器、家具和建筑材料等，为具有不同消费能力的客户服务。

立足于中国，非洲贸易商与全世界的商人发展了商业联系，由此为中国产品分销至非洲以及其他市场做出了贡献，为中国对非出口以及打造非中关系的商业环境发挥了重要作用。

---

[1] Cissé D. African Traders in Yiwu: Their Trade Networks and Their Role in the Distribution of 'Made in China' Products in Africa [J]. Journal of Pan African Studies, 2015, 7 (10): 44 - 64.

瑞士洛桑大学学者安东尼·柯南（Antoine Kernen）和古文·汗·穆罕默德（Guive Khan Mohammad）以大量的实证调查和分析为基础，分析了中国制造在非洲社会所产生的社会、经济和政治影响。研究表明廉价的中国制造推动非洲社会进入大众消费时代，引领了一种新的物质文化，庞杂的中国制造的进口和经销网络更是影响到了政治经济领域，可能会形成一种更为广泛的涉及贸易和商业模式的变革。

第二节　来华非洲人的人口构成

在本课题中，被调查对象的国籍分布达到 43 国，其中对刚果（布）和肯尼亚人的调查超过了样本的 10%，尼日利亚、马里、加纳超过了 50 人。因为调查得到了刚果（布）社团和肯尼亚社团的支持和配合，所以样本中，刚果（布）和肯尼亚人的样本数略多。

从被调查对象国籍区域分布来看，西非最多，占了 40.6%；东非占了 28.0%；中非占 20.5%；南非占了 7.0%；北非占了 3.9%（见表 2-1）。根据调查，在义乌的北非人口所占比例较高，接近一半人是来自北非马格里布地区，由于北非在民族认同上更多地认为自己是阿拉伯人，而不是非洲人，而且在肤色上接近白人，为了与广州的非洲人进行比较，我们把调查对象主要选择为撒哈拉沙漠以南非洲。

表 2-1　调查样本来源非洲区域分布

问卷调查地区	东非	西非	南非	中非	北非	合计
广州（N=398）	24.4%	39.9%	8.5%	25.9%	1.3%	100%
义乌（N=482）	29.9%	42.9%	4.1%	16.8%	6.2%	100%
其他地区（N=42）	40.5%	19.0%	26.2%	11.9%	2.4%	100%
合计（N=922）	28.0%	40.6%	7.0%	20.5%	3.9%	100%

一　调查样本的人口自然构成

（一）性别构成

从被调查对象的性别比来看，如表 2-2 所示，来华非洲人男性约占 3/4，女性约占 1/4。牛冬提供的 2014 年 4 月 1 日的数据显示，广州越秀区童心金麓社区和下塘社区近 1600 名非洲人，有 28.5% 是女性①。博多姆等获得的 736 份问卷调查显示，来华非洲人中 80% 是男性②。

根据我们从义乌出入境管理局的了解，近年来来华境外人员中的随行家属增加比较快，2015 年常驻义乌外商携带家属的比例为 34.1%，2014 年为 31.7%，2013 年为 27.5%，也就是说每 3 名常驻义乌的外商中，有 1 名是带家属的，这其中包括非洲的国家，如马里常驻义乌的商人，带家属比例甚至超过了 52.2%。随行家属中有可能是妻子、子女或兄弟姐妹，其中主要包含了女性，她们作为家属跟随来华，或带小孩，或帮助经营生意，或因为伊斯兰国家的习俗。

表 2 - 2　广州、义乌及其他地区非洲人性别比 （N = 920）

地区	男	女
广州	70.5%	29.5%
义乌	76.0%	24.0%
其他地区	60.5%	39.5%
总体	72.9%	27.1%

女性是移民定居和适应的关键因素，查尔斯以美国的墨西哥人为例，没有妻子和孩子的单身移民倾向于成为临时工并和来源地保持强烈的社会经济关系，然后返回墨西哥。和家人一起生活在美国的非法移民则打算一直在美国③。女性在家庭生活中所扮演的重要角色，同样得到非洲人的认同。

卡梅拉 （Camara） 曾研究了在中国的马里人家庭中的性别角色，她发现男性扮演着家长角色，女性承担做饭、清洁、照顾小孩和丈夫，这看起来与传统的中国家庭文化一致。马里人在广州依然实行一夫多妻制，但是广州相对较小的居住空间给家族成员之间的相处带来挑战，而且因为办理签证需要频繁回到马里，所以家庭在广州并不稳定④。

女性非洲商人也逐渐多了起来，因为非洲人来华采购的商品中有衣服、饰品

① 牛冬 . "过客家户"：广州非洲人的亲属关系和居住方式 ［J］. 开放时代，2016 （4）：108 - 124.
② 博艾敦，等 . 非洲人在中国：问题、研究与评论 ［J］. 刘霓，编译 . 国外社会科学，2016 （1）：158 - 159.
③ Chavez L. Settlers and Sojourners：The Case of Mexicans in the United States ［J］. Human Organization, 1988, 47 （2）：95 - 108.
④ Camara M. Imagined Communities：Changing Markets and the Implications for 21st Century Mali China Migration ［J］. 2014.

和化妆品等，非洲女性又以爱美而著称，女性亲自前来采购相关商品具有独特的审美优势。

LN，女，乌干达人，在广州做生意

我离婚了，我有一个 5 岁的儿子，所以我要赚钱，我来中国买服装回去卖，在我的国家有一个店铺，生意还可以吧，我一段时间要来一次中国广州，因为我要了解最新的款式，还要了解一下价格，有的时候我向国内批发商拿货，但是利润太低了。以前我去泰国购买服装，但是比较后还是广州的服装最好，有我想买到的。（LN：20150802）

（二）年龄构成

有研究者对来华非洲人进行研究时指出多数是年轻人，例如来广州的尼日利亚人平均年龄在 20～40 岁[1]。博多姆团队的 736 份问卷调查结果也显示，25～34 岁的人占据大多数，在 60% 以上[2]。

本课题的调查对象最小年龄是 9 岁，最大年龄是 65 岁，其中平均年龄 29.9 岁。从年龄分组来看，18 岁以下的占了 0.9%，18～30 岁占了绝大多数，达到 60.2%，31～45 岁占了 36.5%，46 岁及以上占了 2.3%。总体而言以青壮年为主，特别是以 30 岁以下的年轻人居多（见表 2-3）。

表 2-3　被调查非洲人年龄分组

	频率（人）	有效百分比
18 岁以下	8	0.9%
18～30 岁	515	60.2%
31～45 岁	312	36.5%
46 岁及以上	20	2.3%
合计	855	100%

我们认为，来华非洲青年是一个需要加以特殊关注的群体，年轻人富有活

---

[1] 邱昱. 清洁与危险：中—尼亲密关系里的去污名化技术和身份政治 [J]. 开放时代，2016 (4)：88-107.

[2] 博艾敦，等. 非洲人在中国：问题、研究与评论 [J]. 刘霓，编译. 国外社会科学，2016 (1)：158-159.

力，喜欢闯荡。他们初来中国，缺乏足够的经验、阅历，又值人生观、价值观形成时期，对这一年龄阶段的青年，除了创业的经历，还需要特别关注他们的婚恋经历。他们对于中非关系友好影响深远，他们的到来不仅增加了中国经济的活力，还有助于活跃中非之间的文化交流。他们到中国后的直接感受会影响到非洲人未来对中国的印象。

二 被调查非洲人的人口社会构成

（一）婚姻构成

在被调查的非洲人中，62.0%的人未婚，33.3%的人已婚，离异的占3.6%，丧偶的占0.6%，其他占0.5%（见表2-4）。

表2-4 被调查非洲人的婚姻状况

婚姻类型	频率（人）	有效百分比
未婚	530	62.0%
已婚	285	33.3%
离异	31	3.6%
丧偶	5	0.6%
其他	4	0.5%
合计	855	100%

（二）学历构成

根据调查统计，被调查的来华非洲人中，35.4%拥有大学学历，还有21.1%的人拥有研究生学历，小学及小学以下的仅占5.1%，初中的占了12.4%，高中的占了22.4%（见表2-5）。我们可以把这一结果与博多姆的736份来华非洲人问卷调查结果比较，调查结果显示，93%的人至少完成了中等教育，大学毕业39%，研究生19%，研究结论高度吻合[①]。这一结果显示，来华非洲人并不是普通公众想象的低素质人群。能够实现全球流动的，一般来说都是该国的精英，或是经济精英，或是文化精英，作为全球化的弄潮儿，来华非洲人中有不少是精英人士，不乏名牌大学毕业的，或者是技术人才。

---

① 博艾敦，等. 非洲人在中国：问题、研究与评论 [J]. 刘霓，编译. 国外社会科学，2016 （1）：158-159.

表 2 - 5 被调查非洲人的学历状况

学历	频率（人）	有效百分比
小学及小学以下	43	5.1%
初中	105	12.4%
高中	189	22.4%
大学	299	35.4%
研究生	178	21.1%
其他	31	3.7%
合计	845	100%

（三）职业构成

被调查非洲人的职业构成如下，企业家占 4.6%、贸易代理商占 14.0%、临时性游商占 41.5%，三者合计是 60.1%。这与博艾敦团队 736 份有效问卷调查结果显示来华非洲人经商或从事贸易工作的占 60% 结果相近①。本次调查样本中留学生占 30.5%，专业人员包括翻译、外教、公司员工占 7.4%，未工作的占 2.0%（见表 2 - 6）。

表 2 - 6 被调查非洲人的职业构成

职业	频率（人）	有效百分比
企业家	40	4.6%
贸易代理商	122	14.0%
临时性游商	361	41.5%
专业人员	64	7.4%
留学生	265	30.5%
未工作	17	2.0%
合计	869	100%

（四）宗教构成

被调查的来华非洲人中，信仰伊斯兰教的占 35.2%，信仰基督教的占 44.4%，信仰天主教的占 17.1%（见表 2 - 7）。

---

① 博艾敦，等．非洲人在中国：问题、研究与评论 [J]．刘霓，编译．国外社会科学，2016（1）：158 - 159.

表 2 - 7　被调查非洲人的宗教构成

职业	频率（人）	有效百分比
伊斯兰教	322	35.2%
基督教	406	44.4%
天主教	156	17.1%
地方宗教	11	1.2%
无宗教信仰	19	2.1%
合计	914	100%

（五）来华时间

根据本次调查，有一半多的被调查对象（53.9%，N = 761）累计来华时间少于 1 年，其中 3 个月之内的占 6.7%，3 ~ 6 个月的占了 15.8%，31.4% 来华时间在 6 ~ 12 个月。来华时间超过 1 ~ 2 年的占 18.7%，长期住在中国 5 年以上不足 10 年的占 8.5%，超过 10 年的 2.1%（见表 2 - 8）。

这一调查结果表明，大部分非洲人来中国是"新人"，且停留时间较短，只有约 1/10 的人，来中国已逾 5 年。这一结果有三个意涵，一是中非民间经贸热，不断有新人补充，而且淘汰率较高；二是受到签证限制，短期来华非洲人较多，流动性较大，他们往往是来华采购一段时间，完成采购就走，像空中飞鸟般来往于中非之间；三是由于来华时间短，除了少部分人能够在中国扎下根来，大部分人只是过客。另外作为新人，他们对中国的第一印象和适应感受值得关注。

表 2 - 8　被调查对象累计来华时间

来华时间	频率（人）	有效百分比
3 个月之内	51	6.7%
3 ~ 6 个月	120	15.8%
6 ~ 12 个月	239	31.4%
1 ~ 2 年	142	18.7%
2 ~ 5 年	128	16.8%
5 ~ 10 年	65	8.5%
10 年以上	16	2.1%
合计	761	100%

第三节 非洲人的来华经历

一 非洲人来华目的

在我们调查的非洲人中，为了经商来到中国的占了 46.5%，留学的占了 34.9%，工作的占了 7.8%，旅游的占了 5.0%，投资的占了 2.0%，自由职业占了 2.0%，为了定居而来到中国的只占 1.1%，探亲（作为家属跟随）的占了 0.5%，其他占了 0.2%（见表 2-9）。

表 2-9 被调查非洲人来华目的

来华目的	频率（人）	有效百分比
经商	394	46.5%
留学	296	34.9%
工作	66	7.8%
旅游	42	5.0%
投资	17	2.0%
自由职业	17	2.0%
定居	9	1.1%
探亲（作为家属跟随）	4	0.5%
其他	2	0.2%
合计	847	100%

其中来华目的是留学的非洲人中，有相当大一部分是与经商有关，他们一方面在课余会从事一些生意；另一方面，学习也是为了以后更好地留在中国做生意，再有留学可以帮助他们获得较为长期的签证。当然，随着中非往来的增多，有一部分非洲人留学中国后，回到自己的母国可以找到一份高薪的工作。而以旅游为目的，也有可能是为了考察市场。所以来华非洲人最主要的目的还是寻找市场和机遇，同时熟悉中国语言和文化，以寻求工作、投资和定居为目的比较少。

一些非洲人存在移民中国的动机。关于非洲人移民中国的动机，主要表现为在中国就业，但要在中国找到工作，一是签证的问题，要有工作单位的邀请；二是种族身份认同的问题；三是语言障碍的问题。这些阻碍了非洲人在中国找工作。在中国找到一份工作，得到一份稳定的收入，成为一些非洲人非法滞留中国的动力，刚来到中国的非洲人很快能认识到定居并融入中国社会的想法是难以轻易实现的。

至于定居意愿，莱昂斯（Lyons）等认为非洲商人会在"访客"（visitor）与"定居者"（resiednt）之间转换。而非洲人即使变成定居者也是为了控制商品质量和降低成本①。

二 非洲人来华前对中国的了解

对被调查非洲人的问卷统计表明，非洲人来华之前对中国"非常了解"和"有一些了解"的占了31.9%，还有30.9%的人对中国"不太了解"和"一点都不了解"见表2-10。这表明，非洲人来华之前对中国的了解程度还是有所欠缺，或者说一些非洲人来华时在某种程度上处于盲目状态，这也会对他们的跨文化适应产生影响。

表 2-10 被调查非洲人来华前对中国的了解

对中国的了解程度	频率（人）	有效百分比
非常了解	137	16.0%
有一些了解	136	15.9%
一般	319	37.3%
不太了解	200	23.4%
一点都不了解	64	7.5%
合计	856	100%

来中国前，非洲人对中国的了解途径占比最多的是"通过互联网了解"，占比达42.5%；其次是"通过电视了解"，占到了38.7%；另有10.7%的人表示"通过报纸了解"。这些均代表从媒体途径了解。而从传统的人际关系网络中获取中国信息的，"通过同学朋友了解"的占30.7%，"通过家人亲戚了解"的占27.5%，这说明无论是弱关系、强关系都是获取信息的重要渠道，且在信息的传播上弱关系更为有用（见表2-11）。

① Lyons M, Brown A, Zhigang L. In the Dragon's Den: African Traders in Guangzhou [J]. Journal of Ethnic and Migration Studies, 2012, 38 (5): 869-888.

表 2 - 11　被调查非洲人了解中国的途径

了解中国途径	频率（人）	占有效样本百分比
通过报纸了解	95	10.7%
通过电视了解	345	38.7%
通过互联网了解	379	42.5%
通过同学朋友了解	274	30.7%
通过家人亲戚了解	245	27.5%
合计	1338	150.0%

比较广州、义乌两地非洲人了解中国的途径可以发现，两地有显著差异，在广州，46.5% 的人通过互联网了解中国，比义乌高出 10.4%。而在义乌更多的人通过同学朋友以及家人亲戚了解到中国，累计比广州高出 12.7%，同时与广州相比，更多的人通过报纸和电视了解到中国，累计比广州高出 15.1%（见表 2 - 12）。我们把在义乌的非洲人获得信息的渠道相较于互联网视作传统的，那么从中可以看到选择大城市居住和小城市居住可能存在某种关联，结合广州和义乌非洲人的婚姻状况，广州的非洲人未婚的多、离婚率高，而义乌的非洲人结婚率高、离婚率低，所以可以推断，广州的非洲人更加个性化和开放，而义乌的非洲人更加重视家庭、朋友和保守。而且这种差异是在来中国之前就具有的态度，是他们的态度决定了对城市的选择偏好，而不是其他的原因。

与义乌相比，广州的非洲人更加个性化，态度更加开放，一般来说，他们对社会的一系列态度和看法也可能会比义乌的非洲人更加激进。

表 2 - 12　广州、义乌非洲人了解中国途径比较

了解中国途径	地区	
	广州	义乌
通过报纸了解	4.7%	13.8%
通过电视了解	33.8%	39.8%
通过互联网了解	46.5%	36.1%
通过同学朋友了解	27.0%	34.2%
通过家人亲戚了解	24.4%	29.9%
合计（人）	385	465

三 非洲人来华前后对中国印象的对比

被调查非洲人来华之前对中国的印象非常好的占14.4%，较好的占22.7%，将近一半人表示一般，不太好的占12.5%，差的占了1.8%。总体而言，对中国印象较为正面。

当询问被调查的非洲人现在对中国的印象，我们发现对中国的好感比大幅度提升了。表示对中国的印象非常好的非洲人比例从14.4%上升到20.6%，较好的比例从22.7%上升到24.3%，正面印象总计上升了7.8%。但也有12.9%和3.3%的人表示印象不太好或差，比例有小幅度的上升，上升了1.9%（见表2-13）。另外，我们也观察到未回答的比例上升得比较多，未回答很可能表示的是"一般"或"不好说"。

表 2 - 13　被调查非洲人来华前后对中国的印象对比

	来中国前对中国的印象	来中国后对中国的印象
非常好	14.4%	20.6%
较好	22.7%	24.3%
一般	48.6%	38.9%
不太好	12.5%	12.9%
差	1.8%	3.3%
合计	100%	100%

比较广州、义乌非洲人来中国之前对中国的印象，广州的非洲人对中国印象非常好的15.8%，义乌是13.3%；较好的，广州是23.1%，义乌的是20.8%。来中国前对中国印象不太好的，广州是占14.0%，义乌是12.0%；对中国印象差的，广州占2.6%，义乌是1.3%，来中国前对中国的印象负面的，广州比义乌高了3.3%。广州的非洲人来中国前对中国的印象与义乌比较呈现两极分化（见表2-14）。

表 2 - 14　广州、义乌非洲人来华之前对中国的印象

来中国之前对中国的印象	地区	
	广州	义乌
非常好	15.8%	13.3%

续表

来中国之前对中国的印象	地区	
	广州	义乌
较好	23.1%	20.8%
一般	44.6%	52.5%
不太好	14.0%	12.0%
差	2.6%	1.3%
合计	100%	100%

广州的非洲人感觉非常好的比例从 15.8% 上升到了 21.3%，上升了 5.5 个百分点；而义乌感觉非常好的从 13.3% 上升到了 20.8%，上升 7.5 个百分点，在义乌的非洲人对中国的印象非常好的比例比广州的上升多了 2 个百分点。广州的非洲人感觉较好的从 23.1% 上升到 25.8%，上升了 2.7 个百分点；义乌的从 20.8% 上升到 21.3%，上升了 0.5 个百分点。但是比较负面印象，广州的非洲人感觉不太好的从 14.0% 上升到 16.8%，上升了 2.8 个百分点；义乌从 12.0% 下降到 10.6%，下降了 1.4 个百分点。感觉差的，广州从 2.6% 上升到 6.6%，上升了 4 个百分点，而义乌从 1.3% 下降到 0.9%，下降了 0.4 个百分点（见表 2 - 15）。

印象的两极分化趋势广州不仅没有缩小，反而有所扩大，这是值得我们深思的地方。

表 2 - 15　广州、义乌非洲人来华后对中国的印象

来中国之后对中国的印象	地区	
	广州	义乌
非常好	21.3%	20.8%
较好	25.8%	21.3%
一般	29.4%	46.4%
不太好	16.8%	10.6%
差	6.6%	0.9%
合计	100%	100%

比较每个被调查对象来中国前后的印象变化，我们发现印象无变化的义乌要远高于广州，对个体而言印象变差的，广州是 28.7%，而义乌是 17.0%，广州

比义乌多了 11.7 个百分点。印象变好的广州是 34.9%，义乌是 32.0%，广州比义乌高了 2.9 个百分点，两极分化趋势依然明显（见表 2-16）。

表 2-16 广州、义乌非洲人印象变化分类

印象变化分类	地区	
	广州	义乌
无变化	36.4%	51.0%
印象变差	28.7%	17.0%
印象变好	34.9%	32.0%
合计	100%	100%

如果把印象非常好记 5 分，差记 1 分，-4 表示从差到非常好的变化，4 表示从非常好到差的变化，0 表示印象没有变化，可以更清晰地看到广州的非洲人对中国印象前后的差异分化在各个级别上明显比义乌大（见表 2-17）。

表 2-17 广州、义乌非洲人印象差的具体变化

印象差的变化	地区	
	广州	义乌
-4	2.1%	0%
-3	2.1%	1.2%
-2	7.6%	3.2%
-1	16.8%	12.6%
0	36.4%	51.0%
1	24.8%	23.8%
2	7.3%	7.3%
3	2.4%	1.0%
4	0.3%	0%
合计	100%	100%

是否愿意向家人和朋友推荐来中国的比例从另一方面表明非洲人对中国的印象是正向还是负向。我们对来中国后的印象与是否愿意向家人和朋友推荐做了相关分析，我们的检测显示两者存在显著相关，相关系数达到 0.489。我们可以观察到非常愿意推荐的占了 18.5%，愿意的占了 34.6%，两者合计占了 53.1%。

中立的占了 23.7%，不太愿意的占了 16.7%，非常不愿意的占了 6.5%，后两者合计达到 23.2%（见表 2－18）。

表 2－18　非洲人愿意向家人和朋友推荐来中国情况

了解中国途径	频率（人）	占有效样本百分比（%）
非常愿意	166	18.5
愿意	310	34.6
中立	213	23.7
不太愿意	150	16.7
非常不愿意	58	6.5
合计	897	100

调查显示，在义乌的非洲人非常愿意和愿意向家人和朋友推荐的比例接近 60%；相反，广州的非洲人非常不愿意和不愿意向家人推荐的占 28.5%，义乌的市 20.5%，广州比义乌高了 8 个百分点（见表 2－19）。

表 2－19　广州、义乌非洲人愿意向家人和朋友推荐来中国比较

愿意向家人和朋友推荐来中国	地区	
	广州	义乌
非常愿意	14.8%	20.5%
愿意	29.3%	39.3%
中立	27.5%	19.7%
不太愿意	20.5%	15.2%
非常不愿意	8.0%	5.3%
合计	100%	100%

四　来华非洲人的生活变化

来华非洲人的生活变化直接影响到他们对中国的体验和印象，也是揭示广州、义乌两地印象变化差异的重要原因。

广州和义乌的非洲人在来华后生活发生的变化上有显著的差异，认为比以前好得多的，义乌占了 23.4%，而广州只有 9.9%；比以前好一些的，在广州是 39.5%，而在义乌达到了 47.2%，两者加起来，认为生活发生积极变化的，义乌

比广州高了 21.2%。在广州，比以前差一些的是 7.3%，比以前差得多的是 3.2%；而在义乌，这两项比例分别是 2.7% 和 0.2%。这两项比例加起来，认为生活发生消极变化的，广州比义乌多了 6.6%。认为没有什么变化的，广州是 40.1%，而义乌是 26.5%（见表 2 - 20）。

表 2 - 20　广州、义乌来华非洲人生活变化比较

生活变化	地区		总计
	广州	义乌	
比以前好得多	9.9%	23.4%	16.8%
比以前好一些	39.5%	47.2%	43.0%
没什么变化	40.1%	26.5%	33.8%
比以前差一些	7.3%	2.7%	4.8%
比以前差得多	3.2%	0.2%	1.5%
合计	100%	100%	100%

生活变化最主要的一个指标是来华后收入的变化，我们在问卷中询问来华非洲人的平均月收入、收入是否比来中国前有提高？由于收入是一个敏感的问题，大部分非洲人拒绝回答他们的月收入，只有约 1/4 的人报告了自己的收入，最小值是 0，最大值是 6 万美元/月，我们得到平均月收入是 5820.27 美元，因为内部差异很大，所以不尽客观。而且对于来华非洲人来讲，很多人从事贸易，所以经营风险较大，很难说得清自己平均每月的收入。为了做出比较准确的评估，我们首先对 263 个填写了收入的非洲人进行分组，发现平均月收入 500 美元及以下收入的占 38.4%，平均月收入 501~1000 美元的占 21.7%，1001~3000 美元的占 21.7%，3001 美元及以上的占了 18.3%（见表 2 - 21）。

表 2 - 21　来华非洲人平均月收入分组

月收入编组	频率（人）	占有效样本百分比（%）
500 美元及以下	101	38.4
501~1000 美元	57	21.7
1001~3000 美元	57	21.7
3001 美元及以上	48	18.3
合计	263	100

我们也比较了广州和义乌的收入分组，发现 3001 美元及以上的义乌比广州多了 10.2%，而 501~1000 美元组，广州比义乌多了 13.5%（见表 2-22）。

表 2-22　广州、义乌来华非洲人平均每月收入分组比较

月收入编组	地区		总计
	广州	义乌	
500 美元及以下	35.1%	37.6%	38.4%
501~1000 美元	29.8%	16.3%	21.7%
1001~3000 美元	21.9%	22.7%	21.7%
3001 美元及以上	13.2%	23.4%	18.3%
合计	100%	100%	100%

关于来华非洲人到中国后与在非洲的收入比较是否有增加，这一选项回答的有 471 人，43.3% 的人表示收入有提高，56.7% 的人表示收入比出国前下降了。广州、义乌的非洲人在回答是否比来华前收入有提高时，义乌有超过一半的人回答收入有所提高，而广州只有 34.0%（见表 2-23）。

表 2-23　广州、义乌来华非洲人是否比来华前收入有提高

是否比来华前收入有提高	地区		总计
	广州	义乌	
是	34.0%	51.5%	43.3%
否	66.0%	48.5%	56.7%
合计	100%	100%	100%

五　来华非洲人居住方式和家人状况

许涛对广州非洲商人的研究指出，非洲商人在广州有散居和聚居两种状态，这两种状态均是非洲商人适应广州社会的方式①。就像唐人街的华人聚居是种族排斥的后果，并非是华人喜欢聚居。来华非洲人选择聚居或是散居，也是社会适应的某种结果。

许涛认为聚居可划分为职业型、宗教型、地缘型。聚居不仅为非洲商人抵御

---

① 许涛. 在华非洲商人的社会适应研究 [M]. 杭州：浙江人民出版社，2013：32.

社会排斥提供庇护，而且在聚居区内保留着非洲商人本国文化，通过聚居区的贸易活动与广州社会联结，发挥着社会适应和非同化的功能。散居可划分为被迫分散和主动分散。被迫分散是因身份问题采取分散的方式隐藏于广州社会。主动分散是主动接受中国文化影响，融入广州社会。

　　来到中国的非洲人，面临的第一个问题就是如何解决住的问题。首次来的新人，没有亲戚、老乡帮助接待的，需要先找到一家可以接待外宾的涉外宾馆，住下来，然后再去租房子。签证时间短的，也可以直接住在宾馆，在24小时内要到就近的派出所办理临时住宿登记。这样就可以开始在中国的生活。

　　我们对来华非洲人的调查显示，58.8%的被调查非洲人租房居住，15.9%的非洲人居住在学校宿舍，15.7%的人居住在涉外宾馆，还有3.5%的人居住在亲戚家，2.6%的人居住在朋友家，1.9%的人居住在工作场所，有1.3%的人居住在自购房。所以绝大多数来华非洲人居住在出租屋和宾馆，另外留学生较多居住在学校宿舍。

　　我们对广州的非洲人和义乌的非洲人居住的情况进行比较，发现广州居住在涉外宾馆的非洲人比义乌多了7%；而在义乌的非洲人，租房的比广州多了17.1%。居住在学校宿舍的非洲人，广州多于义乌12.3个百分点。一般来讲，居住在涉外宾馆的以短期来华的居多，租房居住的以中长期来华的为主。所以从居住的情况分析，广州短期来华的比义乌多，而义乌中长期居留的非洲人比广州多（见表2-24）。

表2-24　广州、义乌来华非洲人居住情况比较

生活变化	地区		总计
	广州	义乌	
涉外宾馆	20.1%	13.1%	15.7%
租房	50.9%	68.0%	58.8%
工作场所	2.1%	1.5%	1.9%
自购房	0.8%	1.7%	1.3%
亲戚家	2.3%	4.7%	3.5%
朋友家	2.6%	2.8%	2.6%
学校宿舍	20.6%	8.3%	15.9%
其他	0.8%		0.3%
合计	100%	100%	100%

居住方式是非洲人在中国"特定居住空间中的规律性的居住关系"。①宾馆和租房代表了两种典型的方式（学校宿舍除外）。

在宾馆居住的方式，对于非洲人开启来华生活具有重要意义。来华前，到中国大使馆申领签证时，如果是像旅游签证这样的短期签证，根据需要，要向大使馆提供酒店宾馆的预订单据。酒店宾馆会根据签证的难度收取一笔费用。他们到达中国入住后，再根据实际的房价收取住宿费用，且必须居住在预订的宾馆中，否则办理不了临时住宿登记。

所以选择在宾馆住宿的往往是持短期签证的商人，对于这部分非洲人来讲，入住宾馆是最方便的选择，有助于节省时间。所以在广交会和义博会期间，临时来华非洲人激增，酒店的生意就会异常火爆，即使涨价也会处于客满状态。

根据中国的出入境管理法："外国人在中国境内旅馆住宿的，旅馆应当按照旅馆业治安管理的有关规定为其办理住宿登记，并向所在地公安机关报送外国人住宿登记信息。""旅馆未按照规定办理外国人住宿登记的，依照《中华人民共和国治安管理处罚法》的有关规定予以处罚；未按照规定向公安机关报送外国人住宿登记信息的，给予警告；情节严重的，处一千元以上五千元以下罚款"。所以，入住宾馆可以省去租房、申请办理临时住宿登记带来的时间损失。不利的是住宿成本相对较高，在广州，按天计算可能是 100 元左右，如果是长期包住，每月 2000～3000 元，住得更久也可以讲价。除了价格因素，宾馆对货物仓储和人员来访有相对严格的要求，所以非洲人还是倾向于租房，这样对他们而言限制较少且相对自由，还可以节省成本。所以宾馆住宿中持短期签证或者初次来中国的非洲人居多。

租房居住方式是绝大多数非洲人喜欢的方式，甚至包括非洲留学生。广东和义乌都有大量的城中村，所以房租价格相对低廉，出租房较多。像在义乌，本地的农民可以分到一块宅基地，农民盖个四层半的楼，一层用于自住，其余的楼层用于出租，租金单间每月 500～700 元，套间每年 20000 元左右。而广东的租金比义乌要贵，一个单间每月 1500～3000 元，这意味着生活成本的提高。对非洲人而言，他们更倾向于价格低廉的出租房，其次才是选择居住的环境条件。非洲人往往选择合租，可以节省租房费用，平时相互帮助，比宾馆多了家的感觉。合租对象多是有亲属关系或是朋友关系，既可以是本国人，也可以是不同国籍的非

---

① 牛冬．"过客家户"：广州非洲人的亲属关系和居住方式［J］．开放时代，2016（4）：108－124．

洲人，这种方式有助于他们更好地适应新环境。我们在义乌调查时也曾进入这样的群租房，一套房 100 平方米不到住了 7~8 人，陈设比较简陋，有的也没有空调。

由于来中国的非洲人签证时间短，在有限的时间内，他们要完成货物寻找、订货、发货这一系列的环节，所以对于他们而言，时间非常紧张，绝大部分时间并不是待在居住的房间内，这相对降低了他们对居住条件的要求。另外由于短期来华的需要，房子并不是长期居住，所以转租的行为比较多。为了避免把时间过多地花在找房、租房、退房，并节省租房成本费用，在广州和义乌，出现了二级房东，一些长期居留的非洲人向房东租了房子后，根据需要改造房子内部空间结构，再向那些频繁往来于中非之间的非洲商人招租，这样形成了"家庭旅馆"①。

群租适用于签证时间短又不想住宾馆的独身型非洲人。对于生意成功的商人，他们的家属也在中国，对居住品质有一定的要求，所以会选择单租。有些留学生，有时私下也从事商业活动，不愿居住在学校宿舍，又要兼顾学业，也会有单租的需要。

非洲人的亲属、朋友之间还有一定比例的借住行为，他们喜欢互访，然后居住在一起，例如从义乌去广州的非洲人，会在一段时间内借住到广州的非洲朋友或亲戚家中，根据需要有的时间长，有的时间短。还有一些非洲中介商人，为了留住客户，也会把自己的办公场所开放出来，给临时来中国的非洲商人暂时居住，直至他们完成采购。

表 2-25　非洲人家人在中国的情况

家人在中国的状况	频率（人）	占有效样本百分比
配偶	85	10.3%
子女	52	6.3%
父母	41	5.0%
兄弟姐妹	90	10.9%
亲戚	184	22.3%
没有	373	45.2%
合计	825	100%

---

① 牛冬．"过客家户"：广州非洲人的亲属关系和居住方式［J］．开放时代，2016（4）：108-124．

非洲人与中国人一样，也非常重视家庭，而且他们往往是大家庭，有些非洲国家实行一夫多妻制，所以他们的子女一般也较多，子女与父母一起生活，一般不分家，即使子女已婚还是一起生活。所以一部分非洲人到了中国后，视生意情况，会想办法把部分亲属带到中国，让家人协助稳定和扩大生意。家人到了中国后，也许会安排他们到其他城市，或者让年轻人跟在身边学做生意，也有的让他们在中国学习汉语，以便毕业后更好地打理家族在中国的生意。所以许多义乌的非洲留学生以汉语言培训为主，他们毫无疑问已经是未来的"准商人"，事实上，他们有的已经涉足生意，因为有这样的预期，所以他们适应中国社会文化的目标比较明确。对于他们而言，留学生的学习签证比较稳定且相对容易获得，所以中非贸易和中非民间往来直接推动了非洲来华留学生学习汉语的热情。

如果在中国创业成功，生意稳定，有了投资，非洲人会进一步把家人接到中国一起生活，有些在中国生了孩子，让孩子在中国上幼儿园、小学。但等孩子长大后，他们还是希望把孩子送回自己国家受教育。他们刻意保持孩子的跨国身份，让他们既懂得中国的文化，也不要忘记自己国家的文化，如此他们才能在两种文化之间穿梭自如。

六　来华非洲人跨国流动和国内流动状况

来广州和义乌的非洲人有丰富的跨国流动经历，我们调查他们曾经到过几个国家时，在有效回答的726个被调查对象中，平均到过3.6个国家，其中最多的去过27个国家。

对被调查对象跨国经历进一步的分组分析表明，大部分人去过3个及以下的国家，有超过1/4的被调查对象去过4~6个国家，去过7~9个国家和10个及以上国家的各占回答对象的1/20（见表2-26）。

表2-26　来华非洲人跨国流动经历分组

跨国经历	频率（人）	占有效样本百分比
去过3个及以下国家	455	62.7%
去过4~6个国家	188	25.9%
去过7~9个国家	41	5.6%
去过10个及以上国家	42	5.8%
合计	726	100%

SJ，在义乌的多哥人，男，22 岁

我的爷爷是多哥人，我的奶奶是科特迪瓦人，我的爷爷现在住在科特迪瓦，我的妈妈是贝宁人，我爸爸常年在多哥做生意，所以我去过西非很多国家，西非国家间免签证，语言也相同，通行很方便，生意原因，我经常需要去其他的国家。我的哥哥大学毕业后在法国工作，有时候我回国的时候会去法国看他。（SJ：20131120）

在调查中，我们统计了来华非洲人第一次跨国流动中，以非洲的内部国家的流动为主，去乌干达、南非、肯尼亚、坦桑尼亚等国为主。其他的跨国流动主要是来到亚洲，在我们的统计中，除了首次来中国，亚洲去的国家中最多的是阿拉伯联合酋长国（迪拜），其次就是去东南亚的泰国、马来西亚和南亚的印度；去欧洲，以法国、英国和葡萄牙为主；北美去的最多的是美国，加拿大次之。

JM，在义乌的加纳人，男，42 岁

我是做卫浴生意的，我的家族世代经商，我爸爸带我去迪拜做生意，2006 年以后我们听说中国义乌的五金和卫浴不错。迪拜市场的优势是商品质量好，货运时间短。义乌市场的优势是款式和种类齐全，对于我们这种大的采购商来说比较适合，这几年义乌货的质量不断提高，我们也与这里的工厂合作创造了自己的品牌，现在我们以义乌市场为主了，如果哪些款式的货要得急，我们就从迪拜临时补一些货。（JM：20141110）

在广州的非洲人，首次出国选择来中国的比例要远高于义乌，高出 10.6 个百分点；而来义乌的非洲人在亚洲其他国家活动过的比例要高于广州，高出 6.1 个百分点。这再次表明在广州活动的非洲人跨国流动的经验总体而言要比在义乌的少，有些人到广州缺少足够的经验，这可能会给他们的跨国社会交往和跨文化适应带来某种影响。

为了在中国寻找商机，来华非洲人在中国的城市间流动，根据调查，来华非洲人平均到过 3.46 个城市，其中在广州的非洲人平均到过 2.82 个城市，义乌的非洲人到过 4.06 个城市。

根据调查，非洲人来中国后去过城市数量分组如表 2 - 27 所示：去过 1 ~ 2 个城市的，占 44.7%；去过 3 ~ 5 个城市的占 43.5%；去过 6 ~ 10 个城市的占

9.0%，10 个以上城市的占 2.7%。

表 2 - 27　来华非洲人去过中国城市数量分组

国内经历	频率（人）	占有效样本百分比
1 ~ 2 个城市	343	44.7%
3 ~ 5 个城市	334	43.5%
6 ~ 10 个城市	69	9.0%
10 个以上城市	21	2.7%
合计	767	100%

　　广州和义乌的非洲人在去过多少个城市分组比较中有显著差异，在广州56% 的非洲人表示去过 1 ~ 2 个城市，而在义乌，这一比例是 35.1%。去过 3 ~ 5个城市的广州占 35.1%，而义乌的比例达到了 50.3%。我们认为，去过的城市越多，表明他们与中国的联结越深，从生意网络的角度看，也有助于拓展。

　　我们在调查过程中让被调查对象列举到访的 3 个城市，根据最后的统计分析，提到到过广州的 432 人次、义乌 385 人次、上海 234 人次、北京 182 人次、杭州 109 人次、深圳 71 人次、香港 52 人次、温州 37 人次、宁波 28 人次、佛山24 人次、武汉 24 人次、南京 24 人次、澳门 20 人次、天津 19 人次、西安 16 人次、东莞 16 人次、成都 12 人次、金华 10 人次、青岛 8 人次、重庆 5 人次、苏州5 人次、大连 5 人次、合肥 4 人次、哈尔滨 4 人次、福州 4 人次、厦门 3 人次、海口 3 人次、珠海 3 人次、嵊州 3 人次、长沙 2 人次、太原 2 人次、无锡 2 人次、长春 2 人次、南昌 2 人次、兰州 2 人次、汕头 2 人次、台北 2 人次、昆山 1 人次、南宁 1 人次、泉州 1 人次、郑州 1 人次、北戴河 1 人次、东阳 1 人次、桂林 1 人次、济南 1 人次、江门 1 人次、沈阳 1 人次、梧州 1 人次、徐州 1 人次、中山 1人次、诸暨 1 人次、萍乡 1 人次、石家庄 1 人次、台州 1 人次、永康 1 人次。

　　被调查非洲人总计明确提到了中国的 50 多个城市，这些城市既有港、澳、台地区，北京、上海、天津、重庆 4 个直辖市，也有广州、杭州、武汉、南京、西安、成都、合肥、哈尔滨、福州、海口、长沙、太原、长春、南昌、兰州、南宁、郑州、济南、沈阳、石家庄共计 20 个省会城市，另外还有除省会城市之外的地级市，包括深圳、温州、宁波、金华、青岛、苏州、大连、厦门、无锡、汕头、泉州、桂林、江门、梧州、徐州、萍乡、台州 17 个地级市以及义乌、嵊州、昆山、东阳、诸暨、永康等县级城市。

其中非洲人足迹出现最多的城市集中在珠三角，广州及周边的县市、深圳、香港、澳门；其次是集中在长三角，主要包括以义乌为中心的浙中城市群，杭州、宁波、温州等城市。基本上覆盖了中国内地经济最活跃、发展最快的大中小城市。

这就是非洲人的来华所呈现的世界历史人口流动的图像。

第三章
来华非洲人社会交往

非洲人来到中国以后，面临社会交往，交往的对象主要有商人、房东、警察、市场管理者和教师等。面临不同文化的冲击和影响，来华非洲人社会交往过程中的交往意愿、交往目的和交往对象的选择具有明显的特征。

为了更好地了解和解释来华非洲人的社会交往情况，我们对义乌的中国人与非洲人的社会交往进行了调查分析。采用多段抽样方式选取调查对象，从义乌的7个街道中选取非洲人相对集中的2个街道（江东街道和福田街道），从每个街道随机各抽取8个社区/村，每个社区/村中随机选取45个中国人进行调查。调查采用自填和结构式访问相结合方式，当场回收问卷。共计发放问卷720份，回收652份，有效回收率约为91%。

下面我们来逐一展开来华非洲人社会交往的图像。

第一节　来华非洲人社会交往的理论支撑

来华非洲人的社会交往图像是人的交往性的一种文化呈现。

人作为社会人是具有交往性的，所谓人的交往性，是指社会中个人与个人之间、个人与集体之间、集体与集体之间的相互联系和相互作用造成的相互关系和活动。所以，交往是人们在社会中必须不断进行的活动，否则人类就无法生存，更不能永续发展。可见交往是人类社会的常态，而人的交往性是在实践活动的互为镜像中呈现的。

一　实践活动：马克思的交往理论核心

实践活动是来华非洲人社会交往的基础。

为了更好地呈现来华非洲人社会交往基础的图像，我们有必要先弄明白交往的概念是什么。对此，马克思早在1846年12月28日写给安年柯夫的一封信里就指出：

为了不致丧失已经取得的成果，为了不致失掉文明的果实，人们在他们的交往（commerce）方式不再适合于既得的生产力时，就不得不改变他们继承下来的一切社会形式——我在这里使用"commerce"一词是就它的最广泛的意义而言，就像在德文中使用"verkehr"一词那样。例如：各种特权、行会和公会的制度，中世纪的全部规则，曾是惟一适合于既得的生产力和产生这些制度的先前存在的社会状况的社会关系。[①]

在此，马克思明确交往范畴涵盖了一切社会关系。而一切社会关系都是人与人之间的交往关系，都是在人们的交往活动中形成的，其主要特点是交往是一种社会实践活动。马克思认为，社会实践活动是人类的"第一个历史活动"，"人类活动的一个方面——人们对自然的作用。另一方面，是人对人的作用……""生活的生产——无论是自己生活的生产（通过劳动）或他人生活的生产（通过生育）——立即表现为双重关系：一方面是自然关系，另一方面是社会关系"，他还认为，"社会关系是指许多个人的合作"[②]，即交往；"人对人的作用"的含义是指人们之间的相互作用，亦即相互交往，"在《德意志意识形态》中，'Verkehr'这个术语含义很广，它包括个人、社会团体、许多国家的物质交往和精神交往"[③]。主体之间的这种交往特性是人的社会实践活动不同于动物的本能活动的一个重要特征，是人的生产活动赖以进行的必要前提。可见，在马克思看来，社会实践活动的双重关系，决定了社会实践活动具有两个不同的向度，即"主体—客体"的向度，是指主体与客体之间对象化活动，即"人们对自然的作用"；"主体—主体"向度，是指主体与主体之间的交往活动，即"人对人的作用"。交往活动作为"感性的人的活动"也是实践[④]。可见，实践活动是马克思交往理论的核心。

交往性既是人的自然本性，也是社会交往的需要。所以，交往理论成了我们观察和研究来华非洲人社会交往的理论基础，也是我们展示来华非洲人社会交往图像的理论"骨架"。

① 马克思恩格斯选集（第4卷）[M]. 北京：人民出版社，1995：532－533.
② 马克思恩格斯全集（第3卷）[M]. 北京：人民出版社，1960：41，33.
③ 马克思恩格斯全集（第3卷）[M]. 北京：人民出版社，1960：697.
④ 闫艳，王秀阁. 马克思交往理论：思想政治教育研究的新视界[J]. 求实，2009（8）：78－81.

二　互为镜像："他者"与"我者"的交往

非洲人来华，既是一个"他者"与"我者"相融合的故事，也是非洲人与中国人交相纠缠而又互为镜像的直接结果。也就是说，交往是"感性的人的活动"的实践，从主客互动的层面看，其实是"他者"与"我者"交往的社会实践活动，这就是一种互为镜像的文化呈现。

马克思认为，人是借助于两种东西作为"镜子"来认识自己、反映自己的：一是"交往"，"人最初是以别人来反映自己的。名叫彼得的人把自己当作人，只是由于他把名叫保罗的人看作是和自己相同的。因此，对彼得说来，这整个保罗以他保罗的肉体成为人这个物种的表现形式"①。二是"生产"，"我们的生产同样是反映我们本质的镜子"②。这就是说在人与人之间的交往中，交往双方从他人身上折射出自我，以自我为尺度看待别人，从而形成自我意识和主体意识。在这里马克思实际上已提出了他者与我者交往互为镜像的问题。

镜像理论是由法国的雅克·拉康（Jacques Lacan）提出的。所谓镜像，在拉康早期思想中是一个关键性环节③。他认为，人类的认识起源于人们对形象的迷恋；具体来讲开始于婴儿对自己镜中影像的认同。此一认同从本质上看既是一种审美认识，也是一种虚幻，它表示的是主体趋向于整体性和自主性的努力。通过镜子作为外部媒介，婴儿尚未成熟的身体变得完整。自我与镜中影像的关系由此构成"想象界"的范围，人类正是从作为想象界开端的镜中自我开始进入社会中的"我"④。其实，"镜子"是一种隐喻和象征，还可以指水、母亲或他人的目光等。"镜子"是先于"我"的一套机制，与世界本体论结构密切相关。可以理解为一种中介，通过这个中介我们得到关于认知自身的映像。一旦婴儿与"镜像"发生认同，主体就产生了两个变化：其一是象征了"我"在思想上的永恒性；其二也预示了"我"异化的结局⑤。

于是，我们看世界总是有一面无形的镜子，镜像可以理解为他人的形象，或者自己对他人的想象或幻想，这种形象经过转化，比如一次认同，二次认同，会

①　马克思恩格斯全集（第 23 卷）［M］. 北京：人民出版社，1972：67.
②　马克思恩格斯全集（第 42 卷）［M］. 北京：人民出版社，1979：37.
③　张一兵. 拉康镜像理论的哲学本相［J］. 福建论坛（人文社会科学版），2004（10）：36 - 38.
④　刘文. 拉康的镜像理论与自我的建构［J］. 学术交流，2006（7）：24 - 27.
⑤　陈歆，曹建斌. 试论拉康的镜像理论［J］. 江苏工业学院学报，2008（3）：4 - 6.

转化为我们的心像，进一步"反转"，变成我们的主体。更通俗一点，我们看他人不仅是在看他人，还会在看他人的过程当中建构自己。所以，拉康对人的存在论的理解正是马克思—海德格尔式的关系本体论①。

镜像作用的凸显，你适应我、我适应你的交相纠缠，互为镜像也就成了我们观察和研究来华非洲人社会交往的理论工具，同时也是我们展示来华非洲人社会交往图像的方法论。

第二节　来华非洲人社会交往分析

互动从交往开始，来华非洲人到中国义乌后，他们的交往意愿如何呢？

现实生活中，不同国家人的个体成员是否有交往意愿，这种交往意愿是否强烈，往往是形成两国人民社会交往的先决条件。而交往意愿是指是否愿意与不同国家人民交往的一种态度倾向，它是社会交往的基础和条件，有交往意愿才可能形成良性的互动。所以，来华非洲人与中国人交往，首先要考察其交往意愿如何。因为跨文化社会交往意愿是旅居者尝试融入东道国的重要指标。意愿是个体积极从事跨文化交往行为的驱动力，既是主动适应的态度反应，也是避免被文化隔离和边缘化的应对姿态。作为有待满足的需求，其产生受到各种因素的影响。如果我们分析来华非洲人是否具有"过客属性"②，也会涉及对其社会交往意愿的考察。

一　来华非洲人社会交往意愿分析

具体地讲，来华非洲人的交往意愿，是指他们愿意花时间和精力与东道国居民交往③。据我们的调查问卷统计，来华非洲人具有较强的跨文化社会交往意愿，合计超过73.34%的非洲人愿意或非常愿意主动与中国人交往，只有5.18%的非洲人表示不太愿意或非常不愿意与中国人交往。这一结果反映了来华非洲人积极进取、乐观开放的民族心理；同时也体现了商人的特征，即商人多数愿意主动与所在地居民进行交往，有较强的交往意愿。

来华非洲人社会交往意愿是否受到年龄、性别、教育、宗教和来华时间等因

---

① 张一兵. 拉康镜像理论的哲学本相 [J]. 福建论坛（人文社会科学版），2004（10）：36 – 38.
② 牛冬. 移民还是过客？——广漂非洲人的现状观察 [J]. 文化纵横，2015（3）：62 – 69.
③ 严文华. 跨文化沟通心理学 [M]. 上海：上海社会科学院出版社，2008：128.

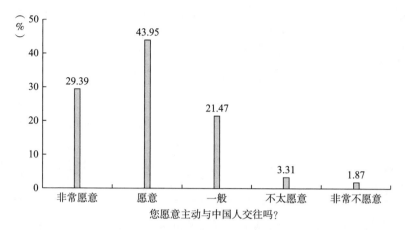

图 3 - 1　来华非洲人社会交往意愿

素的影响？根据利兹格德（Lysgaard）1955 年提出的 U 形曲线理论，旅居者会经历最初调整阶段、危机阶段和恢复适应阶段。初到东道国时，旅居者接触新的文化，一切都是新奇兴奋的，所以乐意与东道国居民进行接触，但当他们尝试去建立更深层次的人际关系时，可能出现语言障碍、文化冲突以及挫败感、孤独感等，新奇劲儿消失，焦虑和不安取而代之。再经过一段时间，旅居者渐渐适应了当地社会文化环境，又开始结交朋友，情绪也开始好转[1]。据此利兹格德画了 U 形波动轨迹。葛勒豪夫妇 1963 年将 U 形曲线扩展成 W 形曲线假说，即旅居者回到母国，还要经历一次文化的再适应[2]。

　　根据 U 形曲线理论，来华非洲人刚来到中国，与中国人主动交往的意愿最强烈，经过一段时间，交往的意愿会降低，直到适应中国文化环境后，主动交往的意愿又会重新变得强烈起来，但其间因为往返于母国与东道国，主动交往的意愿还会随时间产生波动。

　　据此，我们提出**假设 1：来华非洲人不同的累计来华时间，跨文化交往意愿具有显著差异，且显示 U 形曲线特征。**

　　根据列联表分析和卡方检验（见表 3 - 1），不同的累计来华时间（$\chi 2 = 26.278$，sig = 0.010）的跨文化交往意愿具有显著差异，假设 1 得到了验证。

① Lysgaand S. Adjustment in a Foreign Society: Norwegian Fulbright Grantees Visiting the United States [J]. International Social Bulletin, 1955, 7: 45 - 51.
② Gullahorn J T, Gullahorn J E. An Extension of the U - curve Hypothesis [J]. Journal of Social Issues, 1963, 19 (3): 33 - 47.

表 3 – 1　来华非洲人按累计来华时间划分的跨文化交往意愿的百分比 （N ＝744）

您愿意主动与中国人交往吗?	3 个月之内	3 ~ 6 个月	6 ~ 12 个月	1 年以上	合计
非常愿意	32.0%	25.6%	28.4%	31.4%	29.6%
愿意	38.0%	42.7%	40.3%	46.9%	43.5%
一般	20.0%	24.8%	24.6%	18.2%	21.4%
不太愿意		5.1%	3.4%	2.6%	3.1%
非常不愿意	10.0%	1.7%	3.4%	0.9%	2.4%
合计	100%	100%	100%	100%	100%

3 个月之内刚来中国的非洲人主动与中国人交往意愿最强，到中国 3 ~ 6 个月的非洲人，非常愿意与中国人交往的比例最低，到中国 6 ~ 12 个月的非洲人，与中国人交往的意愿有所恢复，累计到中国 1 年以上，交往意愿差不多恢复到刚来中国时的水平（见图 3 – 2）。这一结果与 U 形曲线理论一定程度上契合。值得注意的是，刚来中国的非洲人中，非常不愿意与中国人交往的比例也是最高的，其交往意愿呈现明显的两极分化的倾向。

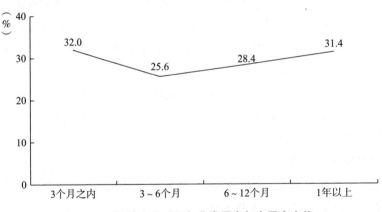

图 3 – 2　累计来华时间与非常愿意与中国人交往

GM，在义乌的肯尼亚人，男，35 岁

2008 年我大学毕业，就想来中国。我在网上查到中国义乌可以做生意，于是就来了。我父母最开始不太同意，我说试试看吧。我在网上找到义乌工商学院可以学习汉语，就来这里学习了。我很喜欢汉语，也知道要做好生意一定要学好汉语。我那时学会了很多中文歌曲，还经常被邀请到社区演唱

《月亮代表我的心》。那个时候我也结交了很多中国的朋友。现在我在义乌开了一家外贸公司，主要是买一些小商品到肯尼亚。我雇了一个肯尼亚人在这里帮我打理。我每年来义乌一两次，一次在这里1～2个月吧。现在我在义乌有一两个中国朋友，是我的货代。但是，我在肯尼亚有很多中国的朋友，他们在那里做生意，我会帮助他们，所以你听我的汉语水平现在没有下降。我在肯尼亚听说中国在做"一带一路"的工作，我对这个很感兴趣，我想了解更多这个方面的事情，也想与中国人合作，希望能够对我的生意有帮助。（GM：20161211）

XH，在广州的尼日尔人，男，34岁

（这里）广州有很多的尼日尔人，他们根本就不太会讲汉语，他们都会说一些英语，他们平时做生意的客户也都是尼日尔人，他们到市场上买货会讲一些英语就可以了，货运公司又是马里人开的。他们每天都在租的办公楼里，平时也是尼日尔人在一起交往，或者有其他国家的非洲人来这里聊天、谈生意。他们很少能够与中国人在一起，更谈不上交朋友了吧。至于为什么这样，我想可能他们也是在这里混日子，不打算长久留在中国吧。（XH：20150411）

客观来讲，来华非洲人累计来华时间长短是影响其社会交往意愿的一个主要因素。与此同时，来华非洲人个人方面的一些因素也是影响其在华交往意愿的一些原因。根据贝里（Berry）确定的个人层面的跨文化适应一般影响因素：年龄、性别、教育和宗教①，我们假设上述四个因素可能影响来华非洲人的跨文化交往意愿。

假设2：不同年龄组的来华非洲人，跨文化交往意愿有显著差异，年轻人的交往意愿要强于年长者。

假设3：不同性别，跨文化交往意愿有显著差异，男性的跨文化交往意愿强于女性。

假设4：不同教育水平（学历），跨文化交往意愿有显著差异，学历越高，

---

① Berry S. The Cambridge Handbook of Acculturation Psychology ［M］. Cambridge University Press, 2006.

跨文化交往意愿越强。

假设 5：不同宗教信仰，跨文化交往意愿有显著差异。

我们还是用列联表和卡方检验的方式对相关因素进行检验分析，结果显示，来华非洲人的个人特征当中，不同教育水平（$\chi2 = 29.432$，$sig = 0.000$）的跨文化社会交往意愿具有显著差异。但不同年龄组、性别、宗教没有显著差异。因此只有假设 4 得到了验证，其余的假设没有得到验证。

从表 3-2 可知，来华非洲人学历越高，非常愿意主动与中国人交往的比例越高；相反，来华非洲人学历越低，非常不愿意与中国人交往的比例就越高。为什么教育水平能够影响跨文化交往意愿？首先，教育水平影响个体的学习能力，特别是对于语言的学习和使用；其次，教育水平可以影响个体的文化感知能力和文化自信；最后，教育水平可以影响个体对积极交往的价值的认识。

表 3-2　来华非洲人按学历划分的跨文化交往意愿的百分比 （N = 791）

您愿意主动与中国人交往吗？	初中及初中以下	高中	大学及大学以上	合计
非常愿意	21.3%	29.7%	32.9%	30.1%
愿意	41.1%	45.9%	42.2%	42.9%
一般	27.0%	16.8%	21.3%	21.2%
不太愿意	3.5%	4.3%	3.0%	3.4%
非常不愿意	7.1%	3.2%	0.6%	2.4%
合计	100%	100%	100%	100%

GD，在成都的苏丹人，男，32 岁

我在成都理工大学读计算机硕士，这几天我来义乌看我的朋友，过几天我就要去广州看朋友。我很喜欢四川，四川人很热情。我有一个中国的女朋友，我的妈妈来中国的时候看到她了，很喜欢她，我女朋友对我妈妈也很好，我妈妈让我娶她。我知道四川人很喜欢打麻将，我觉得这没什么不好，这是中国的传统，我会尊重他们。我打算娶我的中国女朋友做妻子，中国的女人很会照顾人，很会照顾我的妈妈。（GD：20150808）

来华非洲人中持短期签证（如旅游签证）的采购商往往居住在宾馆，他们由于在中国只有 15 天左右的停留时间，所以一般争分夺秒地在市场进行采购，其与中国人主动社会交往的意愿较弱。还有一类非洲人他们租住在民房，也有一部分非洲人与亲戚、朋友一起合租，形成"过客家户"①，他们的主动社会交往意愿比住宾馆的采购商要强，但要弱于留学生，因为留学生的签证时间较长，而且文化学习的任务需要留学生主动去接触中国学生和中国教师等，所以主动社会交往的意愿强。

假设 6：不同居住方式，跨文化交往意愿具有显著差异，居住在宾馆的非洲人跨文化交往意愿最弱（见表 3 - 3）。

用列联表和卡方检验的方式对相关因素进行检验分析，结果显示，不同居住地点（$\chi 2 = 17.899$，$sig = 0.022$）的跨文化交往意愿具有显著差异，且居住在宾馆的非洲人跨文化交往意愿最弱。假设 6 得到了证实。

表 3 - 3　来华非洲人按居住地点划分的跨文化交往意愿的百分比（N = 841）

您愿意主动与中国人交往吗？	宾馆	租房	学校宿舍	合计
非常愿意	19.7%	29.6%	37.4%	29.3%
愿意	46.7%	42.7%	41.7%	43.2%
一般	22.6%	22.8%	16.5%	21.8%
不太愿意	5.8%	2.5%	2.9%	3.1%
非常不愿意	5.1%	2.5%	1.4%	2.7%
合计	100%	100%	100%	100%

来华非洲人有部分居住在宾馆。根据我们调查，在义乌，已经形成非洲人居住比较集中的宾馆，主要集中在福田市场附近的长春社区和商贸区附近。其中，尼日利亚人、安哥拉等国家的非洲人偏爱居住在长春社区附近的宾馆。苏丹人、肯尼亚等非洲人喜欢住在商贸区、夜市附近的宾馆。非洲人选择入住的宾馆大多离小商品市场比较近，步行或者乘公交车可方便到达。在宾馆周边形成了针对非洲人的饮食、购物、娱乐、商贸办理等场所。非洲人从事商业活动之余，大多集中在酒店楼下或者附近进行朋友会面、交流、聊天、喝茶、购物等活动。

通过对来华非洲人社会交往意愿调查分析发现：来华非洲人社会交往意愿普遍较强，70%以上的非洲人有较强的交往意愿。进一步调查发现，其社会交往意愿主要受到来华时间长短、居住方式等"后天性"因素影响，而受到年龄、性

---

① 牛冬．"过客家户"：广州非洲人的亲属关系和居住方式［J］．开放时代，2016（4）：108 - 124.

别和宗教等"先天性"因素影响较小。

为了进一步了解来华非洲人与中国人的交往意愿情况,我们对中国人与非洲人的交往意愿也进行了调查,从调查数据来看(见表3-4),非常愿意与非洲人交往的中国人占8.2%;愿意的占38.7%;一般的占35.2%;不太愿意的占15.8%;非常不愿意的占2.0%。由此可见,大部分中国人愿意主动与非洲人交往。但也有少部分中国人不愿意主动与非洲人交往,调查中了解到原因来自多个方面:其一是语言障碍;其二是文化习俗的不同,可能会导致双方交往有歧义;其三是受一些流言蜚语的影响,认为他们不可信;其四是不能接受非洲人的肤色和体味。

表3-4 义乌中国人与非洲人的交往意愿

是否愿意主动与非洲人交往	频率(人)	百分比(%)
非常愿意	53	8.2
愿意	249	38.7
一般	227	35.2
不太愿意	102	15.8
非常不愿意	13	2.0

综合非洲人与中国人的交往意愿、中国人与非洲人的交往意愿分析,双方都具有较强的交往意愿。双方的影响因素不同,对于来华非洲人来说主要受到其"后天性"因素影响;对于中国人来说,主要受到语言、文化习俗、跨文化交往差异等非主观性因素影响。

二 来华非洲人社会交往目的分析

来华非洲人的主体是非洲商人,他们行动和努力最终要达到的目标或境界是什么呢?

随着中非关系的稳定发展,中非贸易的快速发展,近几年,来华非洲商人和留学生的数量逐渐增多。来华非洲人社会交往中最主要的交往关系是商贸伙伴关系,除此之外还包括非洲人与中国房东和邻居的交往关系,非洲人与同学和老师的交往关系,非洲人与中国市民之间的交往。

(一) 交往目的调查分析

来华非洲人与中国人交往的目的是什么?根据我们的调查,来华非洲人与中国人的交往目的可以分为功利取向、情感支持以及两者的混合，其中更多的是一种功利取向。我们看到来华非洲人与中国人交往的目的主要是做生意（43.0%），其次是学习汉语（30.5%），带有明显的工具性目的。紧随其后的目的在于"一起聊天""更好地适应中国""获得支持帮助""获得关心尊重"，"恋爱结婚"占6.5%。

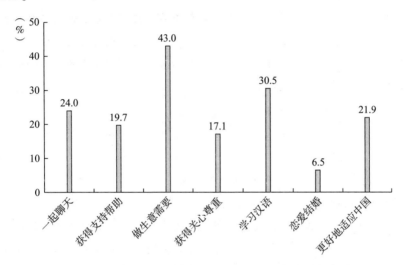

图3-3　义乌来华非洲人与中国人交往的目的

AME，在义乌的埃及人，男，32岁

2015年，我姐夫开外贸公司，与中国工厂合作做鞋子生意，出了一点问题，我们不知道该怎么办。后来我们去派出所，派出所对这种经济纠纷问题不管。我们一个货柜的货要四五十万元，如果事情解决不好，就损失很大。后来一个阿拉伯人告诉我们，义乌涉外纠纷人民调解委员会可以帮忙解决。后来我们来到涉外纠纷人民调解委员会，问题就解决了。有了这个调解委员会，以后我们再也不会怕有什么问题了。涉外纠纷人民调解委员会有很多中国商人和外国商人调解员，后来我就申请加入这个调解委员会。你知道，前几年，埃及一共有300多家外贸公司在义乌，大概有超过1500个埃及人在义乌做生意。那段时间，在义乌的埃及外贸公司会有很多问题，有一些小的埃及外贸公司，他们没有注册、没有资金，只是租了一间房屋，他们做生意没有信用、没有质量、没有资金保障，有些做了一段时间就跑了，客户和工厂的钱不能给了。还有就是他们把价格压得很低，对我们其他的外贸公司还是有影响的。不过这几年有些埃及小的外贸公司倒闭了，我们家的生意这几年好多了。但是这些埃及的外贸公司还是给我们造成了不好的信誉影响，很多中国老板和工厂都不愿意做埃及的生意。不过我们家的公司在义乌时间比较长，信誉一直比较好，再加上我在这个涉外纠纷人民调解委员会做义务调解员，义乌市场上很多人知道我，我也上过电视和报纸，这样大家就会相信我们公司的信誉，因为这个调解委员会提倡大家讲诚信。我们在这里可以得到法律的培训和调解技巧的培训，担任这个调解员也可以帮助我们自己和身边的朋友解决问题。我们每个星期来一次，需要我的语言的时候我就会来调解的。（AME：20170407）

调查数据显示，义乌中国人与非洲人的交往目的主要是生意需要，所占比例为 44.9%；其次为工作需要，占 43.0%；了解非洲文化的占 2.8%；学习外语的占 2.2%；恋爱结婚的占 0.4%；其他情感需要的占 1.2%；其他的目的占 4.5%（见表 3-5）。

由此可见，来华非洲人的交往目的与中国人与非洲人的交往目的相似。中国人与非洲人的交往绝大部分是基于生意或工作需要，比较务实，而更深层次的交往需要，比如了解异域文化、满足情感需求的比例还是很低的。

表 3-5 义乌中国人与非洲人的交往目的

与非洲人交往的目的是	频率（人）	百分比（%）
生意需要	385	44.9
工作需要	369	43.0
学习外语	19	2.2
了解非洲文化	24	2.8
恋爱结婚	3	0.4
其他情感需要	10	1.2
其他	38	4.5

（二）交往对象调查分析

来华非洲人平时交往的中国人都有哪些？根据我们的调查，结果如图 3-4 所示。

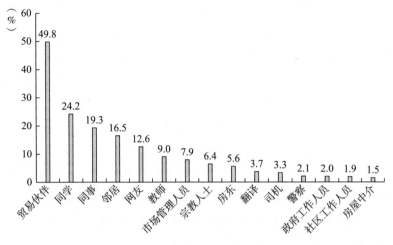

图 3 - 4　义乌来华非洲人与中国人的社会交往对象

由图 3 - 4 可见，来华非洲人与中国人的交往对象中，最多的是贸易伙伴，占了 49.8%，差不多是一半的非洲人将他们的贸易伙伴作为朋友交往。其次是同学，占到了 24.2%，差不多占了 1/4 的来华非洲人把同学视作朋友。再次是同事，占了 19.3%，差不多是 1/5。接着是邻居占了 16.5% 的比例；选择网友的，占了 12.6% 的比例；选择教师作为朋友的占了 9.0%。

整体而言，来华非洲人更看重的是业缘和学缘关系，而地缘当中的邻里关系要弱于业缘和学缘。在学生群体中，选择老师作为朋友的比例较高，说明师生关系是来华非洲人的重要关系之一。值得注意的是，选择宗教人士作为朋友的比例较低，只占了 6.4% 的比例，广州和义乌两地外籍宗教人士较多，周五和周末伊斯兰教和基督教信徒聚集在宗教场所一起开展宗教活动，但是非洲人较少与其他信徒成为朋友。

HAH，在义乌商贸区穆斯林礼拜点，男，52 岁

我最佩服的地方是义乌，这里什么教都有，什么派系也都有。但是你看在清真寺和礼拜点，不同国家的人、不同肤色的人各干各的，原因是大家都在义乌做生意，今天见面明天不见面了，所以每次礼拜结束后大家就都散了，各忙各的生意去了。（HAH：20150808）

在广州，来华非洲人选择平时交往的中国朋友对象依照比例高低分别是贸易伙伴、同学、邻居、同事、网友、教师。而在义乌，除了生意伙伴，依次是同事、同学、邻居、网友和市场管理人员。对比广州和义乌两地发现，义乌非洲人选择市场管理人员作为交往对象的比例达到10%，说明义乌市场对外国人的管理更加重视管理与服务相结合。义乌小商品集团作为国有上市公司，市场管理人员更加注重管理与服务相结合。例如，2014年义乌司法局国际商贸城司法所开国内先河，邀请十余位外国人担任调解员，并成立义乌涉外纠纷人民调解委员会，由司法所所长当主任，聘请的十余位外国人调解员中就有几个非洲人，其中来自塞内加尔的商人苏拉、来自苏丹的商人艾哈默德担任副主任委员。在中外客商遇到纠纷的时候，涉外纠纷人民调解委员会委派中国和外国代表共同进行调解。而在中国其他城市的市场管理中，更多的是针对外国人的单向管理。

调查中国人与非洲人的交往对象，从调查数据来看（见表3-6），中国人交往的非洲人首要对象是贸易伙伴，占31.5%；其次是客商，占29.7%；再次是工作对象，占21.2%；房客或邻居占5.9%；宗教人士占2.5%；同事占1.4%；网友占1.4%；其他的占6.3%。

表3-6 义乌中国人与非洲人交往对象

交往的非洲人主要是	频率（人）	百分比（%）
贸易伙伴	244	31.5
房客或邻居	46	5.9
同事	11	1.4
工作对象	164	21.2
客商	230	29.7
网友	11	1.4
宗教人士	19	2.5
其他	49	6.3

由此可知，在义乌这样一座商贸名城，中国人与非洲人的交往首先始于生意往来。当然随着越来越多的非洲人在义乌工作、学习、生活，交往呈现多元化特征。较多表现为与工作对象和客人、房客的交往，也有少部分由于宗教信仰的纽带而展开的交往。

（三）交往频率调查分析

尽管非洲人愿意与中国人交往，但实际的社会交往情况又是如何呢？根据被调查的来华非洲人的问卷分析如下。

在"您平时和中国人交往多吗?",回答很多的是 15.1%,比较多是 31.5%,两者合计有 46.5%;回答很少的比例有 18.7%,一个都没有的只有 1.9%,两者合计有 20.6%。这组数据说明在华非洲人平时和中国人交往总体而言还是非常多的。

在广州和义乌的比较中,我们发现广州的非洲人与中国人交往比例要低于义乌,在广州交往很多的是 13.7%,而在义乌是 16.4%;比较多的在广州是 26.6%,而在义乌是 36.5%。相反,交往很少或一个都没有的广州非洲人要多于义乌,前者分别是 21.6% 和 2.4%,而后者分别是 15.1% 和 1.5%,合计广州的非洲人很少或一个都没有交往的比例比义乌高了 7.4%(见表 3-7)。

表 3-7　广州、义乌来华非洲人与中国人交往频率

和中国人交往状况	地区		总计
	广州	义乌	
很多	13.7%	16.4%	15.1%
比较多	26.6%	36.5%	31.5%
有一些	35.8%	30.5%	32.7%
很少	21.6%	15.1%	18.7%
一个都没有	2.4%	1.5%	1.9%
合计	100%	100%	100%

从来华非洲人的交往情况来看,非洲人与中国人交往情况较好,有 46.5% 的非洲人与中国人交往较多。我们认为,平常与中国人社会交往多,并不一定表示有中国朋友,相反也是,与中国人社会交往少,也并不一定表示没有中国朋友,两者的关系可能有相关性,但并不相互是必要充分条件。

我们调查了来华非洲人有无中国朋友,一个都没有的占了 10.2%,很少有的(1~2 个中国朋友)占了 25.0%,有一些(3~5 个中国朋友)的占了 29.5%,比较多(5~10 个中国朋友)的占了 16.9%,很多(10 以上中国朋友)的占了 18.4%。

在中国朋友的拥有上,一个都没有的广州非洲人比例高达 17.5%,而在义乌是 4.5%;很少有的广州的比例是 30.1%,而在义乌是 20.6%;在广州很少有中国朋友甚至一个都没有的,合计的比例是 47.6%,几乎占一半的非洲人,而在义乌是 25.1%,达 1/4。所以在广州除了必要的社会交往外,与中国人成为朋

友的比例较低。而在义乌，非洲人的社会融入更为广泛。

在拥有比较多的朋友方面，广州的比例是 13.9%，义乌的比例是 19.3%，很多中国朋友方面，广州的比例是 9.2%，而义乌是 26.4%（见表 3 - 8）。

表 3 - 8　广州、义乌来华非洲人拥有中国朋友比较

和中国人交往状况	地区		总计
	广州	义乌	
一个都没有	17.5%	4.5%	10.2%
很少（1~2 个）	30.1%	20.6%	25.0%
有一些（3~5 个）	29.3%	29.2%	29.5%
比较多（5~10 个）	13.9%	19.3%	16.9%
很多（10 个以上）	9.2%	26.4%	18.4%
合计	100%	100%	100%

我们还用一个调查数据来说明来华非洲人与中国人之间的交往，即"您的手机上有多少位中国朋友？"初步统计的结果是最少 0 位，最多是 200 位，平均值是 13.74 位。

手机上有多少中国人的名字，可以间接地说明在华非洲人与中国人的联系交往的实际状况，我们把他们填报的数字做了分组处理，发现一个都没有的占了 7.6%，很少的占了 12.3%，有一些的占了 23.5%，比较多的占了 25.6%，很多的占了 31.0%。

比较广州与义乌的非洲人手机通信录保存的中国人数量，再次说明了广州的非洲人与中国人的交往水平低于义乌。在广州，13.8% 的人一个都没有，而在义乌，只有 2.3%；很少的，广州非洲人的比例是 16.6%，而义乌是 8.4%；比较多的，广州是 21.2%，义乌是 28.7%；表示很多的，义乌是 38.9%，广州是 23.4%（见表 3 - 9）。

表 3 - 9　广州、义乌来华非洲人手机上中国联系人数量比较

手机上的中国联系人	地区		总计
	广州	义乌	
一个都没有	13.8%	2.3%	7.6%
很少（1~2 个）	16.6%	8.4%	12.3%

手机上的中国联系人	地区		总计
	广州	义乌	
有一些（3~5个）	24.9%	21.7%	23.5%
比较多（6~10个）	21.2%	28.7%	25.6%
很多（10个以上）	23.4%	38.9%	31.0%
合计	100.0%	100.0%	100.0%

来华非洲人与中国人保持基本的社会交往，但是从社会交往的深度来看，义乌和广州两地非洲人差异较大，说明广州非洲人与中国人的交往程度较低，而相对来说义乌非洲人与中国人交往程度较高，这是一方面。

另一方面，义乌的中国人与非洲人交往并不多，并不频繁。据调查，近43.1%的中国人与非洲人没有或很少交往，39.2%仅有一些交往，交往比较多和很多的占17.7%（见表3-10）。从调查样本来看，我们推测与非洲人仅有一些接触的主要是基于工作或生意需要接触的工作对象、客人等。

表3-10　义乌中国人与非洲人交往的频率

平时与非洲人交往多吗	频率（人）	百分比（%）
很多	28	4.3
比较多	87	13.4
有一些	254	39.2
很少	250	38.6
完全没有	29	4.5

进一步调查中国人与非洲人的交往状况，数据显示，一个非洲朋友都没有的中国人占了51.4%；有1~2个非洲朋友的占了31.8%；有3~5个非洲朋友的占了11.5%；有5~10个非洲朋友的占了2.1%；10个以上的占了3.2%（见表3-11）。

表3-11　义乌中国人非洲朋友数量调查

有非洲朋友吗	频率（人）	百分比（%）
一个都没有	318	51.4
很少（1~2个）	197	31.8

续表

有非洲朋友吗	频率（人）	百分比（%）
有一些（3~5个）	71	11.5
比较多（5~10个）	13	2.1
很多（10个以上）	20	3.2

由上可知，义乌中国人与非洲人有一定的交往，但是交往程度不深，成为朋友的比例不高。由于一般都是来往顾客或生意伙伴，仅仅是买卖关系，加之语言不通等障碍，导致了友谊的缺失。但值得注意的是，也有部分人通过生意或工作上的往来而形成了一种固定关系，进而发展成友谊。对林女士的访谈可见一斑：

林女士，义乌外贸公司职员，女，28岁

怎么说呢，我觉得和非洲人成为朋友挺难的，因为大家的关系就是生意和客户关系嘛，平时交往都是生意方面的，再说我是女人，义乌多数非洲人都是男性，偶尔有空的时候也就是聊聊天，或者就是礼节性的问候吧。不过也有一些做生意的中国人会与非洲人成为朋友，主要是他们都很熟悉了，做了很多年的生意，有的还会被邀请去非洲旅游。（LNS：20150808）

三　交往工具与语言调查分析

现代通信与信息技术的发展，使得社会交往变得更加方便与快捷，义乌非洲人与中国朋友的交流交往，最多使用的是用微信交流，占了61.2%，其次才是直接交往的方式，占了45.6%，第三种常用的方式是通过手机，占了41.1%（见表3－12）。

表3－12　义乌非洲人与中国人的交往方式

交往工具	频率（人）	占有效样本百分比
固定电话	197	22.1%
手机	366	41.1%
电邮	153	17.2%
QQ	144	16.2%

续表

交往工具	频率（人）	占有效样本百分比
微信	545	61.2%
直接交往	406	45.6%
合计	1811	203.5%

白老板，在义乌小商品市场从事锁具外贸，男，39 岁

你看我现在店面每天的客人不多，但是都是在与老客户做，这些老客户都一起做生意十年了。今年开年半个月我就接了加纳客户的订单。几个货柜的订单，都是在微信上完成的。他们把款式和数量发给我们，我们核对后他们下订单付款，我们与厂家联系生产，然后装柜，就这么简单，他们人都不用过来了。以前他们每年过来几次，现在每年就过来一两次，来看看市场行情，了解一下义乌的情况就回去了。（BLB：20170420）

非洲人万里迢迢来到义乌，主要目的是开拓义乌市场，寻找最好的商机。为了寻找到物美价廉的商品，寻找到最好的合作卖家，非洲人往往主动出击，与店面、外贸公司直接联系。义乌非洲人与中国人的直接交往多，也可以解释交往双方人际信任关系强，交往更密切。如坦桑尼亚人 JX 和纪老板所言：

JX，在义乌的坦桑尼亚人，男，26 岁

在义乌的老板都比较好打交道。你知道我们非洲客人有的时候采购量都比较小，但是我到店面去询问价格的时候，很多老板不会因为我采购量小就拒绝接待我。所以我们会到不同的店面比较价格和质量，选到客人最满意的产品。虽然很多老板和老板娘不会说英语，但是我们只是报价，交易变得很简单。（JX：20141103）

纪老板，在义乌小商品市场从事卫浴外贸，男，41 岁

义乌的非洲人是比较好的，好在不管生意大小，都是现金交易。相反，很多中东或者北非的客人都是赊账的。所以有的非洲人进了店面，一眼看上去就是没有多少钱的，订个几万元钱货的，但是我们也做，不能因为量小就放弃了生意。你想想，他们国家发展还比较落后，国内政局不稳，有的国家

人口不多，所以不能指望他们有多少的采购量。(JLB20170420)

调查义乌中国人与非洲人的交往方式，从调查数据来看（见表3-13），中非之间交往的主流方式是直接交往，比例高达57.4%，与非洲人调查结果相近。通过固定电话的占4.5%，手机联络的占14.2%，电邮的占3.8%，QQ联络的占3.1%，微信联络的占10.8%，其他方式的占6.2%。

表3-13　义乌中国人与非洲人的交往方式

通常用哪种方式与非洲人交往	频率（人）	百分比（%）
固定电话	33	4.5
手机	105	14.2
电邮	28	3.8
QQ	23	3.1
微信	80	10.8
直接交往	425	57.4
其他	46	6.2

由上可知，中国人与非洲人的交往主要是直接交往即面对面的方式，这与上面所提到的交往对象相联系，由于交往的主要是贸易伙伴，洽谈生意、联络感情等肯定更多是基于面对面的交流和沟通。当然，移动电话和网络作为现代化交往媒介，尤其是微信的大量使用，极大地方便了两者之间的沟通，且发挥了相当大的作用。当问及其他方式时，被调查者提及通过他人翻译或作手势等方式来进行，这表明在一定比例的人群中，交往存在一定问题，尤其是在语言方面，需借助其他方式的辅助。

交往过程中语言的使用一方面体现了交往者的语言应用能力，另一方面体现了交往双方的语言适应能力。来华非洲人母语主要是英语、法语或者阿拉伯语，通过对来华非洲人交往过程中语言使用情况的调查，大多数的来华非洲人用英语与中国朋友交往；其次是运用汉语普通话，占44.0%；运用计算器和手势的分别为13.7%和10.5%。说明虽然是在中国进行贸易和往来，但是交往语言使用最多的是英语，而用汉语普通话和地方话交往的比例为48.0%，较使用英语和法语比例有较大的差距（见表3-14）。值得注意的是，随着广州和义乌贸易市场的发展，大规模非洲商人来华也有20多年的历史，但是交往双方还有少数人使用计算器和手势等最原始的贸易交易方式，由此可以看出，中国和非洲商人的语言技能有待提高，中非民间贸易的发展水平有待进一步提升和完善。

在广州和义乌的比较中，我们看到在与中国朋友的交往过程中，两者之间并无特别明显的差异，这说明沟通手段作为文化的应对，基本上是共通的。有明显差别的是，义乌非洲人与中国人交往语言的选项中计算器和画图的比例明显高于广州的比例，说明义乌中国商人的英语水平或者外语水平低于广州的中国商人，有待进一步提高，非洲人的汉语水平也有待进一步提高。在义乌小商品市场，部分店面的老板或者老板娘年龄为 40～60 岁，这部分商人基本不会使用英语，在交易过程中往往使用计算器和手势。这从另一个角度说明义乌国际贸易市场的水平有待进一步提高。

调查中国人与非洲人交往过程中使用语言情况，数据显示，中国人与非洲人的交往，大部分是通过汉语进行沟通交流的，占 36.0%；用英语进行沟通的，占 26.4%；手势沟通的占 22.2%；借助计算器的占 8.5%；书写的占 2.2%；画图的占 1.4%；其他方式的占 2.4%；借助词典的占 0.5%，用法语沟通的占 0.4%（见表 3-15）。

表 3-14　非洲人与中国人的交往语言

交往语言	频率（人）	百分比
普通话	398	44.0%
地方话	36	4.0%
英语	682	75.4%
法语	59	6.5%
手势	95	10.5%
词典	69	7.6%
计算器	124	13.7%
手写	58	6.4%
画图	38	4.2%
合计	1559	172.3%

表 3-15　义乌来华非洲人用何种语言进行沟通

通常用何种语言进行沟通	频率（人）	百分比（%）
汉语	359	36.0
英语	263	26.4

续表

通常用何种语言进行沟通	频率（人）	百分比（%）
法语	4	0.4
手势	221	22.2
词典	5	0.5
计算器	85	8.5
书写	22	2.2
画图	14	1.4
其他	24	2.4

由此可知，中国人与非洲人主要是通过汉语和英语来沟通的。但在调查的过程中，我们也发现部分商家是通过计算器、手势、书写、画图等方式来和非洲人进行交流的，彼此之间仍存在语言方面的沟通障碍。目前义乌有很多的语言培训机构，无论是中国人还是非洲人均可参加语言培训，从而克服语言障碍、提升沟通能力，进而了解彼此文化、促进跨文化交流。

四　来华非洲人交往时间分析

交往的时间也是一个重要的数据，被调查非洲人通常一天与中国朋友在一起的时间，平均为 2.6 小时。我们对广州和义乌的非洲人一天与中国朋友在一起的时间进行了均值比较，广州平均用的是 2 个小时，而在义乌平均是 3 个小时。显然义乌的非洲人与中国朋友在一起的时间更长。

与中国朋友在一起的休闲时间，在广州、义乌来华非洲人的 604 个回答者中，7.6% 的人表示没有一点闲暇的时间，33.4% 的人报告表示花费了 1 个小时内的时间，20.2% 表示花费了 2 个小时的时间，13.6% 的人表示在 3 小时以内，在 3 小时以上的 25.2%。广州和义乌比较，0 小时的广州比义乌多 14.2%；而 3 小时以上的，义乌比广州多了 14.1%。

表 3-16　广州、义乌来华非洲人闲暇时间与中国朋友交往时间比较

闲暇时间与中国朋友交往	地区		总计
	广州	义乌	
0 小时	16.0%	1.8%	7.6%
1 小时以内	35.1%	31.2%	33.4%

续表

闲暇时间与中国朋友交往	地区		总计
	广州	义乌	
2 小时以内	19.0%	20.9%	20.2%
3 小时以内	12.1%	14.4%	13.6%
3 小时以上	17.7%	31.8%	25.2%
合计	100%	100%	100%

第三节 来华非洲人社会关系分析

来华非洲人的社会关系在中国义乌经历了从单纯的业缘关系，逐步向外扩展为友缘关系。

一 业缘：来华非洲人社会关系的基础

在全球化背景下，来华非洲人主要是商人或者学生，他们首先要与中国人发展业缘关系。在华主要是从事商贸活动或者学习活动，因此他们的社会关系主要是围绕商贸活动或者学习活动展开。最主要的社会关系包括中国商铺（店面）老板、外贸公司老板或职员、船务公司老板或职员、老师、同学，其他衍生出来的业缘和学缘关系包括市场管理者、酒店（餐饮）服务者、房东、宿舍管理者等。来华非洲人的业缘关系是一切关系的基础，其他关系在此关系基础上发展和拓展。

业缘关系是因为事业、职业的相关性而结缘形成的人际关系。现代社会中，业缘关系是人们之间最重要的关系之一。因为大部分人都需要在事业上发展，与同事、同行每天合作共事，其相处的时间甚至超过了与家人在一起的时间。业缘关系的重要性在于一个人的物质需求，需要在职场上打拼，个人的价值也需要通过事业平台才能得以实现，在追求个人价值实现的同时，也能获得归属感和友情的满足。但现实中的业缘关系往往因为相互竞争、利益考量受到破坏，如果业缘关系处理不好，自然会影响到个人的工作效率、工作质量、身心健康和生活质量。

来华非洲人的业缘关系主要分为三个方面。第一，来华非洲人与中国商人的业缘关系。主要包括与生意合作伙伴、客户及供货商、工厂、中介服务商之间的关系。第二，来华非洲人与非洲人（外国人）的业缘关系。主要包括与中介服务商、贸易服务商之间的关系。第三，来华非洲人与同事的业缘关系。主要包括在华贸易公司、店铺的中非（外）同事之间的关系。

由于本书主要研究来华非洲人与中国人的社会交往，在义乌非洲人主要从事采购贸易，接触更多的是中国商人，所以在非洲人业缘关系的分析中主要围绕来华非洲人与中国商人的业缘关系展开。

（一）　来华非洲人与中国商人业缘关系的分析

1. 相互协作，共同发展：来华非洲人与中国商人的关系

义乌小商品市场中非民间贸易始于 20 世纪 90 年代，来华非洲人正是从那个年代来到义乌从事贸易。1997 年亚洲金融危机，一部分非洲商人由香港转移到广州再到义乌，一部分非洲商人跟随中东阿拉伯商人来到义乌。义乌中非民间贸易经过近 20 年的发展，2015 年义乌对非贸易额超过 80 亿美元①。刘老板与来华非洲商人的关系非常典型：

刘老板，在义乌小商品市场从事锁具外贸，男，39 岁

我碰到第一个黑肤色的非洲人是在 2004 年，在我老板那儿打工的时候碰到的，然后他就成了我的客户，2006 年，我自己开店的时候，他联系我，现在我们还一直联系。2006 年我开店的时候，在市场上我又碰到一个黑人，现在也是我的客户，那时就那么一个黑人客户。那时候整个市场几乎看不到黑人，整个义乌市场应该不会超过 5 个黑人。

虽然非洲大多是欠发达国家，但是并不代表他们停滞不前，他们也在发展，他们也在赶超，他们的偶像现在就是中国，也许是欧美。中国的影响力在非洲是最大的，中非合作论坛都举行了。全世界都看到了中国三十多年改革开放所取得的巨大的成果，所以非洲人也想发展，非洲人也想过上中国人的生活。

他们也在不断进步，或者是一步一步往上跑。他们也在搞建设，也在搞房地产，也在搞铁路，也在搞运输，也在搞物流、搞港口建设，所以说他们也在提高。我们塞内加尔那些客户，我说你们这些东西都干吗去了？你们能

① 义乌力争打造中非全方位交流合作基地．浙江在线［2016 - 04 - 08］．http://cs.zjol.com.cn/system/2016/04/18/021114782.shtml.

用这么大量？他说我们有两方面，除了辐射周边国家，我们自己国内建设天天也在建高楼，天天建房地产，也是一片红火，不是说停滞不前了，你以为人家还住茅草屋呢？不是那个概念了，现在人家也盖了商品房了，只不过商品房的质量没有咱们这么好而已。

非洲也在发展，非洲不像我们想象的停滞不前。非洲现在那些国家的领导人也都是高学历的人才，在欧美留过学，都是博士。他们也有经济顾问，为什么有中非合作论坛，非洲那些国家的领导人，还有各种采访团不停地来到访中国，不停地来义乌考察，人家国家也要发展。他要发展的话，就需要这些产品，他们关键是工业基础太薄弱。

去年一年查环保，这对我们做生意的影响是比较大的。……

如果这么查的话，成本是要提高的。……

虽然涨价了，但是我们很多客户都是有十几年的平稳合作的。我会把我们国内的环境为什么涨的原因告诉他，对不对？我们涨价是不会乱涨的，不会一睁眼一闭眼就要两块钱，不会这样的。我们肯定是说中国现在查钢厂，钢厂关门导致现在钢铁价格不断攀升。他也相信我们说的肯定是对的。一家在涨，其他家都在涨，这是必然要涨的，而且大家说的理由都是一样的，所以他会理解。

虽然价格涨价了，但是我们不会降低商品质量，客户也不希望我们降低质量。因为这个东西一旦涉及偷工减料，价格会便宜。一偷工减料，质量就下来了，就容易坏，会出现质量问题。像我做了这么多年，我做了十年，生意做到一定程度就要靠稳定，稳定是关键。什么叫稳定？就是不希望出现质量问题，因为你从我这里买货，你下面还有一大堆从你那买货的小客户。小客户你不会希望他今天把这个便宜的货买过去之后找你麻烦了，你这什么货，上次的质量好，这次的质量为什么这么差？他说对不起，这回便宜了，那边材料涨了，我只能找一个更便宜的了。质量问题是一个，这时候才体现出质量问题，相当一部分的客户做到一定程度就希望质量不要变。我们做了十年，这个产品卖了十年就希望质量不变。一旦质量变了，就会出现问题。一出现问题，你就会碰到很多损失、很多抱怨，还会流失客户。

……

非洲人，他们只认牌子的。他们觉得一个好的牌子就代表一个好的质量，但中国不是这样的。像我们做这个东西都知道，像牌子只是一个嫁衣，其实里面的东西可能还不如那个呢。但是我们做这个产品，我们做这个生意，我们这么想。但是你问问中国的老百姓，他们也认牌子的，对不对？你说一个××品牌的和一个普通的小家电，那我也买××品牌的。价格差不多，那我也要买品牌的，最起码品牌的有这个质量的保障，其实可能都是一个代工工厂发出来的。

你现在见到的都是我自己的品牌了，以前全是做人家的牌子。现在通过法制建设，侵权的事情我们碰到的越来越多，柜子被查验，我们损失钱，老外也损失钱，贸易公司也损失钱。如果在中国的海关被查，损失之后，那是切肤之痛了，老外被罚也要长记性了。

我们这么做下来有十来年了，质量肯定是可以，为什么？你都做你自己的牌子了，你不可能搬起石头砸自己的脚，我做自己的牌子，肯定要控制质量，对不对？你不控制质量，你凭什么能闯出来，走得更长远？虽然我是傍名牌，但是我成功地傍了名牌之后，我就会贴上我的标签。那我肯定有一个标准，肯定不能做到最烂，对不对？所以还是那句话，牌子这东西还是要控制好质量。

我跟你说，商标这个问题，侵权这个问题，我们之前也损失过，也碰到过。那一次查验柜子，一查是我们的仿牌，也罚过我们，客户也罚，贸易公司也罚。我们是切身感受到了国家在知识产权方面越来越严格了，这是大的环境。还有一个小的环境，就是说逼着我们不得不搞自己的牌子。以前从来不注册商标，哪个牌子好，我就做哪个牌子，没有自己的牌子。后来通过我十几年的经营，碰到这种事情，你逐步会改变的。改变之后，我就去注册自己的牌子，我现在成功注册自己的牌子差不多有20个商标。我光注册商标都花好几万元了。不只是注册商标，我还有海关备案，我也不希望别人再罚我，对不对？这就是一个逐步的过程，但这个绝不是一朝一夕能实现的，而是需要时间的积累。

我们改变了，客户也改变了。现在老外一说这个，我就说这是仿牌，我做不了。我说你看我这个牌子行不行，他很容易就接受了。以前他要什么名牌，你就得给他弄什么名牌，非名牌不买……现在随着大环境的改变，他也知道了，因为他也被罚过，买卖仿名牌的全罚。

这就是倒逼，逐渐逼得我们改变观念了，老外也改变观念了。我觉得品牌建设是对甲乙双方都有利的，我既然做了我的牌子，我能把它的质量做砸了吗？我肯定是往好里做，才能使这个品牌走得更长远，然后再带这个附加值。

不能说我们做得很好，我们只是在朝好的方向一步一步走。对于品牌建设和产品质量方面，我们是往上走的。以前出的产品很垃圾，但现在出的产品，我跟你说垃圾的还有，但是和以前相比已经大大减少了。因为大家都往前看，老外也是这样，老外现在他也不要很垃圾的产品，他也要一些质量稍微好一点的产品，只要是个人都希望质量好一点。你说这都是日用品，谁不希望这个东西好用、长用。谁也不希望这个东西今天买了，明天就坏了。

这十几年下来，我手上的非洲稳定的客人也有几十个了，他们这些年也在稳步发展。他们都算上中等以上的老板吧，其实非洲没有很大的老板。他们虽然不经常来义乌，但是每个人每年也会订几个货柜的货物。

我跟你说我的一些大客户，跟我做了十年。这几年他说你帮我买机器，我想在我那开个厂，我说行，我帮你买机器。做了十几年了，现在才逐步要开加工厂。虽然我对他们非洲的基础设施、供电、配套设施等持怀疑态度，但是他们是真正发展起来了。不能小觑，他们不是一般人眼中的非洲小老板。（LLB：20160623）

从刘老板与来华非洲人的交往中，可见业缘是来华非洲人社会关系的基础。

2. 来华非洲人与中国商人社会交往类型

来华非洲人与中国人的交往对象主要是商人，我们通过对来华非洲人与中国商人的社会交往的调查，发现来华非洲人与中国商人社会交往类型属于工具型职业交往。

从来华非洲人的跨文化业缘交往关系来看，来华非洲人与中国人彼此传授工作（生意、学习）经验或技巧得分最高，其次是彼此协助对方工作（做生意、学习），再次是一起吃饭、喝酒。我们看到业缘关系中，最主要的内容就是相互学习与合作，带有工具型交往的性质；一起吃饭、喝酒则混入了中国文化的交往元素，以诉诸情感、拉近关系为主。得分最低的是讨论对方的感觉或情绪，得分是 2.85，这是因为生意需要与感情进行切割，表明关系的理性特质，在工作或合作过程中避免太多地触及感觉或情绪，也有助于维持良好的生意关系。就工作（生意、学习）问题展开讨论，得分是 2.88，这应当也是受到中国文化的影响，在中国的交往文化中，往往避免公开的争论，照顾对方的面子，维持比较和谐的关系。一起文体娱乐，得分是2.97，与跨文化友缘关系中"一起文体娱乐"有些差异，在跨文化友缘中得分是3.02，也就是偶尔进行，而职业交往中，一起文体娱乐是很少进行（见表3－17）。赵老板的话很有代表性：

赵老板，义乌外贸公司老板，男，42岁

我每天要解决很多问题，不是产品质量有问题，需要联系工厂，就是客人（非洲人）要求又变化了，还要验货，出关，等等一大堆的问题。所以我们跟客户联系或在一起的时候就是在不断地解决问题。你知道我们义乌的外贸公司就这么几个人，每天都有不同的客户、工厂有不同的问题要解决，要接新的订单。即使跟客人（非洲人）吃饭啊，喝酒啊，也是边吃边解决问题，这就是义乌的外贸，我们就是在不断地在解决问题。（ZLB：20150808）

表3－17　义乌来华非洲人业缘交往状况

职业交往内容	从不	很少	偶尔	经常	总是	均值
1. 相互讨论工作（生意、学习）	21.6%	14.8%	19.4%	16.3%	27.7%	3.14
2. 彼此协助对方工作（生意、学习）	13.5%	16.6%	24.0%	20.9%	24.9%	3.27
3. 向对方传授工作（生意、学习）经验或技巧	14.5%	12.9%	26.4%	21.7%	24.5%	3.29
4. 就工作（生意、学习）问题展开争论	20.4%	17.7%	27.6%	22.0%	12.2%	2.88
5. 聊天、谈家常、开玩笑	14.3%	14.8%	29.3%	21.6%	20.0%	3.18
6. 一起文体娱乐	17.2%	17.5%	30.5%	21.0%	13.8%	2.97
7. 讨论对方的感觉或情绪	19.0%	20.4%	27.8%	22.2%	10.6%	2.85
8. 一起吃饭、喝酒	11.9%	15.1%	29.2%	25.0%	18.8%	3.24

根据因子分析，跨文化业缘关系可以分为工具型职业交往和情感型职业交往。工具型职业交往主要是针对工作（生意、学业）而开展，从而对自己的职业发展有利。工具型职业交往包括"相互讨论工作""彼此协助对方的工作""向对方传授工作经验""就工作问题展开争论或表示反对意见"4个变量。情感型职业交往指的是在职业交往中包含情感交流的成分，其中包括"聊天、谈家常""开玩笑""讨论对方的感觉和情绪""一起吃饭、喝酒"。

根据上述分类，我们以1～5分打分，"从不"获1分，"经常"获5分，得分越高，交往程度越深，分别计算来华非洲人的业缘交往总分、工具型职业交往总分和情感型职业交往总分。为了便于比较，将各维度交往的分值进行加权处理，即将各维度交往的得分除以该维度的题目数量生成新的变量，在同一范围（1~5分）来比较各维度的平均分的高低（见表3-18）。

表3-18　义乌来华非洲人业缘分类比较

项目	有效样本	均值	标准差
工具型职业交往	838	3.15	1.15
情感型职业交往	823	3.07	0.97

从调查结果来分析，工具型职业交往、情感型职业交往均超过3分，介于偶尔交往和经常交往之间，且偏向于偶尔交往，这一结果表明来华非洲人业缘交往水平虽然偏低，但正趋于活跃，来华非洲人与中国商人发生的业缘交往，也不单纯是工具型职业交往关系，而是采用了中国传统的情感互动的原则，呈现某种程度的人情味，为了生意往来，他们努力在中国营造一个良好的营商人际环境。

（二）来华不同国籍非洲人之间的业缘关系

1. 互利互惠，竞争发展：来华不同国籍非洲人之间的业缘关系

在义乌的非洲商人主要包括行商和坐商，行商主要是来华时间较短，持有旅游签证等短期签证的非洲商人。坐商主要是来华时间较长，持有贸易或学习签证的非洲人。目前在义乌的坐商非洲人中，主要分为两个部分，一部分是在义乌开设外贸公司，从事中非贸易的商人；还有一部分是为本国人或者非洲人提供贸易服务，赚取佣金的中介商人。在义乌的非洲坐商普遍在华时间比较长，对义乌甚至中国贸易市场比较了解，汉语水平普遍较高，善于与中国人打交道，对中国的国情和文化比较了解。由于中国的签证政策，在不同的时期对不同的非洲国家签证收紧，一些非洲商人不能进入义乌，他们会寻找在义乌长期居住的老乡或者朋友帮助其采购商品，付给对方一定的佣金。这种贸易模式，一方面双方建立了互利互惠的社会关系，对于非洲采购商来说，节省了来回中国的机票和生活成品，降低了贸易成本，提高了商品的流通效率，前提是双方有较好的信任关系。对于中间商来说，既增加了经济收入，帮助其降低在华生活成本，也可以进一步了解中国的市场，帮助其建立更多的中国合作客户或工厂。另一方面双方也形成了竞争关系。由于来义乌的非洲人主要从事小商品生意，商品类型雷同，由于非洲人贸易目的地多为其本国及其周边国家，因此对于来华非洲商人的商贸活动带来了一定的竞争。这种竞争发展具有一定的矛盾性，目前，由于签证办理、来华时

间、资金周转、语言使用等原因，部分非洲人难以独立完成贸易。因此很多非洲人不得不依赖非洲人（外国人）帮助其完成贸易。如尼日尔的商人 JD 就是一例：

JD，在义乌的尼日尔人，男，25 岁

我学会了汉语就在义乌做生意，我的客户主要是尼日尔人，还有几个是马里人和尼日利亚人，他们给我钱，让我发货给他们，我赚取佣金。我要努力工作，让更多的客户来找我，所以我会说汉语很有优势，我每天去市场想找到更好的商品。现在有更多的客户愿意找我，因为我可以帮助他们找到最好的商品。等我以后赚了钱，我就要自己做生意，那样可以赚更多的钱，但是我现在要一点一点地积累。（JD：20170420）

这个尼日尔人就帮马里人和尼日利亚人找货、发货，形成了业缘关系。但是，来自同一个国家的非洲人之间，不仅存在商业竞争关系，甚至彼此之间还有一定的警惕性和防御性。与中国女人 JLY 结婚的尼日利亚人可以作为一例：

JLY，义乌人，女，与尼日利亚人结婚，并生有一女，28 岁

一般我老公避免我和他们（尼日利亚人）有过多的接触，因为尼日利亚人总体……碰到他这样的人是比较少的。不能确定每个人都好。我老公就怕我和他们熟，到时候，说我是你老公朋友，我正在收货，缺钱，你帮我打个电话，人家看到我是义乌人，先把货给他，如果他走了，货款就要找我要了。这也是保护我。因为，他在这边没有算得上真正意义的朋友，只是大家认识，总是同一个国家的人。就是聊聊天，开心，也会从聊天中得到一些信息。他也会这样子，他们作息和我们不一样，有的时候在外面聊天会聊到 2 点、3 点，刚开始我也接受不了，后来习惯了，知道他也不是去干嘛，他们非常喜欢坐在一个小卖部前面，一张小桌子，一堆人围在那里喝酒、聊天，就是那种瞎聊嘛……喝喜力啤酒，一听一听慢慢喝。现在有很多人在这边拼柜之类的，也都在长春（小区）那边。（JLY：20141212）

2. 来华不同国籍非洲人之间社会交往的类型

在义乌，有部分外贸公司是非洲人开办的，主要接待本国或者周边国家的客商，非洲外商之间的社会交往也是工具型职业交往。他们之间的交往主要通过见面直接交往、电话交往、电子通信交往（微信、WhatsApp 等）。从调查结果来看，大部分非洲商人交往更多是围绕着商业本身，如商讨商品价格、确定交货时间等，较少讨论生意之外的事情，缺少感情交流。如喀麦隆商人 MS 就是一例：

MS，在义乌的喀麦隆人，男，22 岁

我每次来义乌一般都是十天左右，有的时候是我自己采购，有的时候时间不够用，我就委托外贸公司采购，有的外贸公司是中国人开的，有的是非洲人开的，我更喜欢到非洲人开的外贸公司做生意，因为这些是我认识的朋友介绍的。每次来这里他们带我去店面和工厂，让我更加相信他们。晚上我们会去商贸区一起吃饭、聊天、喝茶，也可以认识更多的朋友。我们辛苦了一天，只想放松和休息。所以，不太聊生活上的事情和感情上的事情，因为大家毕竟还是生意人。生意就是生意，和朋友是不一样的。他们（非洲坐商）在义乌的生活情况有的时候不会跟我们讲。（MS：20170420）

（三）来华非洲人与同事的业缘关系

1. 分工协作、内外有别：来华非洲人与同事的社会关系

同事，是义乌来华非洲人另一个离不开的社会关系。

持有工作签证的非洲人大多数在非洲人开办的公司里面工作。非洲人在华开设贸易公司规模普遍不大，多则 20～30 人，少则 2～3 人。部分非洲人开办的公司雇有中国员工。因此，大多数来华非洲人的同事主要分为两种，一种是本国人（非洲人）同事，一种是中国人同事。通过调查发现，非洲人与同事的社会关系可以归纳为分工协作、内外有别。分工协作即大多数非洲人开办的公司分工较为明确。老板多数为非洲人，老板助理（核心管理人员）也是非洲人，中国人多数为员工，非洲人掌控公司，控制公司的核心业务和与其国内的沟通。在工作之外的交往中也体现出内外有别，非洲人由于宗教和文化的不同，其生活中的交往多为与非洲人的交往。非洲人工作之外与中国人的交流多数是礼节性的交流，例如对员工身体的问候，对员工父母身体的问候，等等。在苏丹人外贸公司工作的张女士就是一个很好的例子：

张女士，在义乌苏丹人外贸公司工作，女，26岁

我大学毕业后来的这家外贸公司，在这里工作差不多8年了。老板是苏丹人，是义乌苏丹商会的会长，我们这个公司只有两个非洲人，另外一个是副总经理，他的哥哥与老板是朋友。他们负责公司核心的工作，我们就是做好本职工作。在公司里，除了工作上的交流外，我们基本上没有什么交流，还有一些就是礼节上的交流。上次我妈妈生病了，我请假回家，回来后老板礼节性地问候我。有几次老板和同事回国，一个中国同事带给他们一些家乡的特产，但是他们从来没有给我们带过苏丹的特产。有一次老板在苏丹打电话给我问我工作上的事情，问我想要什么特产，后来回来也没有给我带。他们信仰伊斯兰教，所以下班后他们一起参加活动，我们不会去参加的。（ZNS：20150328）

2. 来华非洲人与同事社会交往的类型

来华非洲人与中国同事的社会交往属于工具型职业交往＋情感型职业交往，他们的交往局限于工作，工作之外的交往仅仅是礼节性的交往。来华非洲人与非洲同事的业缘关系前提是基于血缘关系或者地缘关系，他们多数是亲属或者老乡，因此信任程度较高，文化和信仰相近，他们在中国遇到困难和问题的时候，习惯性向非洲同事倾诉和请求帮助。正如马里人SML之例：

SML，在义乌的马里人，男，43岁

我们公司有两个马里人，三个中国人，我需要用钱的时候会向我的马里同事借，他需要的时候也向我借，因为在非洲借钱是很普遍的事情。我知道中国人也会借钱，但是我们没有向中国同事借过钱，我向中国同事借钱总觉得他们会看不起我们，毕竟我算是他们的经理。马里同事实在借不到，我就打电话给家里人或者朋友，让他们帮忙想办法。（SML：20160811）

二 友缘：来华非洲人社会关系的发展

从业缘发展到友缘，是来华非洲人适应中国社会重要的一步。

友缘是一种涵盖范围广并具有特殊性的关系形态。对于义乌来华非洲人来说，一方面，友缘来自各种缘关系，包括传统的亲血缘关系、地缘关系、业缘关系等，范围很广泛，赋予了他们再造关系资本的权利。另一方面，友缘关系很特殊，兼具传统性和现代性双重性质：既与本国传统共同体联系，又与中华文化相接；既有先赋性，又有自致性，关系到作为来华非洲人群体身份的重建①。所以，也可以说友缘关系是在社会互动过程中所产生深厚友谊的连接状态。因此，为了保持友缘关系，人们需要持续地联系，而且要通过必要的礼仪规范不断维护和强化朋友间的友谊。

传统社会中，友缘关系很大程度上仍然具有血缘关系、地缘关系的性质，但在全球化背景下的现代社会中，跨文化也能够产生友缘，来华非洲人来到中国后，与中国人直接交往，朋友关系甚至跨越了国界和种族。在中国社会结构快速转型的背景下，跨文化的友缘关系又具有什么样的性质，受到哪些因素的影响呢？

美国社会学家帕森斯（T. Parsons）曾以行动者行为取向，提出了人际关系"普遍主义"和"特殊主义"的两分法取向，把中国传统的人际关系看作以特殊主义为基础。孙立平在帕森斯"普遍主义"和"特殊主义"两分法的基础上，又引入"表达性"与"工具性"的两分法，指出朋友关系不仅仅是基于特殊主义，还是以情感为取向的。孙立平认为，1949 年我国的社会关系经历了从表达取向的特殊主义到表达取向的普遍主义的演变，此后又经历了从表达取向的普遍主义到工具取向的特殊主义的演变②。因此，友缘关系蒙上了强烈的功利主义色彩。上述的变化，也强烈地表现在来华非洲人与中国人的友缘关系上。

在全球最大的小商品集散地浙江义乌，聚集了大量来自非洲的贸易商人。据义乌市商务局提供的数据，目前有 3000 多名非洲人常驻义乌经商，约占义乌外商人数的 1/4③。来华的非洲坐商，他们当中多数来华时间较长，经济基础较好，汉语水平较高，对中国文化较为了解。就是这些来华非洲人与中国人的关系从最初的业缘关系发展成友缘关系。

（一）来华非洲人友缘关系基本情况分析

为了解来华非洲人与中国人友缘的情况，我们将友缘关系区分为礼节型生活交往、亲密型生活交往、互惠型生活交往、关照型生活交往四种类型，四种类型的交往程度依次递进，共设计了 15 个问题。

---

① 王苍龙：新生代农民工的友缘关系分析 [J]. 当代青年研究，2012（5）：57－63.
② 孙立平．"关系"、社会关系与社会结构 [J]. 社会学研究，1996（5）：22－32.
③ 3000 多名非洲人常驻浙江义乌经商 [N]. 文汇报，2013－03－27.

礼节型生活交往仅局限于"见面时打招呼""在一起聊天，拉家常""节庆日互致问候"，属于浅层的日常应酬往来，无论是情感性、工具性都涉及较少，仅仅是关系的维持需要。

亲密型生活交往包括"一起休闲、娱乐""一起吃饭、喝酒""平时互相串门，到对方家里做客""日常生活中互相帮点小忙"，更加强调感情上的亲密性质，而且体现在日常互动的经常性上。

互惠型生活交往包括"对方生病时给予问候""对方生病时给予照顾""对方有经济困难时借钱、捐物""相互排忧解愁、倾诉、开导"，往往带有交换的性质，交换具有同质交换和异质交换之分。按照社会交换理论，异质社会交换只有双方共同遵守利益互惠和公平规范才能维持交往的平衡，属于工具性交换。

关照型生活交往包括"帮助对方协调家庭矛盾和纠纷""协助对方管教、照顾子女""为对方解决婚姻、恋爱问题牵线搭桥""在对方受到权利侵害时，为其主持公道"，以中国的文化，如果友情交往一旦深度涉入家庭、婚姻、个人感情及隐私，则是最深度的一种交往关系，可用"关系铁""死党""闺密"之类的词来加以形容。

从来华非洲人跨文化的友缘交往内容来看，友缘关系尚停留在以浅层的交往为主，绝大部分选项平均得分不到3分，在得分3分以上的交往内容中，得分最高的前三项是"见面时打招呼""在一起聊天，拉家常""一起吃饭、喝酒"，在中国的文化中，这仅仅是一般的应酬式交往。但值得关注的是，"对方生病时给予问候""对方生病时给予照顾""日常生活中互相帮点小忙""一起休闲、娱乐"的平均得分也在3分以上，表明友缘关系的情感和工具功能正在呈现。而得分最低的是家庭内部关系、个人情感问题的介入和处理上。这表明这种跨文化友缘关系还是具有界限的，一般不涉及太多的家庭内部和个人情感（见表3-19）。

表3-19 义乌来华非洲人跨文化友缘关系基本状况

交往内容	从不	很少	偶尔	经常	总是	均值
1. 见面时打招呼	16.1%	11.6%	17.6%	21.2%	33.6%	3.45
2. 在一起聊天，拉家常	12.3%	16.8%	26.9%	24.6%	19.4%	3.22
3. 节庆日互致问候	17.2%	16.4%	31.7%	19.0%	15.7%	2.99
4. 平时互相串门，到对方家里做客	14.9%	17.4%	36.7%	17.9%	13.0%	2.97
5. 一起吃饭、喝酒	11.6%	15.1%	36.6%	21.0%	15.6%	3.14

续表

交往内容	从不	很少	偶尔	经常	总是	均值
6. 一起休闲、娱乐	14.4%	16.8%	34.3%	21.6%	12.9%	3.02
7. 日常生活中互相帮点小忙	16.9%	16.4%	30.3%	20.6%	15.9%	3.02
8. 对方有经济困难时借钱、捐物	31.8%	16.7%	22.7%	15.8%	12.9%	2.61
9. 对方生病时给予问候	14.6%	20.2%	28.3%	15.4%	21.5%	3.09
10. 对方生病时给予照顾	17.1%	17.0%	29.2%	15.0%	21.7%	3.07
11. 相互排忧解愁、倾诉、开导	19.9%	19.0%	26.3%	17.7%	17.1%	2.93
12. 为对方解决婚姻、恋爱问题牵线搭桥	32.5%	18.7%	22.5%	14.7%	11.5%	2.54
13. 协助对方管教、照顾子女	35.4%	19.2%	20.7%	12.9%	11.9%	2.47
14. 帮助对方协调家庭矛盾与纠纷	36.6%	18.3%	20.3%	13.3%	11.5%	2.45
15. 在对方受到权利侵害时，为其主持公道	27.0%	16.8%	22.9%	16.4%	16.9%	2.79

　　根据上述分类，我们以1~5分赋分，"从不"获1分，"经常"获5分，得分越高，交往程度越深，分别计算来华非洲人的友缘交往总分、礼节型生活交往、互惠型生活交往、亲密型生活交往、关照型生活交往的分数，为了便于比较，将各维度交往的分值进行加权处理，即将各维度交往的得分除以该维度的题目数量生成新的变量，在同一范围（1~5分）来比较各维度的平均分的高低，从而更加深入地描述中国人与非洲人社会交往的具体状况，统计结果见表3-20。

表3-20　义乌来华非洲人跨文化友缘分类比较

项目	有效样本	均值	标准差
礼节型生活交往	878	3.23	1.11
亲密型生活交往	844	3.03	0.99
互惠型生活交往	856	2.94	1.11
关照型生活交往	847	2.54	1.12

　　来华非洲人友缘交往中礼节型生活交往、亲密型生活交往的平均分分别为3.23和3.03分，介于偶尔交往到经常交往之间，偏向于偶尔交往。互惠型生活交往和关照型生活交往平均分分别为2.94和2.54，介于很少交往和偶尔交往之间，偏向于偶尔交往。我们还发现礼节型生活交往的平均得分最高，而关照型生活交往的平均得分最低，这说明来华非洲人的跨文化友缘交往总体而言还是停留在日常的礼节性互动、应酬式的交往水平上，但是已经开始涉及亲密型生活的交往。而生活

中的互惠型生活交往和关照型生活交往还很少（小于3），只是偶尔为之。

比较广州、义乌的非洲人在跨文化友缘交往中的各维度平均得分，并经方差检验分析，结果如表3-21所示。

表3-21 广州、义乌来华非洲人与中国人友缘交往比较

友缘交往	地区		F	sig
	广州	义乌		
礼节型生活交往	2.92	3.44	48.126	0.000
亲密型生活交往	2.89	3.16	14.782	0.000
互惠型生活交往	2.74	3.09	20.988	0.000
关照型生活交往	2.52	2.57	0.325	0.569

广州的来华非洲人跨文化友缘交往得分全部低于3分，而义乌的得分除了关照型生活交往，其余均在3分以上。且通过方差的显著性检验，无论在广州还是义乌，关照型生活交往的得分最低，刚超过2.5分，没有显著差异。

（二）来华非洲人友缘关系发展策略

友缘关系是来华非洲人事业发展的需要。来华非洲人首先要完成"行商"到"坐商"的转变，长期居住在移民目的地。其次，要从单一的采购贸易转换成多类型的商业形式，与中国人接触面扩大。最后，来华非洲人心理发生变化，积极融入当地社会，了解中国和当地文化，并形成一系列的交往策略。在此过程中，来华非洲人的商人身份，从事经济贸易形式、心理等各个方面都发生变化，导致非洲人与中国人的友缘关系发生变化并得到发展。在义乌的塞内加尔商会负责人SL是一个典型：

SL，在义乌的塞内加尔商会负责人，男，38岁

我第一次到中国是2003年，2003年到2006年那个时候，我是没有住在这里的。我是作为一个客商到这里来买货，然后就回去了。我们家里的生意在我们国家是非常好的，我在家里是老三。但是我的兄弟，还有我的爸爸，他们生意都做得很大，都算是很好的。我们基本上是自己做自己的生意，所以我刚才说我本来没有想过能到这里来，但是我发现了机会，所以我现在是不后悔的。

之前我从来没有想过要来义乌开贸易公司，想都没去想过。那个时候我

跟我一个兄弟，我们来义乌待了几个月，然后回去，之后我的兄弟也会来。那一回去，我又会来。所以到 2006 年的时候，我们想的是什么？可能让我到义乌多待一点时间，不要待几天就回去。我那次来的时候，待了一个多月后，我发现了很多机会。以前只来几天可能感受不到有那么多机会，后来我越看到这些机会，就越想待在这里。因为我以前做生意，只管做生意，赚钱管自己的家。但是我到这边，义乌是给了我另外一种平台。如果我不做生意的话，我就找不到这个平台。所以说我这个非常好，对我来说，义乌这边的机会是非常好的。

我第一年在义乌没有做贸易公司，第一年就做我自己的生意，任何别的事情都没有去想。第一年，可能在我们国家或者说别的国家认识我们的人，如果我们在义乌的话，他们会来找我们，可能需要我们的一些帮助啊什么的。从这一年开始，人们来我们这里感到很满意的话，他回家后还会推荐另外一些人过来。这个公司就这样起步了。反正我觉得你是跟我熟嘛，有人叫你到我这里来，我帮帮你。不是为了利益，你来我就帮你忙。你回去了，你会认为我的服务好，你会告诉别人以后到我这里来。后来我发现这是一个机会，你要买货，我可以介绍给你，或者我帮你找。你要什么东西，我就帮你去找。后来就变成人来得越来越多，我就发现这是另外一个机会，所以我就成立了一个贸易公司。那我就开始搞一个公司，这个公司是这样起步发展起来的。

[画外音：一些家族经济实力较好、善于捕捉商机、懂得经营的非洲商人，很快在中国拓展业务，开办外贸公司和工厂，从"行商"转变成"坐商"，随之带来的转变就是业缘关系不能满足其事业的发展，社会关系逐渐变化，友缘关系成为其在华工作和生活中的重要关系。]

我 2008 年在这里办了一个小厂。办那个厂的时候，我最感动的一点是什么？因为当时的他是条件不好的。2006 年到 2008 年，我跟他接触比较多。他有空就到我办公室里坐一坐，喝喝茶。我有空也到他的店里坐一坐，聊聊天。就是说生意合作很少，我跟他合作的时候很少。

但是 2008 年我想去办厂，当时我那个厂就我一个人。我跟他聊天的时候，我说我买了设备，租了场地，什么都弄了。但是他看着我天天跑到那个厂，他就又跑到我办公室。有一天跟他聊天的时候，他跟我说，SL，这个地方你必须有自己的人。我说我主要是我一个人在这里，我没有人。我那个时候住的条件也不是很好。反正我能跟他说明白，他也能跟我说明白。

后来他跟我解释了，就是说在这个地方，我一定要有自己的人。我反正也跟他说了，我没有人。但是说来说去，过了一两天他又回来了。他说那好吧，我叫我爸爸来帮你管。他那句话，我叫我爸爸（浦江人）来帮你管。我呢，怎么去想呢？你叫我一定要有自己人，我没有人。你叫你爸爸来给我管。我一霎时想的是什么？他是把我当成自己人了。我的想法就是这样的，这个人的人品就是好的，你还要去叫你爸爸过来。而且他加了一句话，我爸爸来帮你管，你不用管太多。你只要给他一个睡的地方，工资也不用管，你不用给他工资。这个是客气话，我不可能不给他工资。但说是这么说，可是从那个时候，我是感觉这个人是还可以的。因为能够说到这样的话，做到这点的话，对来我说，对这个人是很满意了。我从第一年开始就把他当成一个朋友，我从那个时候开始的想法是说，这个人就是一个好人。另外一个也一样，另一个是温州人。

因为我那个时候的想法就是说，我要融入这个社会必须要有一些朋友。不能说我的关系都是生意上的关系，生意上的关系主要是生意好，那关系永远都是好的。你生意不好，这个人会变，那是非常正常的事情。因为他跟你不是别的关系，就是生意上的关系。

所以我选择了两个人，都是条件很不好，但是我感觉他们人品是很好的。温州的那个朋友，我跟他认识的时候，他条件是不好的。但是经过我了解他，了解他的人品，我觉得他这个人跟我是合得来的。现在我跟他认识12年了，但从以前每一天到现在，今天下午他下班也会到我这里来。我跟他从开始认识到现在，他也去过我的国家。

浦江的这个朋友，第一次去我的国家，去我的家里。我妈妈第一句话就问我，哪一个是程章。因为还有好几人，那一年我公司有7个人和5个朋友，12个人一起去。但是我想不到我妈妈第一句话是，哪一个是程章。那是因为她经常听到我说这个朋友，我和我这些兄弟都说过。我说，这是他。那他的爸爸妈妈在浦江，我不会叫名字，我也是叫爸爸妈妈。明白没有？

所以这个是很需要的。那你说这种人他为什么会来对我好？你对他好，他反过来也会对你好。这个是必需的。你要在这里过得好，你必须得有一个环境。这个也不只是关系到非洲人，很多的外国人也是。但是他们往往不会考虑太多，我只要在这里赚够钱就可以了。

但是我的想法不是这样的，我的想法是在这边起码有一家兄弟，有时候我有困难，他们可以保护我、可以帮助我。我能帮得上他们的地方，我也帮他们，这样日子就能过得好。所以我现在也可以说是做得蛮好了，我两个朋友都是从零开始，他们现在条件都非常好。

我跟你说那个温州的朋友，我现在跟他一起办了一个厂，为什么我可以跟他办一个厂？虽然我们开始的关系是一种普通的关系，但是我有机会做事，需要合作让他赚钱，我为什么要去外面找呢？我自己的内部里面也有，我还要去外面找干吗呢？所以我跟朋友，或者说我跟兄弟一起合作。所以现在他跟我也是合作关系，也很好。我认识他，他是一个上班族，但是你跟他聊，你去找他跟他聊。他经常说什么？"我能有今天，是因为你。"他每一天都会说这句话。我后来跟他说，我不想听这句话。这个是因为你自己做到了，这个条件不是我给你的。

我来义乌之前，我考虑的问题可能是赚钱，能赚越来越多的钱，这样就可以了。但是现在我的想法不是这样的，现在义乌给我的平台是另外一种。所以现在的想法是变两个了，只是一个是在物质方面。

[画外音：多数非洲人与中国人的友缘关系，往往建立在工具型社会交往和情感型社会交往基础之上，即双方既是合作伙伴，又是亲密朋友。在交往过程中不仅包含了礼节型生活交往、亲密型社会交往等初级交往类型，还包括互惠型生活交往、关照型社会交往类型。]

我有一个中国朋友前段时间他有一个亲戚过世了，他打了电话给我，爸爸没有了。我问他在哪里，他说不用不用。他可能以为是外国人不懂。但是我觉得我应该也要去的，我必须得去。我打个电话给他，他说没事没事，我就告诉你一下。我说："我知道你是告诉我，但我问你，你是在哪里？"然后他就跟我说在哪里，我就开车过去。我一到那里，我从那一天到现在，我感觉他看着我的时候是完全改变了，更觉得我是跟他很近的朋友。

其实实话实说，我们那边也是这样的，那你为什么来这里做不到这些东西呢？就是这么简单的事情，就有一个问号在这里。我们那边也一样的，你结婚，打个比方，我跟你好，我请客的话也要有红包，这些东西一模一样的，真的没有任何区别。那你为什么到这里不管任何事情，人家有事情了，不去了解，不去干吗，你还需要他对你好？其实他可能没想太多，但是你做了一些简单的事情，他可能把你当成一个非常好的朋友。

[画外音：非洲人与中国人友缘关系的建立和发展，其基础是双方的认可和信任。随着关系的发展，双方需要进一步加强对对方文化的了解和认识，通过对对方文化的了解、接触和碰撞，双方友缘关系进一步发展，同时也促使非洲人更好地融入当地社会。]

我说非洲人从非洲到中国来混不了的话，是怪他。真的，我不说别的国家，但是你从非洲到中国，你在中国待不好，看你自己是怎么样的。我认为最大的问题在于你自己，我们之间相通的东西真的是太多了。所以说我觉得有时候中国人说非洲人怎么样，怎么样，我不认同这个观点。我觉得就算是非洲人，也要看是哪个非洲人。你来这么大的一个国家，你不想办法了解他们，习惯他们，这是不行的，因为他们不可能来习惯你。你大晚上还在这里闹，可是大半夜别人是要睡觉休息的，那谁会来对你好？

有一天我的中国朋友跟我说，他要娶老婆，但是妈妈去看什么菩萨还是什么东西，感觉他们不太合适。他跟我说这句话，他自己跟我说这句话，我觉得这么奇怪的，中国也有这种东西啊。我们基本上每个人娶老婆都有这个问题，我说这种问题都有的。中国人也是这么想的。如果我告诉他，他可能会去想，我们也有这么一个东西。所以相同的东西太多了。我们是如果我要娶老婆，除非我不跟我爸妈说，男的一般都不管这种东西。但是对老妈来说，你要娶老婆，她必须把所有的事情都搞清楚。搞不清楚，就不会让你娶这个人，那中国也这样的啊。所以中国与非洲有很多相似的地方。

有的时候我也邀请中国朋友到我们的国家，我就是希望让他们也去了解我们国家。有一个杭州的朋友，去年他跟我一起去塞内加尔。我们到的第二天早上，我们一起出去。他看到很多小孩子穿那些学生衣服去读书，然后他说，SL，你们这里的小孩子也穿这样（校服）去读书吗？这个问题，我觉得很奇怪。他以为这里的小孩子不可能会穿同样的衣服，有的读书已经算很好了。其实那些小孩子上的也是私人的学校，条件稍微好一点的人去那里读书的，也算贵族的学校。他认为这种是不会有的。所以我觉得能把他带到这里来也有好处，起码别人再说这些问题的话，他可能会说，我们想的跟实际上是不一样的。

还有一天，我们坐在我家里面，有个人一直在按门铃。有人就出去站在阳台上看了，他说，SL，你来看一下，这个人一直在这里按门铃，他说话我也听不懂。我说你不用管他，我以为是小孩子来乱按的。他说，你来看一下，我过去看了，结果那个人跟我说，你们停在外面的汽车玻璃窗没关好。他可能看到我们的车玻璃窗没关好，然后来跟我们说。那个朋友说，有这样的人吗？人家每个人都在搞自己的事情，你还站在这里按那么久的门铃，就来一句车窗没关好。最后他说你们这些人，也是有好人的。

像我前几天和我们国家的一个负责招商引资的高级官员见了面。那么他们来招商引资，就是大部分人都是跑到中国来，想办法让一些企业到我们国家办厂，他可能以为我能提供给他一些帮助什么的。我跟他说的是，你现在跑到中国，想拉中国人去。这个工作我觉得不是这样开拓的。现在中国人不够了解非洲，这个是可以宣传的。但是按照我的想法，你从国内开始宣传，因为国内毕竟有很多中国人。

[画外音：非洲人在中国友缘关系的拓展，不仅为其在华提供了社会支持，帮助其更好地融入中国，促进其事业的发展，还使得他们成为中非经贸往来和文化往来的使者，促进中非民间贸易交往和文化交往，促进中非国家关系发展，也让世界更加认识和了解中国。]

现在经常有报纸在我们国家这么报道我，最新的还没有一个月，这几天都有报道。

2014年，我们的总统到北京，我是代表我们国家在义乌，还有代表我们国家在广州，还有代表我们国家的大学生在这里。所以那一年报纸有报道，报纸发表完以后，因为我是在义乌，塞内加尔就看到了这些情况，说是让我跟大使联系。那一次我们去北京，大使也知道我在做的一些事情，看到很多东西。我最感动的是，站在我们总统的面前，我、大使还有其他人都在。我们大使直接跟我们总统说，这个人我介绍给你认识一下，他现在在中国是很有名气的。我听到这句话，看到大使跟我们国家的总统这样介绍我，我觉得我应该更努力。因为我做的任何事情，不是说为了等这句话。我没有想到会有这么一个情况，但是他可能认为应该向总统说。后来我跟他说，反正总统也开心，觉得很好。特别我们中央电视台《新闻联播》报道完以后，我回国，总统也直接接待了我。我回家以后，他接待我。所以我刚才说的是，开始的想法跟现在的想法是不一样的。

我自己努力了是对的。可是如果我们在义乌的人跟在广州的这些外国人的想法是一样的话，或者说不会去想办法积极融入这个社会，是不会有这么一个平台的。义乌给我们这些外国人提供一个这样的平台，在整个国内我估计是没有外国人这个平台的，基本上没有的。我们可以天天跟中国的政府见面，有任何小问题叫你们过来跟我们谈，这个已经够好了，其他你自己努力就好了。他不可能把钱放在你兜儿里，这个要你自己努力。那你要什么他都给你搞得很好，这是不可能的事情，你自己要动手啊。我们非洲人在中国也有一些微信群之类的东西，我们经常聊天。我也经常跟他们说这些话，我想让他们改变一点点，不要在这里乱想乱说。你看到这些情况，你要想办法来解决这些问题。你找到原因处理不了的话，你再去说，但是你这样乱想是不对的。

我在我们国家的时候，有个记者采访我。他问我一个问题，他说你在中国怎么能过得好？因为他们相信媒体，打个比方，欧美媒体报道的这些情况都是对中国没有好处的。就是说对中国不会说好，基本上是说坏。那他们得到的很多信息，基本上都是从这些欧美国家报道的新闻里听来的。所以他来问我的时候，我跟他说的第一句话，我跟你坐在这里没有中国人，是吗？他说，对。那我说，我想乱说我就会乱说，对吗？他说对。所以我就跟你说，在这样一个房间里面，就我和你坐在这里，没有任何中国人，也没有人来监控我们，也没有人知道我们在说什么。但是我是跟你说实话，我在中国待了这么多年看到过的情况，我觉得在中国你只要把自己做好，你成功的概率比在很多欧美国家大多了。我是这么跟他说的，因为我觉得人与人都是一样的。后来我跟他谈了以后，他跟我说，你说得非常有道理。你说一句有道理的话，每个人都会觉得非常有道理，就是这么简单的道理。

还有在两年前，一个德国的记者也问了我问题，但我发现他想听的话，跟我在说的话不一样。那我问他的问题是什么，你是想要我说谎还是想让我说实话，我就问了这么一个问题。他说你说实话，那我就这么跟你说。因为我不可能就说一些你喜欢听的话，因为我在这里真的是没有感觉在国外，我坐在这里，经常有很多朋友来，我们一起聊天、吃饭，这样很好啊，过得很好。晚上没事做，我们出去玩一下。（SL：20150825）

这位义乌非洲商会会长从业缘发展到友缘的访谈虽然比较长，但非常真实而感人，是义乌非洲人的一个典型案例。

第四节　来华非洲人公共关系分析

来华非洲人不仅积极完善业缘关系，发展友缘关系，同时也在积极拓展公共交往关系，即公共关系。

公共关系与上述属于人际关系的业缘和友缘来说是有区别的。首先，从主体上看，公共关系的行为主体是组织，人际关系的行为主体是个人。其次，从对象上看，公共关系的对象是与组织相关的所有公众及其舆论，而人际关系则包含许多与组织无关的私人关系对象。再次，从内容上看，公共关系是一种组织的管理活动与职能，处理的是组织事务和公众事务，十分强调运用公众传播和大众传播的方式做远距离、大范围的公众沟通，人际关系则比较局限于面对面、个体对个体的交流方式。在义乌有多名非洲人积极参与公共活动，建立了良好的公共交往关系。非洲塞内加尔人苏拉和苏丹人艾哈迈德同时获得义乌市 2016 年第二届"商城友谊奖"，塞内加尔人苏拉获得"2015 义乌创业新锐"荣誉称号。义乌市涉外纠纷人民调解委员会成立以来，先后有十余位非洲人担任外籍调解员，其中塞内加尔人苏拉担任涉外纠纷人民调解委员会副主任。有多名非洲商人参与义乌市"世界商人之家"的公益活动。义乌市每年"两会"都会邀请包括非洲人在内的外国人列席。义乌工商职业技术学院马里留学生获得 2016 年义乌市最美消防人提名奖。埃及留学生穆小龙积极参与义乌市同悦社会工作服务中心志愿者活动，受到国内外媒体报道。义乌的非洲人积极开展公共交往，是否意味着来华非洲人整体上具有较好的公共交往？下面我们对此进行分析。

一　来华非洲人公共交往

业缘和友缘代表了一种以私人关系为基础的私人交往，区别于私人交往的是公共交往，哈贝马斯的交往理论正是基于公共交往之上。在哈贝马斯看来，随着资本主义时代的到来，公众从家庭私人生活中走出来，社会中出现了各种可供公众自由交谈的场所，像沙龙、咖啡馆、宴会以及杂志和报纸，构成了公共领域，哈贝马斯认为这是成熟市民社会的标志①。

但私人交往和公共交往的分离应该是相对的，两者之间虽然有着不同的交往条件，但仍是相互联结的。一些交往理念不但适用于日常交往生活，也在复杂的公共交往生活中应用。公共讨论的话题也在两者之间传输。哈贝马斯指出：公共领域的交往渠道同私人生活领域相连，也就是说不仅与家庭和朋友圈子，而且是与邻居、同事、熟人等等的密集的互动网络相连。②

来华非洲人来到中国，他们除了开展私人交往，也在开辟公共交往的空间。公共交往有利于信息的传播、意见的表达、公共性事务的协商和处理，对于来华非洲人适应中国具有积极的影响。公共交往又可以区分为族内公共交往和跨文化公共交往。我们对来华非洲人的公共交往状况进行了分析（见表3－22、3－23）。

从表3－22可以看出，来华非洲人参与公共交往的各项指标平均得分都没有超过3分，但均超过了2.5分，介于很少参与到偶尔参与之间，且偏向偶尔参与。来华非洲人跨文化公共交往由"与中国人一起娱乐聚餐""参加中国（社区）文化活动""与中国人一起参加体育活动"3项指标构成，族内的公共交往作为比较，由"参加行业协会活动""参加宗教活动""参加同胞聚会""参加族裔社团活动"4项指标构成。根据上述分类，我们以1~5分赋分，"从不"获1分，"经常"获5分，得分越高，交往程度越深，分别计算来华非洲人的跨文化公共交往总分和族内公共交往总分。为了便于比较，将各维度交往的分值进行加权处理，即将各维度交往的得分除以该维度的题目数量生成新的变量，在同一范围（1~5分）来比较各维度的平均分的高低。

表3－22　来华非洲人公共交往分类比较

项目	有效样本	均值	标准差
跨文化公共交往	885	2.78	0.99
族内公共交往	834	2.77	0.98

---

① 哈贝马斯. 公共领域的结构转型 [M]. 曹卫东，等，译. 上海：学林出版社，1999：176.
② 哈贝马斯. 在事实与规范之间 [M]. 童世骏，译. 北京：生活·读书·新知三联书店.

表 3 - 23　义乌来华非洲人在华参与公共交往状况

	指标	从不	很少	偶尔	经常	总是	均值
跨文化公共交往	1. 与中国人一起娱乐聚餐	20.1%	14.9%	28.8%	24.4%	11.8%	2.93
	2. 参加中国（社区）文化活动	25.4%	21.8%	33.4%	12.7%	6.7%	2.53
	3. 与中国人一起参加体育活动	18.5%	17.9%	33.5%	18.1%	12.0%	2.87
族内公共交往	4. 参加行业协会活动	20.5%	18.0%	30.9%	16.0%	14.5%	2.86
	5. 参加宗教活动	23.5%	18.2%	23.8%	20.4%	14.1%	2.83
	6. 参加同胞聚会	17.8%	18.3%	33.3%	20.2%	10.4%	2.87
	7. 参加族裔社团活动	27.7%	21.4%	29.8%	11.9%	9.2%	2.54

根据调查，义乌来华非洲人的跨文化公共交往与族内公共交往得分相近。都没有超过平均值 3，处于很少参与与偶尔参与之间，偏向于偶尔参与（见表 3 - 24）。

表 3 - 24　广州、义乌来华非洲人与中国人公共交往比较

公共交往	地区		F	sig
	广州	义乌		
跨文化公共交往	2.49	3.00	58.477	0.000
族内公共交往	2.62	2.92	18.264	0.000

从广州和义乌的比较来看，两地的来华非洲人公共交往水平差异较大，特别是跨文化公共交往水平上，义乌达到了 3 分，而广州不到 2.5 分，偏向于很少有跨文化公共交往。

二　来华非洲人族内公共交往分析

在中国人眼中，大多数非洲人积极活跃，文艺和体育表现出众，喜爱参与各项文体活动。然而从我们的调查来看，虽然有苏拉等义乌表现抢眼，不仅是成功的非洲商人，而且是公共活动的积极参与者、策划者和推动者，但是来华非洲人整体的跨文化公共交往水平不高。

（一）"集体意识"与"大家庭"的内核

从非洲人族内公共交往来看，其族内公共交往水平同样较低。众所周知，非洲人具有较强的集体意识和群体意识。非洲人的群体意识表现尤为强烈，非洲人的群体意识或共同体意识反映在社会形态、社会结构、社会关系等诸多层面，其

内涵可以用和谐、互助、分享加以概述。在非洲传统社会，群体意识或者集体意识在道德伦理中始终居于至高无上的地位①。因此非洲人常说"如果你想走得快，请独自行走，如果你想要走得远，请结伴同行""团结一致，胜券在握""一个人拉不动一条船"。这些谚语清楚地表达了非洲人重视团结、强调互助的禀性②。考察或研究非洲群体意识或共同体意识，不能回避非洲的社会结构和社会关系，尤其不能回避与之密切相关的"大家庭"、亲属关系和村社制度③。

在全球化席卷之下，非洲各个国家的社会结构和社会关系发生变化。与此同时，中非贸易背景下非洲人依赖的社会结构和社会关系也不断发生变化。首先，从社会结构来看，来华非洲人从非洲家乡的农业社会转化到中国的工业社会（商业社会）。非洲城市化程度不高，很多非洲商人从非洲的农村来到中国的大都市，其身份从农民或者半农半商转变成商人。其次，从社会关系来看，原有的以"大家庭"和村社制度为主的社会关系发生变化，有时面临瓦解。但是，非洲人来到中国以后，原来以"大家庭"为主的血缘社会关系不但没有减弱，反而在其在中国的工作和生活中发挥重要作用。如义乌马里人 MK 就是一例：

MK，在义乌的马里人，男，22 岁

我哥哥之前在中国传媒大学学习，研究生毕业后先在中央电视台工作，后来他来到义乌做生意，开了一家外贸公司，现在他在国内打理生意。他让我来义乌先学习汉语，一边学习一边帮他打理公司这边的业务。我的学费都是我哥哥帮我出的。毕业以后我还是要继续在义乌做生意，以后有钱了我会考虑我自己的生意。（MK：20161223）

（二）"村社制度"是"大家庭"社会交往的延伸

部分来华非洲人是跟随老乡来到中国的，来到中国后其社会交往常常受到老乡的影响。"大家庭"关系下的社会交往普遍具有私人性，"村社制度"关系下的社会交往更具有公共性，多数是在族内小范围内开展。"村社制度"关系下的社会交往是"大家庭"关系下交往的补充，可以为来华非洲人提供更多的支持。

---

① 张宏明. 非洲群体意识的内涵及其表现形式 [J]. 西亚非洲，2009（7）.
② 李安山. 中国与非洲文化的相似性——兼论中国应该向非洲学习什么 [J]. 西亚非洲，2014（2）.
③ 张宏明. 非洲群体意识的内涵及其表现形式 [J]. 西亚非洲，2009（7）.

如在广州的马里人 ABD 就是一例：

ABD，在广州的马里人，男，24 岁

我叔叔 2004 年来广州，他现在普通话说得很好，电话里根本听不出他是非洲人。我 2012 年来中国，当时我的爸爸问我叔叔来中国哪里。叔叔说广州也可以，义乌也可以，我就先选择来义乌了。因为他说义乌学习汉语方便，生活也方便。那个时候只有我一个人在义乌，平时也没有与老乡什么的联系，有一年我一个人在义乌过年很无聊，我就一直坐公交车。今年我就来广州了，我在广州大学学习电子商务专业，住在学校的宿舍，每天我坐地铁来我叔叔家（广州小北附近）吃饭，是我婶婶做的，他做家乡菜，我很喜欢吃。周末的时候我和叔叔一家人一起去做礼拜。我听叔叔说在广州有马里人商会，他有时候去参加活动，我没有去过，听说都是要讨论一些问题，有时候我会观看马里人的足球比赛，是我老乡带我去的，他能上场比赛，我只是在场边看他们踢。（ABD：20141128）

在调研中，我们时常听非洲人说我"哥哥""叔叔"等亲属称谓，仔细了解过后发现，这些"哥哥"和"叔叔"有的是堂哥、堂叔，或者表哥、表叔，有的其实是一个村里的邻居或者老乡。"村社制度"关系的影响可见一斑。

（三）"商会"是"大家庭"和"村社制度"的扩展

有一些国家的来华非洲商人在广州和义乌建立了商会。义乌市非洲商人商会发展水平参差不齐，有的商会在义乌市民政局进行了备案，规范地开展各项工作。2016 年，苏丹商会成为全国首家外国人商会组织备案，义乌苏丹商会活动地点租在义乌鸡鸣山社区一幢居民房内，主要功能是在此开会、开展节日庆典、聚会等。此外，我们在广州调研期间走访了广州刚果（金）商会，其活动地点在广州天秀大厦内，我们有幸参加了其商会会员大会。当天一共有 90 多个广州刚果（金）人参加了会议，主要商讨广州刚果（金）人会费问题和一个在广州刚果（金）人死亡后，怎样将尸体运回国内以及为此捐款的事宜。

在义乌也有肯尼亚商会、塞内加尔商会、几内亚商会、尼日尔商会、马里商会等，以上商会召集和组织在义乌的本国人开展各项活动。据我们了解，目前以上商会尚未向义乌市民政局备案，但是，以上商会均在义乌市外事与侨务办公室进行了备案，一些相关活动也是在义乌市外事与侨务办公室管理下开展的。

义乌各非洲国家商会发展的水平不同，开展的活动不同，对本国居民提供的社会支持也不同。虽然非洲国家商会的建立和开展工作总体来说对于来华非洲人具有一定的吸引力，但是难以真正发挥商会的功能。目前非洲商会开展活动缺少足够的吸引力、有效性和持久性，但是非洲国家商会发挥了基本"安全阀"的作用，即在本国人在当地发生伤亡、违法或者遣送回国、族群重大事件等方面发挥作用。在2009年和2014年广州相继发生两起非洲人群体事件的后续处理也能说明其发挥的作用。同时，商会既是本国商人与中国政府、民众联系的纽带，也是本国商人与其国家在中国大使馆联结的桥梁。试举二例：

JM，在义乌的肯尼亚人，男，肯尼亚商会副会长，32岁

我们肯尼亚人最多的时候在义乌有100多人，去年生意不好做回国了，最近很多肯尼亚商人回国了，因为最近我们肯尼亚在举行大选，我们支持的老总统如果连任的话对我们商人是有好处的。你知道，虽然我们肯尼亚人在义乌很多，但是我们的流动性很大，你看我也是一年来两次中国，我们终究是要在肯尼亚的，所以平时大家加入这个商会一是在我们在中国遇到困难的时候可以寻求帮助，二是我们周末的时候去义乌商贸区的鹰派酒吧喝啤酒、聊天。平时大家真的没有时间举行什么活动，因为大家都很忙，还有就是大家很难凑齐人数，都说很忙。但是当我们国家的人遇到困难的时候，我们肯定会站出来的，你看我们义乌的肯尼亚人手上都戴有一个我们国家国旗标志的手链，新来的肯尼亚人或者乌干达人或者坦桑尼亚人就会主动来找我们聊天。去年两个肯尼亚人骗了我们国家的两个女孩子，说来中国可以帮助其找工作，教中国人英语，结果来了之后他们把女孩子的护照扔掉了，不让她们俩回国，后来两个女孩找到我们，我们就很快联系了义乌市出入境管理局的警察去那两个人住的地方把他们抓住了。这两个女孩子回国的机票没有了，我们就在微信群里讲，每个人都回复说，我们怎么捐给她们、捐多少。这就是我们商会的作用。还有前几个月我们肯尼亚人经常在这里（酒吧）喝啤酒，大家讨论我们国家大选投票的事情，我们都是做生意的商人，所以大家都同意投给现在的总统，支持他继续当总统。（JM：20170722）

SK，在义乌的尼日尔人，男，36岁

在义乌没事情的时候我平时多数时间跟家里人联系，现在微信很方便，也很省钱，以前需要很多电话费。有的时候我们几个尼日尔人聚在一起吃饭、聊天。我们尼日尔人也有商会，但是我们平时大多数时候是在微信群里联系，大家可以发布一些信息，也可以了解一些情况，但是很少说做生意的事情。有几次会长要我们去开会，我真的没有时间，有的时候我要去广州，要去工厂，但是如果哪个尼日尔人真的在义乌遇到困难了，大家也会帮助的。有一年我们国家总统来中国，我们大使馆打电话给我们义乌商会，让商会组织我们去上海机场迎接，我们都去了。（SK：20160512）

总之，"大家庭"交往是来华非洲人社会交往的内核，在来华非洲人社会交往和生活中发挥基础性的作用。来华非洲人来到中国后，其"村社制度"社会交往得到发展和延伸，并发挥着补充性社会支持作用。"商会"社会交往是来华非洲人社会交往的拓展，是来华非洲人根据社会结构的改变，对社会交往关系的重构，虽然目前"商会"社会交往对于非洲人族内社会交往的吸引力不大，参与面不广，但是不可忽视其在来华非洲人社会支持网络中的必要性，同时也在推动和引导来华非洲人的公共交往参与意识和水平。可见，"大家庭""村社制度""商会"构成了来华非洲人族内公共交往的图像（见表3－25）。

表3－25　来华非洲人三种社会交往关系比较

交往类型	性质	影响范围	社会支持	建构方式	交往方式
"大家庭"交往	内核	所有来华非洲人	基础性	移植	个体交往
"村社制度"社会交往	延伸	部分非洲人	补充性	移植、拓展	半个体、半公共
"商会"社会交往	拓展	少数非洲人	必要性	重构	公共交往

三　来华非洲人跨文化公共交往逻辑分析

从来华非洲人跨文化公共交往的调查结果来看，非洲人与中国人一起娱乐聚餐均值最高，为2.93分。与中国人一起参加体育活动均值为2.87分。参加中国（社区）文化活动均值得分最少，为2.53分。从跨文化公共交往类型来看，以上三种公共交往依次为日常活动类、体育活动类和文化活动类。

从来华非洲人跨文化公共交往逻辑来看，来华非洲人跨文化公共交往首先从简单的日常活动类的交往活动开始。其次，从其爱好入手，非洲人普遍爱好体育，所以参与度较高。由于文化交往类公共活动要求非洲人具有较好的汉语水平，还要求非洲人对中国文化具有一定的兴趣和了解，因此，来华非洲人普遍参与度比较低。如义乌肯尼亚"社区"领袖之一 JM：

JM，义乌肯尼亚"社区"领袖之一，男，32 岁

我们肯尼亚人现在在义乌有 90～100 人吧，我是义乌商会的副会长，所以有的时候义乌市政府或者社区什么的会让我组织一些我们国家的人参加活动。他们（肯尼亚人）会问我是什么活动，会不会对签证有好处。我说不会，他们就不会来。有的时候中国人说有一点钱或者礼物给他们，但是他们也不愿意来，为什么？因为他们很多人认为对他们没有直接的帮助，他们不需要，他们大多数人每天确实都很忙，都忙着生意的事情，所以我们只有周末才有空。我们非洲人很喜欢踢足球这样的活动，每周末都有各个国家（非洲）之间的比赛。我听说在义乌好像也有一些明星，也有非洲人，经常能够在电视上看到他们，他们参加了很多义乌的活动，有志愿者的，居住社区的，有跟中国人在一起的。那些非洲人的汉语很好，对参加活动也很有热情。（JM：20161002）

从参与个体来看，来华非洲人普遍更倾向于参与难度较低、带有一定乐趣的公共交往活动。从跨文化角度来看，公共交往的跨文化难度越大，来华非洲人参与度越低，说明目前来华非洲人对中国文化的跨文化理解有待提高。在义乌和广州的非洲人同样来自非洲，但是跨文化公共交往程度有一定的差异，义乌的非洲人得分高于广州非洲人，广州非洲人跨文化公共交往均值为 2.49 分，义乌非洲人跨文化公共交往均值为 3 分。因此，需要从社会结构来分析。从社会结构来看，两地也有结构性差异。首先，从政府层面来看，义乌搭建高层次的公共交往（交流）平台。义乌市政府举办第四届中非民间论坛，其中塞内加尔的苏拉代表在中国的非洲商人发表讲话。其次，从社会层面来看，义乌积极构建多元的交往（交流）平台。在义乌市涉外纠纷人民调解委员会中有多位在义乌的非洲人。再次，从社区层面来看，义乌积极搭建日常性跨文化交往（交流）平台。义乌市鸡鸣山社区等国际融合社区多次邀请在义乌非洲人参与社区文体活动、国际志愿者活动、跨文化交流活动等。最后，从义乌社会舆论和宣传来看，义乌积极宣传平等和谐的社会氛围。从义乌市第二届"商城友谊奖"的获得者就可以看出，三位获奖者中有两位来自非洲国家。在义乌的苏拉、艾哈迈德等非洲人首先成为中央电视台、非洲电视台采访的对象。媒体积极报道非洲人在义乌积极参与跨文化公共交往和社会融入。如在义乌埃及人 MXL：

MXL，在义乌的埃及人，男，28 岁

我很喜欢中国的文化，中国与埃及都是古老的国家，我很喜欢中国的电影，所以我的名字叫小龙，就是非洲人都知道李小龙和中国功夫。我很喜欢义乌，因为这里有很多的活动，我经常参加义乌鸡鸣山社区举行的活动，还经常参加义乌同悦社会工作服务中心的活动，这些活动都很有意义，可以让我了解更多的中国文化，我有的时候是志愿者，我觉得帮助别人可以让我自己更好，我大学毕业后就来中国了，我以后想在这里一边做生意，一边学习中国文化。（MXL：20170122）

第五节　来华非洲人社会支持网络

社会学史告诉我们，对社会支持的研究可以溯源到 19 世纪法国社会学家迪尔凯姆，他通过对自杀的研究发现社会联系的紧密程度与自杀有关。20 世纪 70 年代初，精神病学文献中引入社会支持这一概念，有学者认为，良好的社会支持有利于身心健康，一方面为处于压力状态下的个体提供保护，即对压力起缓冲作用；另一方面可以维持一般的良好情绪体验。此后，社会支持被引入社会学研究领域，并得到长久的发展。但对社会支持概念的理解，从它被提出以来，至今尚未形成统一的认识。李强提出"我们可以把社会支持表述为各种社会形态对社会脆弱群体即生活有困难者所提供的无偿救助和服务"①。也有学者认为，从社会心理刺激与个体心理健康之间关系的角度来看，社会支持应该被界定为一个人通过社会联系所获得的能减轻心理应激反应、缓解精神紧张状态、提高社会适应能力的影响②。因此，社会支持不仅仅是一种单向的关怀或帮助，它在多数情形下是一种社会交换，是人与人之间的一种社会互动关系，即认为"广义而言，社会支持既涉及家庭内外的供养与维系，也涉及各种正式与非正式的支持与帮

---

① 李强. 社会支持与个体心理健康 ［J］. 天津社会科学，1998 (1)：67 – 70.
② 贺寨平. 社会经济地位、社会支持网与农村老年人身心状况 ［J］. 中国社会科学，2002 (3)：135 – 147.

助。社会支持不仅仅是一种单向的关怀或帮助，它在多数情形下是一种社会交换"①。现在一般将社会支持网络视作个人能够借以获得各种社会支持（如金钱、情感、友谊等）的社会网络，即在以网络分析的方法对个人所获得的社会支持进行研究时，个人获得资源性的支持的网络框架，也是个人所属的相对稳定的社会关系网络②。近几年社会支持网络理论得到了迅速发展，在来华非洲人的社会工作中的作用也越来越凸显。

因为来华非洲人建立了不同的社会关系。不同类型的社会关系提供不同的社会支持；不同类型的网络结构具有不同的社会支持。社会支持网络是社会支持的提供机制，有助于个体解决其所遇到的问题及危机，减缓各种生活压力，维持社会个体的日常生活，有益身心健康。良好的社会支持网络也有助于缓冲个人与社会的紧张冲突，减轻对社会的不满，有利于社会稳定③。无论是聚居还是散居，来华非洲人均有着广泛的社会网络。聚居为泛族裔性网络建构提供了便利，散居为建构广泛的中国支持网络提供了可能。在中国的非洲人通过建构网络，获得社会支持，并通过这些社会支持适应中国社会。对于移民来说，具有较好的社会支持网络对于移民尽快适应移入地发挥着重要的作用。在国际移民研究中，社会支持网络研究占了重要的地位，在跨国移民动机、移民过程和移民适应过程中，移民的社会支持网络发挥着重要的作用。在移民动机和移民过程中，社会支持网络可以提供信息、强化移民动机、降低移民成本，还可以提供租房、工作机会等实质帮助，解决移民的后顾之忧④。周敏教授认为唐人街中的社会支持网络，为族裔经济区发展及华人移民生存提供了资源，有助于其最终融入美国社会⑤。社会支持网络可以区分为正式支持网络与非正式支持网络。正式社会网络包括政府、企业、社区组织和市场，非正式社会网络包含五种关系：血缘关系、亲缘关系、业缘关系、地缘关系和私人关系（朋友）⑥。本课题在研究中将私人（朋友）关系定义为友缘关系。李志刚团队 2012 年对广州市非裔经济区的社会网络调查得

① 蔡禾，叶保强，等. 城市居民和郊区农村居民寻求社会支援的社会关系意向比较 [J]. 社会学研究，1997（6）：8 - 14.
② 左习习，江晓军. 社会支持网络研究的文献综述 [J]. 中国信息界，2010（6）：75 - 77.
③ 贺寨平. 国外社会支持网研究综述 [J]. 国外社会科学，2001（1）：79 - 85.
④ 梁玉成. 在广州的非洲裔移民行为的因果机制——累积因果视野下的移民行为研究 [J]. 社会学研究，2013（1）：134 - 159.
⑤ 周敏. 唐人街：深具社会经济潜质的华人社区 [M]. 北京：商务印书馆，1995：36.
⑥ 丘海雄，陈健民，任焰. 社会支持结构的转变：从一元到多元 [J]. 社会学研究，2007（4）.

出的结果是：广州非裔经济区的社会网络可分三个层次，由核心向外分别是非裔商人之间（非洲朋友、亲戚、商业伙伴等）；社团组织（经济、社会、文化及其他）；非裔商人与中国人（朋友、婚姻）等三个圈层。其中内环：非裔商人；中环：非裔社团组织；外环：非裔商人与中国居民①。社会支持不仅仅是一个静态的结果，更是一个动态的过程，因此，对社会支持的研究不仅要研究其构成及功能，还应该关注其动态的变化，包括社会支持随时间、空间的变化而发生的改变，以及社会支持的构建策略、构建方式等过程的研究②。

社会支持包括情感性支持，如关心、热爱、同情；工具性支持，信息指导或反馈以帮助解决问题③。李志刚和刘晔通过工具性支持和情感性支持来对移民的社会网络进行调查④。在此次调查中，我们根据工具性支持和情感性支持对义乌和广州的非洲人进行了问卷调查。

一　来华非洲人工具性支持网络

来华非洲人工具性支持网络的构成如何呈现呢？我们用"如果您在生活上遇到问题或困难，您会向谁求助？"调查来华非洲人的工具性社会支持网络。调查结果如表 3 - 26 所示。

表 3 - 26　来华非洲人工具性支持网络的构成

关系类型	提到该关系的调查对象在样本中所占比例（%）	特定关系在工具性支持网络中所占百分比（%）		
		在所有关系中	在正式支持中	在非正式支持中
正式支持	37.7	19.1	100	
警察	18.8	9.5	49.7	
商会	1.1	0.6	3.1	
本国大使馆	12.3	6.2	32.5	
政府部门	2.2	1.1	5.8	
社区	3.3	1.7	8.9	

---

① 李志刚，杜枫."跨国商贸主义"下的城市新社会空间生产——对广州非裔经济区的实证 [J]. 城市规划，2012 (8).

② 许涛. 广州地区非洲人社会支持的弱化、断裂与重构 [J]. 南方人口，2009 (4).

③ 许涛. 广州地区非洲人社会支持的弱化、断裂与重构 [J]. 南方人口，2009 (4).

④ 李志刚，刘晔. 中国城市"新移民"社会网络与空间分异 [J]. 地理学报，2011 (6).

续表

关系类型	提到该关系的调查对象在样本中所占比例（%）	特定关系在工具性支持网络中所占百分比（%）		
		在所有关系中	在正式支持中	在非正式支持中
非正式支持	159.9	80.9		100
房东	6.6	3.3		4.1
家人亲戚	40.8	20.6		25.5
生意伙伴	31.1	15.8		19.5
同学	12.0	6.1		7.5
宗教教友	7.2	3.6		4.4
同乡	17.9	9.1		11.2
中国朋友	20.9	10.6		13.1
中国同事	8.7	4.4		5.4
房屋中介	0.4	0.2		0.2
本国朋友	14.3	7.2		8.9

在来华非洲人的工具性支持网络的构成中，最重要的支持来源是家人亲戚，有40.8%的来华非洲人选择有困难时向家人求助。其次是生意伙伴和中国朋友，分别占31.1%和20.9%的来华非洲人选择将生意伙伴和中国朋友视作有难求助对象。家人亲戚属于强关系，而生意伙伴和中国朋友属于弱关系，强弱关系均起到了对来华非洲人的主要支持作用。再次是警察和同乡，分别有18.8%和17.9%的来华非洲人视其为求助对象。另外本国朋友、本国大使馆、同学，分别有14.3%、12.3%、12.0%。其余均在10%以下。

我们把上述工具性支持关系分为正式支持与非正式支持，发现非正式性工具支持占了约80%，正式性工具支持只占了约20%。因此，工具性社会支持网络中，主要以非正式社会支持为主。在非正式支持中，最重要的是家人亲戚（25.5%）、生意伙伴（19.5%）、中国朋友（13.1%）、同乡（11.2%）与本国朋友（8.9%）。在正式支持中，最重要的是警察（49.7%）与本国大使馆（32.5%）。

社会支持网络理论认为不同类型的社会关系提供不同的社会支持，不同类型的网络结构具有不同的社会支持，规模越大的社会支持网络所提供给个体的社会支持越多。

我们把来华非洲人遇到困难可求助的对象选择范围视作规模大小的依据，可选择范围越大，则网络规模越大，反之则越小。根据统计，如表3-27所示：

表3-27　来华非洲人工具性支持网络规模

单位：%

类型	0	1	2	3	4	5	6	7	8
正式工具性支持网络	69.3	25.4	4.1	1.1	0.1	—	—	—	—
族群内正式工具性支持网络	86.8	13.1	0.1	—	—	—	—	—	—
跨文化正式工具性支持网络	77.5	21.1	1.3	0.1	—	—	—	—	—
非正式工具性支持网络	9.7	55.1	17.7	8.5	4.7	2.7	1.2	0.3	0.1
族群内非正式工具性支持网络	33.6	48.4	12.1	4.9	1.1	—	—	—	—
跨文化非正式工具性支持网络	51.7	34.2	10.0	3.5	0.6	—	—	—	—

从支持规模的统计来看，正式工具性支持网络，接近70%的来华非洲人没有任何正式的支持渠道。86.8%的来华非洲人没有族群内的正式工具性支持。与李志刚2012年在广州的调查有较大的差别，李志刚的调查发现，非裔族裔社团组织在非裔经济区的社会网络中发挥了重要的作用，说明来华非洲人的社会支持网络正在发生变化。调查发现77.5%的来华非洲人没有跨文化正式工具性支持。

而非正式工具性支持网络的情况比正式工具性支持网络的情况要好。只有9.7%的来华非洲人表示没有支持渠道。而且来华非洲人来自族群内非正式工具性支持要多于跨文化非正式工具性支持。来自刚果（金）的CLS为我们做了一个很好的解释。

CLS，在义乌的刚果（金）人，男，26岁

如果我要借100块、200块、500块、1000块我会向我的非洲朋友借，我们之间经常互相帮助，但是如果我要做生意用很多钱，我就会跟我们合作的中国公司老板商量，说差一些钱，可不可以先发货。还有，我们非洲人来中国的签证时间很短，只有一个月、两个月，但是有的时候我们做生意需要在这里多一些时间，我们就得办理签证延期。我们去中国的出入境管理局办理，那里的人就会问我们很多问题，比如说警察就会问我为什么要延期（签证），做什么生意。我就会说货还没有到仓库里，我还要等一个月，我要签证。他们（警察）就会问你的单据在哪里，你住的地址在哪里。但是我们大部分非洲人不会中文，有的时候警察外语也不是很好，我们就容易说不清楚，那样会很麻烦的，所以如果我们有一个好的中国人朋友（能够用外语交流），他就可以帮我们说清楚，警察一般也会相信他们。中国朋友也可以帮我们问清楚办理延期签证需要提供哪些证明和材料。至于你说的感情问题什么的，我想有问题当然是跟我们的家人或者老乡讲啊，因为如果非洲人汉语不好或者中国人外语不好的话，感情和心情的问题是不太好沟通和交流的。（CLS：20170716）

随着来华非洲人生意的深入开展，需要解决的问题不仅仅是生活中的小问题，很多涉及生意或者签证等比较重要的问题，不得不借助中国人来帮助解决，而这些问题又都是比较具体的，需要熟人关系帮忙解决。而这些问题的解决正是跨文化正式工具性支持网络不能提供和解决的。

关系的强弱决定了能够获得信息的性质以及个人达到其行动目的的可能性。在美国学者马克·格兰诺维特做的调查中，美国社会是一个弱关系社会。所以，一个人认识的各行各业的人越多，就越容易办成他想要办成的事。而那些交往比较固定、比较狭窄的人则不容易办成事①。

二　来华非洲人情感性支持网络

来华非洲人远离自己所熟悉的文化，在中国的文化环境中生活，不可避免受到文化冲击的影响，并影响到自己的心理状态。

根据我们的调查，来华非洲人中，即使和人们在一起时也会觉得孤独的有26.2%，在生理上觉得疲劳的有 27.2%，在日常生活中觉得紧张又焦虑的有28.2%，来华非洲人中经常感到无助的有 35.1%。因此要缓解各种心理压力，需要构建情感性社会支持网络。我们以"如果您在情感上需要倾诉，您愿意把谁作为您的倾诉对象"来调查来华非洲人的情感性支持网络。

调查结果如表 3-28 所示，非正式支持所占比例远高于正式支持。在非正式支持中，家人亲戚比例最高（31.4%），其次为生意伙伴（15.8%），本国朋友居第三位（15.1%），第四位为同乡（9.1%），第五位为同学（7.4%），第六位为中国朋友（7.3%）。

① 马克·格兰诺维特. 镶嵌：社会网与经济行动［M］. 罗家德，译. 北京：社会科学文献出版社，2007：3-4.

来华非洲人的情感性支持网络主要由非正式支持构成。从调查对象在样本中所占的比例来看，提到非正式支持的比例高达 150.6%，远远高于提到正式支持的比例 5.5%；从该关系在所有关系中所占的比例来看，非正式支持在所有关系中所占的比例为 96.5%，高出正式支持 93 个百分点。

表 3 - 28　来华非洲人情感性支持网络的构成

单位：%

关系类型	提到该关系的调查对象在样本中所占比例	特定关系在情感性支持网络中所占百分比		
		在所有关系中	在正式支持中	在非正式支持中
正式支持	5.5	3.5	100	
警察	5.1	3.3	94.3	
商会	0.4	0.2	5.7	
非正式支持	150.6	96.5		100
房东	2.3	1.4		1.5
家人亲戚	47.3	30.3		31.4
生意伙伴	23.8	15.2		15.8
同学	11.0	7.1		7.4
宗教教友	9.0	5.8		6.0
同乡	13.8	8.8		9.1
中国朋友	10.9	7.0		7.3
中国同事	8.7	5.6		5.8
房屋中介	1.1	0.7		0.7
本国朋友	22.8	14.6		15.1

正式支持对来华非洲人的精神和心理支持作用微乎其微。本来期待商会可以发挥作用，但是调查结果显示其没有发挥出应有的作用。由此进一步证明来华非洲人商会对于本国人的支持更多的是工具性支持，在情感性支持方面发挥的作用有限。

那么，来华非洲人情感性支持规模如何呢？我们把来华非洲人"如果您在情感上需要倾诉，您愿意把谁作为您的倾诉对象"的选择范围视作情感性支持网规模大小的依据，可选择范围越大，则网络规模越大，反之则越小。根据统计，如表 3 - 29 所示。

表 3-29 　来华非洲人情感性支持网络规模

单位：%

类型	0	1	2	3	4	5	6	7
正式情感性支持网络	95.0	5.0	—	—	—	—	—	—
非正式情感性支持网络	10.9	63.5	11.8	7.6	3.8	1.9	0.3	0.1
族群内非正式情感性支持网络	28.7	55.1	9.8	5.4	1.0	—	—	—
跨文化非正式情感性支持网络	65.7	27.8	5.2	1.0	0.2	0.1		

从表 3-29 可以得出如下结论，情感性支持以非正式为主，大部分来华非洲人拥有非正式情感性支持网络，在非正式情感性支持网络中，又以族群内为主，但还是比较单一，只有 5.0% 的来华非洲人拥有 1 个来源以上的族群内支持，且还有 28.7% 的来华非洲人没有族群内非正式情感性支持网络。另约有 2/3 的来华非洲人没有跨文化非正式情感性支持网络。

三　来华非洲人社会支持网络的结构

社会网络对移民潮、移民定居的重要性已经被确认，而移民个体的亲属关系、朋友关系、社区关系是社会网络中的重要内容①。李志刚和杜枫对广州非裔经济区的社会网络的调查研究认为：广州非裔经济区的社会支持网络可分为三个层次，由核心向外分别是非裔商人之间（非洲朋友、亲戚、商业伙伴等）；社团组织（经济、社会、文化及其他）；非裔商人与中国人（朋友、婚姻）三个层圈②。徐涛对广州地区非洲商人社会交往关系的分析认为：在华非洲商人的社会关系区分为两个鲜明的层次：第一个层次是亲缘、血缘之上的情感分层体系；第二个层次是其他所有社会关系之上公平的均等的利益分层体系。在这两个层次之间又划分为若干个小的层次，两个大的层次叠加在一个时空之内，而小的层次又叠加在这两个大的层次之内，于是就形成了双层叠加的社会关系格局③。我们通过对广州和义乌两地的问卷调查和田野调查，发现来华非洲人社会支持网络已经

①　Monica Boyd. Family and Personal Networks in International Migration：Recent Developments and New Agendas [J]. International Migration Review, 1989, 23（3）：638-670.

②　李志刚，杜枫．"跨国商贸主义"下的城市新社会空间生产——对广州非裔经济区的实证 [J]．城市规划，2012（8）.

③　许涛．在华非洲商人的双层叠加关系格局及其渗透与转化——广州地区非洲商人社会交往关系的再分析 [J]．浙江师范大学学报（社会科学版），2011（4）.

发生了变化，对目前来华非洲人的社会支持网络结构判断如下。

（一）内环（第一层次）：基于家庭和亲属形成的血缘关系层

从来华非洲人工具性社会支持和情感性社会支持来看，家人亲戚所占的比例都排在第一位，都超过 40%，都超出第二位 10 个百分点以上。

亲属研究一直被人类学家视作人类学研究的基础，尤其是在非洲相对封闭的简单社会中，人类学家以婚姻、家庭和亲属关系趋近社会结构的研究方法，使得亲属研究呈现为一种"社会传统"[1]。非洲人有非常复杂的亲属关系和亲属制度，对此人类学家们已经做了深入的研究，因此我们就直接聚焦于在中国非洲人的亲属关系网络，并且把主要的焦点放在亲属关系在其社会交往和跨文化适应过程中的作用上。

格拉斯马克（Grasmuck）等指出移民亲属关系网络在"调动资源和提供支持，特别是接收和配置汇款，安排家族成员生产、消费和分配"中起重要作用[2]，移民前在信息提供及做出移民决策过程中以家庭为单位，举全家之力完成移民[3]。到了目标国后，又在亲属关系网络的协助下，迅速在人生地不熟的异乡站稳脚跟，例如解决住宿问题，提供就业信息和机会，从而尽快实现新环境适应[4]。

图 3-5 列出了被调查非洲人认为"很亲密"的社会关系，68.4% 的非洲人评价自己的家人关系很亲密，另有 46.7% 的非洲人认为亲戚关系很亲密。调查结果进一步显示，家人亲戚是非洲人如果在中国遇到生活困难，最优先求助的对象，占比超过 2/5，也是非洲人在中国遇到情感需要支持时，最优先选择的倾诉对象，约一半的非洲人会向家人亲戚倾诉。

非洲人与中国人一样，也非常重视家庭，而且他们往往是大家庭，有些非洲国家实行一夫多妻制，所以他们的子女一般比较多，子女与父母一起生活，一般不分家，即使子女已婚还是一起生活。所以一部分非洲人到了中国后，视生意情况会想办法把部分亲属带到中国，让家人协助稳定和扩大生意，家人到了中国

① 麻国庆. 从非洲到东亚：亲属研究的普遍性与特殊性 [J]. 社会科学, 2005 (9).

② Grasmuck S, Pessar P R. Between Two Islands: Dominican International Migration [M]. Berkeley: University of California Press, 1991.

③ Choldin H M. Kinship Networks in the Migration Process [J]. International Migration Review, 1973, 7 (2): 147 – 177.

④ Rodriguez N P. Undocumented Central Americans in Houston: Diverse Populations [J]. International Migration Review, 1987, 21 (1): 4 – 26.

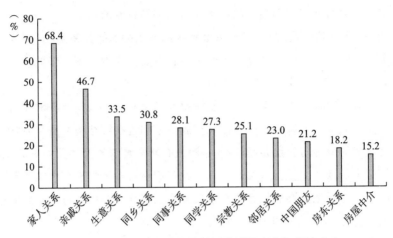

图 3 - 5 　来华非洲人社会关系评价"很亲密"频率分布

后，也许会安排他到其他城市，或者让年轻人跟在身边学做生意，也有的让他在中国学习汉语或者专业，以便毕业后更好地打理在中国的家族生意。

牛冬对在广州的非洲人依据家庭完整程度进行了分类，即分为独身型非洲人、非独身不完整家庭型非洲人、完整家庭型非洲人，并据此考察他们的流动性，或者说定居意愿①。根据牛冬的类型定义，只身在广州、家庭成员在中国之外的称之为独身型非洲人；还有部分家庭成员身在中国，可称之为非独身不完整家庭型非洲人；而他们所认定的家庭成员全部居住在中国，可称之为完整家庭型非洲人。

我们通过问卷调查了来华非洲人的家人在中国的状况，如表 3 - 30 所示，非洲人的家人没有在中国的状况是 45.7%，有 10.1% 的非洲人配偶在中国，6.6% 非洲人的子女在中国，4.9% 的非洲人表示父母在中国，10.7% 的非洲人表示兄弟姐妹在中国，22.0% 的非洲人表示有亲戚在中国。

表 3 - 30 　被调查非洲人家人在中国的状况

家人在中国的状况	频率（人）	频率百分比
配偶	87	10.1
子女	57	6.6
父母	42	4.9

① 牛冬．"过客家户"：广州非洲人的亲属关系和居住方式［J］. 开放时代, 2016 (4)：108 - 124.

续表

家人在中国的状况	频率（人）	频率百分比
兄弟姐妹	92	10.7
亲戚	190	22.0
没有家人在中国	394	45.7
合计	862	100%

我们进一步分类：独身型非洲人指的是没有家人和亲戚在中国，该类型的比例是47.5%，我们把配偶和子女在中国，或者配偶与父母在中国，或者父母与兄弟姐妹在中国，列为完整型家庭，剩下的是非独身不完整型家庭。由此，我们统计得出，在中国家庭完整型的非洲人只占3%的比例，独身型非洲人占了47.5%，另外非独身不完整家庭型有49.5%。在这里需要说明的是还有95个非洲人未作答，他们中多数是独身型的，或者他们填选了其他，如女朋友、老乡等。所以，实际上独身型的非洲人比例占了多数。

统计发现，父母、配偶、子女和兄弟姐妹等家庭亲属不在中国的来华非洲人的比例超过70%，一般单身来中国的非洲人主要承担采购商品的任务，他的妻子或者其他的兄弟姐妹分布在非洲国内或其他国家，甚至远在欧美等地，从而形成了全球销售网络，他们快捷地把自己掌握的当地市场信息反馈到中国，然后再决定采购什么样的产品。与其说单身的非洲人脱离了亲属关系网络，不如说这是他们的家庭策略。家庭亲属不在身边，怎么发挥工具性支持和情感性支持的作用呢？随着互联网技术的发展，他们的亲属关系网络是全球化的，方便的通信包括如移动电话、微信、WhatsApp等，把他们与家人随时联系在一起，成功实现了时空压缩，也实现了家庭内的全球分工。许涛2009年在广州的调查认为在广州的非洲人亲缘和血缘支持网络弱化。尽管几乎每个远离家乡的非洲人通过越洋电话或者互联网保持着同家人和亲属的密切联系，但毕竟一根电话线所承载的感情是有限的，也远远不如面对面的交流所传递的情感真挚，这就给他们的情感支持打了折扣[①]。但是我们发现，随着互联网的普及和技术的提高，微信等通信工具大大地方便了非洲人与家里人的联系，降低了通信成本，增加了每天的交往次数，使得分离变成只是暂时的时空上的。前几年经常看到非洲人在大街上打电话，多数是给国内家里人，有时候是生意上的事情，有的时候是述说思乡之苦。

---

① 许涛. 广州地区非洲人社会支持的弱化、断裂与重构［J］. 南方人口，2009（4）：34－44.

有部分非洲国家的通信基础较差，不能保证微信等通信工具使用，但是这并不影响他们之间的联络甚至感情联络。更何况他们和家里人也不会永久地分离，受签证的限制以及家人团聚的需要，他们会定期往返。试举二例：

HP，在广州的贝宁人，女，22 岁

我现在跟家里人联系主要靠微信，想妈妈的时候我就会跟她微信视频。我们贝宁的电信比较好，买一种 SIM 卡，也不贵，可以有 Wi-Fi 的。但是我哥哥是多哥人，那个国家的电信就很差，很少能用微信什么的联系，他回国后我们只能偶尔微信联系一下。你看在广州小北有很多打电话的亭子，那里打电话很便宜，给我的国家打电话只要 5 毛钱一分钟，多哥要 1 块钱，他们国家国内电话费也很贵，所以很多非洲人都过来（小北）给家里人打电话，小北这边很多小的餐饮店门口每天晚上都是非洲人，有的时候他们聊天、喝茶，有的时候来这里蹭 Wi-Fi，一边吃饭、喝茶还可以用微信。（HP：20150808）

XD，在广州的尼日尔人，男，26 岁

我的女朋友是马里人，她是我非洲朋友的妹妹，我们西非国家通婚现象很普遍，我爸爸有一个老婆就是多哥人。我女朋友在吉林大学学习对外汉语教学，是在读研究生。每天晚上我们通过视频聊天。这样很方便，我们每天聊天时间很长，就像在一起一样。有的时候我会去长春看她。我有很多老乡在中国的武汉、杭州等城市学习，我们经常通过微信视频聊天，这样我们的空余时间不是那么孤独，有需要帮助的时候，我们都可以在第一时间寻求帮助。（XD：20160516）

（二）中环（第二层次）：基于生意伙伴、朋友、同乡形成的业缘、友缘和地缘关系层

中环（第二层次）属于来华非洲人社会支持网络中的强关系类型。需要指出的是，强关系并不必然指涉和限于血缘和亲缘，朋友、生意伙伴也可以被纳入强关系的范畴[①]。亲属关系网络之外，朋友关系网络的扩大可使移民更快速适应

---

① Sjaastad L A. The Costs and Returns of Human Migration [J]. Journal of Political Economy, 1962 (4)：80 - 93.

主流社会和文化。所以来到中国的非洲人积极地在市场、街头以及网络上广交朋友甚至相互介绍女友。在实际的日常生活中，他们既是生意伙伴，也是亲密伴侣。在尼日利亚人聚集的中非市场里，或者在周日的地下教会活动中，他们互相以"老公""老婆"相称①。

来华非洲人工具性社会网络中位居家庭亲属关系之后的是生意伙伴。从亲密度来看，生意伙伴也居于家庭亲属之后。根据调查，来华非洲人与中国人的交往对象中，最多的也是生意伙伴，占了49.8%的比例，差不多是一半的非洲人将他们的生意伙伴作为朋友交往。但来华非洲人与中国朋友的亲密度较低，主要受到文化差异、风俗习惯等影响（见图3-5）。

相比于2012年李志刚在广州的调查，我们的调查统计发现，业缘关系在来华非洲人社会支持中发挥的作用突出：在工具性支持中，业缘关系（生意伙伴）所占的比重为31.1%，排在第二位；在情感性支持中，业缘关系（生意伙伴）所占的比重为23.8%，也是排在第二位。前文有所叙述，来华非洲人业缘关系包括三层：第一，来华非洲人与中国商人的业缘关系；第二，来华非洲人与不同国籍非洲人之间的业缘关系；第三，来华非洲人与同事的业缘关系。现在中国人在这种关系中占有一定的比重，说明随着来华非洲人与中国人交往的深入，中国人对非洲人的支持有所提升。在义乌的坦桑尼亚人JD就是一例：

JD，在义乌的坦桑尼亚人，男，28岁

我在义乌5年了，在这里最大的困难就是签证的问题，这个问题是每个非洲人都要面对的。我以前跟我的中国客户讲，他家里人是政府的领导，后来才知道这种问题他们也解决不了，是国家的事情。有几次我急用几万元钱，向那个中国客户借了两个星期，我说要不要写个字据，他说算了吧，大家都是朋友就不用写，后来我按时还给他了，他很高兴。我家里人来的时候我也会让他见我的家里人，这样我的家里人就很开心，因为我在中国有朋友，他们可以帮助我。你知道这里的坦桑尼亚人虽然可以帮助我，但是有时候一些事情他们也做不了。（JD：20140512）

---

① 邱昱. 清洁与危险：中—尼亲密关系里的去污名化技术和身份政治 [J]. 开放时代, 2016 (4)：88-107.

从以上义乌坦桑尼亚商人的社会需求可以看出，随着来华非洲人在华居住时间的延长，社会融入程度较深，来华非洲人面临的问题和困难逐渐增多，需要的社会支持增强，非洲人明显不能给予充分的支持。社会关系网络对于非洲商人在广州的生活和工作适应是非常重要的。如果他们关系网比较广，且关系网中有强关系，最有利于他们在广州的适应；如果关系网不广，但是关系网中有较强的关系，且这种强关系来自广州本地居民，同样也利于他们在广州适应；反之，尽管关系网比较广，但其中缺少强关系，则只能对其生活和生意提供一般性的帮助，不能提供最核心的帮助，但仍然可以维持他们在广州的适应；如果关系缺乏，同时也缺少强关系，则对其在广州的适应非常不利，甚至会导致其在广州不能适应和融入①。

调查中发现，友缘带来的社会支持在非洲人的社会支持中占有重要比例。问卷中朋友分类成中国朋友和本国（非洲）朋友两类，在工具性支持中，中国朋友所占比重为20.9%，排在第三位，本国朋友所占比重为14.3%，排在第四位。在情感性社会支持中，本国朋友所占比重为22.8%，排在第三位，中国朋友所占比重为10.9%，排在第五位。说明中国朋友正在成为来华非洲人的重要社会支持群体。由于中国人掌握较多的社会资源和信息，在工具性支持中，中国朋友支持性所占的比例超过了本国朋友。依据中国的文化，生意关系虽然是利益的关系，但也要把个人化的关系提升到足够稳固的状态。所以生意上的应酬构成了一般的交往关系，且以工具性交往为主，很少涉及深入的情感交往。在情感性社会支持中，由于文化的相近，本国朋友发挥的作用仅次于其亲人家戚和生意伙伴。

XL，在广州的喀麦隆人，男，26岁

非洲人在中国最怕的就是生病，如果身体不好就很麻烦，因为你不知道医生给你开的什么药，为什么要吃这个药，是什么病。有一次我住院了，我就给我中国的朋友打电话，他是我在健身房认识的。我的电动车被偷了，我要请他陪我去派出所，有的时候手机被偷了也要请他帮忙。在中国租房子有的时候也需要中国人帮忙，我们不知道哪里有房子，跟房东怎么聊都不会，需要一个朋友（中国人）。也有些房东见你过来了他不放心，你带个中国朋友来了他就放心了，就很好了。找中介的话，还要中介费，有的时候我们不

---

① 许涛. 非洲商人迁移广州的行为特征分析 [J]. 浙江师范大学学报（社会科学版），2012（4）.

想交中介费，房东也不愿意交中介费，有的时候实在没有中国朋友，就只能找中介公司，还是很方便的，中介公司介绍的房子有一点好处就是，比如说我现在的洗衣机坏了，他们中介公司会有师傅来修理，真的很方便。我以前在义乌，租房子就很好找，义乌租房子的广告都在房东家附近或者楼下的墙上，很方便的。（XL：20140512）

从来华非洲人族裔社区结构和发展的角度来看，非洲人族裔内的社会关系和社会资本也在发生着变化。李志刚和杜枫对广州的调查发现，广州"巧克力城"近二十多年来的发展可划分为三个阶段：兴起期（1990～2003 年）、繁盛期（2004～2007 年）和衰退期（2008 年至今），其社会空间形态也历经了"兴起中的族裔经济区""繁荣的族裔经济区""衰退中的族裔经济区"三种社会空间形态。短时期内剧烈的社会空间形态转型，既体现了全球化力量与本地力量（尤其地方政府）对于地方空间的强烈影响，同时也反映了此类影响的不稳定性和流变性，进而凸显"全球地方化"进程的复杂性①。可以看出，随着广州非洲人族裔社区进入衰退期，中国朋友在来华非洲人社会支持中所占的比例越来越高。

来华非洲人普遍信仰宗教，西非和北非国家主要信仰伊斯兰教，东非国家主要信仰基督教，中部非洲国家主要信仰天主教。在广州和义乌有众多的少数民族穆斯林，也有少数的汉族人信仰基督教。通过调查发现（见表 3 - 26 和表 3 - 28），来华非洲人的宗教教友提供的工具性社会支持所占比例只有 7.2%，提供的情感性社会支持所占比例只有 9.0%。

LL，在广州的几内亚人，男，26 岁

我在广州只有每个星期五去大清真寺。每次去大清真寺都有很多人在那里，比如说我今天跟你见面了，下周可能就不见面了，怎么能成为朋友？不是不想和他交朋友，我们都不是朋友怎么帮忙，我不知道广州有没有穆斯林礼拜点，我也没有去过。我没有中国的穆斯林朋友，不是他们好不好的问题，而是没有机会和他们成为朋友。（LL：20160922）

---

① 李志刚，杜枫．中国大城市的外国人"族裔经济区"研究——对广州"巧克力城"的实证［J］．人文地理，2012（6）．

马阿訇，义乌穆斯林礼拜点负责人，男，55 岁

我在这里负责这个礼拜点，我的规矩就是到点了来这里做礼拜，做完礼拜可以在这里休息，如果在这里讨论或争吵宗教教派的事情，就出去争吵。不过他们也很少争吵宗教的事情。再说老外都是来做生意的，都很忙，做完礼拜匆匆忙忙就都走了。（MAH：20150817）

从以上的访谈可以看出，宗教场所只是来华非洲人开展宗教活动的场域，难以成为交友的场所，主要受到自身角色的影响，生意人相对容易弱化其宗教属性。许涛对来华非洲人宗教的调查发现，由于基督徒新教不像天主教那样有严格的仪式和程序，所以很多时候宗教活动采取的是家庭聚会的方式。家庭聚会不需要到教堂里进行，任何地方都可以进行，这样很多宗教活动是在教堂以外的场所进行的①。因此就可以解释为什么宗教交友难以为其提供社会支持。

（三）外环（第三层次）：公共交往关系网络支持层

来华非洲人公共交往关系网络主要包括跨文化公共交往网络和族内公共交往网络两个部分。跨文化公共交往网络主要由社区交往网络、文化体育交往网络、志愿者交往网络等方面组成。族内公共交往网络主要由族裔社团交往网络、族裔宗教交往网络、族裔行业协会交往网络等方面组成。从表 3 - 26、表 3 - 27、表 3 - 28、表 3 - 29 可以看出，来华非洲人工具性支持和情感性支持，族内正式性社会网络和跨文化正式工具支持性网络的支持都很低。下面我们对此进行分析。

1. 来华非洲人族内公共交往网络图像

目前，在中国非洲人族内公共交往网络主要是族裔"社区"或者商会。总体来说，从义乌和广州的调查来看，两地非洲人族裔"社区"（商会）发展比较缓慢。李志刚等在广州的非裔经济区调查发现：实际存在的非裔社团组织多以国别划分，如尼日利亚社团、加纳社团、喀麦隆社团等，可分为经济团体、社会团体、文化休闲团体和其他团体。经济团体是指贸易组织、商会或财务支持团体等类型；社会团体如上学儿童的家庭教育组织、小孩看护组织或社会支持团体等；文化休闲团体如教会、体育团体、音乐团体等；其他团体如来源国相关组织、政治组织等。实际上，各种团体的参与程度并不高②。

① 许涛. 在华非洲商人的社会适应研究 [M]. 杭州：浙江人民出版社，2013：112.
② 李志刚，杜枫. "跨国商贸主义"下的城市新社会空间生产——对广州非裔经济区的实证 [J]. 城市规划，2012（8）：25 - 32.

2016 年,《义乌市外国人商会组织备案试行办法》实施,在全国开外国商会备案试点先河。这个办法既方便外商商贸活动,又规范了外国人管理。目前义乌只有苏丹商人在义乌市民政局备案成立了苏丹义乌商会。在义乌的其他非洲国家也成立了相应的商会,但是组织相对松散,没有在民政局进行备案。民间非洲人和中国人称其为商会。而官方称呼为义乌××国"社团",首领称"社团"领袖。

许涛对广州非洲人的商会调查发现,尽管中非贸易已经发展了几十年,而且近年来发展迅速,但以中非商业贸易为基础的行会或商会并不普遍,究其原因,一方面内生力不够,组织化需求程度不高;另一方面,外国人组织社团等受到诸多条件的限制①。亚当斯·博多姆认为,至今为止,广州的非裔商人间还没有出现为所有非洲人所共同认可的普遍性非洲人团体,这主要因为团体成员最为关心的是经济事务(他们主要是商人)②。

我们对义乌非洲人商会和社团进一步调查发现,由于缺少资金,在义乌很多非洲人商人"社团"没有像义乌苏丹商人社团租有专门的"社团"办公和活动场地。在义乌很多非洲国家常住商人人数不多(普遍 30~50 人),且成员流动性较大;社团成员以商人为主,大多数人忙于生意,缺少专职的"社团"管理人员;很多非洲商人"社团"虽然制定了相应的"社团"管理制度,但是"社团"相对松散,进出自由,凝聚力不强;大多数非洲商人"社区"缺少有组织能力的"社团"精英和领袖,与政府和当地其他"社团"互动不够;非洲商人"社团"社会参与能力较弱等都是主要原因。

因此可以说,在华非洲人"社团"虽然为在华非洲人提供的工具性支持和情感性支持不明显,但是,非洲商人"社团"仍是非洲人在华不可缺少的公共交往平台。在义乌的非洲人遇到违法、伤亡等重大事情的时候,"社团"往往发挥着积极重要的作用。例如:

SDE,在义乌的塞内加尔商会副会长,男,36 岁
　　举个例子给你们,前几天,没有一两个星期,我们有个塞内加尔人在这里因为签证的问题被拘留了。我一听到这个话,我没办法不管,我必须去了

---

①　许涛. 广州地区非洲人社会支持的弱化、断裂与重构 [J]. 南方人口, 2009 (4).

②　Bodomo A. The African Trading Community in Guangzhou: An Emerging Bridge for Africa-China Relations [J]. The China Quarterly, 2010, 203 (4): 693-707.

解这个事情。我跑到那里了解了，后来又跑到看守所里去看他。我觉得必须做这些事情，虽然我跟他不认识，但只要他是塞内加尔的人，我们就必须得知道他到底是一个什么情况。后来我经过了解以后，出入境管理那边需要我做一些东西让他回去。那我从出入境管理那里去拿他的信息寄给我们大使。我们大使又寄信息回来给我，那我去给出入境管理，让他先回去。对，我跟他不熟，可以不管他。但是他是我们国家的人，他在这里遇到问题了，我们能提供给他帮助就要提供给他，就是这么简单的道理。所以说非洲每个商会有个带头的人，带头的这些人我们见个面，也想办法把非洲人一些好的方面让中国人看到，这就是我们的目标。（SDE：20150817）

在 SDE 所言中可以看出，在来华非洲人"社团"领袖看来，在华"社团"成员遇到危机的事情或困难的时候，"社团"领袖必须代表"社团"出面协调并解决问题。同时，在"社团"领袖看来，更想让中国人进一步了解和认识非洲人，为在华非洲人经商和生活创造良好的环境。除此之外，也有一些非洲文化本身影响着这一交往情况。SDE 还说：

非洲人有个习惯，在塞内加尔我们有个习惯。没有任何问题，我们可能一个月不见面。不管你，不管我。但是只要有人有问题了，只要有一个人出现事情，这就没办法。

跨文化交往过程中，必须了解和重视非洲人的文化背景和交往习惯。因此，也可以从文化的角度解释来华非洲人族内公共交往水平较低。

来华非洲人"社团"领袖一般都是在来华非洲人中经济实力较强、具有一定社会影响力的人。他们代表"社团"，跟中国的政府或者其他组织开展交流，也通过非洲族裔"社团"这一个平台拓展自身的人际关系、整合自身资源、扩大自身的影响力，并以此来巩固自己的社团"领袖"地位。当然，他们自身地位和知名度的提高对于塑造非洲人良好的形象、增加当地中国人对非洲的好感具有重要的推动作用。我们对在义乌的中国人进行了调查，调查关于义乌人对非洲人的印象（见表 3-31）。

表 3-31　非洲人是否对义乌城市的整体形象带来负面影响

非洲人是否对义乌城市的整体形象带来负面影响	频率	百分比（％）
没有负面影响	490	78.7
有一定负面影响	124	19.9
有较大负面影响	7	1.1
有很大负面影响	2	0.3

在义乌的来华非洲人中，塞内加尔商会负责人苏拉和苏丹商会会长艾哈迈德是两个极具影响力的领袖级人物。

他们于 2013 年先后进入义乌市涉外纠纷人民调解委员会，苏拉还担任过副主任。此后，又有多名非洲人加入该调解委员会，并受到中外媒体的广泛报道，苏拉还荣获义乌市第二届"商城友谊奖"。在苏拉的心里，参与每一个公共平台和公共交往，都是一种挑战，也是一种责任。他动情地说：

我 2013 年加入这个涉外人民调解委员会也是一样的，2013 年我是三个里面其中一个。当时我加入的时候第一个想法是：我在义乌能够给他们提供一种帮助，我这份工作必须得做。没有想太多。我这份工作只要政府部门需要我来做，没话说，我肯定做好。

后来我加入了以后，我跟我们所长说的第一句话就是，你随时需要我，随时叫我。你随时叫我，我随时到。我直接这样跟他说，因为我觉得我很自由，我可以不去做。他可以邀请我，我可以拒绝，但是我非常愿意去做这种活动。我不可能是最差的一个，我没有想说要做到最好，但是最差是不可能的。我没想到我在那边，他们每个人都说我做的已经是很好了。但是我没有太多的想法，想法是政府部门应该做好。

刚开始他来问我的时候，他进来说的一句话，你是苏老师。我说对。他说："我们在义乌成立了一个涉外纠纷人民调解委员会，但是我们需要请一些外国人。在这些外国人里面我们现在还没有决定，但你是其中一个我们想请过去的人。你有没有兴趣？"我问他的问题是我到这个地方，我能做什么。因为我不懂这个调解。他稍微跟我解释了就是说，外国人如果出现问题，有处理不了的一些什么事情，我们可以帮助他解决问题。他一说到这个点，那我感觉也是帮助人的工作。我们去帮助需要帮忙的人，这点让我觉得是很好的。我说那好的，那我可以来了解，我最喜欢这种工作。

第一个案子，我给一个外国人来调解案子，调解完以后我跟她都非常开心。她一直在感谢我，好像是我做到一件事情一样。那是一个尼日利亚的老太太，她非常开心，还要我的号码。我就觉得我的工作是很好的，能做到这个人这么开心，所以我一直觉得应该把这个工作做好。后来我也听了我们所长跟我们讲的一些简单的法律知识，我们该怎么调解，他会经常给我们培训。这个调解就是说，我觉得是加入之前我不了解，但现在我已经是比较了解了。

我现在觉得调解的具体问题应该是说两个人有矛盾，可能不如给自己一个平台好好谈。你在闹，我在闹，你不给我机会跟你说话，我就不给你机会。你发火，我也发火，没得商量。但是到了一个平台以后把你们的心态调整好，然后好好说话解决问题。

我有时候调解看到有的人比较凶，完全没有必要这样。因为你需要他心甘情愿接受你的方案，那你还跟他凶干吗？那他不接受，这时候你就要想办法让他听明白你的意思。这样的话，大部分人是能接受的。

我们那边这样的案子太多了，有的案子就是说，只要你用时间好好跟他谈，他就说，好了好了，算了，没有关系。你只要做到这个就可以了。我记得一个很普通的问题，一个人跑到我们的委员会。他一进来就很凶，说得很难听。我在接待室里面，有人叫我，我就过去了。他说你看一下这个事情，所以我也在想，怎么会这样子的，你说哪个国家都不会有这样的事情。他一直在那里凶，我问他是什么情况，我请他到办公室里坐一下，给了他一杯茶。我没有一开始就先问他是因为什么事情来这，我就问他是哪个国家，先让他的情绪稳定下来。我们聊了可能有5分钟，之后我就问他，你为什么生气？既然到这里来你就不要生气了，你对着这些人发火，有可能咱们能提供给你的帮助也不提供了。为什么要骂他们呢，为什么要那么凶呢？不要这么做，你既然愿意到我这里来，你应该把你的心态放下来，跟我们好好地说。这样的话，每个人都会很愿意看你这个事情能不能处理。但是你对着我那么凶地说话，我不一定能听懂你说的话是什么意思。后来他说他生气的原因是他上出租车到商贸区，他上出租车之前那个监控是一直录着的。但是他上的时候到他下的时候，没有录。这是不可能的事情，他一直在那里很凶。我说后来呢？他说，我钱包里有3000美元。其实这个很小的问题，3000美元也没多少钱。他说，我还有银行卡在这个钱包里面，结果掉在出租车上了。但是他去出租车公司问，他们说没看到。他跟我说，这是不是故意的，就一直在那里这样说。我说你现在不用发火了，你真的发火的话，如果我们这里没有人跟你说话，你有办法吗？那你态度稍微改变一点，每个人都好好地听你说到底是因为什么问题，看看能不能处理这个问题。这个对你来说是最好的，那你发火是没必要的。他不说话了，那我就去跟另外一个管这方面的人员说，我说他上的时候跟他下的时候，监控是没有录的，那这个是不可能的。所以我希望让你先去跟那边的出租车公司联系一下，看看他们那边有没有什么发现。真的想不到打过去以后，我们让他们去查一下。结果5分钟以后打回来说，找到钱包了。找到钱包，我对着那个人说，你的钱包，我找到了。所以那一天，他很开心的。这是一个很小的问题，也不是什么问题，但是能让别人感到这么满意，所以我也很喜欢做这份工作。真的，这个制度是很好的。也不说案子，可能一个小时内这个事情就处理好了。但是这个事情，他可能以为是没办法解决的。他后来跟我说，苏拉，这个钱包你不用给我，钱包里的钱拿去，把银行卡留给我就行了。

所以我觉得就是因为义乌政府愿意给我们一个平台，让外国人来参与调解，义乌人能想到这个方面，他们已经很为外国人考虑了。所以我一般都跟调解会里面的外国兄弟说，这个部门是为你来处理问题的，不是说给中国人来处理问题的。中国人自己出了问题，他们有自己的人民调解委员会，中国人不需要到这里来。这里是涉外的调解，所以这个是我们的部门，我们必须搞好。（SL：20150808）

从对苏拉等非洲人的访谈和调查来看，来华非洲人的族内公共交往网络与公共交往网络有一定的关联性，也就是说，一个来华非洲人的族内公共交往较好，在族裔内占有一定的地位，可以推动其更好地参与跨文化公共交往，从而使其在跨文化公共交往平台占有一定的地位。当然，其公共交往能力的增强也有助于巩固他在族内交往平台的地位。

2. 来华非洲人微信公共交往网络图像

互联网的普及为来华非洲人建构了一个新的公共交往网。我们调查发现，基于互联网形成的网络社区，对于来华非洲人"社团"（商会）的建立、形成和发展也产生了一定的影响，尤其是微信的普遍使用。义乌和广州两地的非洲商人"社团"都建立了微信群，并成为他们群体交往的重要平台。相对于传统的社区，网络社区交往更加快捷和方便。除了重大事情需要集中见面商议，很多需要交流和讨论的问题现在都可以在微信群里完成。

来华非洲商人的网络社区发挥的功能和作用主要包括四个方面：情感交流，"社区"成员可以随时进行日常的情感交流；群体联络，每个非洲商人可以通过微信群更方便地联系其他的非洲商人；信息发布，微信群发布足球比赛信息、住房信息、警察检查信息、交通信息查询等信息；经济支持，当在华的非洲商人生病就医或去世需要人力和资金帮助时，"社团"领袖会通过微信群号召社团成员为受难者募集资金，动员社团提供人力支持。目前，微信群发挥了越来越大的作用，"网络社区"的功能也在不断发生变化。几年前，"网络社区"还主要发挥"精神社区"的功能和作用，是非洲人在中国现实生活的补充，而目前的"网络社区"则是他们现实生活和社会交往的映射。

相对于传统的社区，"网络社区"的功能和作用在以下几个方面有所增强：一是"网络社区"便于非洲商人交往，降低交往成本，便于非洲商人群体融入；二是"网络社区"便于更多的非洲商人参与社区活动，有利于非洲商人群体的整合；三是"网络社区"的服务功能增强，网络支持增强，为社区成员提供更多、更有效的社会支持。

非洲商人的"网络社区"不是在所有方面都能发挥作用。在个人经济往来方面，非洲商人遇到缺少资金或者被骗等情况时，往往不会得到"社区"成员的统一资助或帮助，"社区"成员也很少询问和交流生意。"社区"成员存在的一些借贷往来，也只是"社区"成员之间的个人行为。在宗教方面，非洲商人网络"社区"发挥的功能不大，组织开展的活动不多，主要原因是"社区"成员身份以商人为主，在华多数时间和精力放在经商活动上。广州和义乌的伊斯兰教场所数量和功能能够满足非洲人的宗教活动。在广州和义乌的伊斯兰教活动没有统一的标准。由于种种原因，非洲伊斯兰教的派别较多，宗教仪式和教义等差异亦较大，与非洲传统文化融合较深，独立性强，没有一个统一的国际组织来规范非洲穆斯林的宗教信仰行为[1]。在华非洲商人微信的普遍使用，可以便利人与人的交往，但是没有改变他们与中国人的交往的状况，没有拉近彼此之间的距离，反而更固化了他们族群内的交往，固化了他们与非洲或其他大洲的人的交往，弱化了他们与中国人的交往。

---

① 李文刚. 非洲伊斯兰教的现状与发展趋势 [J]. 西亚非洲，2010 (5).

调查发现，在华每个非洲人都拥有 Facebook、Whatsup 和微信等通信软件。Whatsup 软件是他们与本国的亲友进行沟通和联系的平台，Facebook 是他们日常交友的平台，他们常常浏览寻找合适的朋友交往，寻找对象多为欧美国家的人或者非洲人。与 Facebook、Whatsup 的交友功能相比，非洲商人的微信发挥着贸易功能和交往功能。对于非洲商人微信中的中国人和其他人来说，微信更多是发挥着贸易功能，非洲商人主要通过微信开展通信联络、商品图片传送、小额支付等贸易活动。他们通过微信与中国人进行生意以外的交流和交往并不多，与中国人互相之间只是偶尔发送一下祝福图片、朋友圈点赞或者发一个红包。对于非洲商人微信中的本国人和非洲人来说，微信首先发挥着交往功能，其次才发挥贸易功能。在微信里他们之间通过法语或者豪萨语进行交流聊天或者视频聊天。他们的微信群发挥着更大的交往功能。很多在华非洲商人还拥有多个微信群，主要包括非洲商人在义乌（广州）的微信群、非洲商人在中国的微信群、非洲人在义乌（广州）的微信群、非洲人在义乌（广州）足球的微信群等。微信群成员以本国人和非洲人为主，交往以法语和方言为主。微信不仅为同城的非洲商人交往提供了方便，也缩短了他们与中国其他城市亲属或者朋友交往的空间距离。他们可以通过微信随时与在中国其他城市和地区的非洲亲属或朋友联系，以减轻在中国的孤独感。试举一例：

ALF，在义乌的尼日尔人，男，32 岁

我来华很多年了，我是非洲义乌社区的秘书长，在社区领导排名第三，我们尼日尔人最多的时候有 150 多人在义乌，那时候没有微信，主要靠电话联系，想把大家召集起来开会很麻烦，场地还要受到限制，每次都有很多人不能来参加。后来有了微信，我们社团有事情就通过微信通知大家，不仅方便，更主要是很多在义乌的非洲人都能够参与进来，有新来义乌或者广州过来买东西的尼日尔人也可以及时加入微信群。目前经济形势不好，只有 50 ~ 60 个尼日尔人常住义乌，以后经济好转了，有的还会来到中国，他们一来到义乌就会通过微信群通知大家。（ALF：20150418）

来华非洲商人网络社区的形成和发展，比传统社区发挥了更多的群体整合和社会支持网络功能。同时，网络社区也固化了非洲商人群体的内部交往，不利于非洲商人的中国文化适应和社会融入。

3. 来华非洲人跨文化公共交往网络图像分析

从表 3-26、表 3-27、表 3-28、表 3-29 可以看出，来华非洲人工具性支持和情感性支持，跨文化正式支持性网络的支持的比例很低，进一步调查发现，来华非洲人跨文化正式支持网络支持比例低的深层次原因是跨文化参与度低，从而影响其构建公共交往网络。影响公共交往网络构建的因素如下。

第一，从来华非洲人来华时间来看。来华时间越长，对中国文化、体育和公共事务等越感兴趣，越有机会进行跨文化公共交往。

第二，从来华非洲人的签证来看。来华非洲人的签证主要包括 L 签证，发给入境旅游的人员；M 字签证，发给入境进行商业贸易活动的人员；X1 字签证，发给申请在中国境内长期学习的人员；X2 字签证，发给申请在中国境内短期学习的人员。因此，对于持有 L 和 M 签证的非洲人来说，没有更多的时间参加公共交往。相反，持有 X 签证的留学生和常住义乌的非洲人有时间参与公共交往。例如：

XD，在广州的科特迪瓦人，男，32 岁，

> 我的 L（旅游）签证时间很短，来广州只有几天的时间，所以我必须利用好每一分钟。我每天的任务就是上午起床就去市场，去挑货，每天很晚才可以回到酒店。我每天基本上就是小北—市场两个地方。我来广州很多次了，广州很多地方我没有去过，更别说参加什么活动了，这里有什么活动吗？我中国话都不太会说，怎么参加活动？最重要的是时间、时间、时间，对我们来说，时间太宝贵了，我们来一次广州真的不容易。（XD：20141024）

第三，从来华非洲人居住来看。有些来华非洲人长期居住在酒店，有些租住地非洲人相对集中，因此缺少与中国人互动的时间和机会。

第四，从非洲人兴趣爱好角度来看。非洲人的身体特点和传统文化有着深刻的影响，来华非洲人又多以男性为主，因此体育运动是非洲人最主要的公共交往活动之一。

来华非洲人以青年男性为主，足球运动是非洲人最喜爱的运动之一，也是来华非洲商人重要的社会活动和社会交往方式。每到周末晚上，在广州和义乌的非洲商人会分别来到广州轻工职业技术学院体育场和义乌梅湖体育场等地进行足球比赛，一般是一个非洲国家队对阵其他非洲国家队，球队偶尔也与中国人的球队进行比赛。由于文化、语言和宗教接近或相同，参加对抗的球队以西非的马里、几内亚、塞内加尔等国家为主。穆斯林身份基本上并不是个人身份标志，而在最大限度上是一个人或所处的更广阔的社会结构的集体身份认同，在民族—国家身份认同感较低的撒哈拉以南非洲国家，这一特征更加明显。比赛前，大家在微信群里确定好时间和地点，然后按参加比赛人数平均收费，通过微信转交给一个人，由他支付租用场地的费用。比赛往往是半夜十二点以后开始，大概在凌晨三点大家离去，这也符合非洲人喜欢晚上活动，上午睡觉、下午工作的生活习惯。他们球队当中个别水平较高的球员还会被邀请到澳门参加澳门业余联赛，每场可以得到1000元人民币左右的报酬。非洲人的足球公共交往以非洲人或者非洲一个区域甚至一个国家为主，缺少与中国人的互动和交往。但是调查发现，目前随着各个国家"社区"（商会）的发展，推动各个国家足球比赛的交流，从而推动了来华外国人公共交往，我们可以乐观地预见，来华非洲人可以以足球运动推动其在华的公共交往。

第五，从社会结构来看。义乌和广州两地属于国际化都市，有着较为丰富的外国人服务和外国人管理经验，近年来，出台了多项举措，搭建跨文化交往平台，推动中外居民跨文化交往，取得了较好的效果。

第六，从社会文化来看。中国与非洲文化迥异，要真正开展有效的跨文化交流，让更多的非洲人参与跨文化公共交往，就要寻找中非文化的共同点，寻找来华非洲人的兴趣点，开展更有吸引力的跨文化公共交往活动。

第七，从公共交往平台的搭建来看。应该从来华非洲人的需求入手，针对不同层次和类型的非洲人搭建不同的交往平台。

第六节　文化图像与来华非洲人社会的交往性

来华非洲人社会交往的图像全部展开之后，我们可以清楚地看到，来华非洲人的交往的文化图像是在实践活动的互为镜像中呈现的。

"文化图像"一词最早是由李亦园先生提出并使用的，《文化的图像》一书收入了其多年来撰写的关于文化人类学的论文。李亦园为什么要用"文化图像"来概括他所撰论文的主题？对此，他在"自序"中有一段说明："本书因论文的性质共分为五部分编排，但是各部分之间大致都是绕着'文化'的主题而出现，因此采用'文化的图像'为全书的标题。编排完成后又发现全书厚达八百页，因此决定分上下两册刊行，并分别给予副题：上册订名为'文化发展的人类学探讨'，下册则名'宗教与族群的文化观察'。作为一个人类学的文化研究者，我的立场仍然是从具体到抽象，即就是认为你必须具体地去了解文化，也就是必须亲身去做田野，亲身去体会你所要了解的对象，然后你才能从许许多多经验中验证归纳出抽象的理论。除此之外，那些空中楼阁的玄想，那些个人的抽象思维就像象征学中所说的'私人符号'（Private Symbol）一样，终究是难以为公众所接受的。因此，我希望这本集子所带给读者的是一个具体的'文化图像'。"①

确实，我们以"图像"为关键词，其本真意图就是要给读者描绘一幅来华非洲人社会交往"具体的'文化图像'"。

众所周知，"图像"一词早已不是简单的视觉形象，它是与人类同在的"存在者"，是"语言"的始祖，并同语言一起共同构成了符号系统。有学者研究认为：从古希腊起就形成了视觉在场的形而上学，但它指向的是"思"。现象学和存在主义将"思"转向"看"，从而完成了视觉哲学的转向。拉康的"镜像理论"揭示了图像文化"看"的本质。福柯的全景敞式理论揭示了图像文化的最深层的政治、经济、文化原因。海德格尔的"世界的图像化"是使物从不可见转为可见运作的总体系。德波的"景观理论"涉及图像文化的本质和特征。这些理论都深刻揭示了人类"看的方式"，它们构成了图像文化的哲学基础②。而李亦园先生借用"图像"一词，既是对"图像文化"理论的认同，更是"文化"具体化的比喻，所以"文化图像"一词，形象而深刻地表达了人类学研究从田野调查到理论升华，即从下到上的研究路线图。

我们研究来华非洲人的社会交往，正是遵循李亦园先生提出的"文化图像"的路线图，通过我们的问卷调查和深度访谈，逐渐展示了包括社会交往意愿分析、目的分析、交往工具与语言调查分析及交往时间分析在内的来华非洲人社会交往图像；包括业缘和友缘在内的来华非洲人社会关系图像；包括公共交往、族内公共交往和跨文化公共交往逻辑在内的来华非洲人公共交往关系图像；包括工具性支持网络、情感性支持网络和社会支持网络的结构在内的来华非洲人社会支持网络图像。这种文化图像的展示，使我们从中感受和体验到了来华非洲人在实践活动的互为镜像中呈现的交往性。

---

① 李亦园. 文化的图像（上册）——文化发展的人类学探讨［M］. 台北：允晨文化出版公司，1992：12.
② 肖建华. 图像文化的哲学基础［J］.《国外社会科学》，2009（1）：77 - 84.

　　这种交往性向我们展示出来华非洲人社会交往的特点如下。

　　第一，跨洲跨国的实践活动。非洲人来华是全球经济一体化的进程日益加速的一种表现。他们到中国，在广州、义乌与中国人做生意，与中国人交往交流互动成了他们最重要的实践活动，所有的社会交往、社会公共交往和社会支持网络基本上都围绕着做生意的实践活动进行。非洲人这种跨洲跨国的实践活动，无论是对非洲人还是对中国人都是"新媳妇坐花轿，头一遭"，就成了考察和研究来华非洲人实践活动的基本出发点。

　　第二，跨文化的交际沟通。世界文化已形成一个多元化的格局，无论哪种文化类型的交往，大家都必须沟通，需要接触、会晤、谈判、协商、讨论，这就是商贸舞台特别精彩的根本原因。所有有关商贸的实践活动都是典型的跨文化交际，因为尽管商贸实践活动拉近了非洲人与中国人之间的时间和空间距离，却无法拉近他们之间的心理距离。众所周知，不同的国家、民族由于不同的历史渊源、不同的社会习俗，形成了特定的文化背景，特定的文化背景又形成了不同的价值取向、思维方式、社会规范、语用规则，这些都是跨文化交际的旋律。来华非洲人在广州、义乌与中国人做生意，所有的实践活动，都表现为跨文化的交际。这个特点贯穿来华非洲人实践活动的始终。

　　第三，互为镜像的"他者"关系。非洲人到中国，与中国人之间在跨文化交际中自然而然地形成互为"他者"的关系。也就是说，两者之间是既有区别又有联系的互为参照。确实，来华非洲人若没有中国人这个"他者"的对照，将完全不能认识和确定自我；反之亦然。所以，在来华非洲人与中国人的跨文化交际中，"他者"很重要。来华非洲人与中国人在广州和义乌跨文化交际的历史，就是在互为"他者"的前提下一步步走过来的。所以，互为镜像这个特点也贯穿来华非洲人实践活动的始终。

　　跨洲跨国的实践活动、跨文化的交际沟通和互为镜像的他者关系构成了来华非洲人社会交往图像的三大特点。

第四章
来华非洲人文化适应

文化适应作为一种复杂的社会文化现象，是来华非洲人必然要经历的阶段。非洲文化与中国文化是不同的自然环境与人文社会的产物，各具特色。无论来华非洲人的文化处于什么发展态势和状况，与中国文化都有较大的差异，他们必然要学习中国文化，或者将自身文化嫁接在当地文化之中，达到尽快融入中国的目的，这就是来华非洲人跨文化交流中的文化适应。

第一节　文化适应理论对来华非洲人研究的观照

文化适应理论如何观照来华非洲人研究呢？

文化适应（Acculturation）在心理学、传播学和人类学等不同学科展开，形成了引人瞩目的理论景观。而人类学史告诉我们：文化适应研究始于20世纪初，其基本概念最早由美国人类学家雷德菲尔德（Redfield）提出：文化适应是指两类不同文化的群体在连续接触的过程中所导致的文化模式的变化①，其包括社会文化适应和心理适应两个维度②。通俗地说，文化适应是与他文化的融合过程，是文化间相互影响、相互改变的过程，即探究我们在与他者的交流中所发生的"变化"（change）以及这些变化的前因和后果③。

文化适应最初的研究对象是那些长期居留在异质社会文化中的边缘人群，如移民、难民等。在当今全球化语境下，国家间、民族间的政治、经济、文化交往日益密切，人口的全球流动正在加速，人们的跨文化交往日益频繁。而且随着人

---

① Redfield, Linton, Herskovits. Memorandum for the Study of Acculturation [J]. American Anthropologist, 1936 (38): 149 – 152.

② Ward C, Kennedy A. Acculturation Strategies, Psychological Adjustment and Sociocultural Competence during Cross-cultural Transitions [J]. International Journal of Intercultural Relations, 1994, 18 (3): 329 – 343.

③ 李加莉，单波. 跨文化传播学中文化适应研究的路径与问题 [J]. 南京社会科学, 2012 (9): 80 – 87.

类学家、社会学家、教育学家、文化心理学家等领域学者都将跨文化适应问题纳入自己的研究视野，文化适应研究的对象也扩展到短期居留在某一个社会文化中的旅居者（Sojourner）人群，包括商业人士、留学生、海外学者、专业技术人员、传教士、军事人员、外交人员、旅行者等①。在我们的研究中，来华非洲人在与作为异文化的中国文化的接触、碰撞中，跨文化交往者或群体往往为了适应中国的社会环境，承受了前所未有的压力和挑战，导致诸如个体情绪的焦虑、文化身份的混乱、文化信仰的缺失、价值判断的失据等文化不适应，继而在群体和社会文化层面产生一系列影响。所以，文化适应就成了我们课题研究继社会交往之后又一重要文化图像。本课题从以下三个方面运用文化适应理论观照来华非洲人研究。

第一，采用问卷的量化分析方法，考察来华非洲人个人、群体和社会文化因素对文化适应产生的影响。

第二，采用人类学的田野考察方法和民族志访谈，通过参与性观察、访谈、日常交往和互动，让自己成为"陌生人"融入他文化的内部，来考察在参与式观察中获得文化交流的特殊体验，在日常生活中理解来华非洲人的文化感知与冲突，以更细腻地呈现他们的文化以及社会语境下的文化适应现象。

第三，明白了解文化适应过程中发生的变化既是静态的变化的结果，也是动态的、历时的变化过程，所以在研究中对两者的考察都十分重要。对来华非洲人量化研究揭示的是静态的横截面的特征，而质性研究更能揭示其动态性和细致的变化。可见，对来华非洲人的文化适应是一个连续的、不断建构的过程，质性研究将在其中扮演重要角色②。

第二节 来华非洲人生活适应

中国俗话说：开门七件事，柴米油盐酱醋茶。

非洲人来到中国首先要面临生存策略问题，即生活的适应，诸如时差、气候、居住、饮食、交通、购物等基本生活问题。

---

① 陈慧，车宏生，朱敏. 跨文化适应影响因素研究述评 [J]. 心理科学进展，2003（6）：704 – 709.

② 李加莉，单波. 跨文化传播学中文化适应研究的路径与问题 [J]. 南京社会科学，2012（9）：80 – 87.

来华非洲人经济条件普遍较差，来华后的生活水平普遍不高。他们从非洲大陆来到繁华而又陌生的中国城市，不仅要承受经济困难带来的经济压力，还要学会面对异文化城市生活带来的不便、困难和挑战。

一 来华非洲人城市环境的适应

非洲人来到广州和义乌后，首先碰到的是适应城市环境的问题。

（一）来华非洲人的时差适应

北京时间与非洲时间有 5~8 个小时的时差，时差对于来华非洲人的日常生活产生了较大的影响，以往的研究者往往忽略时差对于来华非洲人生活适应的影响。中国与非洲东部的肯尼亚、坦桑尼亚、埃塞俄比亚有 5 个小时的时差；与非洲中东部的埃及、苏丹、乌干达、赞比亚、津巴布韦、南非有 6 个小时的时差；与非洲中西部的乍得、尼日尔、尼日利亚、刚果（金）、安哥拉等国有 7 个小时的时差；与非洲西部的毛里塔尼亚、马里、塞内加尔、几内亚、加纳、多哥等国有 8 个小时的时差。这种时差对于来华非洲人的生活影响主要表现在以下两个方面。

第一个方面是时差直接影响到来华非洲人的作息时间。来华非洲人多数工作时间是中午起床，然后一直工作或活动到深夜。在广州和义乌的专业商贸市场上，上午较少能看到非洲人，中午以后才是非洲商人工作的时间，这也影响到中国商人的作息时间。于是以非洲国家为主的中国商人的店铺为了与非洲商人相适应，往往也是上午 10 点以后才开门营业。

北京时间晚上 19:00~0:00 是非洲国家当地时间的下午和晚上，因此，在这一时间段来华非洲人要与家里人或者其国内的客户联络，确定商品和订单。或者与家里人聊天，以解相思之苦。这也就是为什么在广州和义乌的大街上经常可以看到很多非洲人半夜还在大排档门前喝酒、聊天或者聚会，他们大声喧哗、大声打电话或者聚会喧闹，严重地影响到了当地中国居民的休息和生活，中国人投诉或与非洲人冲突时有发生。这种情况在广州和义乌都较难协调。

第二个方面是时差直接影响到非洲人与中国人的社会交往和社会融入。大部分来华非洲人商人持短期签证来中国做生意，一般周期为半个月左右。时间对于他们来说非常宝贵，上午他们要睡觉和休息，下午或者晚上他们要到当地专业市场寻找货物、谈订单或者发货，其间还要不断与家里人通电话或者微信联系，下半夜他们大多数时间与同乡一起聚会聊天，因此除了与生意相关的中国人接触外，很少有时间能够与中国人进行交流、交往。

我们在广州和义乌等地对非洲人进行访谈的时候，与非洲人约定的时间一般都是在凌晨左右，因为白天他们要么睡觉，要么忙于处理生意相关事宜。对于持长期居留中国签证的来华非洲人或者留学生，受到来华非洲人整体的生活环境的影响，他们的作息时间往往也是上午睡觉，下午和晚上工作和活动。因此这对各个高校非洲留学生管理提出了挑战，各个高校对于保证非洲留学生上午按时上课分别做出特别的规定和要求。例如，广州某高校规定，留学生请假累计不能超过每个学期总学时数的1/3，超过者，作休学处理。义乌某高校规定，留学生旷课超过30节，请假超过30节，作开除处理，并将处理结果通报义乌市出入境管理局，义乌市出入境管理局将取消其学习签证。

（二）来华非洲人的气候适应

中国的气候对于来华非洲人影响不大。许涛对广州非洲人的调查发现，虽然广州与非洲地理和气候差异较大，广州天气炎热潮湿，对于一些常年温度适宜的非洲国家非洲人来说，带来了一定的挑战，但是对于非洲商人来说是可以克服和逐渐适应的[①]。

我们调查发现，对于来华非洲商人来说，他们来华的时间往往避开了中国最热和最冷的季节，中国的广州和义乌最炎热的季节是夏季，最冷的是冬季。但是对于来华非洲商人来说，来华购买商品最重要的时间是上半年的3~5月，多数非洲客商一次采购几个月或者半年的货物，根据货物实际的销售情况，在下半年的9~11月再来中国采购商品。中国广州的广交会时间恰好在上半年的4月和5月、下半年的10月和11月。义乌的小商品博览会的时间为每年的10月，义乌其他重要展会也都集中在下半年9月、10月。对于非洲人来说，义乌的冬季较广州更为湿冷，于是，每年圣诞节前后，大部分非洲人飞回其国内，第二年3月陆续回到中国，避开了义乌冬季最冷的一段时间。

一部分居留在中国时间较长的非洲商人和留学生经济条件较好的，居住和学习环境较好，工作和所住房间都有空调，可以帮助他们避暑。相对于大多数非洲人来说，中国的居住条件普遍好于非洲，避免了气候带来的不便。

但是，气候的差异性对来华非洲人的适应还是有一定的影响，通过对来华非洲人对气候适应满意度的调查发现（见表4-1），比较满意和非常满意的非洲人广州占了54.8%，义乌占了45.7%，说明非洲人总体上对中国的气候比较适应。

---

① 许涛. 在华非洲商人的社会适应研究［M］. 杭州：浙江人民出版社，2013：64.

不太满意和非常不满意的非洲人的比例广州是 18.6%，义乌是 18.9%。主要原因是中国部分城市夏季时间长，气候潮湿闷热，有的城市冬天湿冷，有的城市冬季湿冷又没有取暖设施。

表 4-1 来华非洲人气候适应满意度

满意程度	地区		
	广州	义乌	合计
非常不满意	6.1%	4.9%	5.7%
不太满意	12.5%	14.0%	13.8%
一般	26.5%	35.5%	31.5%
比较满意	33.9%	25.7%	29.5%
非常满意	20.9%	20.0%	19.5%
合计	100%	100%	100%

通过对广州和义乌非洲人对两地气候适应对比分析，两地来华非洲人对气候非常满意的比例持平。而广州非洲人的比较满意程度高于义乌非洲人，分析原因，一是广州的气候与大部分非洲国家较为接近，四季温差不大，而义乌的冬季相对于大多数非洲国家寒冷许多；二是广州的非洲人来华时间较长，来华频率高于义乌的非洲人，他们相对适应了广州的天气。

二 来华非洲人的居住适应

居，可以说是人生里最重要的部分，占据了生命的大部分时间。而居，也是最能体现一个人存在价值的方面、最能实现一个人生命梦想的空间。所以，居住也成为生命质量的重要元素。非洲人来华后居住于何处，不仅仅意味着他们的日常生活习惯，更代表了他们过去的经历、当下的成就以及未来的起步。

（一）来华非洲人居住空间变化与适应

许涛对广州非洲人的研究发现，非洲人已经遍布整个广州的大街小巷，聚集居住的非洲人多半分布在环市东路片区以及三元里片区，环市东路片区指以广州市环市东路为中心的秀山楼、淘金路、花园酒店、建设六马路等一带，并在小北花圈和登峰所辖的越洋商贸城以及下塘社区形成了大型的非洲人聚集区，被称为"巧克力城"。三元里片区主要是指以三元里为中心的白云区金桂村、机场路小区等地①。

① 许涛．在华非洲商人的社会适应研究［M］．杭州：浙江人民出版社，2013：31.

李志刚和杜枫从跨国商贸主义下城市新社会空间生产视角，对广州非裔经济区的实证分析、实地调查表明，非裔居民主要集中于4个片区：小北、三元里、番禺和东圃，以及佛山的黄岐镇①。柳林等认为，在广州和佛山的非洲人分布相对集中，大致可划分为越秀聚集区、黄岐聚集区、荔湾聚集区、天河聚集区、钟村聚集区，其中前两个聚集区是非洲人分布最多、最集中的区域，洪桥是非洲人最早的聚集地。该群体群居迁居行为比较普遍，其居住空间分布呈宏观扩散、微观聚集的态势。迁居频率受经济因素的影响较小，受社会支持与融入、政府管控的影响较大。社会支持力度大、融入程度高的迁居频率较低，而政府的管控力度加大明显提高了非洲人的迁居频率②。

陈宇鹏的调查表明非洲人在义乌呈现大杂居、小聚居、相互交错的特点③。而义乌尼日尔人迁居主要受房租上涨等经济因素、生活便利因素影响④。

1. 来华非洲人短期居住空间

对于短期来华非洲人来说，来华期间主要居住在所在城市的宾馆。来广州的非洲人，居住宾馆的区域选择具有一定的规律，东部非洲和中部非洲的非洲人多数集中在三元里附近的小宾馆。西部非洲的非洲人多数集中在小北路附近的宾馆。而具体到哪一个国家的非洲人，也有相应固定的一个或者几个宾馆。

短期来义乌的非洲人，不同国家的非洲人，居住酒店区域也有所不同，西部非洲国家的非洲人集中居住在义乌国际大酒店、三挺路附近的小宾馆；来自东部非洲国家或者非伊斯兰非洲国家的非洲人则集中住在义乌福田市场附近的小宾馆里，主要集中在长春三街到长春一街附近的小宾馆，例如来自尼日利亚的非洲人多数集中在长春三街的酒店和宾馆；来自喀麦隆的非洲人主要集中在长春三街的宾馆。

从短期来华非洲人居住宾馆的功能来看，居住酒店不仅仅承担着居住功能，还承担着商业功能、信息交换功能和社会交往功能。从商业功能来看，短期来华

① 李志刚，杜枫. "跨国商贸主义"下的城市新社会空间生产——对广州非裔经济区的实证 [J]. 城市规划，2012 (8)：26.

② 柳林，梁玉成等. 在粤非洲人的迁居状况及其影响因素分析——来自广州、佛山市的调查 [J]. 中国人口科学，2015 (1)：115.

③ 陈宇鹏. 社会资本与城市外国人社区的形成——义乌××国际社区与广州黑人聚集社区的比较分析 [J]. 前沿，2012 (4)：114.

④ 陈宇鹏. 非洲商人的中国文化适应——以来华尼日尔商人为例 [J]. 北方民族大学学报（哲学社会科学版），2017 (1)：91.

的非洲人大多带着一定的订单来中国，计划购买一定数量的货物，他们是长期来华非洲人或者中国人的重要客户，买卖双方会在此会面、商谈或交易。从信息交换功能来看，短期来华非洲人长时间不在中国，对中国的市场不够了解，而在入住宾馆内集中了其本国或者其周边国家的非洲人，在此可以得到相对有效的商业信息、中国最新的贸易政策或者外国人管理政策。从社会交往功能来看，由于居住宾馆集中了其本国人和周边讲同种语言的非洲人，语言相同、文化习惯相通，便于他们交流和交往，工作之余可以进行交往，缓解压力，排遣无聊。因此，宾馆会在一楼大堂或者门口建立小型的会客吧，售卖烟酒、阿拉伯水烟、民族小吃和饮料，便于中非客商在此进行交流和交往。酒店门口出现兜售电话卡的中国小商贩，还有兜售充电宝、小电器的商贩。宾馆周围则陆续出现了非洲餐厅、西餐厅、阿拉伯餐厅。这样对于短期来华甚至初次来华的非洲人来说，可以在居住宾馆的一公里范围内（距福田市场主体市场一公里以内，距离广州市场一公里以内）完成饮食、日常生活必需品购买、社会交往和商品交易等所有活动。这样一方面方便了来华非洲商人的旅行和商业活动，但是从另一方面来说不利于其与中国人进一步交往和深入了解中国文化。

短期来义乌和广州的非洲人也有居住在非洲朋友家里的，这种现象与非洲某些国家的生活习惯和文化有关。例如，短期来义乌经商的毛里塔尼亚人来义乌经商和进货，大多数居住在长期租住在义乌的毛里塔尼亚人家中，他们来到义乌的毛里塔尼亚人家中，或是亲戚，或者是朋友，或者是同乡关系，客人席地而居，吃住在主人家中。这些客商不是承担不起酒店的房租，而是毛里塔尼亚人自古的生活习惯，毛里塔尼亚人认为在外的毛里塔尼亚人永远是一家人。义乌毛里塔尼亚人主要集中在永胜小区，这里的穆斯林礼拜点以西非的毛里塔尼亚人、尼日尔人为主，也给这些短期来华的非洲人做礼拜带来了方便。这种现象给当地出租房管理带来了一定的困难和麻烦。

随着义乌、广州两地外贸市场的紧密程度越来越高，很多非洲人常年往返于义乌和广州两地，对于这些非洲人来说，住在当地的同乡、亲戚或者朋友家里，既可以节省费用，又可以方便了解市场和信息。这种两地非洲人"互住"的方式也是一种对等的交换，当提供帮助的一方下一次到对方的城市，也可以得到对方相应的回报。

2. 来华非洲人长期居住空间

大多数来华非洲人的经济条件有限，在租房方面开支谨慎。对于大多数长期居住在广州和义乌的非洲商人来说，居住区域选择首要考虑的因素是便利性。这种便利性主要体现在三个方面，一是同乡交往的便利。从非洲来到中国打算长期居住的非洲人，人生地不熟，但是都会得到本国的亲戚、朋友或者同乡接待和帮助。他们帮助刚来中国的非洲人到自己居住的区域或者熟悉的区域租住，刚来的非洲人也愿意租住在帮助者居住的区域附近，这样便于双方的联系，也为刚来华的非洲人提供心理上的安全感。因此，在广州和义乌逐渐形成了某个非洲国家的人相对集中的区域或者社区，例如在义乌的马里人多集中住在下付小区，刚果（金）人多集中住在兴中小区，毛里塔尼亚人和尼日尔人多集中住在永胜小区，肯尼亚人多集中住在五爱小区。二是经商的便利。来华非洲人主要目的是经商，因此选择离市场较近区域居住既方便其做生意，也可以减少一部分交通费用。以上义乌非洲人居住的社区距离义乌市场的距离都在七八公里以内。三是生活的便利。来华非洲人都有宗教信仰，周五和周末要去清真寺和基督教堂做礼拜，空闲时间和周末喜欢到异国风情街聚会，他们所居住的社区距离义乌异国风情街在5公里以内，距离义乌市穆斯林活动中心和义乌最大的基督教堂在5公里以内，距离火车站、长途汽车站和飞机场也在15公里以内，有方便的公交系统。

近年来，在义乌的非洲人也有迁居的现象，主要是受到房租上涨等经济因素的影响。迁居的路线是由城市中心社区向城市周边新社区扩散。近年来义乌相继出现一批旧城改造完毕的新社区，由于义乌市内区域面积不大，城市周边新改造的社区并没有受到交通不便的影响。例如部分西非国家的非洲人从永胜小区迁移到一公里以外的端头小区。由于端头小区是义乌市近年完成旧村改造的大型社区，房屋面积较大，房租较永胜小区便宜，随着中国宁夏穆斯林的大量入住，社区内穆斯林餐饮、购物、交通、卫生院等公共服务设施相继完善，因此陆续有非洲人来此社区租住。如在义乌的尼日尔人 SUKI 告诉我们：

> **SUKI，在义乌的尼日尔人，男，23 岁**
>
> 我最开始住在五爱小区，但是最近义乌中心区域房租涨价，我就搬到端头小区了，端头小区（端头小区这几年也入住了大量的中国穆斯林）房子便宜一些，现在租的房子面积比以前的大，从这里到福田市场和其他地方办事也都很方便，现在这里的尼日尔人和其他非洲人也渐渐多起来了，这个小区吃饭也方便，有很多清真餐厅，也有礼拜点，做礼拜很方便。（SUKI：20140703）

近年来广州房租不断上涨，政府也加大对小北路和三元里一带社区和登封街的整顿力度。受此影响，非洲商人和非洲人这种迁居的趋势越来越明显。非洲人的居住区域也发生变化，呈现以小北路为中心向周边扩散的趋势。目前很多非洲人迁居到白云机场一带、东圃一带、大学城一带，还有一部分非洲人迁居到离广州较远的中山和佛山等地。如在广州的马里人 MD 告诉我们：

MD，在广州的马里人，男，26 岁

我 2011 年来广州住在小北的城中村，虽然条件不太好，但是离市场很近，不用坐车就可以到，吃饭也很方便。但是警察会上门查看我们的证件。后来房东也不愿意租房子给我们非洲人了。我现在居住的富力桃园小区，属于中档小区，里面住了很多外国人，有欧美的，有印度的，有非洲的，真像是联合国社区啊！在这里吃饭也方便了，也有清真餐厅了。我和一个多哥朋友、一个尼日尔朋友合租了这个两室一厅的房子。周末朋友（非洲）可以来聚会。这个小区的房租和小北一带的差不多。最主要是很少有警察再来敲门和查看了。但是这里还没有通地铁，有的时候不得不打车，增加了一些生活成本。（MD：20140521）

长期居住在中国的非洲人中有极少部分已经成为经济条件较好的成功人士。兰燕飞和李志刚从 2006 年到 2008 年两年多的调研显示，在广州的非洲人大部分均从事商贸，访谈表明，非洲客商在广州能够成功立足的，仅占 15% 左右[1]。他们大多已经在中国经商多年，大多数是在中国开设外贸公司，积累了一定的经济基础，汉语较好，对中国文化较为了解，融入中国社会程度较高，且多数是第一代来华非洲商人。他们居住地选择的要求是舒适和安全，他们具有较好的经济基础，能够承担相对较高的房租和物业费用，因此选择的居住区域往往是广州和义乌的中高档社区，例如一些来华非洲人选择租住在广州的富力小区、丽江花园、祈福新村附近。在义乌的金城都市高尔夫小区，此类社区房间较大，环境优美，物业完善，房租大多在每月一万元人民币以上。他们的居住区域往往不需要离市场或者公司很近，因为他们雇有一定数量的员工对公司进行管理，他们不必每天按时去公司，只有重要客户到来和有重要事情的时候才会去公司。他们往往开着

---

① 兰燕飞. 非洲商人的广州梦 [J]. 小康, 2010 (1): 74 - 76.

豪车去中高档穆斯林餐厅、西餐厅就餐，有时候与中国客户在中餐馆就餐，因此吃饭和饮食不会成为他们的问题。

3. 来华非洲留学生居住空间

对于在中国的非洲留学生来说，大多数喜欢租住在校外，尤其是在广州和义乌的留学生更为明显。从表 4-2 中可以看出，广州和义乌来华留学生住在学校宿舍的比例合计不超过 20%。主要原因一是非洲留学生生活自由散漫，习惯于半夜或者凌晨才休息睡觉，不愿意受限于学校和寝室的时间管理规定。二是非洲留学生喜欢与非洲人在一起居住，不习惯与其他国家的留学生生活在一起，他们大多数喜欢居住在所在地的亲戚或朋友家中，或者与其他非洲人合租房屋。三是部分留学生在学习之余大多做生意或为亲属打工，中国法律和政府规定留学生（学习签证）不允许工作，他们不希望经商或者工作的行为被学校或者同学发现，同时房间内有时候需要存放一些货物，而在学校的寝室会受到限制。从广州和义乌非洲留学生居住区域来看，大多数选择居住在本国人相对集中的社区。在广州的留学生由于上午上课时间较早，他们往往选择离学校较近的社区租住。

（二）来华非洲人居住方式变化与适应

因地制宜，是来华非洲人适应居住环境的策略。

1. 来华非洲人居住方式的选择

许涛对广州非洲商人的研究指出，非洲商人在广州有散居和聚居两种状态，这两种状态均是非洲商人适应广州社会的方式[①]。

就像唐人街的华人聚居是种族排斥的结果，来华非洲人选择聚居或是散居，也是社会适应的某种结果。聚居可划分为职业型、宗教型、地缘型。聚居不仅为非洲商人抵御社会排斥提供庇护，而且在聚居区内保留着非洲商人本国文化，通过聚居区的贸易活动与广州社会联结，发挥着社会适应和非同化的功能。散居划分为被迫分散和主动分散。被迫分散是因身份问题采取分散的方式隐藏于广州社会。主动分散是主动接受中国文化影响，融入广州社会。牛冬认为非洲人多数情况下以亲戚朋友共租、家庭旅店的居住方式生活在广州，形成一种以相对简单的家具、有限空间中堆积的货物、缺乏亲属关系联结且女性缺位的家户成员为要素的"过客家户"[②]。

---

① 许涛. 在华非洲商人的社会适应研究 [M]. 杭州：浙江人民出版社，2013：30.
② 牛冬. "过客家户"广州非洲人的家属关系和居住方式 [J]. 开放时代，2016（4）：108.

我们对来华非洲人的调查显示（见表4-2），58.8%的被调查非洲人租房居住，15.9%的非洲人居住在学校宿舍，15.7%的人表示居住在涉外宾馆，还有3.5%的人居住在亲戚家，2.6%的人居住在朋友家，1.9%的人居住在工作场所，有1.3%的人居住在自购房，所以绝大多数来华非洲人居住在出租屋和宾馆。

表4-2 广州、义乌非洲人居住的地点比较

您来中国后居住的地点	地区		合计
	广州	义乌	
涉外宾馆	20.1%	13.1%	15.7%
租房	50.9%	68.0%	58.8%
工作场所	2.1%	1.5%	1.9%
自购房	0.8%	1.7%	1.3%
亲戚家	2.3%	4.7%	3.5%
朋友家	2.6%	2.8%	2.6%
学校宿舍	20.6%	8.3%	15.9%
其他	0.8%	0.7%	0.3%
合计	100.0%	100.0%	100.0%

我们对广州的非洲人和义乌的非洲人居住的情况进行比较，发现广州居住在涉外宾馆的非洲人比义乌多了7个百分点，而在义乌的非洲人，租房的比广州多了17.1个百分点。另外居住在学校宿舍的非洲人，广州多于义乌12.3个百分点。一般来讲，居住在涉外宾馆的以短期来华的居多，租房居住的，以中长期来华为主。所以从居住的情况分析，广州短期来华的比义乌多，而义乌中长期居留的非洲人比广州多。

从表4-2可以看到来华非洲人，租房的比例为58.8%，选择涉外宾馆的比例为15.7%。而从广州和义乌的对比来看，义乌的非洲人租房的比例高于广州的非洲人，广州的非洲人住在涉外宾馆的比例高于义乌的非洲人。来华累计超过3个月以上的非洲人，租房的比例逐渐提高，住宾馆的比例逐渐降低，主要是租房比住宾馆节省费用。因此，中国政府对于来华非洲人可以实行分类管理，对来华累计时间半年以上的非洲人管理，重点放在出租房的管理，对来华累计时间半年以下的非洲人管理，重点应放在涉外宾馆。相比较而言，非洲商人比较注重自己的私密空间，特别是在居住上，只要经济条件允许，非洲商人一般喜欢自己独

自居住①。

近年来，中国政府针对非洲人非法租住和居住现象制定了一系列规章和制度，如加大对来华外国人租房管理力度。广州落实出租房屋治安责任告知书签定制度；依法取缔涉及犯罪活动的出租屋；严格管理以小时、天数论租期的出租屋②。调查发现居住在亲戚和朋友家的非洲人的数量显著下降与清查"三非"外国人、整治出租房等工作有一定的关联性。

2. 来华非洲人邻里的选择

在居住地点的选择上，被调查非洲人愿意选择与本国人做邻居的是 4.0%，与非洲人做邻居的是 18.8%，与欧美白人做邻居的是 8.5%，与中国人做邻居的是 10.7%，无所谓的是 57.9%。可以看出，来华非洲人对于选择谁作为邻居并不太在意，更不太在意是不是本国人，将近 20% 的非洲人愿意与非洲人做邻居，说明在居住选择上，来华非洲人之间的认可程度大于本国家的人。从义乌和广州的实际情况来看，来华非洲某国家的人往往会选择一个区域居住，具有一定的紧密性，但是居住也不会显示出亲密性，不一定会选择本国人成为邻居而居住。

表 4 - 3　选择居住地点时愿意与谁做邻居

您选择居住地点时愿意与谁做邻居	地区		合计
	广州	义乌	
本国人	4.1%	4.2%	4.0%
非洲人	23.8%	15.6%	18.8%
欧美白人	11.2%	6.5%	8.5%
中国人	8.5%	13.4%	10.7%
无所谓	52.3%	60.3%	57.9%
合计	100.0%	100.0%	100.0%

比较广州和义乌的非洲人，在愿意选择与谁做邻居时有显著差异。在愿意与谁做邻居上，选择无所谓态度的，义乌比广州的非洲人比例高，广州的非洲人更愿意与非洲人居住在一起，其次是欧美白人，而义乌的非洲人虽然喜欢与非洲人居住，但愿意与中国人做邻居的比广州多。这从某一个侧面反映了广州和义乌的

---

① 许涛. 在华非洲商人的社会适应研究 [M]. 杭州：浙江人民出版社，2013：71.

② 广州大规模整治出租屋 将清查 "三非" 外国人 [EB/OL]. 搜狐新闻 [2015 - 09 - 18]. http:// news. sohu. com/20150918/n421432357. shtml.

非洲人之间的种族态度差异。也显示出义乌和广州两地中国人与非洲人交往程度的差异，义乌非洲人与义乌当地人的交往程度要高于广州非洲人，广州非洲人对于族群更加依赖。

3. 来华非洲人的商居分离

来华非洲人的商居分离是指贸易公司地点和居住地点是分开的。来华非洲人中有部分开办了外贸公司，中国法律规定外贸公司必须有固定的场所，必须租用办公场地。表4－2显示来华非洲人住在工作场所的最高比例不超过3%，说明中国对于写字楼和外国人办公场所的管理较为规范和有效。另外，说明来华非洲人能够自觉遵守商居分离的管理政策。

在广州非洲人开设的公司主要集中在小北路、三元里一带的天秀大厦等写字楼里。在义乌的非洲人，外贸公司多数开办在福田市场附近的小区内，两地呈现明显的不同。而两地非洲人所租住的房屋一般离公司办公地点不远，以方便工作。但是对于两地的非洲商人来说，他们更换公司办公地点的频率远远低于更换居住地点的频率。即使租住办公地点房租涨价，他们也不愿意更换，因为他们租住的办公地点或者是经商的黄金地段或者是多年的老店。黄金地段的外贸公司方便新老客户来往，更换公司办公地点容易给客户带来不稳定感，导致客户流失。义乌有很多外贸公司地点设在居民小区内，主要依靠经商时间较长，积累客户较多，稳定客户多，也有慕名找上来的新客户。而一些新开设的外贸公司地点往往选择离市场和客户较近的区域，前文介绍过很多短期来华非洲商人喜欢居住在固定区域的固定宾馆，这样，嗅觉灵敏的非洲商人就把外贸公司的办公地点设在这些区域或者宾馆附近，以方便接触客户和生意往来。可以说非洲人在中国租用商业用房相对稳定，而租用住房的稳定性会受到房租变化、合租人变化、房东态度、舒适度或其他方面的影响。

4. 来华非洲人在华置业和购房

根据调查，来华非洲人时间累计10年以内的，自购房比例不会超过2%。来华累计时间超过10年的，自购房比例达到12%。说明来华非洲人是否自购房主要与其经济实力和稳定程度有关，来华累计时间超过10年的非洲人，大多是来华成功的商业人士，有较好的经济基础。也有一部分是与中国人通婚的非洲人，来华娶妻生子，在广州或者义乌购房安家。来华累计时间10年以下的非洲人没有在华购房除了最重要的经济原因和稳定性以外，还跟非洲人的光宗耀祖和落叶归根的传统社会文化有关。有部分来华非洲人在中国赚了很多钱，但是他们并没有在华购房和置业。他们在非洲国内购买房子或商铺后由其父母、妻子或兄弟姐妹帮助管理和打理，这符合非洲人大家族的文化传统，这种想法和现象符合大多数非洲国家的人的观念。如在义乌的马里人 ZD 告诉我们：

ZD，在义乌的马里人，男，28 岁

我们非洲人赚了钱都喜欢在老家买房子、店铺或者汽车，这样看上去我们很有面子，没有白来中国打拼。我目前在国内有一家店铺，由我哥哥打理，我在这里进货发给他卖。我以后一定要回国的，不会一直在中国的，我们非洲人的根在非洲，我的老婆和孩子现在都在马里，他们偶尔会来中国看我。以后我生意做大了，可以一段时间住在中国，一段时间住在国内。（ZD：20150922）

（三）来华非洲人居住消费与适应

因人而异，是来华非洲人居住消费的状态。

1. 来华非洲人短期居住花费

非洲国家整体经济发展落后，居民收入偏低，因此来华非洲人首先要减少住宿方面的开支。短期来华的非洲人主要居住在专业市场附近的小宾馆，在广州，房价一般是标准间每天 150～200 元人民币，单人间 100 元人民币左右。在义乌相对便宜一些，有的单人间房价在每天 80 元人民币左右，便宜的标准间每天 120 元人民币。由于房价和非洲人饮食习惯等原因，宾馆不提供早餐。宾馆月租相对便宜，每月租金在 2000～3000 元人民币。在广州广交会和义乌小商品博览会期间，两地宾馆房价会有较大幅度的涨价，而此时来华的非洲人往往选择离专业市场和会展中心较远的小宾馆居住，或者寄宿到在中国当地的非洲人家里。长期居住在中国的非洲人到中国另一个城市出差或者旅游，多数是到当地非洲人朋友家里居住，以减少开支。

2. 来华非洲人长期居住花费

对于大多数来华非洲人来说，来华后希望找到一个相对便宜、便利又安全的住所。从广州和义乌 2014 年以来的房租来看，广州小北路和三元里路附近的房租为一室一厅每月 1500～2000 元人民币，两室一厅每月 2800～3500 元。义乌市内平均房租为一室一厅每月 800～1000 元人民币，两室一厅的房租为每月 1800～2500 元。从非洲人的租房习惯来看，来华非洲人更多喜欢租住两室一厅的房子。

一是可以满足非洲人的群居生活。非洲人可以与同乡合租，提供"互住"，减轻思乡之苦。二是大一点的房子可以创造更多的经济价值。为本国或者中国其他城市来的非洲人提供免费的住所，或者短租收取费用。三是可以提供交往平台。在所租的住所里做饭或者邀请非洲朋友到家聚会，增进大家的感情。在中国，也有少数经济条件较好的非洲人租住在广州和义乌的中高档社区内，租金为每个月5000元人民币以上。

对于大部分来华非洲人来说，租房首先考虑的是价格便宜。由于受到经济条件的限制，来华非洲人想尽办法降低居住成本。采取的策略一是大部分非洲人选择租住环境和条件较差、房租便宜的房子，在广州以小北和三元里一带的城中村为主。策略二是降低住房成本，部分非洲人会选择与其他非洲人合租群居在一起。一些来华较早、对中国较为熟悉的非洲人当起了二房东，租住一套房子，以短租的方式将房子租给短期来华的非洲商人。策略三是很多来华非洲人不断搬家寻找更便宜的住房。他们的经济条件有限，面对不断上涨的房租和不稳定的收入，他们总是在不断寻找更便宜的房子。当有一些来华非洲人付不起房租的时候，他们或者拖欠房租，或者不得不借住在本国或者朋友租的房子或公司里。非洲人特别依赖和信任老乡，他们以兄妹相称，所以很多人能够接纳老乡的借住请求。

来华非洲人租房其次考虑的是便利。对于来华非洲商人来说，他们每天要奔波于专业市场或者外贸公司，因此居住的地方不能离专业市场或外贸公司太远。

在广州小北路附近的房子房租很高，而且一房难求。所以对于大多数来华非洲人来说，他们很难找到既便宜又便利的房子。如在广州的多哥人 KMD 告诉我们：

KMD，在广州的多哥人，男，30 岁

我租的这套房子三室一厅，每个房间可以住 2～4 人，主要是老乡或者熟人介绍的人来我这里住，房租以一个月起租，500～800 元不等。因为他们来这里时间很短，买完货就回国，对于他们来说既便宜又方便，空余的时候大家还可以聊天。客厅里有电视和网络，他们可以看非洲的 VCD 和欧美电影。一般警察和陌生人来我们是不开门的，或者就说他们是来我这里玩的，不住在这里的。最近受到美元汇率波动的影响，来广州的外国人少了，我的客人也少了很多。（KMD：20140318）

（四）来华非洲人来华居住满意度测量

我们通过调查问卷，对来华非洲人居住满意度进行了测量，总体来看，来华非洲人对来华居住非常满意和比较满意的总和达到了 63.1%。主要是中国的住房条件整体上好于非洲国家的住房条件。

对比广州和义乌非洲人对居住的满意度，广州非洲人对居住不太满意和非常满意的比例均高于义乌非洲人。从调查结果来看，大部分来广州的非洲人能够住在比较满意的住所里，这与非洲人来广州的历史较长有关，广州小北和三元里等区域形成了较为成熟的非洲人聚集社区，租住酒店和租房形成了较为方便和成熟的体系。从广州房源的多样性角度来看，广州有高中低档各类楼盘，也有城中村可以供非洲人选择。

表 4－4　广州、义乌非洲人居住满意度

居住条件	地区		合计
	广州	义乌	
非常不满意	4.5%	5.4%	4.9%
不太满意	10.6%	6.9%	8.5%
一般	19.4%	26.3%	23.5%
比较满意	31.5%	37.4%	35.1%
非常满意	34.0%	24.0%	28.0%
合计	100%	100%	100%

三　来华非洲人饮食的适应

民以食为天。来华非洲人的饮食适应是其生活适应中的基本问题。非洲人的饮食时间、饮食口味、饮食方式、消费习惯、宗教禁忌等与中国人有很大不同，广州和义乌的餐饮消费水平较高，因此，他们要采取不同的生存策略来适应。

（一）饮食的时间：匆忙不固定

受时差和生活习惯的影响，来华非洲人的饮食时间与中国人大不相同。他们更习惯晚睡晚起，常常中午或下午起床再去市场工作，在广州和义乌针对非洲人的宾馆和酒店往往不提供早餐服务。因此，他们大多数人每天只吃午饭和晚饭两顿饭。而他们的午饭时间和晚饭时间非常不固定，很多时候晚饭时间在 10 点以后。在广州和义乌非洲人聚集的地方，供非洲人餐饮、娱乐的餐饮店往往要经营到凌晨时间。

（二）食物的选择：简单多样化

非洲人的饮食以非洲餐、穆斯林餐和西式快餐为主。广州小北和三元里附近，义乌的小商品市场和商贸区附近，正宗阿拉伯餐厅和非洲餐厅随处可见。在广州也有一些非洲人在租住房屋里做非洲饭菜，熟人可以上门享用或者提供上门送餐服务。在广州、义乌、香港、澳门等地，非洲人聚居社区已开始形成各类非洲餐厅、非洲酒吧、非洲小食店、非洲咖啡屋，其星星点点地出现在这些城市中，非洲饮食文化也开始渐渐流行。这些非洲餐馆酒吧，不仅满足在华非洲人的生活需要和思乡愿望，也成为他们沟通聚会的场所，发挥着复杂的身份认同、信息传递、宗教联络、文化持守等多元功能①。如果想要客观地评价义乌的规模型清真餐厅，一句话就可以：它是一个让人共享幸福的地方。因为义乌的中外穆斯林可以在那里享受从小就已经习惯了的家乡美食，听耳熟能详的民族音乐，看用阿拉伯语播出的电视节目，跟朋友聚会聊天、喝红茶、抽水烟、谈生意，或者就只是独自坐在角落里发呆到深夜或者次日凌晨，这样的情景也许很难发生在任何别的城市。在别处，饮食可以表达文化、表达宗教信仰、表达风俗习惯，甚至可以表达一个地域的自然地理环境，但很难像义乌的清真餐厅这样表达一种社会建构②。

在广州和义乌分布着很多麦当劳和肯德基快餐店，一份汉堡和饮料是他们普遍的选择。为了能够感受家乡饭菜的味道，他们也会在家里做饭，并邀请同乡或者朋友来家里吃。一些来华时间较长的非洲人喜爱吃中国菜，喜爱程度与他们来华时间成正比。由于非洲饮食偏爱辣椒，所以他们部分人对于中国的湘菜和川菜情有独钟。他们对粤菜、杭帮菜等其他菜系的菜也感兴趣，吃中国餐的时候他们大多数也会使用筷子。

（三）中餐的适应：变化有差异

来华非洲人对食用中餐完全反对的占了10.9%，不太赞同的占了13.6%，比较赞同的占了28.0%，完全赞同的占了34.2%（见表4-5）。进一步分析发现，完全反对和不太赞同食用中餐的非洲人主要是伊斯兰国家的非洲人，或者来

---

① 马恩瑜. 从广州非洲人餐饮活动透视其文化特性. 非洲研究 2014（1）[M]，中国社会科学出版社，2014.

② 马艳. 一个信仰群体的移民实践——义乌穆斯林社会生活的民族志 [M]. 北京：中央民族大学出版社，2012：112.

华时间较短的非洲人，他们更习惯于在固定的穆斯林餐厅、非洲餐厅或者麦当劳等西式快餐店用餐。而完全赞同或比较赞同的非洲人则以信仰基督教和天主教为主，也有一部分来华时间较长，融入中国社会程度较高。如在广州的尼日尔人FD 告诉我们：

FD，在广州的尼日尔人，男，28 岁

我刚来义乌的时候住在商贸区，现在住在永胜小区，公司也在附近，虽然这里吃饭不方便，但是这里的房租便宜很多，白天我在福田市场或者在公司里的话，会就近找一些中国穆斯林餐厅或者中国的快餐店。有空的话我会去商贸区的穆斯林餐厅吃饭。（FD：20150920）

从广州和义乌的对比分析来看，在义乌的非洲人对于中餐的认可程度明显高于在广州的非洲人。广州完全反对和不太赞同的占了 34.5%，义乌完全反对和不太赞同的只占了 17.3%，两者比较，广州比义乌多了 17.2 个百分点。而比较赞同和完全赞同的，义乌比广州多了 16.4 个百分点（见表 4 - 5）。许涛认为，在食物选择上，非洲商人日常食物以中国食物为主，绝大多数时间里都是吃中国食物，偶尔去专营非洲食物的餐厅进餐①。我们进一步分析可知，第一个原因是近几年广州已经形成了相对完备和集中的非洲饮食区域和体系。在广州小北路和三元里一带，已经形成了集商贸、居住、饮食和购物于一体的非洲人生活区，即"巧克力城"。在此区域内，来华非洲人生活极其方便，可以完成从买卖交易到日常生活的所有活动，近年来，非洲餐厅和穆斯林餐厅逐渐增多。而在义乌，还没有形成相对完善和集中的非洲饮食区域和体系。在义乌异国风情街，集中了阿拉伯餐厅、西餐厅、韩国餐厅、中餐厅等不同国家和不同口味的餐厅，这里甚至没有严格意义上的非洲餐厅。在义乌的非洲人分布在义乌各个社区，他们不得不想办法克服用餐的"不方便"，有时候不得不选择中国的兰州拉面或者中式快餐。第二个原因是价格。广州小北路和三元里一带集中了大量的非洲人，非洲人客流量非常大。有大量相对便宜的穆斯林餐厅和非洲餐厅，还有大量隐藏在住宅区内的非洲餐厅，可以提供送饭上门服务，因此非洲人可以方便地买到口味地道又便宜的非洲餐。而在义乌的非洲餐厅较少，这主要与义乌非洲人的数量较少有

---

①　许涛．在华非洲商人的社会适应研究［M］．杭州：浙江人民出版社，2013：64.

关，在义乌的中东商人和北非阿拉伯客商的数量大于非洲客商的数量，也与义乌非洲人的集中程度有关，目前义乌还没有形成相对集中的非洲人生活区域，义乌的非洲人散居在不同区域和社区之中。

表 4 – 5　广州和义乌来华非洲人食用中餐对比

我在中餐馆用餐	地区		合计
	广州	义乌	
完全反对	15.7%	7.8%	10.9%
不太赞同	18.8%	9.5%	13.6%
不好说	12.9%	13.7%	13.2%
比较赞同	24.4%	31.7%	28.0%
完全赞同	28.3%	37.4%	34.2%
合计	100%	100%	100%

对于来华时间较长、社会交往广泛、中国朋友较多的非洲人来说，丰富的中国菜对于他们有一定的吸引力，尤其是一些有过多个国家生活经验的年轻人，他们喜欢接受新鲜事物，喜欢尝试新的饮食。通过对中国美食的体验，他们喜欢上了中国美食，尤其是中国的湘菜和川菜，其与非洲饮食的共同特点都是偏爱以辣椒作为重要的作料。他们会选择到中国饭店，他们会使用筷子，对一些有名的中国菜偏爱有加，说明这部分非洲人正在逐渐适应中国的饮食。

（四）饮食消费：便宜又奢侈

非洲人用餐消费水平因个人经济水平而异。在义乌和广州的非洲餐或者阿拉伯餐，人均消费人民币 40 元以上。非洲人也购买非洲食物，但是非洲食物价格比较昂贵，通常是中国快餐的 5～6 倍，所以吃非洲食物是他们偶尔奢侈一下的表现①，对于大多数来华非洲人来说算是"大餐"。他们不经常去体验"大餐"，即使享受"大餐"也采用 AA 制。在义乌和广州市场周边有很多中国穆斯林餐厅，其中兰州拉面馆数量最多，对于非洲人来说口味接近，价格能接受，饭菜量足，很受非洲人的欢迎。在广州的小北路、三元里区域，在义乌的福田市场和三挺路附近的麦当劳和肯德基是非洲人常常光顾的地方，由于价格相对便宜，人均消费 20 元左右，就餐环境轻松，也是他们休息和会友的重要地点。在广州非洲

---

① 许涛．在华非洲商人的社会适应研究［M］．杭州：浙江人民出版社，2013：64.

人聚集的地方，也有一些非洲妇女拉着运货车，以货物为掩盖，实际上是销售一些自制的非洲小食品和饮料。没有钱的非洲人常常购买这些相对便宜的小食品或饮料充饥。

来华非洲人中也有一些非洲人没有钱吃饭，他们有的时候每天只一顿饭，或者跟朋友一起蹭饭，有时两个非洲人在非洲饭店点一份套餐共食，或者到较为熟悉的饭店赊饭。对于很多来华非洲人来说，空闲时间在家里做饭，既可以节省开支，又可以吃到地道的家乡口味，也是与非洲朋友聚会和交流的重要机会。

非洲人的饮食需求催生了相关的商品交易市场。在广州和义乌出现了专门针对非洲人饮食的小型市场和摊点。在广州和义乌有大量的穆斯林，在很多非洲人居住的社区内居住了大量的中国穆斯林，因此，在这些社区内出现了专门的穆斯林肉铺，专门出售牛羊肉，这些牛羊肉通常出自阿訇宰的牛羊，方便了非洲穆斯林购买。其中在广州小北还有一些水果店专门出售一种非洲特产的绿色香蕉，这种香蕉是大部分非洲家庭做饭必不可少的食材。广州其他社区的非洲人甚至义乌的非洲人专门来此购买。在小北路一带的菜市场还有非洲人喜欢吃的鱼干，供非洲人购买。因此，可以说，在广州和义乌非洲人相对集中的地方，已经初步形成了供非洲人饮食和食材购买的餐饮体系，可以满足来华非洲人地方饮食（家乡口味）的基本要求。试举一例：

AAD，在广州的尼日尔人，男，22岁

我们在国内从小就经常饿肚子，饿肚子对我们来说很正常。中国每天吃饭的开支太大，每顿饭至少要十几元，如果每天三顿饭的话，要几十元，相当于我们国内差不多一个星期的工资。我吃饭可以省些钱，多买一些货物到国内，多赚一些钱，也可以省下一些钱给我的老婆和孩子买些礼物带回国，多有面子。实在想吃非洲餐的话，过一段时间我就和朋友一起去非洲餐厅吃一顿。我喜欢中国菜，湘菜是我最喜欢的。只要我们吃的菜里没有猪肉就好，厨房和其他客人的餐桌上有没有猪肉也无所谓了，毕竟这是在中国。（AAD：20160320）

从表4-6中可以看到，对于来华非洲人是否很难找到喜欢的食物，回答的比例相对比较平均。有19.7%的非洲人完全不赞同，有21.1%的非洲人基本不赞同，两项之和约40%。说明在中国目前对于非洲人来说买到喜欢的食物还是比较容易的。选择完全赞同和基本赞同的共占33.7%。这部分人大多数是来华时间较短、适应能力相对较差的非洲人。总体来说，目前广州和义乌的非洲人对家乡饮食的需求基本上可以得到满足。

表4-6 来华非洲人很难找到自己喜欢吃的食物

	频率（人）	有效百分比（%）
完全赞同	167	18.7
基本赞同	134	15.0
不确定	229	25.6
基本不赞同	189	21.1
完全不赞同	176	19.7
合计	895	100

从表4-7可以看到，来华非洲人对于饮食的满意度比较高。非常满意的比例为17.4%，比较满意的比例为27.9%，一般的是32.7%，不太满意的比例为15.2%，非常不满意的比例为6.7%。这与广州、义乌两地健全的非洲人餐饮体系有关。随着外国人的增多，在广州和义乌可以看到越来越多的外国餐厅，不仅方便，而且有不同价位的餐厅可以供非洲人选择。

表4-7 来华非洲人对饮食的满意度

满意程度	频率（人）	有效百分比（%）
非常不满意	60	6.7
不太满意	136	15.2
一般	293	32.7
比较满意	250	27.9
非常满意	156	17.4
合计	895	100

四 来华非洲人出行及交通的适应

出行是交流交往的基本条件。来华非洲人的出行及交通适应是其生活适应中的又一基本问题，他们在城市交通和城际交通的适应上有不同的生存策略。

（一）城市交通方式与交通工具的适应

中国城市有便利的公共交通系统，来华非洲人会根据实际情况做出选择。广州城市较大，地铁或公交车是他们的市内主要交通工具，方便、快捷又便宜。义乌城市相对较小，电动车或者公交车是他们的市内主要交通工具。调查发现，广州和义乌两地非洲人在中国购车的比例非常低，一是广州和义乌两地能够买得起汽车并长期养护的非洲人数量不多。二是来华非洲人每年要往返于中国和非洲，汽车使用率低，养护成本高。三是广州和义乌发达的城市公交系统极大地方便了非洲人的生意和生活。四是广州和义乌的非洲人生活和工作半径不大，奉行实用主义的非洲人宁可在老家买一辆汽车。由于广州近年来实行了严格的禁止摩托车规定，没有非洲人在广州使用摩托车。而在义乌，由于城市面积较小，非洲人活动半径不大，大多数常住义乌的非洲人都购买电瓶车使用，既方便出行，又节省了交通费用。但是目前义乌有少数非洲人购买助力车（汽油机助力自行车），价格便宜，动力足，速度快，但是无法上牌照，因为这属于禁止外国人驾驶的交通工具，并存在一定的安全隐患，有待于进一步加强规范管理。也有外国人驾驶助力车或者摩托车（无证驾驶）过快导致交通事故的现象，对于违章的非洲人来说，多数难以承担肇事后的赔付，对社会造成了不好的影响。

由于打车费用较高，来华非洲人一般情况下不打车。有的时候，对于广州的非洲人来说，购买货物的物流成本是他们必要的交通开支，在广州的非洲人购买货物后要送到航空物流点，他们就不得不打出租车到达，广州出租车费用会比较高，增加了他们的经商成本。对于住在广州的非洲人来说，租住在离市场近的房子，虽然可以节省交通开支，但是房租贵，又可能遇到警察的盘问。选择郊区或者离市场较远的房子虽然房租便宜，但是交通开支会增加。他们喜欢在市场或者酒吧活动到深夜，那时已经没有地铁和公交车可以乘坐，他们不得不打车回家，有的时候他们从酒吧出来后身上的钱已经不够打车的费用，他们只能讨价还价或者少付钱，这也是广州出租车司机不喜欢做非洲人生意的主要原因之一。随着打车应用软件的普及，来华非洲人中一些对所在城市较为熟悉、汉语较好的人也选择使用，对他们来说既可以减少经常打不到车的烦恼，也可以降低交通成本。

（二）城际交通方式与交通工具的适应

来华非洲人去过的其他中国城市并不多，去过的城市多数集中在义乌、广州、上海、佛山这样的商业城市或交通枢纽城市。甚至有部分生活在广州（义乌）的非洲人不曾去过义乌（广州）。说明他们从事的商贸活动较为单一和明确，他们在中国的活动区域并不大。

来华非洲人对于交通工具的选择比较理性。来华非洲人如果去其他的城市，长途旅行的首选是飞机。而发达、便捷的高铁也方便了来华非洲人的城市间出行和旅游。中国的高铁和飞机对于大多数非洲人来说价格偏高，尤其对于短期来华的非洲人和来华时间不长的非洲人来说，高铁网络购票程序麻烦、安检严格，因此他们更喜欢选择乘坐大巴往返各个城市。在义乌和广州之间夕发朝至的大巴，每天都有大量的非洲人乘坐，行驶时间短，票价低于高铁票和火车卧铺票，而且每个人可以携带大量的货物。非洲人在中国短途旅行的首选也是大巴，原因是购买汽车票方便和快捷，乘车时间更加自由和随意。如在义乌的乌干达人 SN 说：

SN，在义乌的乌干达人，女，24 岁

我每次从义乌到广州都坐大巴，我哥哥都告诉我坐大巴，虽然比火车票贵，但是比火车方便，比坐飞机省钱。在义乌买大巴票很方便，提前几个小时还可以买到票，虽然火车票便宜一点，但是携带很多货物坐火车很不方便……坐大巴每次都有很多非洲人和外国人，大家还可以聊天，时间很快就过去了。（SN：20141220）

调查发现（见表4-8），有26.8%的来华非洲人对中国交通非常满意，有37.0%的来华非洲人比较满意，不太满意的为9.3%，非常不满意的为3.9%。这说明来华非洲人总体上对中国的交通系统满意，相对于非洲国家的交通系统，中国的交通更高效、快捷和安全。对于少部分不满意或者不太满意的非洲人来说，主要是因为票价相对高，对于外国人来说购票和乘车比较麻烦，安检过于严格等。

表4-8　来华非洲人对中国交通的满意度

满意程度	频率（人）	有效百分比（％）
非常不满意	35	3.9
不太满意	84	9.3
一般	210	23.1
比较满意	336	37.0
非常满意	243	26.8
合计	908	100

（三）来华非洲人的出行经历

来华非洲人的出行及交通适应是其生活适应中绕不开的问题。根据调查问卷分析（见表4-9），来华非洲人来中国后平均去过3.46个城市，去过中国其他城市最多的非洲人去过30多个城市。其中在义乌的非洲人平均去过4.06个城市，而在广州的非洲人平均去过2.82个城市。总体而言，在义乌的非洲人在中国城市间的流动性大于广州的非洲人。

表4-9　来华非洲人去过中国城市的数量

地区	平均数（个）	频率（人次）	标准差
广州	2.82	339	2.456
义乌	4.06	390	3.818
其他城市	3.00	38	1.931
合计	3.46	767	3.259

根据调查，非洲人来中国后去过城市数量分组如表4-10所示。

表4-10　来华非洲人去过中国城市数量分组

去过的城市	地区		合计
	广州	义乌	
1~2个城市	56.0%	35.1%	44.7%
3~5个城市	35.1%	50.3%	43.5%
6~10个城市	7.4%	10.5%	9.0%
10个以上城市	1.5%	4.1%	2.7%
合计	100%	100%	100%

来华非洲人中，去过1~2个中国城市的非洲人，占总数的44.7%；去过3~5个中国城市的非洲人，占总数43.5%；去过6~10个中国城市的非洲人，占总数的9.0%；去过10个以上中国城市的非洲人，占总数的2.7%。这说明来华非洲人去过的其他城市数量集中在1~5个城市，对比分析另一组数据，来中国之前去过其他国家最多的非洲人，去过27个国家和地区，来华非洲人到过中国国内城市数量显然不高。说明来华非洲人更多的是围绕生意或学习在中国少数的城市生活。生意或学习以外，类似旅游等活动开展得不多，从这一点来看，来华非洲人在中国整体融入的程度并不高。

广州和义乌的非洲人在去过的城市数量分组比较中有显著差异，在广州56.0%的非洲人表示去过1~2个城市，而在义乌，这一比例是35.1%。去过3~5个城市的广州占35.1%，而义乌的比例达到了50.3%。

我们在调查过程中让被调查对象列举到访的3个中国城市，被调查非洲人总计明确提到了中国的50多个城市，这些城市可以分成以下几类，一是广州和义乌这类与非洲国家贸易密切相关的城市。二是北京、上海、深圳、天津、重庆这样的一线城市或者直辖市。三是广州和义乌的辐射城市，如义乌周边的杭州、金华、宁波、台州、温州、嵊州、东阳、诸暨、永康等，广州周边的汕头、江门、珠海、东莞等。四是中国著名的旅游城市，如西安、成都、青岛、大连、海口、厦门等城市。五是其他省会城市，如兰州、石家庄、福州、长春、南宁等。其中非洲人足迹出现最多的城市集中在珠三角，广州及周边的县市，深圳和港、澳，其次是集中在长三角，主要包括以义乌为中心的浙中城市群、杭州、宁波、温州等城市，基本上覆盖了经济最活跃、发展最快的大中小城市。

进一步分析以上数据，到访广州和义乌的人次最多，分别达到432人次和385人次。说明广州和义乌是来华非洲人最重要的目的地，也进一步证明来华非洲人多数是商人身份，或者以经商为目的。北京、上海和杭州的人次超过100人次，说明以上3个城市在来华非洲人心目中的地位，也是来华非洲人的主要目的地。比如杭州离义乌很近，既是浙江的省会城市，也是中国著名的旅游城市，因此也超过100人次。其他人次超过两位数的城市只有13座，其他人次只有1人次的城市高达18座，说明虽然每年有大量的非洲人进入中国，但是他们的目的地非常集中，除了目的地以外很少到过中国其他的城市，对中国的了解也更多地集中在广州、义乌和其他少数几个中国城市。因此可以进一步明确，非洲人对中国广州和义乌等少数几个城市的认知，基本可以代表他们对中国的认知。所以，提升广州、义乌等城市非洲人管理水平，加强和提升广州、义乌等城市的中非民间交往和交流，对提高中国的形象和美誉度具有重要的意义。

对于来华非洲人在中国旅游意向的分析（见表4-11），通过对广州和义乌比较可以看出，广州累计有27.0%的人完全反对或不太赞同，而义乌只有12.4%。比较赞同和完全赞同，广州比义乌少了16.8个百分点。这进一步说明广州在非洲人心目中代表了中国。广东省是中国的经济强省，广州市既是中国的外贸大市，又是中非贸易的前沿，因此对于商人身份的非洲人来说，来到了广州就等于来到了中国，来到了越秀大厦就等于来到了广州，没有必要再去其他的城市。再者，对于商人来说，商业第一，经济最大化永远是他们追求的目标，他们没有太多的时间去其他的城市旅游。从义乌的角度来看，一方面义乌市是中非贸易的后起之秀，在非洲人眼里义乌市肯定不如广州市商业发达，义乌的非洲人必须到中国其他经济发达地区看一看、比一比。另一方面，从地理位置来看，义乌处于长三角中心地带，北接上海、杭州、绍兴等经济强市，东接温州、宁波、台州等港口和商贸重镇，南接外贸强省福建，便捷的交通便于义乌的非洲人到以上地区和城市考察市场和工厂。

表 4 – 11　广州、义乌来华非洲人在中国旅游意向对比

我喜欢在中国各地旅游	地区		合计
	广州	义乌	
完全反对	14.4%	4.7%	8.9%
不太赞同	12.6%	7.7%	9.4%
不好说	19.4%	17.2%	17.7%
比较赞同	17.0%	27.2%	22.1%
完全赞同	36.6%	43.2%	41.8%
合计	100%	100%	100%

五　来华非洲人日常生活其他方面的适应

来华非洲人的生活环境适应，除了最基本的住房、饮食和交通以外，还包括购物、娱乐和就医等方面。对于有些持有短期签证的非洲人来说，在华时间短，日常工作量大，时间紧，因此，购物和娱乐等活动并不是他们日常生活的重要组成部分。

（一）来华非洲人购物消费的适应

来华非洲商人在为贸易选择商品的同时，在中国琳琅满目的市场，也选择喜爱的商品，送给家人、朋友作为礼物，或者购买自己使用。因此对于在中国的购物消费，25.9%的非洲人非常满意，36.5%的非洲人比较满意，9.5%的非洲人不太满意，只有4.4%的非洲人非常不满意（见表 4 – 12）。中国的商品物美价廉，对于非洲人来说丰俭由人。近年来，中国的商品质量不断提升。中国的市场种类繁多，来华非洲人可以到专业市场、夜市等购买商品。在义乌宾王夜市，每天晚上都有大量的外国人挑选和购买商品，大部分购买者是自己使用，或者帮家

里人购买，产品集中在服装、鞋帽和日用品。在义乌国际风情街，有阿拉伯和非洲小食品、民族服装、电子产品和电话卡等，供外国人挑选购买。如在南京的塞内加尔人 AY 告诉我们：

AY，在南京的塞内加尔人，女，22 岁，在南京留学生

我在南京学习对外汉语专业，我的哥哥在义乌做生意，我是穆斯林，在南京很难买到合适的穆斯林服装，我要到义乌买，我每天戴头巾，我在南京大街上逛街，会有很多人好奇地看我，在义乌好多了，这里的穆斯林很多，中国穆斯林很多，没有人会在意我的样子和穿着。（AY：20141220）

表 4－12　来华非洲人对购物消费的满意度

满意程度	频率（人）	有效百分比（％）
非常不满意	40	4.4
不太满意	86	9.5
一般	214	23.6
比较满意	331	36.5
非常满意	235	25.9
合计	906	100

（二）来华非洲人娱乐的适应

来华非洲人主要分为两类，一类是信仰伊斯兰教的非洲人，主要来自西非、北非国家。另一类是信仰基督教和天主教的非洲人，主要来自东非、中非和南非国家。不同的信仰选择不同的娱乐方式。信仰基督教和天主教的非洲人娱乐以到酒吧或者在小酒馆喝酒为主。信仰伊斯兰教的非洲人娱乐以聚会聊天为主，主要会选择到穆斯林饭店聊天聚会，吸水烟。经济条件不同的非洲人也会选择不同的娱乐场所和方式。在义乌，经济条件较差的非洲商人周末常常聚集到商贸区 5 街的食杂店，食杂店专门出售各种国外品牌的酒水和饮料，消费群体主要是非洲人。几个人围在一张桌子旁边，每个人点上几瓶外国啤酒，边聊边喝，一直到深夜。不同的食杂店聚集不同国家和地区的非洲人，有一家食杂店经常有以肯尼亚人为主的东部非洲国家的非洲人。不远处另一家食杂店聚集以刚果（金）为主的非洲人。刚果有一句谚语："喝啤酒，想喝酒。"经济条件较好的非洲人往往在周末的时候去酒吧消遣，尤其是在广州，部分非洲人每到周末就三三两两地来

到位于沿江西路的酒吧一条街，这里的酒吧以外国人居多，也有中国人光顾，有
1/3 左右的在广州的非洲人来此光顾。到这些酒吧消费，他们可以选择每个人交
100 元的门票费，进入后在里面买几瓶便宜的啤酒，也可以几个人筹钱包桌买几瓶
高档的洋酒，一边观看表演，一边喝酒聊天。他们大多会选择在凌晨 1 点以后进入
酒吧，早上七八点才离开酒吧，离开时也许他们已经身无分文，这与非洲人的消费
习惯有关。大多数非洲人是今天有钱今天潇洒，明天的日子怎么过明天再说，只要
口袋里有钱，不仅尽情消费，而且会毫不吝啬地接济他人①（见表 4-13）。在义
乌的异国风情街有很多阿拉伯餐厅，每天晚上每家餐厅提供茶水、水烟等服务，
非洲人在此聊天到深夜。来华非洲人之间的生意很多不是在办公室里完成的，而
是在喝茶和聊天中完成的。有意思的是，在义乌异国风情街晚上常常可以看到街
道的一面是穆斯林非洲人在一起聚会，抽水烟、喝茶水，在街道对面是非穆斯林
非洲人在一起聚会，喝啤酒、看足球比赛的有趣场面，穆斯林非洲人与基督徒非
洲人在同一街道两旁和谐相处。

表 4-13　来华非洲人对娱乐的满意度

满意程度	频率（人）	有效百分比（%）
非常不满意	79	8.7
不太满意	96	10.6
一般	279	30.9
比较满意	272	30.1
非常满意	177	19.6
合计	903	100

来华非洲人的娱乐音乐生活是其日常生活中的一部分。非洲人喜爱音乐，一
部分来华时间较长、融入中国社会较好的非洲人一边从事贸易，一边做职业的音
乐人。这些在广州的非洲人之中有很多音乐家，他们白天和所有的非洲人一样从
事各种贸易活动，但在工作结束以后或是周末晚上就摇身一变成了音乐家。这些
音乐家的生活转换于两种完全不同的社会身份之间②。

来华非洲人的教会音乐生活也是其日常生活中的一部分。信仰基督教的来华

① 周金海，刘鸿武. 论文化的互通性与差异性对中非关系的影响 [J]. 浙江社会科学，2011 (6).
② 李音蓓. 广州"巧克力城"非洲黑人音乐探索 [J]. 文化艺术研究，2015，(7)：35 - 36.

非洲人将音乐活动与宗教生活相结合。马成城在广州对教堂唱经班的非洲成员进行采访，发现这些非洲人几乎都有过在当地教堂唱歌的经历，因为他们从小就受到教堂音乐的熏陶。从他们的经历来看，既生活在非洲民族传统文化背景之下，同时接受了基督教音乐这种西方殖民文化的影响。而今天，他们又成为人口流动中文化传播和跨越的承载者，将非洲传统音乐和殖民音乐有形或无形地带到了中国。在这些非洲人的生活中到处都渗透着他们的宗教信仰。非洲人的教堂音乐不仅仅在教堂，而且回荡在这座"巧克力城"的各个角落①。试举一例：

HP，在广州的贝宁人，女，24 岁

音乐是我们非洲人的一部分，我每天有空的时候就会听音乐，坐地铁的时候听，无聊的时候听，我们可以上网上找到非洲的音乐下载下来，我哥哥的朋友（尼日尔人），他们和一些人在一起做音乐，好像要制作一个 CD，里面有俄罗斯人，有非洲人，也有中国人，他们都是喜欢音乐的人，我哥哥的朋友英语好，他们制作的歌曲都是用英语唱的，里面有很多的非洲元素，我觉得很有意思。（HP：20170419）

（三）来华非洲人的医疗适应

来华非洲人以青壮年为主，非洲人整体身体素质较好，因此，来华非洲人在华较少遇到大病。非洲人在华在患感冒、发烧等常见病时，主要通过去药店购买药物进行治疗。在广州和义乌非洲人活动的区域的药店店员可以与非洲人进行简单的语言交流。当来华非洲人患上比较严重的病的时候，他们往往会到医院进行治疗。在义乌中心医院门诊，一些医生会使用简单的英语，非洲人就医的时候也往往会带上中国朋友或者汉语比较好的同伴前往，协助翻译。

总之，中国医疗条件和水平总体上好于非洲国家，就医非常方便，非洲人的病情可以短期有效地治愈。调查显示，52.4%的非洲人对在中国看病就医比较满意和非常满意，非常不满意的比例为12.2%，不太满意的比例为11.4%（见表4-14）。不太满意和不满意的原因主要集中在语言交流有障碍、花费较高等问题。

---

① 马成城. 走进虔诚宗教信仰下的广州"巧克力城"——非洲人教堂音乐生活初探［J］. 文化艺术研究，2014（4）.

表 4 – 14　广州、义乌来华非洲人对看病就医的满意度对比

看病就医	地区		合计
	广州	义乌	
非常不满意	14.8%	10.2%	12.2%
不太满意	13.0%	8.9%	11.4%
一般	25.8%	22.1%	24.1%
比较满意	23.7%	28.9%	26.3%
非常满意	22.7%	29.8%	26.1%
合计	100%	100%	100%

对比分析广州和义乌来华非洲人看病就医的满意度，义乌非洲人的比较满意和非常满意的比例高于广州非洲人，广州非洲人不满意和非常不满意的比例高于义乌非洲人。

义乌市根据国际贸易综合改革试点要求，决定将常驻外商纳入基本医疗保险保障范围，从 2012 年 12 月 1 日起受理外国人参加义乌市职工基本医疗保险，截至目前，已有 106 个国家的 3926 名外籍人士参加了义乌市职工基本医疗保险，人数居全省首位①。

为了给在义乌经商生活的境外人员提供更好的服务，增强他们的认同感和归属感，义乌市社会保障市民卡服务有限公司特地面向在义乌的外籍人士，推出了兼具义乌市民卡功能的外籍商友卡。义乌发放的外籍商友卡在义乌具有与护照类似的身份证明功能，同时具备义乌市民卡 e 随行卡的全部功能，可用于支付公共服务消费，持卡还可以享受特约商户提供的各类优惠折扣。在使用方面，除了公共自行车租赁功能需要到市民卡各办理网点办理开通，其他功能只需充值即可使用。义乌市民卡发放中心此次面向外商推行外籍商友卡，符合条件的领卡外商将享受基本养老、子女教育等社会保障，这一举措增强了其认同感和归属感，促进了外商与义乌社会的融合。在义乌的外国人只需带上相关证件到义乌国际贸易服务中心申领，办卡流程十分简便，一般只要几分钟就可现场领卡②。

---

① 义乌外籍参保人数居全省首位 参保后可享受本地居民同等待遇 ［EB/OL］．［2016 – 03 – 10］．浙江新闻，http://zjnews.zjol.com.cn/system/2016/03/10/021059400.shtml.

② 义乌外籍商友卡享受当地市民同等待遇在国内尚属首次 ［EB/OL］．［2017 – 07 – 27］．浙江新闻，http://zjnews.zjol.com.cn/zjnews/jhnews/201607/t20160727_1800623.shtml。

六 来华非洲人生活总体的适应

对于来华非洲人来说,在中国生活会面临不少困难和挑战,很多非洲人主要受到其经济条件的制约。作为商人,他们必须克服这些基本的困难,他们大多认为在中国生活的困难是可以接受和克服的,他们对目前的生活持乐观态度。因为他们抱着"中国梦"来到中国,来中国之前有着较充分的心理准备。从表4-15可以看出,来华非洲人对来华生活的总的情况来说,比较满意和非常满意比例为54.1%。非常不满意的和不太满意的比例为21.0%。说明来华非洲人超过半数能够适应来华的生活环境,另一部分非洲人对来华生活不太满意的情况值得我们关注。

表4-15 广州、义乌来华非洲人对生活的总体满意度对比

总体生活	地区		合计
	广州	义乌	
非常不满意	14.5%	6.3%	9.8%
不太满意	10.4%	12.4%	11.2%
一般	24.7%	23.9%	24.9%
比较满意	28.2%	36.6%	33.2%
非常满意	22.1%	20.8%	20.9%
合计	100%	100%	100%

对比广州和义乌非洲人来华生活满意情况,数据显示,广州非洲人对生活非常满意的比例略高于义乌非洲人,但是广州非洲人非常不满意的比例明显高于义乌非洲人,一定程度上是因为广州非洲人的两极分化较为明显,底层的广州非洲人生活条件和状况较为恶劣。同时,广州非洲人具有先发优势,非洲人来广州时间普遍长于义乌非洲人,对于广州生活的非常满意度大于义乌。比较满意一项,义乌非洲人比例高于广州人。进一步分析,非洲人总的满意度不仅仅取决于其自身的经济条件和居住条件,还与饮食环境、购物环境、宗教环境等其他生活因素有关,因此分析非洲人来华的日常生活环境要进行综合因素的分析(来华非洲人生活适应测量如表4-16所示)。

表4-16 来华非洲人生活适应测量

	非常满意	比较满意	一般	不太满意	非常不满意	平均分
1. 居住条件	28.0%	35.1%	23.5%	8.5%	4.9%	3.73
2. 气候条件	19.5%	29.5%	31.5%	13.8%	5.7%	3.43
3. 出行乘车	26.8%	37.0%	23.1%	9.3%	3.9%	3.74
4. 购物消费	25.9%	36.5%	23.6%	9.5%	4.4%	3.70
5. 饮食条件	17.4%	27.9%	32.7%	15.2%	6.7%	3.34
6. 娱乐场所	19.6%	30.1%	30.9%	10.6%	8.7%	3.41
7. 看病就医	26.1%	26.3%	24.1%	11.4%	12.2%	3.43
8. 邻里关系	21.9%	30.8%	28.6%	10.7%	7.9%	3.48
9. 同事关系	23.5%	33.4%	26.5%	9.2%	7.4%	3.56
10. 安全状况	42.2%	30.7%	13.7%	6.2%	7.2%	3.94
11. 工作条件	23.6%	34.9%	22.8%	10.7%	8.0%	3.55
12. 卫生状况	21.0%	26.6%	26.3%	14.0%	12.1%	3.30
13. 教育条件	26.1%	32.2%	22.4%	10.4%	9.0%	3.56
14. 环境状况	27.0%	34.5%	22.4%	10.0%	6.0%	3.66
15. 宗教设施	21.2%	24.5%	24.7%	15.9%	13.8%	3.23

在所有的测量项目中，来华非洲人最为满意的是中国的安全状况，平均分达到3.94，非常满意的占42.2%，比较满意的有30.7%，两者合起来达到72.9%。其次是出行乘车，因为中国近年来大力建设交通设施，高铁、高速公路以及发达的公共交通系统，这些都让来华非洲人出行感觉便利。列在第三位的是居住条件，得分最低的是宗教设施、卫生状况和饮食条件。

1. 日常生活的适应

社会环境适应程度以题1、2、3、4、5、6、11、14来测量，以非常不满意计1分，非常满意计5分，根据统计，社会环境适应程度得分如表4-14所示。

表4-17 来华非洲人对社会环境适应程度测量

	样本数	最小值	最大值	平均值	标准差
社会环境适应	796	8.00	40.00	28.77	6.07

2. 人际关系的适应

人际关系适应以题8、9测量，以非常不满意计1分，非常满意计5分，根据统计，人际关系适应程度得分如表4-18所示。

表4-18 来华非洲人对人际关系适应程度测量

	样本数	最小值	最大值	平均值	标准差
人际关系适应	880	2.00	10.00	7.05	2.10

3. 公共服务的适应

公共服务适应以题7、10、12、13、15测量，以非常不满意计1分，非常满意计5分，根据统计，公共服务适应程度得分如表4-19所示。

表4-19 来华非洲人对公共服务适应程度测量

	样本数	最小值	最大值	平均值	标准差
公共服务适应	817	5.00	25.00	17.52	4.26

跨文化生活交往中，对人际关系适应产生显著影响的是礼节型生活交往和关照型生活交往，礼节型生活交往对人际关系适应产生负向影响，而关照型生活交往增强来华非洲人的人际关系适应。跨文化态度中，提升跨文化差异接纳度可以增强人际关系适应。跨文化敏感中，互动信心和互动愉悦对人际关系适应有显著影响，互动信心有助于人际关系适应，互动愉悦却对人际关系适应有负向作用。

对公共服务适应产生影响的除了跨文化交往满意度，还有情感型职业交往、公共交往困惑、跨文化活动参与和互动愉悦。情感型职业交往和互动愉悦对公共服务具有负向的影响，公共交往困惑、跨文化活动参与对公共服务适应具有正向影响。

第三节 来华非洲人的语言适应

对中国主流文化的适应是来华非洲人跨文化交际的一个重要内容。在非洲被广泛使用的官方语言有阿拉伯语、法语、英语、葡萄牙语，但大多以法语或英语做官方语言或通用语言。西非国家，包括中部非洲的刚果（金）等国家都以法语为官方语言或通用语。而东非、南非大多以英语为官方语言或通用语。北部非洲国家的官方语言是阿拉伯语，苏丹和毛里塔尼亚的官方语言也是阿拉伯语。几内亚比绍、莫桑比克和安哥拉等少数国家的官方语言是葡萄牙语。具体而言非洲大陆共有 54 个国家和地区,语言丰富,有地区性语言、民族语言,也有被殖民后留下来的语言。被调查的非洲人用到的语言有阿拉伯语、斯瓦希里语、颇尔语、豪萨语、伊博语、班巴拉语、卢旺达语、库阿语、约鲁巴语、祖鲁语、恩德贝勒语、丁卡语、阿姆哈拉语、古尔芒切语、埃塞俄比亚语、哲尔马语、图布语、卡尔努语、基库尤人语、克里奥尔语等。

如此复杂的非洲语言面对中国汉语的普通话以及种种方言,来华非洲人的语言适应究竟如何呢?

一 来华非洲人语言的基本情况

亚当斯·博多姆早就调查过来华非洲人语言的多样性,以及以语言为基础的聚居交往机制[1]。亚当斯·博多姆在广州的调查发现,77 位受调查者当中,有 31 人讲伊博语,9 人讲班巴拉语,7 人讲豪萨语,6 人讲富拉语,4 人讲曼丁哥语,讲林加拉语和沃洛夫语的均为 3 人,讲伊比比欧语、比尔语和斯瓦希里语的人数均为 2 人。另外,操本巴语和卢干达语、卢西亚语、曼德语、索马里语和苏苏语的各 1 人[2]。那么,我们调查的情况又如何呢?

(一) 来华非洲人母语的基本情况

通过广州和义乌的调查问卷分析,广州非洲人母语是英语和法语的比例分别是 46.8% 和 49.3%,比例基本持平。义乌非洲人母语是法语的比例高于英语(见表 4-20)。李志刚和薛德升的调查显示:广州的黑人构成极为多元,操法语、英语、阿拉伯语和葡萄牙语等不同语言,其中大部分来自西非,包括原法属殖民地国家和原英属殖民地国家,另有相当数量来自中非、东非[3]。广州与义乌两地说葡萄牙语的非洲人比例较低。这里需要指出的是,撒哈拉以南非洲的国家和地区中,苏丹和毛里塔尼亚的官方语言是阿拉伯语,但是其国家通用的语言是法语。两个国家的被调查者均填写法语问卷。

---

① Bodomo A. Africans in China: A Sociocultural Study and Its Implications for Africa-China Relations [M]. Cambria Press, 2012.

② 亚当斯·博多莫. 全球化时代的非中关系:在华非洲商贸团体的角色 [J]. 肖玉华,编译. 西亚非洲, 2009 (8): 65.

③ 李志刚,薛德升. 全球化下"跨国移民社会空间"的地方响应——以广州小北黑人区为例 [J]. 地理研究, 2009 (7): 921.

表4-20　广州、义乌来华非洲人母语状况

母语	地区		合计
	广州	义乌	
英语	46.8%	44.2%	45.6%
法语	49.3%	54.9%	52.0%
葡萄牙语	3.9%	0.9%	2.4%
合计	100.0%	100.0%	100.0%

（二）来华非洲人的汉语掌握情况

1. 来华非洲人汉语掌握的基本情况

国内外学者对广州非洲人的汉语水平调查结果如下。亚当斯·博多姆对广州77名非洲受调查者调查发现，汉语的熟练程度优秀为0人，良好为2人，一般为0人，较差为6人，很差为25人，一无所知为44人[1]。柳林等对广州非洲人的调查发现，能听懂中文可以应付日常生活的仅有15.1%[2]。李志刚和薛德升等对广州的调查发现，小北路黑人多讲阿拉伯语、法语，少数能讲流利的英语甚至中文。在工作时，他们大多数会聘请中国翻译[3]。许涛对广州的非洲人调查发现，最初做生意的时候，能用英文交流的中国人并不多，而能说中文的非洲商人更少，大的贸易公司主要是通过聘请翻译来解决这个问题的，而小商贸档口的商人则因为没有足够的经济能力聘请翻译，所以最初谈生意只能借助于计算器，双方在计算器上按数字来表示价格，讨价还价[4]。

根据我们的调查，来华非洲人对中国汉语掌握和使用的能力，一点都不会的占了14.2%，很不流利的占了25.7%，一般的占了32.4%，流利的占了18.2%，非常流利的占了9.6%（见表4-21）。这说明目前广州非洲人汉语水平较前几年有所提高，而义乌非洲人汉语水平明显高于广州非洲人的汉语水平。

① 亚当斯·博多莫. 全球化时代的非中关系：在华非洲商贸团体的角色 [J]. 肖玉华，编译. 西亚非洲，2009（8）：65.

② 柳林，梁玉成，宋广文，等. 在粤非洲人的迁居状况及其影响因素分析——来自广州、佛山市的调查 [J]. 中国人口科学，2015（1）：117.

③ 李志刚，薛德升，Michael Lyons，等. 广州小北路黑人聚居区社会空间分析 [J]. 地理学报，2008（2）：213.

④ 许涛. 在华非洲商人的社会适应研究 [M]. 杭州：浙江人民出版社，2013：61.

表4-21 广州、义乌来华非洲人掌握汉语情况

掌握和使用汉语状况	地区		合计
	广州	义乌	
一点都不会	19.0%	8.5%	14.2%
很不流利	26.2%	24.5%	25.7%
一般	28.1%	37.3%	32.4%
流利	17.1%	20.0%	18.2%
非常流利	9.6%	9.8%	9.6%

从表4-21中可以看出，广州的非洲人与义乌的非洲人在掌握汉语的情况上有着显著的差异。在广州的非洲人中，有19.0%，接近1/5的非洲人一点都不会使用汉语，很不流利的占26.2%，一般的占了28.1%，流利的17.1%，非常流利的占9.6%。而在义乌的非洲人，一点都不会的比例只占8.5%，与广州相比，明显少了10.5个百分点；义乌的非洲人说汉语很不流利的占了24.5%，比广州的非洲人少了1.7个百分点。义乌非洲人汉语掌握水平一般的比例是37.3%，比广州的非洲人多了9.2个百分点。而汉语掌握流利的非洲人，义乌是20.0%，比广州的非洲人高了2.9个百分点；汉语水平非常流利的义乌非洲人比广州多了0.2个百分点，差异不是很大。试举二例说明：

SLD，在义乌的尼日尔人，男，25岁

我觉得义乌老板的英语水平没有广州的好，在广州很多老板和生意人都会说英语，我哥哥的朋友前几年来义乌做生意，他告诉我来义乌要学好汉语，学习汉语的时候也可以学习做生意。所以我就来义乌了，来到义乌工商学院学习汉语。听说这里的留学生很多，这里的老师很好，水平很高。像我们做小生意的，汉语必须比较好，因为这样我们不会被骗，也可以得到更好的价格，中国老板听到我们会说汉语，就会认为我们在中国很久了，对中国很了解，我们就可以拿到比较好的价格。毕业后我就做生意去了，现在我觉得学习汉语对我生意的帮助很大，毕竟要做好生意汉语是非常重要的。（SLD：20151117）

LM，在广州的喀麦隆人，男，27岁

我们有很多非洲人在广州学习专业，很多时候上课的中国老师用英文授

课，所以我们学习汉语的机会就少了一些。我的很多广州非洲朋友做生意也说英语和法语，因为广州生意人大多数会说英语，再说很多广州的非洲人的签证时间很短，只有一两个月，所以对于他们来说没有时间学习汉语。广州很多货运公司、外贸公司是外国人开的，有印度人开的，有卢旺达人开的，所以很方便的，都用英语交流。即使广州非洲人不会讲汉语，如果贸易对方是中国的大公司，也有业务员会讲英语的。(LM：20170112)

以上是对来华非洲人掌握汉语情况的分析，来华非洲人中大部分为商人，汉语是其经商重要的工具之一，在流利使用汉语与中国人交流的调查中，19.8%的非洲人表示完全赞同，基本赞同的为24.1%，明显高于前面调查中非洲人对汉语掌握的总体情况，说明来华非洲人，尤其是商人比较重视汉语口语的交流和使用。进一步调查来华非洲人对于汉语的掌握情况，非洲人对于"读中文书、报纸和杂志没有任何困难"完全赞同的比例为16.9%，低于其对汉语口语水平的赞同。

汉语写作是汉语掌握水平的最高层次，调查发现，来华非洲人对于"中文写作太难了"表示完全赞同的为28.1%，基本赞同的为16.7%，但是也有22.5%的非洲人表示完全不赞同，呈现两极分化的现象。进一步分析，对于来华时间较短、以经商为目的的非洲人来说，学习汉语更注重实用性，忽视对汉语书写的重视和学习。而对于喜欢汉语和汉字学习的非洲留学生来说，汉字书写往往能够激发他们对学习汉语和了解中国文化的兴趣。

来华非洲人以商人和留学生为主，对于商人来说，汉语的使用以口语为主，书面用语使用单词量和机会较少。对于留学生来说，汉语书面用语的能力和水平要好于口语的使用。来华非洲人汉语书面用语的应用能力有助于其贸易的开展和社会的融入。在义乌外贸企业中占有重要地位的留学生群体正是通过拥有更多的语言资本而获取外国穆斯林采购商们更多的信赖，即差别利润，而在贸易竞争中获得优势。留学生群体所具备的阿拉伯语和汉语，或英语和汉语的语言资本，在义乌特定环境的语言社会结构中，都位于上层，是在贸易交往中被广泛认同的重要应用型语言①。义乌工商职业技术学院的一位老师告诉我们：

① 马艳．一个信仰群体的移民实践——义乌穆斯林社会生活的民族志 [M]．北京：中央民族大学出版社，2012：288.

WLS，义乌工商职业技术学院国际教育学院教师

非洲留学生具有较高的语言学习天赋，如果他们好学，往往他们的汉语水平进步很快，不仅体现在听和说的能力上，他们的书写、阅读能力和水平不比亚洲和其他地区国家的学生差，我的学生中有很多非洲留学生 HSK（汉语水平考试）的分数都很高。现在有些毕业的非洲学生生意做得特别好，成了大老板，跟他们较好的汉语水平是分不开的。（WLS：20151006）

下面举两个学生的例子：

MS，在义乌的毛里塔尼亚人，男，32 岁

我来中国义乌最开始是学习汉语，这样可以拿到学习签证，可以拿较长时间的签证。我会汉语可以帮助我在中国做生意，我不用请翻译。有的货物在义乌找不到我就会去中国其他的城市，因为我汉语还不错，所以到哪个城市都没有问题。我刚刚从长春回来，那里的汽车配件价格不错。我经常去其他的城市，可以更好地了解中国文化，也可以找到合适的工厂。（MS：20140516）

SDK，在义乌的马里人，男，22 岁

我现在在义乌工商学院学习汉语，有的时候帮朋友找找货物。我喜欢运动和体育，所以我经常参加学校组织的运动会和其他活动。今年我们学校在全省留学生运动会上获得了第二名。我们也表演《鸡毛换糖》节目，也参加了浙江卫视的《奔跑吧兄弟》节目，所以我就成了明星人物了。义乌市很多活动也喜欢邀请我去参加，我也获得了义乌市最美消防员提名奖。现在很多义乌的非洲人都知道我了，他们说我是明星。有的人也愿意让我帮助他们找一些商品，也许是对我的信任吧。（SDK：20170611）

总体而言，义乌的非洲人比广州的非洲人掌握汉语水平高，这是值得我们关注的又一个现象。为什么在义乌的非洲人整体汉语水平要比广州的非洲人高？从前文累计来华时间的比较中，广州的非洲人要比义乌的非洲人长，所以按常理推断，广州的非洲人掌握和使用汉语应该比义乌要好。但实际情况究竟如何呢？

2. 来华非洲人汉语水平的影响因素

从表 4 - 22 可以看出，非洲人累计来华的时间与其汉语流利水平成正比。仔细对比发现，非洲人累计来华时间在 3 个月之内的，与 3 ~ 6 个月的汉语水平差异不大，与 6 个月以上的有较大差异。说明半年以上的累积时间，对于非洲人学习汉语有较大的帮助。而非洲人来华累计时间 6 ~ 12 个月的、1 ~ 2 年的、2 ~ 5 年的、5 ~ 10 年的，四个区间对比发现，其汉语水平差别不大。来华累计时间 10 年以上的，其汉语水平非常流利的较前几个区间有明显的提高。值得注意的是，累计来华 10 年以上的非洲人中也有 13.3% 的人汉语水平为"一点都不会"。这个现象在下文中我们将继续论述。

因此，从表 4 - 22 中可以看出，就整体来讲，来华的非洲人其汉语水平与来华时间成正比，虽然来华时间区间内略有差别，但是总体上符合一般逻辑，即来华时间越长，其汉语水平越高。下面，我们再从广州和义乌两地非洲人来华不同时间进行对比分析。

表 4 - 22　累计来华时间和掌握使用汉语状况比较

掌握和使用汉语状况	累计来中国的时间							合计
	3 个月之内	3 ~ 6 个月	6 ~ 12 个月	1 ~ 2 年	2 ~ 5 年	5 ~ 10 年	10 年以上	
一点都不会	26.5%	26.3%	9.6%	10.1%	7.9%	9.2%	13.3%	13.2%
很不流利	32.7%	23.7%	31.3%	26.8%	23.0%	21.5%	6.7%	26.6%
一般	32.7%	32.5%	43.0%	28.3%	19.8%	23.1%	33.3%	32.0%
流利	4.1%	8.8%	13.0%	18.8%	34.1%	32.3%	26.7%	18.5%
非常流利	4.1%	8.8%	3.0%	15.9%	15.1%	13.8%	20.0%	9.8%
合计	100%	100%	100%	100%	100%	100%	100%	100%

进一步统计比较显示，非洲人来广州 2 年以内，汉语掌握情况不佳的要远高于义乌，而在义乌的非洲人一般能使用和能流利使用的要高于广州的非洲人。来华 2 ~ 5 年内，不会使用汉语的非洲人，在广州的仍旧高于在义乌的，而在义乌的非洲人的累积时间为 2 ~ 5 年，能够熟练使用汉语的比例超过了一半。而累计时间为 5 年以上的，广州能够熟悉使用汉语的超过了一半，而义乌则趋向于平均分布。据此，我们推测，最早一批来到广州的非洲人能够非常注意融入（首先表现在语言融入），随着后来越来越多的非洲人来到广州，而广州也逐渐形成了以小北路和三元里为中心的"巧克力城"，在"巧克力城"内逐渐形成了相对封闭的族群社会，汉语不必成为工作和生活的必要工具，因此，虽然累计时间较长，但是来华非洲人汉语水平还是欠佳。义乌近年来非洲人数量增长速度较快，

他们更加注重汉语的学习和提升，在义乌 2～5 年的非洲人，其汉语流利程度较高的比例最高。但是，在义乌 5 年以上的非洲人中，汉语熟练掌握的与汉语水平一般的，一点不会或不熟练的比例相当，进一步调查发现，部分来义乌 5 年以上的非洲人过多地忙于生意，其社会融入不够，在后面我们将继续进行论证，在此仅举二例：

DLS，在广州的坦桑尼亚人，男，30 岁

我听我的叔叔（同乡）说，来中国可以赚到很多钱。他在中国很多年了，所以我的爸爸让他带我来中国。我爸爸借了很多钱给我办签证，所以我在广州只能省着花钱了。手上不多的钱用来买货物，我总是货比三家，要做很多的比较。我的签证时间较短，虽然我知道在附近社区可以免费学习汉语，但是我真的没有时间去学习，我现在最主要的目标是尽快赚钱，让我能够在这里（广州）站住脚。（DLS：20140819）

AHMD，在义乌的苏丹人，男，33 岁

我 2007 年研究生毕业来中国做生意，我们是做纺织生意的，我最开始在柯桥做生意，后来来到义乌。我的妻子和孩子都在苏丹，我每年回国两次。我现在有一个外贸公司，我有六名员工，五个人是中国人。我的大客户很多是中东人和北非人，他们都说阿拉伯语，他们都由我或者我的副经理（苏丹人）来接待，一般的客户都由我的中国员工接待。虽然我不会说很多汉语，但是我在中国生活没有任何问题，对我的生意也不会有影响，很多时候我和我的员工都是用英语交流。（AHMD：20140819）

从两地的调查来看，无论是广州还是义乌，如果非洲人的母语是英语的，其汉语水平较低，能够流利使用或很流利使用的更少。但如果非洲人母语是法语的，其对汉语的掌握和使用情况会好于母语是英语的非洲人。

语言掌握会直接影响到他们在中国的经济贸易往来。他们通过什么语言和方式促成交易，他们又怎样围绕商品交易在中国开展社会交往和跨文化适应，都是值得我们关注的现象。下面部分，我们通过对广州和义乌两地来华非洲人适应策略的对比，进一步分析来华非洲人的语言适应状况。

二 来华非洲人的语言适应策略

布尔迪厄对跟语言以及语言的运用有关的一系列问题进行了富有创造性的阐释。他把日常生活中的语言交流描绘成被赋予了社会结构化的资源与权力的能动者之间的情境性遭遇，结果，不管看起来多么具有私人性和微不足道，每一种语言的交往都带有社会结构的印记，它既表达了这种社会结构，又促成了这种社会结构的再生产①。布尔迪厄喜欢把应用语言的场所想象成一个经济学意义上的市场，这样，这一市场中的说话者都拥有一定数量的语言资本，而这种资本的多少往往有赖于一个人出身的背景以及小时候的语言训练，并且特别有赖于某个时代、某个地域的时尚或风气。一个说话者所拥有的语言资本越多，便越能够从这种语言资本的差距中获得一种布尔迪厄所谓的"差别利润"②。语言是文化的重要表现形式，既是维系族群认同的重要纽带，也是最为明显的族际标志。一方面商业贸易发展的基本前提，就是异族语言的接受和学习。另一方面，语言作为一种群体认同的标志以及重要的文化介质，又从群体社会生活和文化交流的不同层面将感性的因素渗入商业贸易领域，成为贸易经济最为活跃的动力因素③。

（一）非洲人来华之前的语言适应

贸易和语言结为一体，成为传递其他文化要素的基本手段④。英语是世界上使用国家和人数最多的语言，也是世界各国国际贸易中最常使用的语言之一，在义乌国际商贸城，国际贸易过程中的询价、商谈、下订单、汇款、船务等一系列程序均由书面英语完成。广州是中国历史上最早的通商口岸之一，有着悠久的国际贸易历史，改革开放后广州是最早开展国际贸易的城市，广交会是中国最早吸引外国客商的展会之一，广州高校林立，有中山大学、广东外语外贸大学等众多高校，因此广州吸引了大量的外语外贸人才。在广州市小北路、中山路市场的专业市场中，大部分外贸公司和商铺从业者都会熟练使用英语，因此，广州的中非民间贸易以英语为主。梁玉成对广州非洲人的特征描述为：年轻人为主，主要来源地是非洲西部，绝大部分是持商务签证进入中国，讲英语比例为82%，法语

---

① 赵旭东．文化的表达——人类学的视野 ［M］．北京：中国人民大学出版社，2009：245．
② 赵旭东．文化的表达——人类学的视野 ［M］．北京：中国人民大学出版社，2009：249－250．
③ 马艳．一个信仰群体的移民实践——义乌穆斯林社会生活的民族志 ［M］．北京：中央民族大学出版社，2012：288．
④ 陈庆德．经济人类学 ［M］．北京：人民出版社，2001：452．

比例为 18%①。非洲籍穆斯林一般都是自己将货物直接运送到所在国开办的批发部，由那里的亲戚朋友负责批发和零售业务，他们大部分人可以用英语在社会上交流，对中国的翻译人员依赖较少。他们与中国穆斯林的互动较之阿拉伯人也少一些②。

以上说明来华非洲人即使来自西非说法语国家，英语也是其来华后从事贸易和生活中的主要语言。受殖民历史的影响，非洲国家的官方和通用语言以英语和法语为主。非洲英语国家以东部和南部国家为主，法语国家以西部非洲国家为主。那么，法语国家的非洲人通过什么办法来适应广州和义乌市场的英语环境？大部分西非国家的非洲人来华之前都掌握一定的日常英语和商贸英语。马强对广州的调查发现，许多北非和西非国家穆斯林兼通阿拉伯语、英语或法语，在自己国家自幼接受过正规的伊斯兰教育③。来华非洲人主要通过以下一些途径学习英语。

第一，非洲法语国家的中小学大多设置英语课程。在非洲，法语和英语区的小学，用法语或英语教学，尽管一些国家的小学头几年是用当地语教学。中学和大学一样，普遍用英语或法语教学。用当地语教学的困难在于，并不是所有的当地语言都有书面形式，或者有印刷的文献和其他的教材。法语与英语语系相近，加上非洲人的语言学习天赋，掌握基本的英语会话并不难。在非洲法语区国家，很容易找到能说一点英语的非洲人，但是在英语区国家，能讲法语的非洲人很少。在大城市里，能讲英语和法语的访问者很容易和非洲人交流④。

第二，来华非洲人中一部分人有留学欧洲国家的经历，直接提高了其英语水平。调查发现，一部分来华非洲人可以掌握世界多国语言。

第三，一些法语国家的非洲人如果明确来中国做生意的，来中国之前会去非洲英语国家学习一段时间英语。例如非洲东部国家乌干达的官方语言是英语，吸引了周边法语和其他语言国家的非洲人来学习英语，例如斯瓦希里语在乌干达和

---

① 梁玉成. 在广州的非洲裔移民行为的因果机制——累积因果视野下的移民行为研究 [J]. 社会学研究，2013（1）：142.

② 马强. 流动的精神社区——人类学视野下的广州穆斯林哲玛提研究 [M]. 北京：中国社会科学出版社，2006：238.

③ 马强. 流动的精神社区——人类学视野下的广州穆斯林哲玛提研究 [M]. 北京：中国社会科学出版社，2006：248.

④ 耶鲁·瑞奇蒙德，菲莉斯·耶斯特林. 解读非洲人 [M]. 桑蕾，译. 北京：中国水利水电出版社，2004：162.

刚果（金）西部地区都是通用语言，便于双方的交流，部分刚果（金）西部地区的人到乌干达学习英语。

第四，有少数非洲国家的官方语言是英语和法语，例如西部非洲的喀麦隆，其北部地区是法语区，多数为穆斯林，南部地区是英语区，多数人讲英语，因此一些喀麦隆人会同时讲英语和法语。非洲人想来到中国从事贸易和生活，但是大多数人来华前并不是先学习汉语，而是通过英语这一"中介语"的学习和掌握，作为来华从事贸易和生活的工具。这说明汉语在非洲国家的影响力并不大，非洲国家并没有形成较为普及的汉语学习机制，也没有形成较好的汉语学习环境，这也与中国对非洲国家的影响力有一定的关系，在此举二例说明：

CLS，在义乌的刚果（金）人，男，22 岁

我家在刚果（金）西部地区，靠近乌干达。我来中国之前，专门去乌干达学习了一年英语。乌干达官方语言是英语，有一些周边法语国家的人去学习，学习费用不高，效果也较好。我们知道很多中国人会说英语，做生意都用英语，这样就方便我来中国做生意了。（CLS：20131205）

MS，在广州的多哥人，男，28 岁

我来中国之前没有学习英语，但是我来中国以后很快就会说英语了，我们在广州做生意，主要说英语。其实英语和法语有很多相近的地方，所以对于我们来说学习英语很快，我们做生意用的英语也不是很多，就是一些简单的英语，我们慢慢就会说英语了。（MS：20131105）

（二）非洲人来华之后的语言适应

非洲人来华后，面对汉语语言环境，通过调查发现，并不是大部分非洲人都会选择学习汉语。调查发现，广州的非洲人与义乌的非洲人汉语掌握水平有较为明显的差异，义乌的非洲人总体汉语水平高于广州非洲人的汉语水平。究其原因，主要与非洲人来华后的语言环境和贸易环境有关，从而影响其语言的适应策略。下面将对比分析广州和义乌两地来华非洲人的语言适应策略为什么不同。

1. 市场语言环境的差异

广州市场开埠历史长，对外贸易历史悠久，英语一直作为广州对外贸易主要使用语，因而广州储备了大量的会熟练使用英语的外贸人才，因此在中非贸易中普遍使用英语，加上广州非洲人族裔经济区的形成，使得非洲人具有英语的使用环境。对于广州非洲人尤其是会说英语的非洲人来说，绝大多数人认为没有必要花费精力去学习中文，因为在广州使用英语已经足够用于贸易交流。参加中文课程的商人很多是奔着学习签证而去的，学习中文并非第一目的，对于他们来说，半年几千元的学费换来足够的居留时间是种不错的选择。在贸易中赚够钱回国时，一些人对中文仍然一无所知①。这个案例说明广州中非民间贸易中英语的重要作用。

义乌小商品市场始于20世纪80年代，市场初期以内贸为主，经过20多年的发展，到21世纪初，第五代小商品市场——国际商贸城的建成和使用标志着义乌小商品市场走上了国际化道路。义乌小商品市场发展初期，从事商贸活动的主要是当地人和周边县市的人，我们称之为小商品城第一代经营者，他们以国内贸易为主。当第四代小商品市场形成时，陆续有外国客商来此进行国际贸易。最初来到义乌的是阿拉伯商人，双方交易的语言以英语和阿拉伯语为主，这也促使义乌市场上形成了大量的中国穆斯林翻译群体，他们从中国的宁夏等西部省市来到义乌从事外贸翻译。第一代经营者基本上不会使用英语，经营者与客商初期使用计算器和手势语进行讨价还价，贸易中其他的环节由翻译协助完成。

但是，随着义乌国际小商品市场的发展，北非阿拉伯商人跟随中东阿拉伯商人来到义乌，随后撒哈拉以南非洲国家的商人也陆续来到义乌。与阿拉伯商人明显不同的是，撒哈拉以南非洲国家的商人不雇用中国的翻译，他们使用英语或者汉语与经营者讨价还价。非洲人意识到只靠英语与中国的经营者做生意还远远不够，随着生意越做越大，双方沟通和交流的障碍增多，出现的问题也越来越多，因此他们为了做好生意，就想尽办法学好汉语。来自非洲塞内加尔的 SULA 对于来华后汉语的学习和认识就是一个很好的语言适应案例。

SULA，在义乌的塞内加尔人，男，35岁

我有一个小故事，就是我去年12月去澳大利亚玩。就是我说的那个温州朋友，我去哪里都是跟他一起去的，我跟他真的是很好的。我们去澳大利亚的时候，我在坐船的时候，我接电话，我是讲中文的，就是一个义乌的朋友打我电话，然后我身边有一个中国人坐在那里。我挂了电话的时候，他过

---

① 牛冬. 移民还是过客？——广漂非洲人的现状观察 [J]. 文化纵横，2015（3）：66.

来了。他说你好，我也说你好。他说："你哪里来的？"大家觉得很奇怪的，因为在中国看到人家说中文是很正常的，但是在澳大利亚听到一个黑人在说中文，他就觉得很奇怪。我们从那个船上认识的，他看到我非要请我吃饭。后面几天，我们都是跟他在一起玩的，他刚好也是来玩的。为什么会有这个机会？因为语言。

所以我觉得中国在语言方面，不光是让很多国家的一些学生来这里读书，因为并不是每个人都有这个家庭条件，那么在这些国家里面可以造一些学校，这是最好的方式。因为非洲他们觉得未来的语言可能就是中文，这个是肯定的。虽然现在可能在世界各个地方说英文是没有问题的，但是中文可能以后也会发展到这个地步，所以他们希望学习中文。打个比方说一年有两三百个别的国家的人来中国学习，我觉得这个是没用的。如果我们能做到在他们那里建造一些学校的话，可能很多事情自然而然就会变了。我是从来没有去上过（中文）课的。因为我的朋友天天跟我这样聊，而且一些简单地发短信我都会的。这个也是看得多，你天天发我短信，我天天这么看，就开始这么说起来了。

所以语言的方便，真的是非常好。像你们在调查，特别你们也是管这些方面的，我觉得这应该推荐给他们，就是在这些国家里面造一些学校，超级好。这个非常好。因为解决了这么一个小问题，但里面包含的东西太多了。如果你能在你的国家学习中文，那你对中国的喜欢会自动在你心里。我们国家的人看到一个中国人，你去跟他说话，一般中国人都不会理你。但是我会中文，然后你一说话，人家突然就想跟你说话了。因为起码你是比较了解我的，你能说我们的语言，你了解我们的国家，他有这么一个想法。这样很好的，能让人与人间之间更接近一点。

对我来说到中国最重要的就是语言，没有比语言更重要的了。你想赚钱，也要把语言学好。你刚才问的问题就是说，我怎么学的语言。我刚来的时候，也是这么一个想法。我就觉得语言说不好是不行的，我必须说好。我跟这两个朋友天天坐在一起，大部分都是那个温州的朋友教的。怎么教呢？就比如说我想跟他解释一个烟灰缸，可能我就这样跟他说，他看明白了，他就跟我说这个叫烟灰缸。我那个时候也很想学，所以他说一句话，我就会去努力地记住。因为这个烟灰缸，我必须需要的。他说烟灰缸，他这样说的，我听去以后就记住了。下一次，我可能想跟他说茶壶，我就这样子跟他说，他听得明白。我们会接着聊，但是他还会返回来跟我说，刚才说的那个东西是叫茶壶。所以文化这方面非常重要。（SULA：20150908）

又如广州的刚果人 MS 说：

MS，在广州的刚果（金）人，男，28 岁

我们很多非洲人都是有淘金梦来到中国的，而广州是非洲人发财梦的首选。所以大街上很多的非洲人是第一次来中国，而且在这里时间很短。还有你看有很多的非洲人在小北和三元里，但是他们很多也许来这一次就不会再来了，因为对于有些非洲人来说，在这里根本就没有什么机会了，他们手里的本钱不多，签证时间很短，如果一次生意失败就永远没有机会再来了，所以他们根本想不到该不该学习汉语、怎么学习汉语，除非他们能够稳定下来。（MS：20131105）

2. 商品类型的差异

改革开放以后，广州成为中国对外贸易的前沿地区，广州廉价的服装和电子产品吸引了大量的非洲客商，由于产品容易随身大量携带，非洲商人大多数是"背包客"和"淘金者"。他们每次来中国时间很短，采购少量的商品，还要依靠坐飞机随身携带一些服装和电子产品回国，赚取来回机票费用，积累资本。一些来华时间较长的非洲商人，有的从背包客发展成中间贸易商，成立外贸公司，赚取丰厚的利润，当中也造就了很多传奇人物，吸引着大量的其他非洲人来华淘金，这也是广州不断吸引非洲人前赴后继的重要原因。在这种情况下，非洲人多数使用英语进行交易，交易中汉语显得不是那么重要。很多非洲人每年频繁往返于广州和非洲之间，来广州期间短暂地逗留也是匆匆忙忙进行贸易活动，没有多少使用汉语的机会。

义乌国际商贸城有 40 多万种产品，其中以家居日用品为主，服装、鞋帽和电子产品相对于广州没有优势。商品类型与广州形成鲜明的互补。由于非洲国家经济的发展和人民生活水平的提高，对家居日用品的需求量较大。家居日用品的特点是体积大、重量大、易损破，不易随身携带和托运，只能通过集装箱装运回国内。因此，贸易中就增加了一些环节，例如验货、装柜、船务报关等。非洲商人普遍经济实力不够，做生意的特点是精打细算，他们在义乌甚至省去翻译的费用，为了保证外贸中各个环节不出问题，他们必须了解各个环节。因此学好汉语就成为一项必备的技能。他们在义乌会想办法学习汉语，有的非洲人与中国人交朋友，有的非洲人报名参加短期汉语培训班，有的申请学习签证，在义乌学习半年或者一年的汉语，有的出钱让自己的弟弟或者妹妹在义乌或者金华的大学学习汉语，帮助其打理义乌的贸易，自己往返于义乌和非洲之间。试举二例：

MS，在广州的科特迪瓦人，男，27 岁

我每年来中国两次，每次来很少说汉语，从下飞机，到酒店住宿，再到市场上买东西，然后找公司运输我的货物，在整个过程中不需要汉语，因为在每个环节中，与中国人交流，基本的汉语就可以了，再说很多中国人会说英语，所以目前我来中国很多次了，但我还是只会很少的汉语。（MS：20131025）

MD，在义乌的埃塞俄比亚人，男，29 岁

我们不像中东的商人，他们喜欢雇用一个中国的翻译，我们非洲人多数是个人来做生意，我们没有很多的本钱，没有更多的钱给翻译。我是做五金产品的，有的时候我们需要自己负责装柜，有的时候我们需要跟其他的客户拼一个柜子，所以我们真的需要自己会一些汉语，这样我们在贸易中就会减少很多的麻烦，因为这里的很多货代公司、外贸公司是中国人开的，虽然他们会讲英语，但是如果我自己会讲汉语，会减少很多的麻烦。（MD：20141012）

3. 社会环境的差异

广州非洲人族裔经济区的形成有重要的社会影响因素。最早来广州的非洲商人是 1998 年以后从中国香港和东南亚转移过来的。他们大多数被称为行商，有着丰富的跨国生活经验，有一定的跨文化适应经验。他们来到广州后很快站稳脚跟，成立外贸公司或者从事贸易中介。随后大批非洲人蜂拥而来，在广州小北和三元里一带形成了集聚效应。随后而来的"淘金者"大多数是"背包客"，他们资金不多，经商经验不够，汉语水平一般，能够在广州取得成功的比例不是很大，其中一部分因为经营失败或者签证过期，滞留广州，成为"三非"人员，在广州非洲人聚集区域从事非法就业，为非洲老板打工、搬运货物等。渐渐在广州形成了较为封闭的非洲人族裔经济社区，在非洲人族裔经济社区内，吃饭、住宿和工作可以解决，交往对象多为非洲人，语言以母语为主，汉语基本不被使用。从我们调查数据中也可以看到，来广州 5 年以上的非洲人"汉语一点不会"的比例超过 20%。

义乌的"后发中非贸易"环境使非洲人使用汉语较多。义乌国际商贸城始于 21 世纪初期，北非阿拉伯商人来到义乌，随后撒哈拉以南非洲国家的非洲人也陆续来到义乌，大规模非洲人来到义乌的时间是 2006 年前后。从中国与非洲近年的贸易额也可以看出，从 2005 年以后中国对非洲国家的出口有显著的增长。来义乌的非洲人主要有三部分，第一部分是从广州迁移过来的，他们在广州有了一定的外贸基础和经验，得知义乌有市场后，转到义乌发展，或者让其子女或直系亲属来义乌拓展业务，他们以开设外贸公司为主。第二部分是在中国其他城市的留学生和来华工作人员，发现义乌是新兴的市场，或毕业后来到义乌发展，或发现义乌的商机后辞掉工作来到义乌发展，他们由于资金有限，主要是以提供语言翻译服务等赚取佣金，也有部分尝试自己从事商贸活动。第三部分主要是从非洲大陆来义乌的"淘金者"，他们对义乌新型的市场充满了希望，虽然他们不是"背包客"，但是他们大多数由于资金不够雄厚，只能从事小额的贸易采购，采取拼装货物的方式，他们往往经不起市场波动、汇率波动和产品质量等问题带来的影响，淘汰率较高。新来义乌的"淘金者"发现在义乌市场环境中，学习汉语对于经商和生活具有重要的作用。虽然要付出一笔不少的学费，但是这是解决签证问题的一个有效途径。同时，义乌市政府鼓励社会组织开展外国人服务，以政府购买服务的方式服务外国人。义乌市同悦社会工作服务中心成立于 2014 年，主要是为外国人开展汉语培训、社会融入等社会服务项目。截至调查时，已经开展 2 万人次的免费汉语培训，其中有部分学习者为非洲人。试举二例：

GGF，在义乌的肯尼亚人，男，24 岁

我的爸爸以前在广州做生意，现在我们扩大我们的生意规模，爸爸说义乌可以一次采购很多的商品，所以就让我来义乌了。但是爸爸告诉我，如果要生意做得长久，就要学好汉语，他以前在广州做生意都是说英语的，但是我们的生意商品种类很多，也比较复杂，所以会汉语可以帮助我们的生意，

也可以减少我们的损失。（GGF：20141111）

FS，在广州的安哥拉人，男，26 岁

我最开始来广州带的钱不多，我进的货不好，赔钱了，我就给我的叔叔帮忙，他给我一些钱，我现在住在他们的公司里，他们公司的客户多数是西非人，所以我们都说英语或法语。我想赚一些钱，然后自己做。我们平时不怎么出去，在这里（公司）有很多非洲人，我也很少去广州其他的地方，就在这里很好，有吃的，有朋友，挺好的。（FS：20141119）

4. 贸易方式的差异

广州的中非贸易中，来华非洲人分层现象明显。一部分非洲人来华时间长，有较好的经济基础，贸易量比较大，成为大老板。其中还有大量的来华非洲人从事着"背包客贸易"。这部分非洲人来华前没有较多的贸易经验，缺少贸易资金，没有汉语基础，他们从事的也是初级的中非贸易。他们的特点是签证时间短，流动性大，汉语学习需求较低。

对来华非洲人汉语适应调查分析发现，来华 5～10 年的非洲人仍有 9.2% 的比例汉语水平为"一点都不会"。来华 10 年以上的非洲人高达 13.3% 的比例汉语水平为"一点都不会"。对比广州和义乌，来广州 5 年以上的非洲人高达 20.7% 汉语水平为"一点都不会或不熟练"，来义乌 5 年以上的非洲人高达 35.7% 汉语水平为"一点都不会或不熟练"。调查发现，最早一批来广州的非洲人中，他们凭借来广州和义乌较早的先发优势，凭借着丰富的贸易经验，在贸易中很容易赚取了大量的资金，因此他们在广州或义乌设立了外贸公司，当起了老板，雇用了一定数量的中国或者非洲的员工，具体的业务由员工处理，非洲老板更多的时间处理国内事务，他们赚到钱后在非洲国内置办房产，拓展国内贸易，甚至参与地方政治活动。有的家属在国内，他们一年内多数时间在非洲国内。也有一些非洲大老板居家在广州或义乌生活，但是他们居住在较为豪华的社区内，雇用保姆，子女就读私立学校或者国际学校。他们很少参与社区活动或者社会活动，融入社会程度不高，所以汉语对于他们来说变得没有那么重要。但是调查发现，他们虽然汉语水平有限，但还是意识到学习汉语的重要性，重视家庭成员汉语的学习，会让孩子或者家庭成员学习汉语，目的是让家庭成员学好汉语后参与到自己公司和业务管理之中。试举二例：

LD，在广州的尼日利亚人，男，26 岁

我们尼日利亚人是最早来广州的一批非洲人，我们很多人是从中国香港和东南亚过来的。我们很多人的经济基础比较好，我们有很多大老板，他们在很多国家都有生意和房产，他们很多的时候都在尼日利亚，在那里投资生意，中国的生意由家里的其他人打理。我们每年来中国几次，但是时间不会很长，因为我们的生意很多，要去很多的国家和地方。也有一些新来广州的非洲人，他们大多数是来试一试的，也许他们会成功，但是现在对他们来说真的很难做生意。（LD：20141114）

LKF，在义乌的乌干达人，男，29 岁

我大学毕业后来到中国做生意，之所以来到义乌就是因为义乌有很多广州找不到的产品，而且价格比广州低一些。生活成本也低一些。但是我需要每天去市场找商品。义乌很多店面的老板英语不是很好，所以我们就需要学习汉语，这样我们才可以进一步地做生意，因为如果不交流我们不可能有很多的信任，只有比较好的交流才会有更多的理解，我们才可以进一步地合作。（LKF：20141019）

三　跨文化交往对语言适应的影响

语言适应以"我能使用流利的中文与中国人交流""对于我来说读懂中文书、报纸、杂志没有任何困难""我感觉听懂中国朋友的讲话很困难""用中文写作对我来说太难了"听说读写能力进行测量，其中"用流利的中文与中国人交流""读懂中文书、报纸、杂志没有任何困难"，完全赞同的记 5 分，完全不赞同的记 1 分，能"听懂中国朋友的讲话很困难"和"用中文写作对我来说太难了"做负向处理，完全赞同记 1 分，完全不赞同记 5 分。根据统计，语言适应程度得分见表 4 - 23。

表 4 - 23　来华非洲人语言适应程度测量

	样本数（个）	最小值	最大值	平均值	标准差
语言适应	870	4.00	20.00	11.72	2.80

从我们对来华非洲人的语言适应程度的测量结果来看，平均值是 11.72，低于 12 分的一般水平，得分较低，表明大部分来华非洲人总体的语言适应状况不佳，存在较多的障碍。

为了检验跨文化交往对来华非洲人语言适应的影响，我们用来华非洲人的跨文化生活交往、跨文化职业交往、跨文化交往困惑、跨文化交往态度、跨文化交往敏感、跨文化支持网络对语言适应的影响进行回归分析（见表 4 – 24）。

表 4 – 24 跨文化交往与语言适应

自变量	语言适应	显著度
礼节型生活交往	0.068	0.367
互惠型生活交往	0.130 *	0.089
亲密型生活交往	0.097	0.202
关照型生活交往	0.060	0.418
工具型职业交往	0.102	0.176
情感型职业交往	− 0.114	0.123
跨文化群体交往	0.192 **	0.004
公共交往困惑	0.075	0.286
人际礼仪困惑	0.066	0.340
交往禁忌困惑	0.000	0.997
跨文化交往态度	− 0.113	0.130
跨文化交往经历	0.208 **	0.003
跨文化差异接纳度	− 0.073	0.193
跨文化活动参与	0.057	0.452
非洲认同	0.001	0.993
互动参与度	0.263 **	0.005
差异认同度	0.184 **	0.026
互动信心	0.066	0.367
互动愉悦	− 0.016	0.839
互动专注	0.087	0.230
跨文化正式工具支持规模	0.132 **	0.016
跨文化非正式工具支持规模	− 0.097	0.147
跨文化非正式表意支持规模	0.005	0.944
跨文化交往满意度	0.055	0.405
调整 R^2	0.164	0.000

注：* $0.01 < \text{sig} \leqslant 0.05$；** $0.001 < \text{sig} \leqslant 0.01$；*** $\text{sig} \leqslant 0.001$。

回归分析结果显示，跨文化生活交往中，礼节型生活交往、亲密型生活交往和关照型生活交往对来华非洲人语言适应产生正向影响，但不显著。能够产生显著正向影响的是互惠型生活交往。调查数据分析表明，互惠型生活交往越多，来华非洲人的语言适应水平越高。

工具型职业交往和情感型职业交往对来华非洲人语言适应未产生显著影响。

跨文化群体交往对来华非洲人的语言适应能产生显著影响，来华非洲人参与跨文化群体交往越多，语言适应水平越高。

在跨文化态度中，跨文化经历对来华非洲人的语言适应产生显著正向影响，这表明跨文化经历越丰富，来华非洲人的语言适应水平越高。跨文化交往态度、跨文化差异接纳度、跨文化活动参与对语言适应没有显著影响。

在跨文化敏感中，来华非洲人的互动参与度、差异认同度对语言适应产生显著的正向影响，据此，我们认为来华非洲人的互动参与度越高，语言适应水平越低。对异文化的差异越能够包容，语言适应水平也越高。

在跨文化支持网络中，调查发现，跨文化正式工具支持规模显著正向影响来华非洲人的语言适应。这一结果表明来自政府、社区等正式支持越多，越有利于来华非洲人的语言适应。

第四节　来华非洲人的贸易适应

来华非洲人到广州和义乌的目的是做生意，在这个背景下，他们跨文化交流最重要的文化适应是贸易适应。

来华非洲商人是中非民间贸易的实践者和推动者，经过 20 多年中非民间贸易的发展，他们不断调适和改变，以适应全球化背景下的中非贸易。进入 21 世纪，伴随着全球化进程的深入推进，跨国社会、经济与文化交流正以史无前例的幅度推进，特别是自 20 世纪 90 年代以来，国际贸易关系的新型结构以及创业机遇涌现，一个所谓"跨国阶级"浮出地表①。所谓"跨国商贸主义"，指的是跨国商贸者跨越国界创造和维持商贸活动，并以聚居区族裔经济为基础，以跨国流动的族裔群体及其所在地方空间为载体，推动地方重构的进程。"中国制造"及

---

① 外国移民追逐中国梦［EB/OL］.《华盛顿邮报》：环球在线［2017 - 10 - 23］. http://www. chinadaily. com. cn/hqgj/2007 - 10/23/content_6200166. htm.

其"世界工厂"的出现，使得这一力量成为生产城市空间的重要力量。此外，对"跨国商贸主义"的研究，亦是对"全球化"研究的微观实证①。尽管跨国主义并非新近的现象，但在当今全球移民潮高涨和经济全球化的大背景下，跨国主义的趋势和模式与以往不尽相同，它给移民个人和家庭、海外华人社会和移居国以及移民留守家园的家庭成员、侨乡地方社会和祖籍国所带来的经济和社会文化图像也有所不同。当代跨国主义的研究价值在于它具备一定的规模、范围、深度、强度、频率、规律和制度化程度并且带来深远的图像②。来华非洲人在进行跨国贸易实践中，其贸易适应是怎样进行的呢？

一　来华非洲商人的区域与贸易适应

非洲地区几乎所有的国家的非洲人都来过中国从事贸易，有的人选择中国的广州从事贸易，有的人来到义乌从事贸易。非洲大陆不同的区域文化背景和经济发展背景对来华非洲人的贸易活动具有全方位的影响，来华非洲人选择广州或者义乌从事贸易，也是其贸易适应的结果。

（一）非洲不同区域商贸文化与来华非洲商人的贸易适应

来华非洲人主要分为坐商和行商。根据许涛对广州的调查，最初进入广州的大部分非洲人是穆斯林，最早的非洲商人是由我国西北地区穆斯林引入广州的。自 2003 年以来，广州的非洲人口每年以 30% ~40% 的比例增长，仅小北地区聚集的非洲人口就来自非洲 40 多个国家。在广州居留的非洲商人来自非洲各个国家，其中以马里、刚果（金）、加纳、尼日利亚等国较多，由于殖民系统不一样，他们又以语言划分为英语系、法语系、葡语系地区的商人③。中国最大的小商品市场所在地浙江义乌已经成为非洲外商贸易活动最频繁的地区之一。据统计，2015 年在义乌有来自非洲 50 多个国家和地区的 3000 多名常驻外商，以及每年 8 万多人次的入境非洲客商④。

非洲大陆可以分为北部非洲、西部非洲、东部非洲、南部非洲与中部非洲。

---

① 李志刚，杜枫."跨国商贸主义"下的城市新社会空间生产——对广州非族裔经济区的实证 [J]. 城市规划，2012（8）：26.

② 周敏，刘宏. 海外华人跨国主义实践的模式及其差异——基于美国与新加坡的比较分析 [J]. 华人华侨历史研究，2013（3）：3.

③ 许涛. 广州地区非洲商贸居住功能区的形成过程与机制 [J]. 南方人口，2012（3）：51.

④ 非洲市场成义乌外贸发展新引擎 [EB/OL].［2016 – 01 – 18］. http://news. 10jqka. com. cn/20160118/c587348974. shtml.

不同的商贸文化对来华非洲人的贸易适应具有一定的影响。义乌市出入境管理局提供的数据显示，撒哈拉以南非洲国家 2012 年来义乌散居人数排名前十位的分别是苏丹（1058 人）、毛里塔尼亚（665 人）、肯尼亚（499 人）、马里（493 人）、尼日尔（253 人）、几内亚（246 人）、埃塞俄比亚（208 人）、索马里（114 人）、尼日利亚（68 人）、乌干达（67 人）。其中西部非洲国家数量 6 个，东部非洲国家数量 4 个。中部非洲国家和南部非洲国家散居人数均未列入前十位。2012 年，从非洲人入境义乌居住酒店数据来看，撒哈拉以南非洲国家 2012 年来义乌住宾馆人数排名前十的分别是尼日利亚（4085 人）、肯尼亚（2622 人）、加纳（2561 人）、乌干达（2246 人）、安哥拉（2147 人）、南非（1900 人）、坦桑尼亚（1652 人）、尼日尔（1540 人）、马里（1404 人）、塞内加尔（1371 人）。排名前十位国家均超过 1000 人。前十位国家中西部非洲国家数量 5 个、东部非洲国家 3 个、南部非洲国家 2 个。从当年的中非贸易额来看，中国继续扮演非洲第一大进口国来源地的角色，5 个非洲地区进口所占的份额较为稳定，北部非洲所占比例为 35.82%、南部非洲所占比例为 27.07%、西部非洲所占比例为 16.25%、东部非洲所占比例为 13.03%、中部非洲所占比例为 5.84%[①]。从以上的数据比较分析发现，非洲国家同中国贸易的进口额与来华非洲人居住和入境住酒店数量不成正比。南部非洲国家进口额超过了西部非洲和东部非洲国家，但是南部非洲国家散居义乌的人数未进入前十。入境义乌居住酒店的人中来自安哥拉（2147 人）和南非（1900 人）的分别位列第四位和第五位，而 2012 年，安哥拉仅有 24 人散居在义乌，南非更是只有 9 人散居在中国，与其他散居中国的非洲国家形成了鲜明的对比，安哥拉和南非两个国家来义乌居住酒店人数与散居人数的悬殊形成了鲜明的对比。

　　李志刚和杜枫对广州非洲人研究认为，跨国非裔商人的商业迁移链经由非洲到欧洲、北美、中亚、东南亚而后转入中国，随着广州小北、三元里等地非洲人族裔经济区的成熟发展，其生产链逐步成型，主要包括非裔坐商和非裔行商两大群体[②]。从义乌的非裔坐商人数来看，多数来自西部非洲和东部非洲国家，人数在 100 人以上的分别是苏丹（1058 人）、毛里塔尼亚（665 人）、肯尼亚（499 人）、马里（493 人）、尼日尔（253 人）、几内亚（246 人）、埃塞俄比亚（208

①　张宏明. 非洲发展报告（2013~2014）［M］. 北京：社会科学文献出版社，2014：280.

②　李志刚，杜枫.“跨国商贸主义”下的城市新社会空间生产——对广州非族裔经济区的实证［J］. 城市规划，2012（8）：25.

人）、索马里（114 人）。从义乌非裔行商来看，区域分布比较均匀，前十位国家人数相差不大，行商与坐商均进入前十位的国家为肯尼亚、马里、尼日尔和乌干达，其中 3 个是西非国家。以上情况的出现与非洲国家传统的经济贸易文化有关，西部非洲地区传统上就是连接北部非洲和南部非洲的贸易枢纽，形成了多个商业城邦，西部非洲的马里、尼日利亚和尼日尔国家的一些民族具有历史悠远的商贸文化传统。13 世纪由于商品经济的发展，曾出现了一些商业中心，如阿加德兹、廷德尔、马腊迪、塔瓦等，为北非与苏丹地区贸易的交往枢纽①。因此在非洲各个国家，在欧洲和世界各地，都能看到西部非洲国家的人。试举两例说明：

SDK，在义乌的马里人，男，25 岁

在义乌有很多马里人，在广州也有很多马里人，马里人喜欢到世界各地，你可以在法国，在欧洲其他国家看到马里人在工作，你可以在刚果看到马里人在做生意，你可以看到马里人在南美洲工作。我们在义乌帮助非洲各个国家找货，有马里人，他们有的在马里做生意，有的在非洲别的国家做生意，比如说他们在刚果做生意，因为刚果人喜欢音乐，不喜欢去别的国家。我的客户也有非洲其他国家的人。（SDK：20170828）

南部非洲国家的非洲人在传统的商业背景下，来中国经商的人数不多，再受到传统商贸文化背景的影响，居住在中国的比例更低。最早去南非的中国商人告诉我们：

LSD，浙江师范大学外聘教授，男，50 岁

我在南非（国家）经商二十多年，是最早去南非经商的中国人，南非贸易市场现在基本上被中国人"占领"了，有台湾人也有大陆人，中国人把南非的批发市场和大型超市都"占领"了，因此南非本地人很难再做生意。很多南非人总是商品零售，他们大多数情况是到当地的中国商人那里批发，然后再零售，所以你看不到很多的南非商人在中国从事贸易活动。（LSD：20170827）

---

① 郝时远，朱伦. 世界民族（第六卷非洲）[M]. 北京：中国社会科学出版社，2013：299.

值得关注的是，在义乌 2012 年散居苏丹人为 1058 人，而酒店登记入住为 943 人，在 2012 年 55 个义乌来华非洲国家中，苏丹是唯一一个散居人数超过酒店登记入住的国家。苏丹为阿拉伯联盟国家，苏丹的官方语言为阿拉伯语，由于语言的优势、地理位置和传统贸易的原因，来华苏丹人做生意的客户不仅来自苏丹，有的还来自北非的阿尔及利亚、摩洛哥、埃及等国家，甚至还有来自中东地区阿拉伯国家的。苏丹在历史上就与中东地区有贸易往来。由于义乌的外贸与中东国家联系最为紧密，义乌有大量的中东商人往来和居住，苏丹商人与中东商人的贸易也紧密地联系在一起，为了贸易方便，有大量的苏丹人长期居住在义乌从事商业活动。在此举一例说明：

AHMD，在义乌的苏丹人，男，40 岁

在义乌有很多苏丹人，他们很多是前些年留学到中国的，毕业后就来做生意了，义乌有很多阿拉伯国家的人，我们国家也讲阿拉伯语，再加上我们国家与北非国家还有中东国家做生意很方便，我的生意主要的客户是苏丹人，还有阿尔及利亚等国家的商人。（AHMD：20170827）

（二）非洲不同区域经济与来华非洲商人的贸易适应

不同的区域经济对商人的贸易活动和贸易方式具有重要的影响，商人从事贸易目的地不同的区域经济对于商人的贸易活动和贸易方式也具有重要的影响，我们从非洲商人来源国的不同与目的地城市的不同，对非洲商人贸易适应进行对比分析。

1. 非洲区域经济差异与来华非洲商人贸易适应

从来华居留时间长短的角度看，来华非洲人分为坐商和行商两种。从贸易商品销售的角度看，来华非洲人分为批发商和零售商两种。来华非洲人行商也分为两种，一种是批发行商，一种是零售行商。坐商多数为中间商，有的中间商也兼做批发和零售，有的在国内从事批发，有的在国内从事零售。那么批发商和零售商是怎样形成的呢？一种商业模式的形成与其所处的地理位置有直接的关系。中非贸易以海运为主，西非的主要港口从北到南依次为毛里塔尼亚的努瓦克肖特、塞内加尔的达喀尔、塞拉里昂的弗里敦、尼日利亚的阿帕帕和拉各斯等。拥有港口的非洲国家，地理优势明显，便于贸易运输，因此具有贸易时间短、商品辐射面广等优势。例如，塞内加尔的达喀尔是西非最重要的港口，塞内加尔的交通设施较好，举办过著名的赛车达喀尔拉力赛，商品到达达喀尔港口后，再中转运输到其他国家和地区。在此情况下这个国家就出现了批发贸易，培育了数量众多的贸易批发商。大的贸易批发商进行如下的跨文化适应：第一，他要比较了解中国，具有较好的汉语水平，才能够保证其具有较好的贸易基础和贸易水平，保证其贸易能够长久运行；第二，他要有较长时间待在中国，他要面对上百个客户，因此要有足够的时间在中国处理一些事情；第三，他要在中国开办贸易公司或者在中国有一个较好的生意伙伴（中间商）为其提供优质的服务；第四，他要在国内有良好的销售渠道，帮助其快速地消化商品，提高资金运转速度。义乌的来自塞内加尔的商人苏拉就是一个典型，他的成功最重要的一点是，他将义乌这座世界小商品之都与西部非洲的重要港口城市达喀尔成功地连接在一起。因此拥有港口城市的非洲国家在中非贸易发展中培育了很多较大的批发商，他们的贸易辐射到内陆非洲国家。西部非洲的马里、尼日尔等国不濒临海岸，进口的商品需要从塞内加尔的达喀尔等港口到港，再通过陆运运回到马里。非洲各国与贸易有关的成本差异很大，尤其是内陆国家特别高，很大程度上由于昂贵的内陆运输①。货物运输到马里后的成本就会增加。在此情况下，马里、尼日尔等非洲内陆一些小批发商和零售商会到达喀尔采购商品，但大多数批发商依然会到中国来采购，他们在货物不够的情况下，会去达喀尔买一些货物进行补货。因此，马里、尼日尔等内陆国家来中国的非洲人都是在本国做销售的中型批发商和零售商。前文讲过西部非洲国家有历史较久远的商贸传统，培育了西部非洲人善于到别的国家闯荡和经商的精神。他们不断开拓中部非洲的刚果等市场，在那里做中小型批发商和零售商，以此来适应贸易竞争。

近年来，非洲大陆一体化进程开始加快，也推动和加快了中非民间贸易的开展。2013 年，在非洲召开的两个大会都将非洲区域一体化作为主题。根据 2013年发表的非洲经济报告，西部非洲是非洲大陆经济增长最快的地区，其他依次为东部非洲、北部非洲、中部非洲和南部非洲，非洲一体化的持续推进为经济发展增添了动力。西非国家经济共同体于 2015 年在西共体内部实行统一的对外关税，以保证西共体成员国享受内部自由关税，建立西非共同市场，使民众买得起需要的商品。西非五国计划建立西非沿海高速铁路，这无疑将有利于商业贸易和人员流动。东非共同体目前只有 6 个国家（肯尼亚、坦桑尼亚、乌干达、卢旺达、布

---

① 刘鸿武．非洲地区发展报告（2013—2014）［M］．北京：中国社会科学出版社，2014：263.

隆迪和南苏丹），连接这一地区的交通设施正在加紧贯通，如建造由肯尼亚的蒙巴萨到卢旺达首都基加利的高速公路，提高公路收费站和称重总站的工作效率，采用同一关税支付系统软件，这些措施将降低交易成本，促进区域内贸易。2013年11月召开的肯尼亚、卢旺达、乌干达和南苏丹四国首脑会议宣布，将在四国设立单一关税区，四国内实行免税。货物从肯尼亚的蒙巴萨港口到卢旺达将从21天减少到8天，到乌干达将由15天减少到5天。2013年11月底，肯尼亚、坦桑尼亚、乌干达、卢旺达和布隆迪的国家首脑决定，东非共同体将在十年内逐渐实现统一货币①。随着非洲经济发展和区域基础设施的改善，非洲区域合作组织在关税同盟建设和通关便利方面的措施，对区域内贸易有积极的推动，非洲内部贸易逐年增长。2011年，非洲区域内贸易提高到非洲货物出口总额的12.3%②。下面义乌尼日尔商人的例子就是西非经济共同体的经济贸易一体化缩影。

MM，在义乌的尼日尔人，男，25岁

我在义乌做中间商，我的客户大多数是尼日尔人和马里人，马里人喜欢到刚果等国家做生意，那里的生意很好，我们的货从中国到马里要70多天吧，如果有好卖的货物卖完了，他们就会去塞内加尔的达喀尔港口去补货，但是数量不会很多，虽然贵了一些，但是还是要去买的。（MM：20170825）

2. 中国区域经济差异与来华非洲商人贸易适应

来华非洲商人的主要目的地为广州和义乌，非洲商人于20世纪80年代来到广州，于21世纪初来到义乌。两地非洲人来华的时间不同，两地的商品不同，对于非洲商人来说，广州市场具有一定的先发优势，而义乌市场具有一定的后发优势。随着中非贸易的发展，近年来，来华非洲人将广州地区的先发优势与义乌地区的后发优势整合，从而更好地开展贸易活动。

（1）非洲商人积极开发义乌市场，拓展贸易领域

义乌市场最大的优势是商品品种齐全，可以开展"一站式"采购，并且义乌商品的价格比广州市场低。目前广州非洲人开展的中非贸易竞争激烈，对于初来中国创业的非洲人来说具有一定的难度，因此很多来中国创业的非洲人选择来

① 舒运国，张忠祥. 非洲经济评论2014 [M]. 上海：上海三联书店，2014：141-142.
② 刘鸿武. 非洲地区发展报告（2013—2014）[M]. 北京：中国社会科学出版社，2014：230.

义乌。在广州经商的非洲商人，他们为了扩大自己的生意，也会将生意拓展到义乌，但是由于签证、贸易公司场地等原因，他们只是往返于广州和义乌，目前每天往返于广州、义乌的有6个航班，其中有很多常年往返于广州和义乌的非洲商人，高铁的开通，也更加方便两地非洲人的贸易往来。以尼日利亚商人最为典型，尼日利亚是广州最大的非洲人群体，也是最早来中国的非洲国家非洲人之一，尼日利亚族裔社区已经形成，但是2012年尼日利亚在义乌散居的人口仅有68人，这与义乌市对尼日利亚人签证收紧有一定的关系。但是从尼日利亚人当年来义乌居住酒店的数量有4085人来看，与散居人口的68人形成了巨大的反差。试举两例说明：

> **SDF，在广州的尼日利亚人，男，38岁**
>
> 我来中国十多年了，我的老婆是中国人，我有两个孩子，我在广州有贸易公司，我的客户多是尼日利亚人，还有周边国家的客户。这几年广州的生意越来越不好做了，大家都知道义乌现在的生意还不错，尤其是五金和建筑材料，因为现在非洲各个国家都在发展，所以很多客户需要五金等商品，我就需要来义乌开拓市场，我这里有尼日尔人的朋友，他帮我找货，我给他一些佣金，需要验货的时候我会来义乌的，现在到义乌很方便，有的时候坐高铁，有的时候坐飞机。（SDF：20170725）

> **LF，在义乌的苏丹人，男，22岁**
>
> 我爸爸让我来中国做生意，我的邻居哥哥在广州做生意，他说现在广州生意不好做，义乌比较好做。义乌的生活成本比广州低，这里租房子比较便宜，离市场也很近。我发现义乌市场真的很方便，我们非洲人买的东西不多，需要很多商品，但是我在福田市场很方便，都在一个区域内找商品，对于我这个新手来说真是太好了。（LF：20170828）

（2）非洲商人积极利用广州外贸市场优势，提高贸易效率

广州作为中非贸易开展得最早的城市，中非贸易市场相对成熟，在某些方面具备了一定的优势。主要体现在有方便快捷的航空货运，虽然比较贵，但比较适合电子商品、新奇特日用品等商品运输。广州的海运运输便利发达，费用比义乌便宜。广州办理外贸公司收取的税收比义乌低，贸易公司利润点高。因此，一些

非洲人积极利用广州的优势，采取措施和对策，从而提高贸易效率。以下例子中居住在义乌的马里人就是积极利用了广州的外贸市场优势：

SMN，在义乌的马里人，男，24 岁

我来义乌 7 年了，最开始在义乌学习汉语，毕业后我就开始做生意。之所以选择义乌做生意，主要是我们做五金商品。由于我的汉语好，对中国比较了解，所以就开了一个外贸公司。我的外贸公司是在香港注册的，公司地点在广州，因为广州的税收要比义乌便宜一点，广州每年 2 万多元，在义乌要 3 万多元。广州的一个货柜（小柜）要 4000 多美元，一个高柜 6000 多美元。我的客户主要都在义乌，所以我平时住在义乌，义乌租房便宜，而且在福田市场找货方便。我的客户很多，有马里的，有周边国家的。有时候我要去广州找货，如果广州那边的便宜，有的货物我就从广州出货，因为广州的货柜费用比义乌便宜一些，能便宜几百美元吧。有的时候我的客户要电子商品或者比较轻的商品，我就会直接从广州航空快递，几天就可以到我的国家了。（SMN：20170829）

二 来华非洲商人的信任与贸易适应

信任是所有交易的基础，也是中非贸易的重要一步。在整个贸易过程中，非洲商人为了取得中国商人的信任，积极地努力适应中国贸易的习惯和规则，同时，中国商人积极地努力适应非洲商人贸易的习惯和规则，双方共同构建信任的关系，一起推动中非贸易的良性发展。

（一）基于诚信的信任是中非民间贸易的基石

韦伯在《新教伦理与资本主义精神》一书中指出，要记住，信用就是金钱，如果你以谨慎、诚实而为人所知，那么一年六镑可以给你带来一百镑的用场①。在经济行为中，伦理精神主要体现在诚信与义、利关系的处理上。诚者，天之道也；信者，人之本也。诚信是几乎得到一致尊奉的"全球道德"之一。"市场经济又是德治经济，信用是市场经济的基石，重信义、崇道德的品行对市场经济的

---

① 马克斯·韦伯. 新教伦理与资本主义精神 ［M］. 阎克文，译. 成都：四川人民出版社，1986：21－23.

发展具有重要的促进作用"①。商业行为需要契约信誉的支持，共同达成的有形契约是贸易双方彼此间存在信任的凭借，对契约的严格遵守、执行，是自古传承的经商伦理②。基于诚信的信任关系的构建是中非民间贸易的基石。中非商人之间建立基于诚信的信任的方式是我们研究的重要内容。

（二）贸易支付中的诚信和信任

作为商人，诚信首先要做到按时付款，按时保证质量交货。但是，在义乌贸易市场上，普遍存在着欠款贸易方式，即客人付了一部分定金，收到货物后先不付余款，货物运到后再付余款，欠款周期一两个月不等。具体的交易方式是客户挑选商品后，谈好价格，客户先付一部分（一般 10%～30%）的定金，小订单预付 500～1000 元。客户收到货物后再付清余款。但是这种欠款贸易方式只适用于老客户，不适用于新客户。

在这种情况下，非洲人怎样取得中国人的信任？老客户是怎样取得卖方的信任呢？答案是交易双方最初的交易是全额付款，甚至是用现金支付，体现了买方的诚信。经过多次或者一段时间的交易，取得中国人的信任后，卖方（中国人）尝试让非洲人拖欠货款交易，这样做卖方可以积累更多的客户，还能以提高商品的销售价格为前提。而作为买方的非洲人喜爱这种贸易方式，这样可以提高资金利用率，一般情况下他们拖欠一个贸易周期的货款，即在这次交易前付清上一次交易的余款，这次交易余款则在下次交易达成时付清。以上是贸易过程中，在货款方面的诚信和信任。

在付款过程中，如果非洲商人对其中一家的店面比较信任，有的时候会将所有汇款汇给信任的这个店面，让其他店面的老板到这一家店面领取汇款，这样一是方便汇款，二是可以减少多次汇款所扣的手续费。也有一些来华时间较长的非洲商人为了与中国商人进一步建立信任关系，会邀请中国商人去他们的国家考察和旅游，有的时候他们会为中国的商人提供路费，有的在当地做好陪同和接待工作，邀请中国商人到家里，让中国商人了解其经济实力和家族实力。试举中国和非洲商人两个案例说明：

---

① 刘志山. 移民文化及其伦理价值 [M]. 北京：商务印书馆，2010：23.
② 李慧玲. 试论跨文化交流中的伦理精神——与来华非洲人相遇 [J]. 东北师大学报（哲学社会科学版），2016（1）：219.

梅女士，在义乌市场的店面老板，女，28 岁

我们做非洲市场很多年了，现在的客户都是非洲的，最开始我们都是做全款的，有的非洲人带现金来的，这个包里藏一些，那个衣服里面装一些美元。后来义乌市场也有人给非洲人做欠款的。我的客户现在都是欠款的，这次来了把上次的余款付清，有的欠款几十万元，有的欠款一百多万元，没有办法，都是这么做的，我听说广州就是做全款的。不过还好，我们的客户还没有恶意的欺骗我们。不过新来的不认识的非洲人，我们都是做全款现金的。（MNS：20170830）

SMN，在义乌的马里人，男，32 岁

我最开始在义乌做生意的时候没有很多钱，客户也很少，后来我一点一点地做好了。我现在在义乌主要帮助别的非洲人找货，赚取佣金，一般都是1%～3%的佣金。赚了一些钱，我就自己买一些货回去卖，我知道在义乌有的非洲人可以做欠款（交易），但是前提要老板（店面）相信他，所以我现在的客户（非洲人），我尽量挑选好的，能够及时付款的，这样店面的老板相信我之后，我就可以自己做欠款生意了。所以说我的客户的诚信和信誉也就代表了我自己的诚信和信誉。（SMN：20170831）

（三）商品质量的诚信和信任

作为购买者，商品的质量非常重要。尤其是对于非洲人来说，贸易本钱不多，保证商品质量是其贸易中的重要环节。而作为销售商的中国人的店面来说，也需要保证商品的质量，一是保证客户的满意和稳定，二是减少因货物质量而带来的麻烦和损失。在交易过程中首先非洲人到中国人的店面看样品，通过样品下订单。非洲人会租用一个仓库，当卖方将货物送到仓库后，他们要进行抽检，如果发现抽检不合格他们会向中国人（卖家）协商扣余款的一部分资金作为补偿，中国人的店面也愿意支付这笔赔偿。也有少数时候货物运到非洲后发现质量问题，作为中国人的店面大多数愿意积极配合解决，通常的解决方式是与工厂沟通联系，提出补偿方案，多数情况是在非洲人下一次交易中进行补偿。

在此过程中的第三方——工厂，虽然没有直接与非洲人交易，但是出现商品质量问题，多数工厂也积极配合店面解决问题。因此，可以说在商品质量的维护上，也体现了中国商人和非洲商人的诚信和信任。为了保障商品的质量，在挑选商品时非洲人需要时间，下了订单商品交货后，非洲人要检验货物的商品质量，也延长了非洲商人在华的时间。试举在义乌的肯尼亚商人的案例说明：

SLN，在义乌的肯尼亚人，男，29 岁

我每次来义乌大概要待两个月吧，有的时候货物延期交货或者有问题了，我们还要延期签证。你知道我们非洲人做生意一般是不要翻译的，所以很多事情我们要亲力亲为。我们要的货有的时候工厂没有现货，我们在店面下了订单后还要等一段时间，有的时候工厂太忙没有及时生产出我们的商品，我们就要再在这里等下去。货交了以后我们就要验货了，我们必须亲自验货，不然质量有问题我们损失就大了，所以我们必须亲自现场验货，发现问题及时解决，一般来说，如果货物真是出现问题了，店面会解决的，要么赔偿要么降低价格，他们也会向工厂索要赔偿。所以说我们、店面和工厂都不想出现质量的问题。（SLN：20170830）

三 来华非洲商人的合作与贸易适应

信任关系的基础打好后，合作就成为中非商人之间最重要的互动，中非商人的贸易合作体现在各个方面。非洲商人在贸易过程中需要与店面、工厂、货运代理公司、非洲商人进行合作。非洲商人只有确保各个环节合作良好才能保证贸易的顺利进行，同时中国商人和非洲商人的合作方式也在不断地进行调适。

（一）非洲商人与店面的合作

来华非洲商人打交道最多的就是店面，店面可以提供数种供其选择的商品。在没有足够采购数量的情况下，工厂不愿意直接与非洲商人接触和合作。取得店面的信任是双方交易的基础，一些非洲商人与店面经过较长时间的贸易往来，取得信任后，双方就进入合作阶段，非洲商人与店面合作最重要的内容就是品牌的推广，非洲人往往钟爱一种品牌。店面的中国老板十分注重商品品牌的培养，他们会筛选厂家，挑选质量较好的商品进行销售和推广。还有一部分店面老板注册自己的品牌，找工厂代加工商品或者自己开设工厂加工商品。

在商品推广过程中店面老板会积极主动与非洲商人合作，有的店面老板采用允许非洲商人做更多的欠款贸易的方式来吸引非洲商人经销自己的品牌，有的店面老板与非洲商人合作采用多种营销办法提高商品的占有率。而对于非洲商人来说，他们来到中国不断地筛选自己满意的商品，品牌商品可以保证他们贸易的稳定性，如果某品牌在非洲市场打开销路，他们可以减少来中国的次数，每次来中国的采购变得更加简单快捷。从销售的角度来说，品牌的商品到达非洲后会很快销售，因此，持有品牌商品的非洲商人大多数从事批发贸易。从资金流通的角度来说，品牌商品促进了资金的运转，非洲商人可以较快地支付货款，取得店面中国老板的进一步信任后，下一次采购可以做更多的欠款生意。当然对于店面来说承担了一定的风险，如果采购商的资金链断裂或者恶意欠款，对于店面来说损失是巨大的。当然，这是义乌整体的贸易付款方式，据统计，每年义乌都有大量的经营户（店面）被外商骗取大量的货款。"我们是给 AS 国际贸易送过货的经营户，一共 200 多家店面，1100 万元左右货款被老外骗走了，10 月 15 日，我们知道老外跑了就报了警。"在义乌国际商贸城卖五金厨具的胡金梭说①。下面对义乌肯尼亚人的访谈就是很好的说明：

DYF，在义乌的肯尼亚人，男，29 岁

我在义乌做电线生意，我们非洲对电线的采购量很大，但是非洲人是认品牌的，虽然有些品牌的质量很好，但是有名的品牌还是更能被非洲人认可的。我现在合作的店面老板以前是开工厂的，后来来到义乌开店面，他们没有很多的客户，也不会说英语，但是他们的商品质量不错。他们也很会销售，我记得我每次来进货的时候，他们都会给我们几百件 T 恤衫让我们带回国，有的时候给我们寄回去，让我们发给非洲人，T 恤衫上印有他们品牌的LOGO，这种广告还是有效果的，结果很多客户都向我要这种品牌的电线，所以我现在基本上只做这一种品牌的电线。现在这个老板（店面）的生意真的很好，客户基本上都是我们肯尼亚人，这个品牌在我们肯尼亚真的不错了。（DYF：20170826）

（二）非洲商人与工厂的合作

来华非洲商人大多数为中小采购商人，因此当中有多数的非洲商人接触不到工厂，更难说与工厂合作。一些实力较强的非洲商人与工厂合作，主要采取以下

---

① 义乌 200 多家经营户 1100 万货款被老外骗走 ［EB/OL］. 金华新闻网 ［2013 - 11 - 26］. http://www. jhnews. com. cn/2013/1126/345051. shtml.

几种合作方式。一种是有实力的非洲商人直接找到工厂或者通过展会找到工厂，在工厂下订单。采购商品多为基建类、材料类商品，商品品种单一，采购量大。另一种是帮助工厂消化库存。中国有些工厂有一定数量的库存，有的是因为款式落后，有的是因为质量问题，有的是因为销售有问题，因此，一些较有实力的非洲商人瞄准了工厂的库存生意，前提是质量有一定的保障，商品国内有一定的销路，这样的商人一般做批发生意。还有一种是与工厂、店面、非洲商人三方合作，例如一个非洲商人一次采购不了一个货柜的商品，工厂会邀请一家销售能力比较强的店面，以便宜的价格让店面购买整个货柜的商品，其中部分销售给非洲商人，另一部分让店面的老板慢慢销售。对于三方来说是三方盈利的生意，对于工厂一方，可以大批量的销售商品，对于非洲商人来说，可以用相对便宜的一个货柜的价格拿到半个货柜的商品，对于店面来说，可以拿到价格更低的商品。总的来说，能够与工厂合作的非洲商人都具备一定的购买和销售实力。试举一例说明：

DFL，在义乌的几内亚人，男，35 岁

我在中国做了很多年的生意了，以前在广州做衣服和鞋子的生意，现在主要做鞋子的生意，义乌离温州很近，有的时候我们会去温州的工厂直接订货，因为非洲人的脚很大，所以很多鞋子要跟工厂定做。如果我们是很小的购买量，工厂是不愿意跟我们合作的，也不会给我们很低的价格，但是你知道工厂也有生意不好的时候，也有很多的库存，我们就去买库存，如果我们买不了一个整柜，工厂会让中国的店面来一起买，这样价格便宜了，店面也可以慢慢地批发或者零售商品。（DFL：20170824）

此外，也有非洲商人与中国工厂进行深度合作。一些中国工厂愿意将商品的代理权授权给非洲商人，前提是这个非洲商人具有较强的经济实力、较强的销售渠道、较好的信誉。中国工厂会以最低的价格提供给非洲商人，非洲商人要保证每年的销售量，如果完不成协议的销售量，中国工厂就要停止非洲商人的代理权。试举一例说明：

SXV，在义乌的马里人，男，37 岁

我哥哥在中国做了很多年的生意了，算是实力比较强的大老板。我在这里跟他学习做生意。我们主要做铜线生意。我们跟安徽芜湖一个工厂有很好的合作，去年工厂感觉我们的销售能力很好，工厂就把这个牌子在西部非洲的代理权给我们了，要求我们每年至少卖五十个货柜，给我们最低的价格。因为这个品牌质量不错，很多非洲商人都想直接去工厂买，这个工厂就告诉其他非洲商人到我家来买，说西部非洲的代理权给我们了。（SXV：20170827）

（三）非洲商人与货运代理公司的合作

在采购环节，非洲人大多数独自采购，不雇用中国人做翻译。主要原因是减少开支，另外的原因源于非洲人对他人的不信任。因此，市场上常常看到一个非洲人独自采购，而中东阿拉伯商人和南美商人则伴有翻译同行。但是在整个贸易过程中，有些环节他们必须与中国人采取合作才能够保证贸易的顺利进行。在商品采购后的通关和货运代理环节，将商品从中国运回国内，非洲人必须找到实力较强的货运代理公司合作，一般这类公司只有中国人具有资格开办。非洲商人与中国的货运代理公司的合作主要体现在以下几个方面。首先是报关方便。一般货运代理公司会选择一家实力较强的报关公司（当然非洲商人也可以自己选择一家报关公司，但是由于非洲商人一般采购量不够大，报关公司更愿意与货运代理公司合作）。当商品在报关过程中出现了问题，有实力的报关公司可以出面解决。其次是邀请函办理。货运代理公司可以为非洲商人提供一个商务邀请函，非洲商人可以持邀请函到当地中国大使馆办理签证，相对容易办理，商务签证时间比旅游签证时间长，对于非洲商人来说商务签证可以保证其在中国的时间。最后是货运代理公司可以帮助客户出具 CIQ 证书确认件，保证货物运到国内后，可以顺利提取货物；还可以提供仓库、装柜等其他的服务项目。以上是非洲人与中国货运代理公司的基本合作，随着中非贸易的推进，货运代理业务的竞争也越来越激烈，在此情况下，一些非洲商人主动与中国的货运代理公司探寻合作。

目前有部分非洲商人与中国货运代理公司合作开办"门到门"的货运代理业务。具体合作如下：非洲商人由于没有资质在中国开展国际货运代理业务，他们与中国货运代理公司合作，非洲商人负责拉非洲商人客户，中国境内的货运代理业务由中国货运代理公司办理，货物到了非洲国家的通关由非洲商人委托的公司代理。这样对于合作双方来讲都有好处，对于中国货运代理公司来说，可以增加业务量；对于非洲商人来说，可以用本国的资源和优势弥补在中国的资源的缺失。对于服务客户（其他非洲商人）来说，这种"门到门"的商品运输既提高了商品的运输效率，也保证了商品运输的稳定性。下面以义乌某国际货运代理公司经理的访谈来说明：

金女士，义乌某国际货运代理公司经理，女，35 岁

我在义乌开设国际货运代理十年了，我的客户主要是东部非洲的商人，肯尼亚的最多，他们愿意跟我合作，因为我的实力很强。我找的报关公司也很强，一个好的报关公司可以帮助我们和客户减少损失。比如说我有一个客户购买了一些指甲油夹杂在其他的化妆品货物中，指甲油在海关被查到，因为属于危险品，必须罚款，罚款的金额是货物金额的 10% ~ 50% 不等。非洲客户就来找我了，我就找报关公司的人让他们去沟通，争取能少罚一点，结果真的少罚了一些。从此以后，这个客户就一直在我这里走货，因为他们相信我们是有实力的，虽然他们现在也不敢再购买这类商品了。我们所有的货代公司不仅做货运代理，也帮客户找货物，但是我们是不赚佣金的，因为非洲人都是自己找货，不赚取佣金的，但是有一次我们帮助一个非洲客户找货，其实也就是为了多拉一个客户嘛，那个店面已经给了我们一点回扣，然后我们的业务员给客户报价的时候又加了几个点（钱）上去。后来这个客户发现了这个问题，他很生气，就不再找我们做货运代理了。其实我们做货运代理的竞争真的很大的……（JNS：20170829）

（四）非洲商人之间的合作

非洲商人之间既有竞争也有合作，非洲商人之间的合作体现在多个方面。主要的合作方式就是分工合作方式。最常见的合作就是家族内部的分工合作，即家族内会安排成员在中国负责采购，如果有条件的家族会安排子女在中国学习汉语或者专业，以便更加了解中国的市场和文化。同时安排部分家族成员在非洲负责批发或者零售。

在义乌非洲商人之间的合作主要体现在业务之间的合作。非洲商人在义乌的外贸公司会与货运代理公司进行合作。非洲商人的外贸公司、货运代理公司也会让其他非洲商人帮助其拓展义乌市场，拉拢客户，并给予一定的报酬或回扣。非洲商人之间的合作还有一种是跨行业合作，非洲其他行业的老板为了开展中非贸易，成立外贸公司，进口中国商品，他们就寻求在中国较有实力的非洲商人开展合作，提供佣金。试举一例说明：

AHJ，在广州的加纳人，男，40 岁

我在广州很多年了，主要帮助我的客人在广州采购商品。我成立了外贸公司，现在主要是与加纳的大公司合作。现在加纳很多大公司，都是黄金采矿公司，很有实力。他们发现中非贸易很赚钱，就开设贸易公司，大批量地采购，他们与在中国的很多非洲人开的贸易公司合作，帮助他们采购商品。对于我们来说要找到质量好的商品。加纳的那些老板他们很少来中国，真的很忙，要么他们去度假了，要么他们忙于生意。（AHJ：20170829）

四　来华非洲商人的竞争与贸易适应

国际贸易过程中，竞争是无处不在的，随着经济全球化的发展，竞争场域也发生转移和变化，竞争不仅发生在中国的市场场域，也会发生在非洲市场场域。同时，非洲商人内部也存在竞争。竞争促进贸易发展和交易水平的提高。在竞争过程中也会出现恶意竞争和不正当竞争，需要市场管理部门提高管理水平。

（一）非洲商人与中国商人的竞争

来华非洲商人与中国商人既有合作，又有竞争。

在中国，中国商人占有绝对的优势，非洲商人并不具备足够的竞争优势。在广州，非洲商人租店面销售商品，面对中国商人的价格优势和地主优势，非洲商人积极利用语言优势和社会资本优势。

非洲商人普遍英语较好，有的同时掌握英语、法语、斯瓦希里语或阿拉伯语，并通过语言优势积极拓展和维系非洲客户。同时非洲商人积极利用社会资本网络，通过本国的亲戚、朋友或者熟人介绍本国客户，并不断拓展到非洲其他国家的商人。在义乌，很多非洲人积极利用自身的语言优势或社会资本，与中国人竞争的同时开展合作。试举中非两位商人进行说明：

ML，在广州的乌干达人，女，25 岁

我和我的老公在小北租了一个店面，主要卖牛仔裤，主要卖给非洲生意人，现在非洲人在广州开店的也太多了，加上中国人开店更有优势，所以现在生意很不好做，利润很低，房租很高，生活成本很高。中国人有中国人的优势，他们有的时候货源好，在中国他们做什么都方便。我们的优势是我们有语言优势，有的时候非洲的新客户来中国了，我通过他们的面容和穿着就知道他们是哪个国家来的，如果是肯尼亚的，我就用英语或者斯瓦希里语；如果是苏丹的，我就用英语或者阿拉伯语；如果是马里的我就用法语打招呼，这样就可以吸引他们，获得他们的信任。因为有一些刚来中国的非洲人，他们对广州真的不了解，我们就告诉他们住在哪里便宜安全，去哪里吃饭买东西，生病了怎么办，如果有警察盘问怎么回答，等等，他们会非常感谢我们的，也就成了我们的客户。我这里的生意主要是熟人生意，有的做了很多年了，有的新客户是老客户介绍的，我们非洲人大多数还是相信非洲人的。（ML：20150526）

非洲商人与中国商人的竞争还体现在非洲市场上。随着中非贸易的发展，越来越多的中国商人去非洲大陆开展贸易。据调查，在非洲，有超过100万的中国人。他们在非洲这块陌生的土地上，用中国人特有的打拼方式发家致富。非洲市场上中国商品最多的就是服装、小家电、五金和摩托车。很多城市还形成了专门卖中国商品的商业街。为了能在非洲淘到金，很多中国人通过各种方式来到非洲，虽然要面临语言不通，文化差异，还有条件的不适应，等等，但是对他们来说，能赚到钱胜过一切[①]。中国人到非洲给来华非洲商人的最大冲击就是商品的价格，对于来华非洲商人来说，之所以千里迢迢来到中国采购商品就是为了赚取差价，但是近年来一些中国人直接将生意做到非洲大陆的各个国家，对来华非洲商人的冲击很大，尤其是对批发商来说冲击较大。

为此，非洲商人积极采取对策来应对。中国批发商一般都生活在非洲国家的首都或者商贸城市，因为那里治安比较好，生意环境较好，中国人比较集中。为了避开中国商品低价格的冲击，来华非洲商人首先是拓展销售商品类型，避免与中国同类商品的竞争。其次，为了避开中国批发商的冲击，非洲批发商将批发生意做到中国批发商集中以外的城市或偏远地区，那里经济环境相对较差，交通不便，治安相对较差。对于零售商来说，为了应对中国商品的低价格，他们扩大零售种类的范围，提高商品的竞争力。同时他们把与中国商人同类的商品屯放一段时间，避开中国商品在非洲市场的销售期，在中国商人卖完商品的空档期销售商品。对于中国商人来说，虽然具有较大的价格优势，但是缺少对非洲市场的了

① 在非洲开荒赚钱的中国人，你想象不到他们的生活［EB/OL］. 搜狐网［2017 - 05 - 01］. https://www. sohu. com/a/137526570_666006.

解、对当地消费文化的了解。试举义乌和广州两位非洲商人访谈说明：

SLF，在义乌的马里人，男，38 岁

我以前在首都巴马科做服装批发生意，原来我在广州做生意，在那里很多人做服装生意。最近几年有很多中国人来到这里，现在生意不好做，我们尝试把我们的货卖到马里的其他城市，但是马里的治安不好，交通也不好，导致生意周期很长。所以几年前我就考虑到拓展生意类型，我听说义乌有很多五金商品，我们国家建设现在需要很多的五金和建材商品，后来我就来到了义乌。刚来的时候义乌的非洲人不是很多，生意还是很好做的，所以我们现在主要做五金商品，服装基本上不做了。（SLF：20150524）

FLK，在广州的尼日利亚人，男，36 岁

现在越来越多的中国人来非洲做生意了，中国人商品的价格真是太低了，因为他们背后有工厂的支持。有的时候中国人之间也是恶性竞争，没有办法我们只能想办法应对。我是做零售为主的，去中国进货，回来再卖。以前我们只卖卫浴商品，现在我们也扩大到很多五金商品了。因为客人来到店里之后，以前只有几类商品，如果价格过高，客人就走了，现在商品多了，总有客人喜欢的商品。还有，中国人的商品确实便宜，他们有工厂的支持，但是他们有的时候并不了解非洲的市场和文化，他们商品缺少了非洲元素，缺少非洲文化，他们做的是价格，并不是品牌，并不能完全得到非洲人的认可。（FLK：20150524）

（二）来华非洲商人之间的竞争

非洲商人之间的竞争首先是商品同质化带来的竞争。

目前，来华非洲商人的数量基本稳定，每年还有大量的来华非洲留学生以兼职的身份加入中非贸易中来。对于非洲商人来说，相互之间也有一定的竞争，这体现在商品的同质化上，广州的非洲商人采购商品主要是服装、鞋帽，电子商品等，义乌的非洲商人采购的商品主要是五金、小家电、生产资料等。

为避免商品同质化问题，非洲商人会不断寻找适合在非洲销售的其他商品，并追寻货源到货源地。非洲商人从广州到义乌就是寻找商品的差异化。在广州或义乌，非洲商人不断寻找新的商品或新的样式，有时候会从义乌追寻商品到工厂。有一些汉语较好、在中国时间较长的非洲商人，会通过阿里巴巴等电子商务平台寻找货源。以下在义乌的马里商人的案例可以为我们提供解释：

DF，在义乌的马里人，男，25岁

我在义乌大学学习，平时我会帮我的朋友找一点货物。你知道，我们如果采购很少的货物，义乌福田市场店面老板是不会卖给我们的。我们学校很多的中国学生做电子商务，我自己也在淘宝上买东西，我现在主要是在阿里巴巴或者义乌购买商品。阿里巴巴的店铺主要是有一些工厂支持，所以价格比较便宜，关键是可以拿到想要的数量，工厂和福田市场的店面是做不到的，有时候阿里巴巴店面还包邮，货物直接送到我的仓库和家里，有时候包邮也负责送货上门，我们只要支付运费就好了，真的很方便。不过我在阿里巴巴和义乌采购商品的方式很多非洲商人是不知道的，这也是我赚钱的一个秘密吧。（DF：20170826）

非洲商人之间的竞争还有客户方面带来的竞争。非洲商人除了经营的商品同质性很高外，他们的客户同质性也很高。面对同质性的客户，非洲商人内部形成了一些约定俗成的规定，一般性的竞争都是存在的，也是可以接受的。如果出现恶性竞争或者给对方造成了损失，就要寻求本国在义乌的商会解决。义乌的商会会组织一次会议，将本国的两个非洲商人叫到一起，商会相关成员参会，讨论解决问题的办法，并避免此类事情再发生。如果涉及两个非洲国家的事情，两个国家在中国当地的商会会长会召集会议解决问题。还有一种情况就是同一个国家的商人客户同质性很高，大家都来自一个国家，商人之间都很熟悉，如果一对买卖双方出现问题，本国其他商人不会轻易地介入，本国贸易圈内形成一种默契和尊重，不会轻易拆本国竞争者的台。下面在义乌的几内亚商人的访谈可以说明：

HK，在义乌的几内亚人，男，32岁

我在义乌做中间人，我的客户基本上是几内亚人，也有马里人，我们平时都是很好的朋友。我们都有自己的生意，有的是家族的，有的是自己的。我们非洲商人在一起的时候很少谈论生意，因为大家都是竞争者，我们的圈子不大，我们基本上都知道谁是谁的客户，我们之间也不会相互拆

台的，毕竟大家都认识。我有一个几内亚的小客户，在我这里发货，他的
货很少，要等其他客户的货物都凑齐一个货柜了才能一起发出，他的货已
经在我的仓库里面存放了一个月了，他等不及了，就想到我老乡那里发
货，其实老乡也可以帮他马上发货，但是老乡不想因为这个事情得罪我，
我的客户虽然天天催我，但是也没有办法。我也是我们义乌几内亚商会的
成员，如果我们几内亚人在义乌做生意出现了问题，我们商会的领导会出
面协调和解决的。这样就可以保证一个比较好的生意环境，避免我们之间
的恶性竞争。（HK：20170826）

五　来华非洲商人的协商与贸易适应

在中非贸易过程中，会出现不同的问题，针对不同的问题，贸易中各方多数
是通过协商进行解决的，并且有不同的协商机制。协商的依据是约定俗成的或者
灵活实用的。协商的最终目标是保证贸易的顺利完成，是贸易多方理性选择的结
果。随着贸易纠纷的增多，以及贸易市场管理水平的提高，一些新的协商和调解
机制也应运而生。

来华非洲商人在中国以采购贸易为主，贸易过程中在商品质量、汇率波动、
知识产权等方面出现了问题，非洲商人是如何解决的呢？

（一）商品质量的协商

调查发现，非洲商人在中国遇到比较多的问题是商品质量问题。当商品质量
出现问题时最多的解决途径是协商。一般会涉及三个方面，即销售店面、工厂和
非洲商人。工厂和非洲商人一般不会见面。因此，在协商过程中店面起到协调的
作用。为了确保商品质量，非洲商人会在交货的时候进行检查，多数时候是抽
检。如果发现问题，协商解决。主要有以下几种解决方式：如果商品可以返工
的，拉回工厂进行返工，或者商谈后工厂给予一定的赔偿款，或者店面许诺采购
下一批货物的时候给予一定的优惠。如果由于非洲商人在中国的验货过程中疏忽
了，货物运到了非洲后才发现，这种情况下非洲商人也需要承担一定的责任。总
之，这个协商的过程就是三方博弈的过程。以下两个案例进一步说明：

DYG，在义乌的坦桑尼亚人，男，30岁

我每次来义乌都要买很多种类的货物，所以每天我真的很忙，货物送

到了之后，我要验货，如果发现了问题，我们要及时地解决，所以有的时候我们一个月的签证真的不够用。有的时候就是为了等验收一批货物，我们又不能先回国，不然不验货出现了问题我自己就要承担一部分责任。还有我们的货物是拼柜的，在装柜的时候我也必须来一下，有的时候货运代理公司会给我货物的体积多算一点，所以装货的时候必须在场。（DYG：20170830）

龚先生，在义乌的店面老板，男，45 岁

商品质量有问题首先我们都会想到采用赔钱的处理方式。如果非洲客人不同意，货物在国内就好办，货物有问题就马上拉回工厂返工。也有的时候货物的质量太差客户拒绝收货，这样的情况下，我们就很难协商了。如果商品上没有打上 LOGO，我们损失会少一点，我们会当作库存一点一点地消化掉。如果商品上打上了 LOGO，我们拉回去就很麻烦，但是也比货物运到国外（非洲）后才发现质量有严重问题再运回来好办。我们是做五金的，如果商品上打上了 LOGO 再被退货，我们会把商品当作原材料处理，现在的国内原材料的价格很高，商品当作原材料处理掉损失也不是很大。所以为了避免后续的麻烦，首先我们要选择有实力的工厂下订单。如果商品真的出现了质量的问题，有时候我们会与非洲客户一起去工厂解决问题，监督工厂返工做好，这样可以减少我们后续的麻烦和损失，一般非洲客户也会同意我们的处理意见，毕竟合作这么多年了，难免会出现一些质量的问题。在义乌做外贸最大的特点就是没有一个正规的合同可以为贸易提供保证，虽然有合同，但是很多时候的规矩是约定俗成的，遇到问题是要灵活解决的。（GXS：20170830）

（二）汇率波动的协商

汇率的波动是非洲商人必须面对的问题。由于非洲商人做的是欠款贸易，尾款支付时间较长，有时候尾款支付在半年以上，主要原因是非洲的贸易成本和时间成本都非常高。非洲是世界上贸易成本最昂贵的地区之一。根据 2014 年世界银行提供的数据，非洲各国（除少数个别国家）在世界 189 个考察的经济体中的跨境贸易指标排名普遍靠后。在非洲出口所需时间平均 28 天，进口的程序比出口更多，进口平均所需要的时间高于出口的 26 天，平均所需时间成本高于出口 33 天①。非洲高昂的贸易时间成本推迟了非洲商人尾款的支付。最近几年人民币兑换美元的汇率波动较大。通常情况下是店面老板与非洲商人双方先协商达成共识，即非洲商人的尾款以人民币算清。有时候汇率波动较大，非洲商人损失较大，非洲商人会与店面或者外贸公司进行协商，获取一定的经济补偿。试举两例说明：

POLA，在义乌的索马里人，男，31 岁

我们做生意最怕汇率的波动，对于我们来说本来生意不好做，生活成本高，如果汇率发生了变化，我们损失就大了，所以我们就要找到好的商品，质量好的，好卖的商品，好的报关公司，好的货运代理公司，这样我们的资金周转就快了。所以说做欠款生意有好的一面，可以买很多的货物，不好的一面就是汇率波动对我们不利，但是在中国一般的店面和外贸公司都要求人民币结算，这样的损失都要由我们来承担。所以有的时候我们吃不消了，就会跟店面的中国老板商量，下次货物价格便宜一点，对我们也是一种补偿吧。（POLA：20170830）

管女士，在义乌的店面老板娘，女，31 岁

汇率波动带来的损失肯定要由非洲人承担了，他们做欠账的生意，10 万元货款买 30 万元的货物，他们回去后就算一两个月吧，货物就可以卖出去，那 20 万元的货物带来的利润肯定要比汇率波动损失要多很多啊。所以，很多非洲客人会以此为借口，要我们给他们优惠，我会跟他们算一下，如果真的有损失，我就会给补偿一点的。这几年人民币兑换美元一直上涨，最终导致商品在非洲价格的上涨，但是对于他们来说没有办法，因为都是生活必需品，是一定要买的。（GNS：20170830）

（三）商品产权的协商

知识产权是世界性问题。中国的外贸市场涉及知识产权和仿牌的案件比较多，仅以义乌外贸为例。2011 年 6 月 30 日，历时 9 个月的"打击侵犯知识产权与制售假冒伪劣商品专项行动"落下帷幕，专项行动期间义乌海关共查获涉嫌

---

① 刘鸿武. 非洲地区发展报告（2013—2014）［M］. 北京：中国社会科学出版社，2014：263.

侵权货物 358 批次、1191 万余件，累计保护了 25 个国家和地区的 222 项权利，打假专项行动成绩斐然①。义乌市保护名牌商品联合会会长、义乌市市场监督管理局副局长冯国平介绍，通过 20 年的不断探索，联合会充分发挥纽带、平台作用，围绕"高效维权"的目标，强化政府、企业、协会三方联动，力促联动维权长效化、常态化和纵深化。仅 2014 年一年，联合会就配合市场监管局查处商标侵权案件 736 起，涉案金额 854.5 万元，罚没款 1205.9 万元，移送公安机关追究刑事责任 21 起②。众所周知，生产和销售仿牌（侵权）商品在中国要受到经济惩罚甚至刑罚。由于原材料价格上涨、人工成本上涨、汇率波动以及客户竞争等，中小型工厂生产仿牌商品，店面销售仿牌（侵权）商品，非洲商人买卖仿牌（侵权）商品难以杜绝。那么从生产到流通环节，各个环节之间是怎样协商来应对处罚的呢？经调查发现，三方会约定协商，明确惩罚责任与损失。如果在工厂环节出现问题（被发现），责任和损失由工厂和店面共同承担。如果是货物交给了非洲商人，在中国的仓库和海关出现了问题（被发现），责任和损失由非洲商人承担。如果货物出海以后出现问题，责任和损失由非洲商人承担。试举一例案例说明：

林女士，在义乌的店面老板娘，女，38 岁

义乌以前做仿牌的很多，而且很多人也赚了很多钱，因为非洲人很认品牌的，他们的品牌也不是什么国际知名的品牌，大多数是中国的工厂生产的。最近几年国家和义乌对仿牌和伪劣产品检查的力度很大，很多店面的竞争也都很大，工厂竞争也很大，有的店面做仿牌会被别的店面或工厂举报，我知道的一个店面做仿牌被举报了，是仿牌江苏的一个工厂，被工厂举报了，那个店面被罚了几十万元，那个店面的老板还被判刑了。所以现在我们基本上不做仿牌了，风险太大了。（LNS：20170823）

（四）协商平台的搭建

外贸过程中，纠纷会时常发生，当事人双方如果解决不了的话，需要第三方

---

① 义乌海关打假成绩斐然 ［EB/OL］. 搜狐新闻 ［2011 - 07 - 06］. http://roll. sohu. com/20110706/n3125 74507. shtml.

② 义乌保护名牌商品联合会 助企打假 20 年 ［EB/OL］. 金华新闻网 ［2015 - 06 - 08］. http://yw. jhnews. com. cn/2015/0608/498427. shtml.

介入进行协商。第三方中有的是非洲商会的领导，有的时候是当事人双方的熟人。如果纠纷还是不能解决，就需要更大的协商平台进行协调。在此情况下，义乌市涉外纠纷人民调解委员会应运而生。义乌市涉外纠纷人民调解委员会主任陈津颜说，他任上的 6 年时间里，因商品买卖中合同订立、语言沟通、产品质量等问题产生的涉外纠纷大量涌现。几乎每年都会遇到很多外商上门寻求帮助。2016年 2 月，巴基斯坦客商穆罕默德到外调委投诉义乌商城商户卖给他的一批塑料圈"短斤缺两"，要求全额退钱。潘树法得知后退掉了当晚飞往伊朗的机票前来调解。潘树法解释说，塑料圈允许有 1% 的误差，是不是可以退还扣掉误差的钱，穆罕默德答应了之后就很快拿到了退款①。

据浙江在线报道，2015 年 5 月 27 日上午 10 时，义乌 6 位经营户来到位于国际商贸城四区的涉外纠纷人民调解委员会（以下简称"外调委"），从来自苏丹的调解员艾哈迈德手中拿回欠了 5 年的货款。虽然加入"外调委"的时间不长，但艾哈迈德已经为义乌商人收回了 300 多万元货款②。

还有一例更为典型，2010 年，一家名为 EL - MANSOUR 的公司从义乌经营户王种根的店里采购了价值 13 万多元的商品，当时对方付了 1 万多元的定金，双方约好两个月后结清货款。但让王种根没想到的是，两个月后他的货送过去了，但采购商消失了，货款也没拿到。随后的两年，王种根通过翻译与这名苏丹客商断断续续地进行联系，但到了 2013 年却再也联系不上对方了。"我真没想到钱还能要回来，感觉这笔钱就像是从天上掉下来一样的。"2015 年 5 月，王种根忽然接到"外调委"工作人员的电话，告知他当年被拖欠的货款有着落了，这让他惊喜万分。通过"外调委"调解员长时间的不懈努力，王种根拿回了 8 万元货款，而其他 5 位经营户也分别拿回了属于自己的货款，总计 16.7 万元。"要不是艾哈迈德，这笔钱肯定拿不回来了。"被同一采购商拖欠了 2 万多元货款的经营户刘新法说，当时若不是艾哈迈德主动联系他，说要帮他要回货款，他对这笔钱早就不抱希望了。让几位经营户赞不绝口的艾哈迈德是义乌苏丹商会的会长，也是 2015 年新加入"外调委"的外籍调解员。他说："我很早就来到义乌经商了，义乌是我的第二个家乡，所以我不希望看到义乌和苏丹的商人因为一些

---

① "世界超市"义乌的"洋调解员"：客观公正，帮理不帮亲［EB/OL］.新浪财经［2016 - 07 - 27］. http://finance.sina.com.cn/roll/2016 - 07 - 27/doc - ifxuhukz1155473.shtml.

② 外籍调解员为义乌经营户挽回 300 万损失.浙江在线［2015 - 05 - 28］. http://cs.zjol.com.cn/system/2015/05/28/020672305.shtml.

纠纷失去彼此的信任。"当他了解有苏丹采购商在义乌拖欠货款之事后，立即通过多种方式去苏丹寻找对方，向对方讨要货款。他希望通过自己的努力，能够让苏丹的商人继续来义乌做生意，也让义乌的经营户不要对苏丹商人有偏见。

"只要是与我们有对接的外国商会，我们都会尽自己最大的努力去帮助大家解决涉外纠纷。""外调委"主任陈津颜表示，涉外纠纷走法律程序比较复杂，通过调解可有效化解各类涉外纠纷，维护双方的合法权益，"希望通过我们的调解，能在各国间建立起诚信贸易体系，促进市场和谐，推动'一带一路'发展，做好中外客商之间的'沟通之桥'。"①

总之，来华非洲商人的贸易适应是最重要和基本的适应。贸易适应是非洲商人根据贸易市场发展和变化不断调适的结果。非洲商人的贸易适应过程是中非商人双向的适应过程，这个过程成了来华非洲商人跨文化交流适应的主旋律。

第五节　来华非洲人的心理适应

文化适应包括社会文化适应和心理适应，这两方面是紧密相连的，但后者更多指主观的心境状态，也更倾向于适应旅居文化的能力②。来华非洲人在中国的社会文化方面主要包括生活适应、语言适应和贸易适应。心理适应既是来华非洲人适应的过程，也是来华非洲人适应的结果。贾晓波将心理适应概述为当外部环境发生变化时，主体通过自我调节系统做出能动反应，使自己的心理活动和行为方式更加符合环境变化和自身发展的要求，使主体与环境达到新的平衡的过程。根据适应的对象可以将心理适应分为对自然环境的适应和对社会环境的适应，根据适应基础可以分为生理适应和心理适应，根据适应的程度可以分为浅层适应和深层适应，根据适应过程中是否有意识的参与可以分为有意识的适应和无意识的适应。根据适应过程中态度的积极和消极又可以分为主动适应和被动适应等。还可以根据适应的效果分为消极适应和积极适应，根据适应表现的方式分为内部适应和外部适应，根据适应的内涵分为狭义适应和广义适应等③。

---

① 外籍调解员为义乌经营户挽回 300 万损失 [EB/OL]. 浙江在线 [2015 - 05 - 28]. http://cs. zjol. com. cn/system/2015/05/28/020672305. shtml
② 练凤琴，岳琳. 外籍员工在中国的文化与心理适应研究 [J]. 中国心理卫生杂志，2005 (2): 105.
③ 贾晓波. 心理适应的本质与机制 [J]. 天津师范大学学报，2001 (1): 19.

马斯洛理论把需求分成生理需求（Physiological needs）、安全需求（Safety needs）、爱和归属感（Love and belonging）、尊重（esteem）和自我实现（self-actualization）五类，依次由较低层次到较高层次排列。在自我实现需求之后，还有自我超越需求（Self-transcendence needs），但通常不作为马斯洛需求层次理论中必要的层次，大多数会将自我超越合并至自我实现需求当中①。非洲人在中国接受跨文化适应的挑战，最终目标是达到自我实现和自我超越需求。来华非洲人的自我实现和自我超越的目标正是非洲人的"非洲梦"。

一　"非洲梦"是来华非洲人心理适应的出发点

来华非洲人的"非洲梦"，是他们自我实现和自我超越心理适应的出发点。

目前越来越多的非洲人怀揣"非洲梦"来到中国。近年来，在中非合作论坛推动下，中非关系与合作进入快车道。2009年，中国超过美国成为非洲第一大贸易伙伴国。2014年中非贸易额达2200亿美元，是2000年中非合作论坛启动时的22倍，占非洲对外贸易总额的比例由3.82%上升至20.5%。正如王毅在中非合作论坛约翰内斯堡峰会上所说："我们期待中非关系的战略定位能实现一个新的提升，以充分反映中非关系的未来愿景，为中非合作全面发展注入新的动力。""让广大非洲人民受益始终是中国开展对非合作的重要出发点和着眼点。只有这样，中非合作才能得到非洲人民的衷心拥护和支持，中非关系发展也才能具有越来越坚实的基础和保障。"② 南非金山大学商务学院研究生院学者科菲·库阿库提出，中国国家主席习近平在坦桑尼亚的演讲对非洲国家非常重要，非洲人民期待这一时刻已经很久，这也是非洲重要的历史时刻。非中关系重要性一直在不断提升，非中共同利益在不断增多，这是有目共睹的。中国对非关系惠及几乎所有非洲人。习近平主席在演讲中提到非洲梦，"中国梦"要与"非洲梦"联合起来一起实现③。

从中国非洲国家民间经贸交往来看。正如《南方周末》2008年1月23日发表的《"巧克力城"——非洲人寻梦中国》一文所报道的："到中国去吧！尼日

① 刘烨．马斯洛的人本哲学 ［M］．呼伦贝尔：内蒙古文化出版社，2008：156.

② 让"中国梦"和"非洲梦"实现对接 ［N/OL］．新华每日 ［2015 - 11 - 30］电讯2版．http://news. xinhuanet. com/mrdx/2015 - 11/27/c_134861081. htm.

③ 中国梦　非洲梦　世界梦——国际社会高度评价习近平在坦桑尼亚发表重要演讲．人民网 ［2013 - 03 - 26］．http://theory. people. com. cn/n/2013/0326/c136457 - 20914260 - 2. html.

利亚用石油换外汇，中国人买下它来打造天堂！""我们来到中国，只是为了赚钱，然后回家盖房子！""我女儿问我在中国看到了什么。我回答，牛仔裤和黑人！""我喜欢中国，我想在这儿待下去，能待多久是多久！"① 这正是非洲人"非洲梦"的心声！

正因如此，在非洲人相对集中的义乌，也有大量的非洲商人在实现自己的"非洲梦"。所以打"飞的"往返于义乌和非洲两地的非洲商人不少。义乌市商务局的统计数据更是为这些"空中飞人"的贸易贡献加了一笔鲜明注脚：2015年1~10月，义乌对非洲国家出口额达66.4亿美元，同比增长56.85%。确实，非洲商人是义乌在义外商群体中不可忽视的中坚力量。"对我而言，义乌是我的第二故乡，这里有我的事业、我的家庭、我的未来。我希望义乌能更好。"毛里塔尼亚商人西德这样描述他对义乌的情感。西德是较早来自非洲并在义乌创业成功的代表。如今，有数千名非洲商人常驻义乌，从事中非贸易。每年来到义乌的外籍人士超过38万人次，其中有8万人次来自非洲。非洲商人个人的成功故事，正是造就义乌作为世界"小商品之都"奇迹的基石②。

（一）实现"非洲梦"的重要途径：到中国从事贸易

对于非洲商人来说，来中国从事贸易是其实现"非洲梦"的重要途径。我们对来华非洲人进行调查，来华非洲人被问到中国的生意对其很重要（见表4-25），其中选择完全符合的占31.3%，选择比较符合的占22.3%。两项之和超过53%。完全不符合的占11.5%，不太符合的占了13.2%。非洲人的"非洲梦"就是改变现在的生活，提高生活水平，成为成功的商人。因此，他们千里迢迢、克服种种困难来到中国实现其梦想。虽然目前在中国的生意越来越难做，签证越来越难办理，但是还是有越来越多的非洲人来到中国实现其"非洲梦"。试举两例说明：

DF，在广州的尼日利亚人，男，32岁

我们尼日利亚人是最早来中国的非洲人，最开始来的尼日利亚人有很多已经赚了很多钱，那个时候真的很赚钱，我的第一桶金也是在中国赚到的。

---

① "巧克力城"——非洲人寻梦中国［EB/OL］. 南方周末［2008-01-23］. http://www.infzm.com/content/trs/raw/35302.

② 义乌：连接非洲的"魅力之城"［EB/OL］. 中国义乌网［2015-12-08］. http://wqb.yw.gov.cn/wmkyw/201512/t2015 1208_830734.html.

现在虽然这里的生意不是那么好做了，还是有越来越多的尼日利亚人和非洲人来到中国。有些较早来到中国赚到钱的非洲人有的已经回国投资其他生意了，有的移民美国了。来到中国的非洲人都有自己的"非洲梦"，就是来到中国能够赚到钱，能够成为成功的商人。（DF：20170823）

SDK，在杭州的刚果（金）人，男，25 岁

我是在浙江大学学习，学习的是采矿专业。我会汉语，所以回国后可以找到一份不错的工作。我的爸爸在海关工作，我的叔叔很早就来中国做生意了。我明年就毕业了，我现在面临着选择，要么回国找一个稳定的工作，要么在中国做生意。我想去义乌做生意，因为来中国我先到的义乌，在义乌一所大学学习了汉语，然后申请中国政府奖学金来到浙江大学学习。义乌我很喜欢，那里有很多机会。我对中国的电子商务也很感兴趣，我不想做传统的外贸，因为那样竞争很激烈。现在来中国的非洲人越来越多，去非洲的中国人也很多。我想开一个咨询公司，帮助这些人咨询或者投资，也想开展电子商务贸易。我的爸爸同意我的想法，因为我还年轻，趁年轻可以在中国拼一下，如果成功了我这些年的努力就没有白费，如果失败了，也会找到一份不错的工作。（SDK：20170823）

为了实现"非洲梦"，中国的非洲商人也朝着多样化方向发展。有些在中国赚到钱的非洲人进行了行业转型，有的回国投资，有的移民欧美等国家。我们调查发现，中国跨境电子商务的发展给传统的外贸带来了一定的冲击，同时也给非洲人带来了一些机遇，一些非洲商人或留学生瞄准跨境电子商务，从而进行转型。这部分非洲人主要对中国的贸易环境比较熟悉和了解，一种新型的贸易方式首先是从心里接受和认可的，而这部分非洲人对中国的跨境电子商务心理接受和认可程度比较高，也有一定的体验和尝试。

阿里巴巴提供的数据显示，消费电子、时钟手表、机械产品、美容护理、服装配饰最受非洲消费者喜爱。阿里巴巴国际站 2016 年订单较 2014 年全年增长逾 2 倍。2017 年第一季度订单同比增幅约 125%。目前，阿里巴巴国际站有约 700 万非洲注册用户，2017 年第一季度同比增长 31%。除了国际站外，速卖通在非洲地区近 3 年平均订单数约每年 322 万订单，2016 年全年同比增长 34.6%，无线成交同比上升 81.7%。2017 年第一季度订单量同比上升 46%，无线成交占比上升31%。最受欢迎的品类分别是服装服饰、手机通信、美发饰品、汽车摩配以及消费电子。国际站是 B2B 网站，主要是帮助中小企业之间进行国际贸易；而速卖通则是 B2C 网站，是帮助中小企业把商品卖给非洲个人买家。阿里巴巴依靠国际站和速卖通，帮助越来越多的中国中小企业以更低的成本在非洲做生意，让更多的非洲人用上中国生产的质优价廉的商品①。我们的问卷"中国的生意对我很重要"如表 4-25 所示。

表 4-25 中国的生意对我很重要

		频率（人）	百分比（%）	有效百分比（%）
有效比	完全不符合	103	11.1	11.5
	不太符合	118	12.8	13.2
	不好说	194	21.0	21.7
	比较符合	200	21.6	22.3
	完全符合	280	30.3	31.3
	合计	895	96.8	100.0
缺少	0	30	3.2	
总计		925	100	

这就表明，中国经济的发展对于非洲人实现"非洲梦"是一个很好的机会。对此，我们进行了调查，发现"在中国对我来说是一个非常好的机遇"，比较赞同和完全赞同此说法的合计占 60.4%，完全反对的比例为 9.8%，不太赞同的比例为 11.9%（见表 4-26）。在此情况下，越来越多的非洲人来到中国，以实现自己的"非洲梦"。试举一例说明：

SMK，在义乌的马里人，男，25 岁

在义乌有很多的马里人，我们马里人有做生意的传统，生意在哪里哪里就有马里人，我们马里人做生意都是有人带的。在我们国家首都有一个很大的批发市场，那里的人都是做生意的，我们能够来中国做生意是一件很值得骄傲的事情，因为你需要有本钱，有人带你，所以能够来中国对我们来说真

① 马云让中国货红遍非洲 一年跑 40 个国家竟只为一个梦想．中国经营网 ［2017-07-24］．http://www.cb.com.cn/wangbin/2017_0724/1192083.html.

的很好。你看义乌市场有这么多商品，都是我们国家发展需要的，只是我觉得我来中国太晚了，所以我每天努力地工作，找到最好的商品，找到最好的客户，我一定要抓住这个好机会。（SMK：20170824）

表4-26　在中国对我来说是一个非常好的机遇

		频率（人）	百分比（%）	有效百分比（%）
有效比	完全反对	88	9.5	9.8
	不太赞同	107	11.6	11.9
	不好说	162	17.5	18.0
	比较赞同	232	25.1	25.8
	完全赞同	311	33.6	34.6
	合计	900	97.3	100
缺少	0	25	2.7	
总计		925	100	

对比在广州，反对此说法的比例是32.1%，义乌仅为14.1%。赞同此说法的广州的比例是48.5%，而在义乌是67.9%，义乌的比例高于广州。而对比全国的情况来看，赞同的比例高达85.8%（见表4-27）。这说明对于来华留学生来说，来华目标明确，学有所成后可以回国就业也可以从事贸易活动。而对于来华非洲商人来说，来中国是一个很好的机遇和选择，这就是他们的"非洲梦"。试举一例说明：

KLJ，在义乌的埃塞俄比亚人，男，22岁

在埃塞俄比亚，能够获得中国政府奖学金是一件很值得骄傲的事情。现在在我的国家中国人和中国的企业很多，我很荣幸获得中国的政府奖学金来中国留学。我学习的是纺织专业，我毕业后在我们国家的中国工厂一定能够找到一个很好的工作。对我来说来中国学习真的是一个好机遇，现在所有的付出都是值得的。（KLJ：20170824）

表4-27　在中国的时间对我来说是一个非常好的机遇

	广州	义乌	其他地区
完全反对	15.9%	5.1%	4.8%
不太赞同	16.2%	9.0%	4.8%

续表

	广州	义乌	其他地区
不好说	19.5%	17.9%	4.8%
比较赞同	22.3%	28.2%	31.0%
完全赞同	26.2%	39.7%	54.8%
总计	100%	100%	100%

目前非洲商人在中国竞争越来越激烈，中国政府相应的管控措施越来越严格，同时来华非洲人也面临跨文化适应问题。在此情况下，我们调查来华非洲人留在中国的意向时，被问到"我希望自己能够留在中国生活"，完全不符合的比例是15.8%，不太符合的比例是12.3%，不好说的比例是30.8%。比较符合的比例是18.1%，完全符合的比例是23.0%，两者之和超过40%（见表4-28）。

表4-28　我希望自己能够留在中国生活

		频率（人）	百分比（%）	有效百分比（%）
有效比	完全不符合	143	15.5	15.8
	不太符合	112	12.1	12.3
	不好说	279	30.2	30.8
	比较符合	164	17.7	18.1
	完全符合	209	22.6	23.0
	合计	907	98.1	100
缺少	0	18	1.9	
总计		925	100	

对比分析广州和义乌想留在中国生活的比例，义乌非洲人想留在中国生活的比例高于广州。来华非洲人希望能留在中国生活的，完全不符合的比例广州是21.7%，义乌是11.2%。不太符合的比例，广州是15.3%，义乌是10.1%。比较符合的比例，广州是15.3%，义乌是19.6%。完全符合的比例，广州是17.1%，义乌是27.8%（见表4-29）。而中国其他地区非洲人想留在中国生活的比例与义乌比例比较接近。这主要与广州和义乌两地的社会文化和城市文化有直接的关系。来华非洲人对城市的心理适应情况，会不断进行工作上和生活上的调整。试举一例说明：

APE，在义乌的索马里人，男，26 岁

我最开始在广州做生意，生意还是不错的。后来义乌的生意越来越好做了，因为这里的货物比较全，竞争比较小。我也尝试来义乌做一些生意，还不错。……在义乌有很多外国人，外国人甚至可以像中国孩子一样，没有人会过多地关注你、议论你。虽然这里赚钱比广州少一些，但是这里生活更方便、更自在，对我的孩子来说最重要。（APE：20160824）

表 4 - 29　希望自己能够留在中国生活 ＊ 地区

		广州	义乌	其他地区
我希望自己能够留在中国	完全不符合	21.7%	11.2%	12.5%
	不太符合	15.3%	10.1%	10.0%
	不好说	30.6%	31.4%	25.0%
	比较符合	15.3%	19.6%	27.5%
	完全符合	17.1%	27.8%	25.0%
总计		100%	100%	100%

（二）寻梦中国：非洲人来华前后的心理变化

寻梦中国，非洲人来华前后，心理上发生了很大的变化。

中非民间贸易始于 20 世纪 90 年代，第一批来华非洲商人从中国香港地区和东南亚等地区和国家来到广州。随着中非贸易的发展，近年来，越来越多的非洲商人来到广州和义乌等地，也有越来越多的非洲留学生来华学习。非洲商人和留学生来华前都对中国或多或少有些了解。许涛认为，迁移过程具有鲜明的链式特点，即前批人口给后续人口提供了迁移前的信息。一般来讲，他们是通过相关网络和媒体的宣传得知中国内地的商贸资料，然后通过各种关系来验证这些信息的真实性[1]。因此，来华非洲人既然选择来华从事外贸或者学习，来之前一定对中国的情况有所了解。我们通过调查问卷来了解非洲人对中国的印象。结果显示，被调查非洲人来中国之前对中国的印象非常好的占 14.4%，较好的占 22.7%，将近一半人（48.6%）表示一般，不太好的占 12.5%，差的占了 1.8%（见表 4 - 30）。总体而言，对中国印象较正面。

---

[1] 许涛. 在华非洲商人的社会适应研究 [M]. 杭州：浙江人民出版社，2013：46 - 48.

表 4 - 30　被调查非洲人来中国之前对中国的印象

		频率（人）	有效百分比（%）
有效比	非常好	127	14.4
	较好	201	22.7
	一般	430	48.6
	不太好	111	12.5
	差	16	1.8
	合计	885	100
缺少	0	40	
总计		925	

对广州和义乌的对比分析发现，来中国前对广州印象非常好的非洲人的比例为 15.8%，高于义乌的 13.3%。较好的比例为 23.1%，高于义乌的 20.8%。同时对广州印象不太好的比例为 14.0%，略高于义乌的 12.0%。印象差的广州比例为 2.6%，也略高于义乌的 1.3%。说明广州作为最早来华非洲人的淘金地，对于来华非洲人具有一定的影响力。而对于中国其他地区的非洲人来说，对于中国印象非常好的比例为 11.9%，较好的比例则高达 40.5%（见表 4 - 31）。随着中非关系和中非贸易的发展，为了实现"非洲梦"，中国已经成为非洲学生留学的重要目的地。试举一例说明：

DT，在广州的加纳人，男，28 岁

对于大多数非洲商人来说，来中国之前只知道中国的广州，所以说我们非洲人说没有来到广州就是没有来到中国，非洲人来广州都会到天秀大厦前拍照留念以证明来过中国。对于我们非洲人来说，能够出来到广州做生意真的是不简单的，首先你要有足够的资金办理签证、租房子、买货、学习汉语。所以我们出来都是家里人寄予希望的，有的人家卖了地让孩子来中国。但是来这里的非洲人不一定都赚钱，他也许会遇到骗子，也许会货物出现问题，等等，所以当非洲人失败或者没有钱的时候他们真的没有脸面回非洲，因为这就证明你是失败者，而且再翻身的可能都没有。那么他们就会选择在这里，有的靠别人帮助，有的人当黑工，以图再有机会翻身。所以说我们非洲人从中国回到非洲，都有人投以美慕的眼光，对你有期待，同你广州的事

情，向你了解广州的事情。(DT：20170820)

表 4 - 31 广州、义乌和其他地区非洲人来华之前对中国的印象

		广州	义乌	其他地区
来华之前对中国的印象	非常好	15.8%	13.3%	11.9%
	较好	23.1%	20.8%	40.5%
	一般	44.6%	52.5%	42.9%
	不太好	14.0%	12.0%	4.8%
	差	2.6%	1.3%	
总计		100%	100%	100%

我们在问卷中调查非洲人现在对中国的印象，发现他们对中国的好感比较大幅度地提升了，表示对中国的印象非常好的非洲人比例从 14.4% 上升到 20.6%，较好的比例从 22.7% 上升到 24.3%，正面印象总计上升了 7.8 个百分点，但也有 12.9% 和 3.3% 的人表示印象不太好或差，比例有小幅度的上升，上升了 1.9 个百分点。另外，我们也观察到未回答的比例上升得比较多，未回答很可能表示的是"一般"或"不好说"（见表 4 - 32）。

表 4 - 32 被调查非洲人来华之后对中国的印象

		频率（人）	有效百分比（%）
有效比	非常好	164	20.6
	较好	194	24.3
	一般	310	38.9
	不太好	103	12.9
	差	26	3.3
	总计	797	100
缺少	0	128	
总计		925	

进一步对比广州和义乌非洲人来中国后对中国的印象（见表 4 - 33），广州的非洲人感觉非常好的比例从 15.8% 上升到了 21.3%，上升 5.5 个百分点，而义乌感觉非常好的从 13.3% 上升到了 20.8%，上升 7.5 个百分点，在义乌的非洲人对中国的印象非常好的比例比广州的上升多了 2 个百分点。广州的非洲人感

觉较好的从23.1%上升到25.8%，上升了2.7个百分点，义乌的从20.8%上升到21.3%，上升了0.5个百分点，两者合计，广州的非洲人对中国印象正面的比较还略高于义乌，但相差不大。

但是比较负面的印象，广州的非洲人感觉不太好的从14.0%上升到16.8%，上升了2.8个百分点，义乌从12.0%下降到10.6%，下降1.4个百分点。感觉差的广州从2.6%上升到6.6%，上升了4个百分点，而义乌从1.3%下降到0.9%，下降0.4个百分点。印象的两极分化趋势广州不仅没有缩小，反而有扩大趋势，这是值得我们思考的地方。

表4-33 广州、义乌和其他地区非洲人来华后对中国的印象

		广州	义乌	其他地区
您目前对中国的印象是	非常好	21.3%	20.8%	12.2%
	较好	25.8%	21.3%	43.9%
	一般	29.4%	46.3%	39.0%
	不太好	16.8%	10.6%	4.9%
	差	6.6%	0.9%	
总计		100.0%	100.0%	100.0%

比较广州和义乌非洲人来中国前后的印象变化（如表4-34所示），我们发现印象无变化的义乌要远高于广州，对个体而言印象变差的，广州是28.7%，而义乌是17.0%，广州比义乌多了11.7个百分点。印象变好的广州是34.9%，义乌是32.0%，广州比义乌高了2.9个百分点，两极分化趋势依然明显。试举一例说明：

DD，在广州的多哥人，男，30岁

我来中国五年了，来中国之前我对这里充满了期待，我们国家的人都认为广州是可以发财的地方，我是怀着梦想而来的。当我来到广州的时候非常兴奋，这里有很高的楼房，很好的餐厅，很多价格便宜的商品。但是过来一段时间我发现我们非洲人有时会受到歧视，警察会经常查看我们的护照，走在大街上会有人用异样的眼神看你，坐地铁的时候有人不喜欢挨着我坐。对我来说是一种伤害……很多非洲朋友安慰我，现在我也习惯这样了，毕竟我们是来这里做生意的，我们的目的是赚钱，我们大多数人不会在这里一辈子

生活的。（DD：20170825）

表 4-34　广州、义乌和其他地区非洲人来华前与来华后印象变化情况

		广州	义乌	其他地区
印象变化分类	无变化	36.4%	51.0%	52.5%
	印象变差	28.7%	17.0%	17.5%
	印象变好	34.9%	32.0%	30.0%
总计		100%	100%	100%

不同时间来华非洲人对中国印象的变化也很大，进一步分析表明，印象非常好记 5 分，差记 1 分，-4 表示从差到非常好的变化，4 表示从非常好到差的变化，0 表示印象没有变化。由此可以更清晰地看到广州的非洲人对中国印象前后的差异分化在各个级别上明显比义乌大（见表 4-35）。

表 4-35　不同时间来华的非洲人对中国印象的变化

			地区		
			广州	义乌	其他地区
2 年以内	印象变化分类	无变化	36.0%	52.2%	59.3%
		印象变差	32.0%	18.8%	14.8%
		印象变好	32.0%	29.0%	25.9%
	总计		100.0%	100.0%	100.0%
2~5 年	印象变化分类	无变化	32.7%	34.0%	50.0%
		印象变差	32.7%	24.0%	25.0%
		印象变好	34.5%	42.0%	25.0%
	总计		100.0%	100.0%	100.0%
5 年以上	印象变化分类	无变化	39.4%	44.4%	50.0%
		印象变差	15.2%	8.3%	
		印象变好	45.5%	47.2%	50.0%
	总计		100.0%	100.0%	100.0%
总计	印象变化分类	无变化	35.8%	48.9%	57.1%
		印象变差	30.0%	18.4%	14.3%
		印象变好	34.2%	32.7%	28.6%
	总计		100.0%	100.0%	100.0%

在此，我们把累计来华时间作为一个控制变量，看广州和义乌非洲人对中国的印象前后的变化。我们观察到2年以内，广州非洲人对中国印象的分化比义乌大，而在2~5年组和5年以上组，印象变好的，义乌的非洲人比例开始超过广州，印象变差的比例少于广州。这再次说明不同城市的社会环境和社会文化对来华非洲人心理适应程度发挥着重要的作用。试举一例说明：

DB，在义乌的苏丹人，男，30岁

要了解一个人需要时间，要适应一个城市也需要时间，我来义乌7年了，从最开始的很兴奋、很好奇到有一段时间不习惯、不适应，后来又慢慢地适应，所以现在很多刚来的非洲人说中国怎么样怎么样，我们都会跟他说这可能不是你真正认识的中国。所以我觉得非洲人在中国需要有一个很好的商会组织，这样可以开展一些活动，让新来的成员更快、更准确地认识中国，这样可以减少他们一些心理上的负担，可以更好地工作和生活，因为很多出来的非洲人文化程度很低的，他们的认知能力有限，需要有人帮助分析，也需要时间来适应。对于我来说，我在中国读的博士，对中国的了解更加全面和深入。（DB：20170825）

我们在对来华非洲人生活变化方面进行调查表明：他们觉得来华后生活发生的变化比以前好得多的比例达到了16.8%，比以前好一些的比例达到43.0%，没有什么变化的是33.8%，比以前差一些的是4.8%，比以前差得多的占比1.5%（见表4-36）。这说明中非贸易确实能够给大多数非洲人的生活带来改变，确实有助于非洲人实现"非洲梦"。

表4-36 来华后您的生活发生的变化

		频率（人）	百分比（%）	有效百分比（%）
有效比	比以前好得多	144	15.6	16.8
	比以前好一些	368	39.8	43.0
	没什么变化	289	31.2	33.8
	比以前差一些	41	4.4	4.8
	比以前差得多	13	1.4	1.5
缺少		37	7.6	0.1
总计		855	100	100

广州和义乌的非洲人在来华后生活发生的变化上有明显的差异（见表 4 -
37），认为比以前好得多的，义乌占了 23.4%，广州有 9.9%，比以前好一些的
在广州是 39.5%，而在义乌达到了 47.2%，两者加起来，认为生活发生积极变
化的，义乌比广州高了 21.2 个百分点。比以前差一些的，广州是 7.3%，比以前
差得多的是 3.2%，而在义乌，这两个比例分别是 2.7% 和 0.2%，两者加起来，
认为生活发生消极变化的，广州比义乌多了 7.6 个百分点。认为没有什么变化
的，广州是 40.1%，而义乌是 26.5%。非洲人对来中国以后实现"非洲梦"的
心理感受，不仅体现在经济和物质层面，还体现在精神和自我价值实现等方面。
试举一例说明：

LKY，在义乌的埃塞俄比亚人，男，38 岁

我们来中国做生意就是为了改变我们的生活，我们非洲国家的人口都很
多，其实很难找到一份工作，我们来中国有很好的工作环境，这里的治安很
好，中国人对非洲人比较友好，只要我们努力地工作，我们都可能获得成
功。所以大多数非洲人来中国都能获得经济上的改善。另一个方面我们也需
要精神上的改善，虽然中国的城市都有清真寺，宗教信仰自由，但是我们还
需要得到更多的尊重和认可……对于有些成功的非洲人来说赚钱不是唯一
的，体现自己的价值才是最重要的。（LKY：20170325）

表 4 - 37　不同地区来华非洲人生活发生变化的比较

		广州	义乌	其他地区	平均值
总体而言您觉得来华后您的生活发生的变化	比以前好得多	9.9%	23.4%	9.5%	16.8%
	比以前好一些	39.5%	47.2%	31.0%	43.0%
	没什么变化	40.1%	26.5%	54.8%	33.8%
	比以前差一些	7.3%	2.7%	4.8%	4.8%
	比以前差得多	3.2%	0.2%	0%	1.5%
总计		100%	100%	100%	100%

来华非洲人最重要的目的是做生意，实现"非洲梦"，由此在中国进行生活
适应、语言适应和心理适应。在跨文化适应过程中不断进行调适，来适应其贸易
实践活动。在贸易实践过程中部分非洲人因适应不了中国的文化环境和贸易环境
而离开了中国；也有部分非洲人为了在中国实现"非洲梦"，继续推动着中非贸

易的发展。因此了解非洲人继续在中国贸易的意愿，把握中非民间的贸易走向具有重要的意义。调查发现"我希望继续在中国做生意"，比较赞同和完全赞同的占了53.6%，不赞同的比例为22.1%（见表4-38）。试举一例说明：

MK，在广州的刚果（社区）商会负责人之一，男，42岁

我来中国十几年了，目前在广州的非洲人数量少了，但是并不代表中非贸易出现了问题，中非民间贸易经过了十几年的发展，从非洲人的人数来看，现在从量的变化发展到质的变化，以前是小商小贩，现在很多小商小贩发展成了大的中间商或者批发商了，他们不需要每天都在中国，他们大部分时间可以在自己的国家生活，而且生意不会受到影响。中国的广州这么有吸引力，每年都会吸引很多非洲人来中国，我认为这是市场的行为，只要有生意就有人赚钱，有人赔钱。所以说中国和非洲经济发展的大背景下，中非民间贸易还会持续发展，只要这个情况持续下去，就还会有很多非洲人继续在中国做生意。只不过是他的发展形势和状况发生了变化。（MK：20170325）

表4-38　希望继续在中国做生意

		频率（人）	百分比（%）	有效百分比（%）
有效比	完全反对	114	12.3	12.8
	不太赞同	83	9.0	9.3
	不好说	216	23.4	24.2
	比较赞同	181	19.6	20.3
	完全赞同	297	32.1	33.3
	总计	891	96.3	100
缺少		34	3.7	
总计		925	100	

希望继续在中国做生意的问卷调查显示：在广州，完全反对和不太赞同的高达34.2%，义乌是12.5%。而比较赞同和完全赞同的，义乌是60.8%，广州是44.4%（见表4-39）。这主要受到广州商业环境的影响，生意好的非洲人愿意继续留在广州，生意不好的非洲人只能选择离开。同时也受到广州对外国人管控加强的影响。试举一例说明：

SL，在广州的尼日利亚人，男，41 岁

我们尼日利亚人在广州是被管理的对象，我们尼日利亚人在广州很多，这里面有很好的人，有不好的人，但是对于我这种本分做生意的人就很吃亏，不论警察还是生意伙伴都对我们不一样。有的中国人不做我们的生意，这个也不能怨中国人，也有我们自己的原因。现在广州的生意越来越不好做，我可能要回国了，这里的生活成本太高了，现在趁我们国内的发展还好，我要回国发展了，不过对中国还是要关注的，以后有新的变化我还是要来试一试的，毕竟我在中国很多年了，对广州也算是了解的。（SL：20140922）

表 4-39　广州、义乌和其他地区希望继续在中国做生意的比较

		广州	义乌	其他地区
我希望继续在中国做生意	完全反对	19.7%	7.2%	10.8%
	不太赞同	14.5%	5.3%	5.4%
	不好说	21.3%	26.7%	24.3%
	比较赞同	19.7%	20.5%	24.3%
	完全赞同	24.7%	40.3%	35.1%
总计		100%	100%	100%

当然，来华非洲人的心理适应呈现多样性特点，不同层次和水平的非洲人心理适应的程度不同。来华工作和生活城市的不同对非洲人心理适应的影响不同，来华非洲商人和来华留学生的心理适应不同，来华非洲人来华时间长短造成的心理适应不同，来华非洲人贸易适应程度不同造成心理适应程度不同。每个来华的非洲人都有自己的"非洲梦"，在"非洲梦"心理的映射下，不同的来华非洲人的心理适应呈现不同的图像。

非洲人来华主要是受到链式迁移的影响，即一拨人跟随另一拨人来到中国，因此调查非洲人是否愿意向家人和朋友推荐来中国显得格外有意义。是否愿意向家人和朋友推荐来中国的比例也可以体现非洲人对中国的印象是正向还是负向。我们对来中国后的印象与是否愿意向家人和朋友推荐做了相关分析，我们的检测显示两者存在显著相关，相关系数达到 0.489。我们可以观察到非常愿意推荐的占了 18.5%，愿意的占了 34.6%，两者合计占了 53.1%。中立的占了 23.7%，不太愿意的占了 16.7%，非常不愿意的占了 6.5%，后两者合计达到 23.2%（见表 4-40）。因此，总体来说来华非洲人在中国的工作和生活心理适应较好，愿

意向家里人和朋友推荐来中国的，随着来华非洲人对中国的深入了解，提供的一些建议具有一定的建设性，不再盲目和随意。试举一例说明。

LKY，在义乌的肯尼亚人，男，38 岁

我的爷爷和爸爸都是做生意的，我在英国读的硕士，我在我们国家可以找到一份不错的教师工作。但是我还是想来中国看看，中国人在肯尼亚很多，我对中国很好奇，如果问到我是否会推荐家里人和朋友来中国，我当然持肯定的态度，但是前提是你要想清楚来中国做什么。如果是做生意的话一定要有很好的调查，要对中国比较了解，不然你的生意不会很顺利的。现在想在中国做生意一定要学习汉语，了解中国。所以我建议我的家里人和朋友来中国先在中国留学，学习汉语，了解中国文化，只有这样你才可以得到长久的发展，而不是来碰碰运气，现在对于我们非洲人来说已经过了碰运气的年代了，一定要有计划和方向。（LKY：20170825）

表 4 – 40　是否愿意向您的家人和朋友推荐来中国

		频率（人）	百分比（％）	有效百分比（％）
有效比	非常愿意	166	17.9	18.5
	愿意	310	33.5	34.6
	中立	213	23.0	23.7
	不太愿意	150	16.2	16.7
	非常不愿意	58	6.3	6.5
	合计	897	97.0	100
缺少	0	28	3.0	
总计		925	100	

在华非洲人"是否愿意向您的家人和朋友推荐来中国"的问卷调查显示，在义乌的非洲人愿意和非常愿意向亲朋好友推荐的比例接近 60％，在广州近45％；相反，广州的非洲人不太愿意和非常不愿意向他的家人朋友推荐的占28.5％，义乌是 20.5％，广州比义乌高了 8 个百分点（见表 4 – 41）。这主要与广州的市场环境有关。据 CNN 记者近期的报道，曾经的"巧克力城"现在似乎跟中国大多数街区没什么两样，早已没有两年前的热闹，在过去的 18 个月里，成百上千的非洲人已经离开广州。Felly Mwamba 是广州的一个小小"外交官"。

每个非洲国家在广州都有一名"大使"——由其所在国家的侨民选出。他们负责跟中国警方联络，仲裁内部纠纷，组织社区活动。"大使"们还追踪他所在社区的本国人口数量。移民在抵达广州之后，常常到社区领袖那里进行非正式注册。Felly Mwamba 说，2006 年广州的小非洲有 1200 名刚果人。今天，他相信这个数字下降到 500 人。几内亚和塞内加尔的"大使"也向 CNN 报告了同样的下降趋势。Emmanuel Ojukwu 称自己是在华非洲人的领袖，至少他是尼日利亚社区的"大使"。他表示：很多人圣诞节都回去了，之后就没回来。香港中文大学专门研究广州全球化现象的人类学教授 Gordon Matthews 指出：事实上，广州的非洲人数量在明显下降。在中国生活了 13 年之后，Mwamba 自己也决定回国了[①]。试举一例说明：

LKY，在义乌的马里人，男，38 岁

我来中国十年了，我是从广州来义乌的。对于我们生意人来说，哪里赚钱我们去哪里。义乌的市场是新的市场，广州是我们的第一站，义乌是我们的第二站，虽然这里是新的开始，但是我们愿意接受挑战，如果我的朋友和家里人问我来中国最好到哪里做生意，我会推荐他们来义乌，因为这里成本低，产品多，各个方面都很方便。广州的话，新来的非洲人很难做生意了，广州跟十年前已经不一样了。（LKY：20170325）

表 4-41　广州、义乌和其他地区被调查非洲人愿意向家人和朋友推荐来中国的比较

		广州	义乌	其他地区
是否愿意向您的家人和朋友推荐来中国	非常愿意	14.8%	20.5%	30.2%
	愿意	29.3%	39.3%	30.2%
	中立	27.5%	19.7%	34.9%
	不太愿意	20.5%	15.2%	0%
	非常不愿意	8.0%	5.3%	4.7%
总计		100%	100%	100%

从交往程度和适应程度来看，要实现"非洲梦"，与中国人交往程度越高，

---

① 中国不再具有优势？成百上千非洲人离开广州 ［EB/OL］. 腾讯财经 ［2016-07-05］. http://finance. qq. com/a/20160705/007841. htm.

融入中国社会程度越高，其自我价值感越强。从马斯洛需求理论来看，一部分来华非洲人能够立足于中非贸易中，积极参与中国的社会活动和公益事业。我们调查非洲人对中国的发展做出了贡献，从表4-42中可以看出：比较符合和完全符合的占了45.4%，完全不符合和不太符合的占了27.6%。这说明来华非洲人大多数具有一定的自信心，有利于他们实现"非洲梦"。试举一例说明。

DFG，在广州的安哥拉商会负责人之一，男，45岁

我在中国做生意十几年了，我认为我们非洲人对中国的发展做出了贡献，因为我们来做生意的，促进了中国经济的发展，我知道虽然我们采购量不大，但是我们非洲人来这里的数量是很多的，所以我们首先促进了中国的就业，有很多低端产业需要大量的工人嘛。以前我们进口一些便宜的商品，质量就比较差，前几年有一段时间在非洲中国制造成了质量差的代名词，但是这些年，中国企业商品质量也在提高，非洲人生活水平提高了，对于产品质量要求也在提高。以前的非洲人来这里因为便宜会买一些质量不好的产品，我们非洲人采购的很多是耐用品，回去用不了多久就不能用了，导致我们信誉受损，所以现在成功的非洲商人都会寻找好的工厂，做品牌贸易，这样也推动了中国工厂提高质量。中国的华为、中国铁建、中国路建等大型企业在非洲甚至世界的口碑非常好。现在很多工厂的产品在非洲也是品牌产品，我觉得这种品牌的树立是生产商和销售商共同努力的结果，我是我们国家在中国的经济顾问，我对中国和非洲的经济合作非常看好，现在中国的商品在非洲不再是垃圾货的代名词了，我预见会有更多的中国中小型企业也会到非洲投资，非洲的发展需要中国的帮助，在"一带一路"等政策的支持下会有更多的政策有利于中国企业走出中国，所以说这是一个循环，中非民间贸易商人在这个贸易循环中起到了重要的推动作用。（DFG：20170829）

表4-42　我为中国的发展做出了贡献

		频率（人）	百分比（%）	有效百分比（%）
有效比	完全不符合	119	13.3	13.3
	不太符合	128	14.3	14.3
	不好说	243	27.1	27.1

续表

	频率（人）	百分比（%）	有效百分比（%）
比较符合	202	22.5	22.5
完全符合	205	22.9	22.9
总计	897	100	100

在对来华非洲人为中国的发展做出了贡献的广州与义乌的比较中可见：完全不符合的广州占了18.2%，义乌占了9.1%；不太符合，广州占了16.4%，而义乌是13.0%。比较符合，广州占了17.4%，义乌占了26.6%；完全符合，广州占了20.0%，而义乌占了26.0%。义乌非洲人认为对中国发展做出了贡献的比例要高于广州的比例（见表4-43）。这说明义乌非洲人为了实现"非洲梦"，不仅在贸易方面较为顺利，同时在外国人管理和社会建设当中发挥了积极的作用。试举一例说明：

MHND，在义乌的苏丹社区（商会）负责人，男，39岁

我获得了义乌第二届"商城友谊奖"，目前义乌只有几个外国人获得这个荣誉。这个荣誉对我来说很重要，说明义乌对我的认可，更重要的是对非洲人的认可，这个荣誉对于在义乌的非洲人来说心里很受鼓舞，说明中国人对我们非洲人的肯定和认可。每年义乌政协开会都会邀请我去参加，还有别的会议邀请我参加，市领导也会参加，让我们提建议。我觉得我也和中国人一样，是这个城市的一员，所以我也要为这个城市做点什么。作为商人首先就是促进中国与苏丹贸易的更好发展，为更多的非洲商人和中国商人创造机会，所以我牵线邀请我们国家前总统来义乌促进中国苏丹的发展，我也邀请我们国家的内阁事务部部长来义乌出席投资论坛。总之，是义乌政府和中国人对我的信任，那么我就要为中国和苏丹的发展贡献我的力量。（MHN：D20170829）

在义乌苏丹社区负责人艾哈迈德先生的推动下，中国与苏丹政府高层往来增多，双方拓展多种形式的合作，营造良好的商业环境，推动了双方经贸的发展。苏丹内阁事务部部长艾哈默德·萨义德·奥马尔一行赴义参加由苏丹大使馆和义乌苏丹社区共同主办的苏丹投资论坛。义乌市市领导盛秋平、熊韬会见了艾哈默德·萨义德·奥马尔一行，就双方进一步推动经贸合作、增进展会合作及深化文化、教育、旅游等领域合作等方面进行了亲切交谈。2014 年，义乌累计出口苏丹贸易额达 19572 万美元，同比增长 10.42%；2015 年 1～10 月义乌累计出口苏丹贸易额达 2.7 亿美元，同比增长 74%。截至 2015 年 10 月底，与苏丹相关的在义代表处有 47 家，合伙企业 25 家，在义乌常住的苏丹公民有近百人①。2016 年 6 月，苏丹苏中友谊协会会长穆萨先生专程来义乌，与义乌市涉外纠纷人民调解委员会签署了合作意向协议，生效后的协议将成为中国国内首个跨国贸易纠纷联合调解机制，促使义乌涉外纠纷调解工作再创新、再深化、再发展。今后，双方将在贸易纠纷调解、诚信信息互通、民俗文化交流等方面开展紧密合作，扩展了涉外纠纷调解的广度与深度②。

表 4－43　来华非洲人为中国的发展做出了贡献广州与义乌及其他地区的比较

		广州	义乌	其他地区
我为中国的发展做出了贡献	完全不符合	18.2%	9.1%	14.3%
	不太符合	16.4%	13.0%	9.5%
	不好说	28.1%	25.3%	38.1%
	比较符合	17.4%	26.6%	23.8%
	完全符合	20.0%	26.0%	14.3%
总计		100%	100%	100%

在调查来华非洲人对促进中非关系的看法中，有 30.3% 的人完全符合这一说法，还有 21.7% 的人比较符合这一说法，总计有 52% 的人符合，完全不符合的比例为 9.7%，不太符合的比例为 12.4%（见表 4－44）。试举一例说明：

SDT，在武汉的非洲留学生，男，25 岁

我们非洲人来中国之前以为中国人都像电影里一样会武功，会飞得很高，所以有很多非洲年轻人很向往中国。现在中国经济发展这么好，越来

---

① 苏丹内阁事务部部长一行访问义乌. 中国义乌网站［2015－11－19］. http://www.yw.gov.cn/zfzx/mryw/201511/t20151119_820161. shtml.

② 义乌与苏丹建立跨国贸易纠纷联合调解机制. 浙江省人民政府法制办公室网站［2016－06－02］. http://www.zjfzb.gov.cn/n134/n138/c128873/content. html.

越多的非洲人也愿意来中国留学，也有很多非洲人喜欢来中国做生意，但是我们非洲人真的缺少对中国的了解。我来中国适应了很长时间才适应过来，对于中国的饮食、文化和习俗我之前真的一无所知。现在我会给在非洲的朋友发一些中国的照片，他们能够看到真正的中国，回国我也会给他们讲一些中国的故事，他们觉得不可思议。中国人对非洲人有偏见，主要原因是皮肤和身体味道。我们国内的媒体和非洲人也对中国人有偏见，认为中国人对待非洲人不友好，中国警察不好，中国对非洲是殖民，等等。其实只有你真正来到中国，才会体会到中国人对待我们的态度是什么样子的，中国的经济发展对非洲意味着什么。所以我希望越来越多的中国人去非洲了解非洲，越来越多的非洲人来到中国了解中国，只有这样中国和非洲的关系才可以得到真正的发展，我愿意在这个方面做一些事情。（SDT：20170830）

表 4 - 44　来华非洲人促进了中非关系问卷统计

		频率（人）	百分比（%）	有效百分比（%）
有效比	完全不符合	87	9.4	9.7
	不太符合	111	12.0	12.4
	不好说	232	25.1	25.9
	比较符合	194	21.0	21.7
	完全符合	271	29.3	30.3
	合计	895	96.8	100
缺少	0	30	3.2	
总计		925	100	

对此问题，在广州与义乌的比较中显示，在广州，合计有 42.9% 的人符合此说法，在义乌则有 58.4% 的人符合，义乌高于广州。不符合这一说法的，广州是 28.3%，义乌是 18.3%，义乌低于广州。总的来说义乌非洲人认同促进中非交流的比例高于广州。对比中国其他地区来华非洲留学生发现，完全符合和比较符合的比例达到了 65.2%。不太符合和完全不符合的比例分别为 4.7% 和 2.3% 见表这说明来华非洲留学生在华学习的过程中，加强了对中国的了解和认识，从而有利于中非交流。试举一例说明：

SDT，在广州的非洲留学生，男，24 岁

对于我们来中国的非洲人来说，身份不一样，对中国的感受肯定不一样的，我的身份是留学生，我来中国学习，我拿中国政府奖学金，相对于欧美国家来说，来中国留学价格便宜，中国的教学质量也不错，在学习专业的同时我们可以接触到更多的中国人，了解到中国更多的事情。回国后我可以找到一份不错的工作。我一直在想是中国让我得到了这些，我一定要为中国和非洲做一些事情，有的时候中国在非洲国家做文化活动或者推广，我也愿意积极参与，因为我有语言优势，我的身份可以让非洲人更加相信中国文化的魅力，最重要的是我可以得到更多的认可。（SDT：20170830）

表 4 – 45   不同地区来华非洲人对促进了中非交流的比较分析

		广州	义乌	其他地区
我促进了中非交流	完全不符合	12.0%	8.5%	2.3%
	不太符合	16.3%	9.8%	4.7%
	不好说	28.8%	23.3%	27.9%
	比较符合	17.1%	25.4%	23.3%
	完全符合	25.8%	33.0%	41.9%
总计		100%	100%	100%

二 "非洲梦"背景下对中国社会环境的心理适应图像

为了实现"非洲梦"，非洲人在中国的社会环境中心理自然会发生变化。

从来华非洲人心理适应的对象来看，心理适应分为对自然环境的适应和对社会环境的适应。来华非洲人对于自然环境的适应主要体现在时差的适应、气候的适应等方面（见本书第四章第一节）。对于为了实现"非洲梦"、以经商为目的非洲人来说，社会环境的适应是其心理适应的主要内容，下面我们具体进行分析和描述。

（一）来华非洲人心理对在华生活的总体适应

来华非洲人来到中国新的环境下，无论是气候、住宿、饮食、出行都会遇到与本国的差异。福汉姆和波茨纳认为移居者生活的变化与人的生理、心理都存在着一定的关系，由此引发了心理适应的失调①。为了了解来华非洲人心理对中国环境的适应情况，课题组对广州和义乌的非洲人进行了问卷调查。调查结果显示：来华非洲人在中国总体适应情况良好，其中33.3%的来华非洲人比较适应或者很适应中国的生活。32.4%的非洲人不太适应或者很不适应中国的生活。31.8%的非洲人对中国的适应程度一般（见表4-46）。这说明来华非洲人的心理适应出现了较为平均的分层，其中1/3的非洲人较好地适应了中国的生活，这部分人主要包括来华时间较长和个人适应能力较强的非洲人。1/3非洲人基本上能够适应中国的生活，这部分人主要包括大部分时间生活在中国，经常往返中国与非洲国家的非洲人。另外1/3的非洲人不太能够适应中国的生活，这部分人主要包括来华不久的非洲人和个体适应能力较差的非洲人。

表4-46 来华非洲人心理对在华生活的总体适应

	频率（人）	百分比（%）
很不适应	107	11.6
不太适应	192	20.8
一般	294	31.8
比较适应	207	22.4
很适应	101	10.9
缺少	24	2.5
总计	925	100

但是，不同的社会文化和城市生活环境会对非洲人的心理适应产生不同的影响。我们将广州和义乌的非洲人的生活适应对比分析，发现两地非洲人的生活适应有着明显的差别。广州非洲人很不适应的比例占16.3%，义乌仅占8.9%；广州非洲人不适应的比例占25.6%，义乌仅占19.3%。义乌非洲人很适应的比例占13.6%，广州仅占7.5%；义乌非洲人比较适应的比例占27.3%，广州占15.0%（见表4-47）。结果显示，由于广州和义乌的社会文化和城市生活环境的不同，两地非洲人心理适应具有明显的差异。可见，两地不同的社会文化或制度等因素对非洲心理适应产生不同影响。试举两个访谈案例说明：

① Furnham A, Bochner S. Culture Shock: Psychological Reactions to Unfamiliar Environments [M]. London: Methuen, 1986: 109-112.

FGD，在义乌的尼日利亚人，男，26 岁

我是在沈阳化工大学学习后来义乌做生意的，尼日利亚人在广州很多，但是我还是喜欢义乌。义乌是一个小城市，在这里交通、住房和做生意都很方便，在小商品市场可以找到想要的产品。在广州就不一样了，广州太大了，有的时候去哪里都不太方便，成本也很高。虽然在广州有很多非洲人，但是非洲人多了竞争也就更大了，而且现在在广州做生意利润越来越低了，义乌是个新的市场，这里机会很多，所以我还是选择来义乌了。（FGD：20170901）

LL，在广州的尼日利亚人，男，32 岁

我大学毕业后就来到了中国，在中国有很多尼日利亚人，对于我们来说中国就是机会，很多来中国的非洲人都赚了很多的钱，所以广州是我们的淘金地。但是最近几年我们在这里最大的问题就是签证的问题，我们很难拿到签证，在中国的时间越来越短，这样一来我们在这里生活的成本就更高了，所以现在很多非洲人都回国了，也有一些去中国其他的城市做生意了。（LL：20150603）

据网易在广州的调查发现，签证制度的收紧也为广州的非洲人心理适应造成了重要的影响。如杰克在广州生活最初几年从未感受过中国的签证之难。而 2017 年 4 月 15 日，距离他的签证过期还有 25 天，他当时正忙着办工作邀请证明。必须有中国公司愿意接收他，并出具盖章证明，杰克才能获得工作签证。而仅公司手续的办理过程就要 15 天，倘若逾期未办理妥当，则意味着他必须离开中国。杰克来自坦桑尼亚，根据法律规定，坦桑尼亚到中国经商的签证，第一次只能办 1 个月，等 1 个月满了之后想续签，必须回到本国去办理，第二次也只能有 1 个月，第三次才可以 3 个月，再往后才能渐渐升到 6 个月，1 年。这是他在广州生活的第七年。在最初的四年读书期间，他从未感受过中国的签证如此难办[①]。

我们在广州和义乌的非洲人中调查，发现很适应的比例分别为 7.5% 和 13.6%，比较适应的比例高达 15.0% 和 27.3%。这些调查对象主要是来华留学生，说明来华非洲留学生的生活适应性较强。这与来华留学生在华学习的稳定

---

① 非洲人在广州：签证越来越难办利润越来越低 [EB/OL]. 网易新闻 [2017 – 04 – 24]. http://news. 163. com/17/0424/17/CIQ8T2FL0001875M. html.

性、在华生活的安逸性、在华社会支持网络的健全性及在华生活环境的接纳性有重要的关系。

表 4 - 47　广州、义乌和其他地区非洲人对生活的心理适应的比较

		广州	义乌	其他地区
您适应中国的生活吗	很不适应	16.3%	8.9%	4.7%
	不适应	25.6%	19.3%	4.7%
	一般	35.5%	30.9%	25.6%
	比较适应	15.0%	27.3%	46.5%
	很适应	7.5%	13.6%	18.6%
总计		100.0%	100.0%	100.0%

此外，如表 4 - 48 所示，我们采用 Rosenberg 编写的自尊量表（SES），测量题 1~7 对留学生心理适应情况进行测量，调查结果显示，从马斯洛需求理论分析，从第一层次的生理需求来看，测量结果的差异性较大。饮食差异对来华非洲人的心理影响较大。来华非洲人在日常生活中"我很难找到自己喜欢的食物"的测量平均值为 3.08。亚当斯·博多姆在对义乌生活的非洲外商做了相关调研，并将其与在广州生活的非洲外商进行了比较和分析，在义乌生活工作的非洲外商不仅仅是被义乌的市场吸引，义乌餐饮文化和宗教活动也构成吸引力的一部分[1]。而中国的公共交通和买东西等其他日常生活则没有给非洲人造成太大心理适应困难。这与中国较为发达和方便的交通和商业环境有关。从第二层次的安全需要来看，来华非洲人心理承受能力较强，"在日常生活中我觉得紧张又焦虑"的测量平均值为 3.23。这说明非洲人在中国的生活并没有造成多少紧张和焦虑。对于非洲人来说虽然在中国生活和工作充满了不确定性，但是非洲人对在华的工作和生活充满了乐观和希望，这与非洲人乐观的性格有直接的关系。在"我感到很孤独"的测量平均值为 3.38。这说明来华非洲人内心已经具备了情感支持网络。从第三个层次的情感和归属来看，来华非洲人的测量平均值偏低，"在生活中我经常感到无助"的测量平均值为 3.06，为平均值最低分，说明来华非洲人不具备足够的社会网络和网络支持，从而造成心理适应较差。

[1]　Bodomo, A B, Ma, G. From Guangzhou to Yiwu: Emerging Facets of the Afrian Diaspora in China, International Journal of African Renaissance Studies, 2010, 5 (2): 283 - 289.

表4-48 来华非洲人心理适应状况测量

	完全赞同	基本赞同	不确定	基本不赞同	完全不赞同	平均值
1. 在日常生活中我觉得紧张又焦虑	11.7%	16.5%	31.8%	17.1%	22.9%	3.23
2. 我感到很孤独	13.9%	12.3%	24.8%	20.5%	28.6%	3.38
3. 我很难找到自己喜欢吃的食物	18.7%	15.0%	25.6%	21.1%	19.7%	3.08
4. 我觉得使用公共交通很困难	15.3%	13.7%	26.7%	19.7%	25.7%	3.27
5. 买东西对我来说是个难题	13.7%	12.0%	25.7%	21.5%	27.1%	3.36
6. 在生活中我经常感到无助	16.7%	18.4%	28.0%	15.7%	21.1%	3.06
7. 我经常觉得疲劳	13.2%	14.0%	31.7%	15.5%	25.6%	3.26

调查来华非洲人对中国的喜爱程度,可以进一步了解来华非洲人对在中国生活的心理感受。在"我不喜欢中国的生活"问题中,如表4-49所示:38.0%的比例完全不符合,18.7%的比例表示不太符合,两者之和超过了56%。只有10.6%的比例认为完全符合。11.2%的比例认为比较符合。这说明来华非洲人大多数还是喜欢在中国的生活。

表4-49 我不喜欢中国的生活

		频率(人)	百分比(%)	有效百分比(%)
有效比	完全不符合	349	37.7	38.0
	不太符合	172	18.6	18.7
	不好说	197	21.3	21.5
	比较符合	103	11.1	11.2
	完全符合	97	10.5	10.6
	总计	918	99.2	100
缺少	0	7	0.8	
总计		925	100	

按照地区进一步分析,如表4-50所示:广州的非洲人44.0%的比例为完全不符合,高于义乌33.3%的比例;比较符合的比例广州是6.8%,义乌是14.3%;完全符合的比例广州为13.1%,也高于义乌的9.0%。广州非洲人呈现两极分化的现象,说明广州大部分非洲人喜欢中国的生活,少部分不太喜欢中国的生活。义乌非洲人不喜欢的比例要低于广州。而全国其他地区的非洲人完全符

合的比例最低，仅为 4.7%。这说明非洲留学生对中国的喜爱程度略高于来华非洲商人。主要原因是留学生生活比较稳定，拥有较好的汉语基础，对中国的了解比较全面，与中国人接触较多。试举一例说明：

SLG，在义乌的几内亚留学生，男，24 岁

我很喜欢在中国的生活。你知道中国是世界上最安全的地方，我们晚上很晚都可以逛夜市，那里有很多的外国人，有非洲的，有中东的，有亚洲的。在这里没有很多的歧视，没有很多的指指点点。你看每天凌晨在商贸区都有很多的外国人在聊天，有的时候就像在自己的国家一样，可以吃到正宗的家乡菜。我在中国学习汉语，有空时就帮我的哥哥找商品。我们学校有很多的活动，可以帮助我们更好地了解中国，我们有的时候去表演节目，有的时候去社区做志愿者。我们很多留学生都是好朋友，我们也和中国人成为好朋友。所以我现在很喜欢我在中国的生活，我毕业后想继续在这里做生意。（SLG：20150603）

表 4–50　来华非洲人对"我不喜欢中国的生活"回答的地区差异比较

		广州	义乌	其他地区
我不喜欢中国的生活	完全不符合	44.0%	33.3%	34.9%
	不太符合	15.1%	21.8%	18.6%
	不好说	21.1%	21.6%	23.3%
	比较符合	6.8%	14.3%	18.6%
	完全符合	13.1%	9.0%	4.7%
总计		100%	100%	100%

（二）来华非洲人对中国社会环境的心理适应

1. 来华非洲人对贸易环境的心理适应

为了实现"非洲梦"，来华非洲人最主要的目的是从事商贸活动，正如表 4–51 所示，30.0% 的来华非洲人对贸易活动表示非常满意，30.8% 的非洲人表示比较满意。只有 9.7% 的非洲人表示不太满意，5.5% 的非洲人表示非常不满意。总体来说，来华非洲人还是能够适应中国的贸易环境的，并能够根据中国的贸易环境不断进行心理调适。

表 4 – 51　来华非洲人对贸易活动的心理适应

		频率（人）	百分比（％）	有效百分比（％）
有效比	非常满意	266	28.8	30.0
	比较满意	273	29.5	30.8
	一般	213	23.0	24.0
	不太满意	86	9.3	9.7
	非常不满意	49	5.3	5.5
	合计	887	95.9	100
缺少	0	38	4.1	
总计		925	100	

从表 4 – 52 对比广州和义乌的非洲人发现，两地非洲人对贸易活动适应的情况不同，在非常满意的选项中，义乌非洲人的比例为 34.2％，广州的比例为 25.6％，义乌的比例高于广州。在比较满意的选项中，两地非洲人的比例相近。不太满意和非常不满意的比例广州略高于义乌。分析广州和义乌两地非洲人对于贸易活动的心理适应差异，主要是受到广州贸易竞争大、同类竞争严重、商品利润低等因素影响。试举一例说明：

LK，在广州的加纳人，男，36 岁

现在广州的生意越来越难做，签证也越来越难办理，但是还是有一些人做得很好。做生意就是有赚钱的，有赔钱的，但是现在广州的趋势就是赚钱的越来越赚钱，刚来做的非洲人是很难立足的，很快就会被淘汰，因为广州的竞争太大了。因为非洲人在广州主要做的产品就是服装、电子产品、家居和建材等商品，总体比较单一。很多非洲人现在去义乌开辟市场了，那里的产品种类比较多，利润也比较高，市场竞争还是比较小的。（LK：20160628）

表 4 – 52　广州、义乌非洲人对贸易活动的心理适应的比较

		广州	义乌	其他地区
	非常满意	25.6％	34.2％	19.3％
	比较满意	31.1％	30.9％	25.8％
	一般	24.0％	23.5％	32.3％

		广州	义乌	其他地区
	不太满意	12.8%	7.0%	12.9%
	非常不满意	6.5%	4.4%	9.7%
合计		100.0%	100.0%	100.0%

2. 来华非洲人对学习环境的心理适应

除了商人以外，目前来华非洲人中有很大一部分是来华学习的留学生。留学生中有部分毕业后选择留在中国经商，也有一部分在广州和义乌的留学生在上学期间帮助家里人、亲属或者朋友经商。对于来华留学生学习适应的调查有利于全方位地了解来华非洲人对社会环境的心理适应。在来华非洲人对学习环境的心理适应的调查中，如表 4 - 53 所示：非常满意的比例为 30.1%，比较满意的为 28.6%，不满意的比例为 9.2%，非常不满意的为 8.8%。这说明总体上来华留学生对于在华的高等教育比较满意。

表 4 - 53　来华非洲人对学习环境的心理适应

		频率（人）	百分比（%）	有效百分比（%）
有效比	非常满意	264	28.5	30.1
	比较满意	251	27.1	28.6
	一般	204	22.1	23.3
	不满意	81	8.8	9.2
	非常不满意	77	8.3	8.8
	合计	877	94.8	100.0
缺少	0	48	5.2	
总计		925	100.0	

进一步对比广州和义乌对学习环境的心理适应，如表 4 - 54 所示：广州非洲人学习的满意程度高于义乌，其中，非常满意比例为 32.3%，义乌为 26.8%。比较满意的比例义乌略高于广州。不太满意的比例两地基本持平，非常不满意的比例义乌（11.3%）高于广州（6.5%）。广州高校林立，拥有中山大学、华南理工大学等名校，拥有硕士学位、博士学位授予权的高校众多，可以满足留学生对高学历学习的需求。而义乌作为县级市，只拥有义乌工商职业技术学院一所大专院校，显然难以满足非洲人对教育的需求。从中国其他地区来看，非常满意的比例明显要高

于广州和义乌两地，其中非常满意比例达到 46.5%。比较满意比例达到 32.6%。非常不满意和不满意的比例分别仅为 2.3% 和 4.7%。试举两例进行说明：

SDY，在浙江师范大学（金华）的苏丹留学生，女，25 岁

我的爸爸很早就来中国做生意了，在义乌做生意做得很好，所以他不希望我也做生意了。他很喜欢中国，也非常认可中国的教育，就让我在中国读研究生。由于我是女孩，也是穆斯林，所以我的爸爸不想让我离他太远了，义乌没有好的大学，金华离义乌很近，我每个星期都回义乌，有的时候有空也回义乌。当时我想去北京读研究生，我的爸爸觉得太远了，那里生活不方便就不同意我去。（SDY：20170603）

FKL，在广州的马里留学生，男，26 岁

现在中国与非洲的关系很好，有很多的中国工厂和企业在马里。以前我们留学的首选是去法国，因为我们都会说法语，但是现在我们很多人喜欢来中国留学了，因为在中国留学后我们可以会汉语、法语，我们还学习了专业，回国后可以找到一份不错的工作。但是如果去法国就不一样了，我们回国很难找到一个好的工作，因为我们就没有了语言优势，因为我们国家法国的企业还是太少了，我们在法国也很难找到一份好的工作。还有一个重要的原因是中国政府提供的奖学金还是很有吸引力的，而且中国的学费比欧洲国家和美国要便宜很多，生活成本也低很多。再说，如果我们毕业后不想回国找工作，我们可以在中国做生意，毕竟对中国比较了解了。总的来说我们来中国学习毕业后，会有很多种选择。（FKL：20170826）

表 4-54 广州、义乌非洲人对学习环境的心理适应的比较

	广州	义乌	其他地区
非常满意	32.3%	26.8%	46.5%
比较满意	26.6%	29.9%	32.6%
一般	24.7%	22.9%	14.0%
不满意	9.9%	9.1%	4.7%
非常不满意	6.5%	11.3%	2.3%
总计	100%	100%	100%

3. 来华非洲人对宗教环境的心理适应

为了实现"非洲梦",来华非洲人在宗教生活上也进行了心理调适。

来华非洲人宗教信仰主要是伊斯兰教和基督教,宗教生活是他们生活中的重要组成部分。为了满足来华非洲人宗教生活的需要,广州和义乌都有相应的宗教活动场所。如表 4-55 所示,完全符合和比较符合的比例为 35.5%,完全不符合和不太符合的比例为 34.5%,不好说的比例为 30.1%。这说明来华非洲人由于忙于做生意,其宗教形式、宗教时间和宗教活动都会发生变化。此外,中国不是一个全民信仰宗教的国家,对于非洲人来说,中国是一个世俗社会,世俗社会的宗教环境与其国内的宗教环境截然不同,导致对来华非洲人产生了一定的心理影响。试举两例说明:

马阿訇,在义乌某穆斯林礼拜点阿訇,男,56 岁

来这里做礼拜的非洲人大多数比较虔诚,越是来自贫穷的国家的非洲人,越是虔诚和认真。他们想祈祷安拉多给他们赚钱的机会,祈祷在中国赚更多的钱。在这里的尼日尔人虽然很穷,但是在课捐的时候也都尽自己的全力。他们平时看上去很老实和本分,大多数人每天能够按时来做礼拜。(MAH:20150825)

XH,在广州的尼日尔人,男,26 岁

我们每天都很忙,所以如果在商场里,我们就不会按时做礼拜了,如果我们在穆斯林开的公司里面,我们就会一起做礼拜。以前我们都住在小北,可以经常去大清真寺,后来我们搬到很远的地方,也就不能经常去大清真寺了,因为对于我们来说真的不是很方便。虽然不方便,我坚持和朋友周末会去广州的大清真寺做礼拜,我的非洲朋友很多穆斯林平时也会抽烟,也会喝酒,因为他们觉得这是在广州,虽然伊斯兰教不允许他们这么做,但是他们觉得这是他们自己的事情。(XH:20150906)

表 4-55 我在中国能满足宗教生活需要

		频率(人)	百分比(%)	有效百分比(%)
有效率	完全不符合	189	20.4	20.9
	不太符合	123	13.3	13.6

		频率（人）	百分比（%）	有效百分比（%）
	不好说	272	29.4	30.1
	比较符合	152	16.4	16.8
	完全符合	169	18.3	18.7
	总计	905	97.8	100
缺少	0	20	2.2	
总计		925	100	

4. 来华非洲人对社会交往的心理适应

来华非洲人的社会交往包括与中国人的交往，更多的是与非洲人的交往。如表4-56所示：来华非洲人对社会交往非常满意的比例为23.1%，比较满意的比例为30.8%，不太满意的比例为11.2%，非常不满意的比例仅为9.2%。这说明来华非洲人对社会交往的心理适应总体较好。

表4-56 来华非洲人对社会交往的心理适应

		频率（人）	百分比（%）	有效百分比（%）
有效率	非常满意	209	22.6	23.1
	比较满意	278	30.1	30.8
	一般	233	25.2	25.8
	不太满意	101	10.9	11.2
	非常不满意	83	9.0	9.2
	合计	904	97.7	100
缺少		21	2.3	
总计		925	100	

对比分析广州和义乌非洲人对社会交往的心理适应发现，两地非洲人对社会交往心理适应的差异不大。非常满意的，广州的比例略高于义乌的比例。比较满意的，义乌的比例高于广州的比例。不满意和非常不满意的，广州比例略高于义乌的比例。广州和义乌对比中国其他城市，其他城市非洲人以留学生为主，留学生对社会交往非常满意的比例要高于广州和义乌，不满意和非常不满意的比例要低于广州和义乌，主要原因在于留学生的社会交往对象相对单一，交往内容相对简单，交往环境不复杂。

表 4 - 57　不同地区的来华非洲人对社会交往的心理适应对比

	广州	义乌	其他地区
非常满意	24.2%	21.3%	33.3%
比较满意	25.2%	35.2%	33.3%
一般	27.5%	24.5%	23.8%
不满意	12.2%	10.7%	7.1%
非常不满意	10.9%	8.3%	2.4%
总计	100%	100%	100%

中非民间贸易交往促进人员的往来和交往，交往的程度和广度促进民心相通。对此，我们调查来华非洲人与中国人的交往心理。经过十几年的打拼，义乌塞内加尔商会会长苏拉现在有了很多非常好的中国朋友。他非常认可习近平主席所提到的"国之交在于民相亲，民相亲在于心相通"。苏拉说，他的一个很大的梦想就是能为促进中非人民之间的深入了解尽一分力量。苏拉的祖国塞内加尔和很多非洲国家一样，都正在实施各自的国家振兴发展计划。苏拉现在的理想不仅是做好自己的生意，他还要充当中非友谊的桥梁。他相信借助高峰论坛的召开，"一带一路"倡议一定会被越来越多的非洲朋友了解和认可[①]。

分析来华非洲人是否能够与中国人成为朋友，完全不符合的占了 10.6%，不太符合的占了 11.2%，不好说的占了 24.6%。比较符合的占了 27.7%，完全符合的占了 26.0%，两者共计超过 53%，说明来华非洲人与中国人不仅是贸易伙伴关系或同学关系，也有进一步发展成为朋友的关系的需要。中国与非洲国家的政治和经济交往为民间交往奠定了基础。来华非洲人是否愿意与中国人成为朋友也与他们在中国的稳定情况和发展情况有关。试举一例说明：

MS，在义乌的坦桑尼亚人，男，29 岁

是否能够与中国人成为朋友是一个不太好回答的问题。如果说我们就是来中国做生意的，那么我们很少会有中国的朋友，因为我们更多的只是生意伙伴关系，做生意只讲利益，哪个老板可以赚钱就与哪个老板交往。只有一些长期住在中国的非洲人，他们有更多的时间与中国人见面、交往。他们常住在中

---

① 义乌非洲商会会长："一带一路"是非洲人的机会．央视网 ［2017 - 05 - 17］. http://news. cctv. com/2017/05/17/ARTIvKEZQiQvgP8hRgzc1kVU170517. shtml.

国也会遇到一些问题，所以他们必须有中国的朋友可以帮忙。我觉得中国人都
是很友好的，因为中国与非洲的关系很好，你知道当时中国进联合国有很多非
洲国家支持了中国，中国在我们国家修建了铁路，有很多中国人为此死了。我
们来这里很多中国人对我们很友好，也愿意跟我们交朋友。（MS：20170820）

表 4 - 58　来华非洲人是否能够与中国人成为朋友的状况

		频率（人）	百分比（%）	有效百分比（%）
有效率	完全不符合	95	10.3	10.6
	不太符合	100	10.8	11.2
	不好说	220	23.8	24.6
	比较符合	248	26.8	27.7
	完全符合	233	25.2	26.0
	合计	896	96.9	100
缺少	0	29	3.1	
总计		925	100	

与此同时，调查来华非洲人与中国人的距离感，如表 4 - 59 所示：只有
4.0% 的非洲人认为与中国人有很大距离，10.2% 的居民认为有较大距离，
13.7% 的非洲人认为有很小距离，26.0% 的非洲人认为有较小距离，认为一般的
比例为 46.0%。说明总体上非洲人与中国人距离感较小，有利于双方进行交往。

表 4 - 59　来华非洲人在中国生活与中国人的距离感统计

		频率（人）	百分比（%）	有效百分比（%）
有效率	很小距离	99	10.7	13.7
	较小距离	188	20.3	26.0
	一般	332	35.9	46.0
	较大距离	74	8.0	10.2
	很大距离	29	3.1	4.0
	合计	722	78.1	100
缺少	0	203	21.9	
总计		925	100	

在上述心理状态下，来华非洲人在与中国人和谐相处的问题中，如表 4 - 60

所示：完全符合的比例为 22.7%，比较符合的比例为 23.2%，两者之和为 45.9%。完全不符合的比例为 11.1%，不太符合的比例为 14.4%。不同地区的来华非洲人与中国人和睦相处的对比分析数据可见表 4 - 61。

表 4 - 60　来华非洲人能够与中国人和谐相处统计

		频率（人）	百分比（%）	有效百分比（%）
有效率	完全不符合	101	10.9	11.1
	不太符合	131	14.2	14.4
	不好说	259	28.0	28.6
	比较符合	210	22.7	23.2
	完全符合	206	22.3	22.7
	总计	907	98.1	100
缺少	0	18	1.9	
总计		925	100	

表 4 - 61　不同地区的来华非洲人能够与中国人和睦相处的比较

		广州	义乌	其他地区
我能够与中国人和睦相处	完全不符合	13.3%	10.1%	2.4%
	不太符合	23.5%	8.2%	0%
	不好说	28.6%	28.8%	26.2%
	比较符合	17.1%	27.1%	35.7%
	完全符合	17.6%	25.8%	35.7%
总计		100%	100%	100%

三　"非洲梦"背景下对刻板印象的心理适应图像

中国人对非洲人的刻板印象是一种较普遍的社会现象。来华非洲人如何面对中国人的刻板印象进行调适，是"非洲梦"背景下他们对刻板印象心理适应的又一个重要方面。

（一）刻板印象与来华非洲人的心理适应

在人文社会科学中，所谓刻板印象（Stereotype），指的是人们对某一类人或事物产生的比较固定、概括而笼统的看法。这种刻板印象所产生的定型效应，会使人们在被给予有限材料的基础上做出一种比较固定、带普遍性的结论，也是一种比较概括而笼统的看法，使人们在认知他人时忽视个体差异，从而导致知觉上的偏差和错误，造成先入为主，妨碍对他人或他群做出正确的评价。如果这种偏差和错误，发生在对一类人或一群人的认知中，就会产生社会刻板印象，从而阻碍人与人之间、族群与族群之间的正常交往①。简言之，刻板印象是由人们对于某些社会群组的知识、观念和期望所构成的认知结构。所以，作为一种概括化的信念，刻板印象也是身份认同与价值认同中最基本的方面，对我们适应社会环境有重要意义②。

有学者曾以汉族对少数民族的刻板印象为例，研究过"民族本质论对民族认同和刻板印象的影响"，认为持有强烈民族本质论观点的个体感知到的群际差异更大；民族本质论影响个体的群际导向，它使个体有强烈的内群认同和偏好，但其与外群接触的态度较为消极。而在汉族对少数民族的关系中，汉族持有的民族本质论观点越强烈，其对少数民族持有刻板印象的程度就越大，尤其是消极刻板印象。但民族本质论对民族认同和民族刻板印象有重要影响，在实践中可以将民族本质论作为一个中介，通过改变人们的民族本质论信念，减少群际刻板印象与偏见，改善群际关系③。

而本质论（essentialism）是一个多学科的概念，既是对世界的真实，也就是本质的认识、解释、理解与掌握的理论。Medin 和 Ortony 将本质论引入心理学当中，用来指外行人认为生物类别具有本质（essence）的信念④，Rothbart 和 Taylor 首次将本质论的概念引入外行人对社会类别的理解当中，他们发现人们通常错误地将社会类别（如犹太人、荷兰人）视为自然类（natural kinds），即认为他们是具有本质的群体分类，而不是文化分类的结果，这种基于本质的群体分类是不可变的，并成为推断群体成员特征的有力信息资源⑤，从而形成了民族本质论⑥。

---

① 高承海，万明钢．民族本质论对民族认同和刻板印象的影响［J］．心理学报，2013（2）：231－242.

② 何莹，赵永乐，郑涌．民族刻板印象的研究与反思［J］．贵州民族研究，2011（6）：21－26.

③ 高承海，万明钢．民族本质论对民族认同和刻板印象的影响［J］．心理学报，2013（2）：231－242.

④ Medin D L, Ortony, A. Psychological Essentialism. In Vosniadou S, Ortony A. (eds.) Similarity and Analogical Reasoning［M］. Cambridge: Cambridge University Press, 1989: 179－195.

⑤ Rothbart M, Taylor M. Category Labels and Social Reality: Do We View Social Categories as Natural Kinds?［M］In Sernin M, Klaus F. (eds.) Language, Interaction and Social Cognition. Thousand Oaks, CA, US: Sage Publications, 1992: 11－36.

⑥ 高承海，万明钢．民族本质论对民族认同和刻板印象的影响，［J］．心理学报，2013（2）：231－242.

当下，在"非洲梦"的背景下，一方面是来华非洲人面对着中国复杂的社会环境，另一方面是中国人面对越来越多的来华非洲人，而社会环境所提供的信息不是数量过大，就是不够完整。人们对各为他者的族群都会产生一定程度的刻板印象，其中中国人对非洲人的刻板印象显得特别突出。所以，在全球化趋势日益明显的今天，面对越来越多的来华非洲人，在广州和义乌是一个关乎社会稳定的问题，更是一个关乎中非关系发展的问题。因此，刻板印象作为一种心理认知成分，在各族群成员中又有一定的普遍性和共通性，大多与族群心理相关联，如刻板印象与族群偏见、刻板印象与族群歧视、刻板印象与族群认同等。凡此等等，都是为了实现"非洲梦"的来华非洲人的心理适应所不可绕过和回避的。

（二）"非洲梦"与来华非洲人对刻板印象的心理适应图像

非洲人在中国以及由此展开的中非民间直接交往，不可避免地要产生刻板印象的话题。特别是对"黑人"的刻板印象，在中国人社会心理建构中，显得非常明显。

在中国人的审美意识中，白色为美，黑色不讨人喜欢，甚至让人觉得有些不舒服。所以，黑皮肤的非洲商人经常遭到一小部分中国人异样的目光。另外，中国一直都是一个移民输出国，现在大量的非洲商人涌入广州的确让中国人感觉到意外[①]。在广州、义乌及其他城市的非洲人感受到了被种族化以及遭受到中国人的种族歧视。根据我们的调查，如表4－62所示：被调查非洲人中有21.6%的非洲人感受到了"非常强烈"的歧视，还有20.5%的非洲人"有些强烈"，累计有42.1%的非洲人强烈感受到歧视，另外有感受到"一般"歧视的非洲人占了34.8%，与感觉受到强烈歧视的合计，共有76.9%的人感受到被歧视。歧视"不强烈"或"一点不强烈"分别占了14.8%和8.3%。

表4－62　来华非洲人在中国感受到歧视程度

	频率（人）	有效百分比（%）
非常强烈	188	21.6
有些强烈	178	20.5
一般	303	34.8

---

① 许涛. 在华非洲商人的社会适应研究［M］. 杭州：浙江人民出版社，2013：110.

续表

	频率（人）	有效百分比（%）
不强烈	129	14.8
一点不强烈	72	8.3
合计	870	100.0

这一调查结果所显示的中国人对非洲人存在歧视的问题，需要仔细探究其对中非社会交往和跨文化适应所带来的影响，反过来，交往日益密切的中非关系是否会激起更加严重的歧视问题或者能够让其得到缓解，这也需要我们进一步观察和分析。歧视有其具体的表现，在华非洲人感受到被歧视问题困扰，更多的可能是在言行和日常交往中，有时可能是无意的冒犯，有时是由跨文化交流导致的误解。

从表4-63可见，我们对非洲人所感受到的中国人与他们交往时，让他们感受到的歧视内容进行了调研，在所有的项目中，"中国人捂鼻子"的行为是让他们感觉最多的歧视内容，其次是因为肤色被围观。这两个行为均被一半多的非洲人视为冒犯行为，约有1/3的人感受到被出租车歧视性拒载，还有1/5的非洲人感觉警察检查签证的方式以及不被中国人信任，另有一些非洲人感觉在日常交往中被语言上冒犯及行为上取笑，与中国人通婚被反对。

表4-63　来华非洲人被歧视内容

歧视内容	频数（人次）	百分比
因为肤色被围观	464	20.6%
中国人捂鼻子	527	23.4%
在语言上冒犯	150	6.7%
不被中国人信任	182	8.1%
被出租车司机拒载	267	11.9%
警察检查签证的方式	190	8.4%
与中国人通婚遭到反对	103	4.6%
宗教信仰被干预	59	2.6%
礼仪上得不到尊重	75	3.3%
经济地位上受到歧视	69	3.1%

续表

歧视内容	频数（人次）	百分比
行为被取笑	122	5.4%
民族文化被贬低	42	1.9%
总计	2250	100%

从来华非洲人公平待遇的角度进一步分析。在日常生活和工作中，我们调查来华非洲人是否遭受到不公平的对待，22.9%的人表示完全没有，有一些的占29.3%，一般的占22.5%，比较多的占16.1%，很多的占9.1%（见表4－64），不同地区的比较分析数据见表4－65。

表4－64　在中国有没有受到不公平对待的问卷统计

		频率（人）	百分比（%）	有效百分比（%）
有效率	完全没有	203	21.9	22.9
	有一些	260	28.1	29.3
	一般	199	21.5	22.5
	比较多	143	15.5	16.1
	很多	81	8.8	9.1
总计		886	95.8	100

表4－65　不同地区的来华非洲人有没有受到不公平对待的比较

		广州	义乌	其他地区
您在中国有没有受到不公平的对待	完全没有	15.3%	26.8%	46.5%
	有一些	27.6%	30.9%	27.9%
	一般	24.7%	21.1%	18.6%
	比较多	21.2%	13.4%	2.3%
	很多	11.3%	7.9%	4.7%
总计		100%	100%	100%

我们对来华非洲人做进一步的调查，调查来华留学生是否有被排斥的感觉，如表4－66所示：其中，20.6%的人表示完全没有，28.8%的人表示有一些，25.2%的人表示一般，17.6%的人表示比较多，表示很多的只有7.8%。大多数非洲商人来到中国主要从事商贸活动或留学，一定程度上也促进了中国经济的发

展和高等教育的发展，因此中国人对非洲人普遍持有欢迎和接纳的态度。试举一例说明。

王女士，在义乌的经营户，女，45岁

我们在市场上的客户都是外国人，其中有很多的非洲人，不管他们是不是大老板，我们都要跟他们做生意，我是义乌人，所以我们是欢迎他们的，就算他们做小生意，我们也会做，有的其他店面的老板还做欠账。因为现在的原材料价格涨得太高了，用人成本也高，所以为了维持生意的运作，我们什么样的客人都要做。至于他们的皮肤，他们国家的风土人情，他们的宗教等我们不会太介意和关注的，毕竟我们是生意人，更多地关心我们的利润。（WNS：20160326）

表 4-66　您在中国有没有被排斥的感觉

		频率（人）	百分比（%）	有效百分比（%）
有效率	完全没有	181	20.6	20.6
	有一些	253	28.8	28.8
	一般	221	25.2	25.2
	比较多	154	17.6	17.6
	很多	68	7.8	7.8
总计		877	100	100

对比不同地区在中国有被排斥的感觉，选择完全没有被排斥感觉的广州是14.0%，义乌是23.5%；很少被排斥的感觉的比例，广州的比例是26.1%，义乌的比例是30.3%；比较多被排斥的感觉的，广州的比例是22.4%，义乌是15.2%；很多被排斥的感觉的，广州的比例是10.0%，义乌的比例是6.4%。而从全国其他地区来看，完全没有的比例为48.8%，很少的比例为37.2%（见表4-67）。

表 4-67　不同地区的来华非洲人对在中国有没有被排斥的感觉的比较

		广州	义乌	其他地区
您在中国有没有被排斥的感觉	完全没有	14.0%	23.5%	48.8%
	很少	26.1%	30.3%	37.2%

续表

		广州	义乌	其他地区
	一般	27.4%	24.6%	11.6%
	比较多	22.4%	15.2%	0%
	很多	10.0%	6.4%	2.3%
总计		100.0%	100.0%	100.0%

我们在义乌对中国人进行了中国人对非洲人的歧视调查，从表4-68显示的调查数据来看，义乌人认为完全没有歧视非洲人的比例占49.3%，有一些的占32.4%，一般的占14.5%，比较多的占2.3%，很多的占0.8%。总体来看，近半数的中国人认为义乌人没有歧视非洲人。但也有少部分认为存在歧视现象，主要表现在捂鼻和指指点点上。对比来华非洲人对于歧视的感受，义乌人对来华非洲人的歧视的感受明显要弱一些。一个方面是主客心理原因，义乌人作为城市主人，心理上对于客人是接纳的。"客人是条龙，不来就要穷"是义乌最著名的民谚之一。《义乌市志》编辑部主编吴潮海说："义乌对外来建设者的包容，是一种集体的自觉行为。"过去义乌地瘠人贫，义乌小商贩摇着拨浪鼓翻山越岭、走街串巷、进村入户"鸡毛换糖"，食无定时，居无定所，每到一地都要靠当地人的接纳和帮助。"天寒地冻、风雨交加时，当地人能为义乌小商贩提供锅灶头的一块小地方住一宿，也要感恩在心的。出门在外，每一点温暖都弥足珍贵。这一点，义乌商贩感同身受。"① 非洲人作为客人，心理上难免有一种寄人篱下的感觉。

表4-68　义乌人是否歧视非洲人

是否歧视非洲人	频数（人次）	百分比（%）
完全没有	316	49.3
有一些	208	32.4
一般	93	14.5
比较多	15	2.3
很多	5	0.8

① 《义乌欢迎你》：民谚"客人是条龙"的诗化解读［EB/OL］．浙江新闻［2010-3-5］．http：//zjnews.zjol.com.cn/05zj news/system/2010/03/05/016386198.shtml.

具体分析非洲人在哪些方面受到歧视，如表 4 - 69 所示，因为肤色被围观/指指点点/窃窃私语的占 25.1%，因为味道捂鼻子/皱眉/露出厌恶表情的占28.0%，被出租车司机拒载的占 2.8%，警察检查签证的方式的占 0.6%。在语言上冒犯的占 3.2%，宗教信仰被干预的占 4.6%，礼仪上得不到尊重的占4.6%，经济地位上受到歧视的占 4.7%，行为被取笑的占 4.6%。与中国人通婚遭到反对的占 7.8%，不信任非洲人的占 9.0%，民族文化被贬低的占 2.9%，其他方面的占 2.1%。

由此可知，在义乌，歧视非洲人的现象还是存在的，且直接以行为的方式表现了出来。主要表现为：因为肤色被围观、指指点点，因为体味、香水味而采取捂鼻子、皱眉或露出厌恶的表情，这是真真切切的存在着的。在走访过程中，我们了解到个别房东会因受不了非洲人的味道而拒绝租房给他们，一些出租车司机不愿拉皮肤黑的非洲人。从数据中还可以看到非洲人在婚恋、宗教信仰、文化习俗、尊重和信任等方面需求均存在得不到满足的情况，这是对其民族文化、个人尊严的不尊重和歧视。

种族主义偏见是群体意识，削弱种族主义偏见是个世界性难题，但国际化城市应有不同的胸襟①。

表 4 - 69　歧视表现在哪些地方

歧视表现的地方	频数（人次）	百分比（%）
因为肤色被围观/指指点点/窃窃私语	164	25.1
因为味道捂鼻子/皱眉/露出厌恶表情	183	28.0
被出租车司机拒载	18	2.8
警察检查签证的方式	4	0.6
在语言上冒犯	21	3.2
宗教信仰被干预	30	4.6
礼仪上得不到尊重	30	4.6
经济地位上受到歧视	31	4.7
行为被取笑	30	4.6
与中国人通婚遭到反对	51	7.8

———————

① 李慧玲. 中非民间交往中形象认同偏差原因分析及对策 ［J］，广西民族大学学报（哲学社会科学版），2014（11）：157.

续表

歧视表现的地方	频数（人次）	百分比（%）
不信任非洲人	59	9.0
民族文化被贬低	19	2.9
其他	14	2.1

也有一些被访谈对象认为有的非洲人懒惰、自私、斤斤计较，而且有体味，很穷，是因为在非洲吃不饱饭才跑到中国，而且看到中国好，他们不想走；非洲人爱搭讪中国女孩，而且欺骗后又不负责任；非洲人还不守时，喜欢群居，"三非"① 问题突出，而且容易诱发暴力犯罪。在网络上，也出现了一些攻击在华非洲人的种族歧视言辞。对于这些言行，在华的非洲人均能够直接感受到，他们也表达了不满。

JJ，在广州的尼日尔人，男，25 岁

我们绝大多数来到这里不是为了居住或者生活，而是为了生意，为了赚钱。是赚非洲人的钱，不是赚中国人的钱。但是中国人却不喜欢我们，我们的邻居也避免看到我们。我知道一些中国人，他们不了解黑人（Blacks），他们害怕黑人……（JJ：20160928）

中非之间虽然均出现基于文化差异的刻板印象，但是并没有形成压迫性的种族歧视，也没有政策和制度上的排斥，而更多的是通过市场为基础的平等互利的交往来进行调适和适应。在中非关系发展的背景下，每个来华的非洲人都在编织自己的"非洲梦"，在"非洲梦"心理的映射下，来华非洲人大多努力进行心理调适，以利于实现自己的"非洲梦"。

---

① "三非"是指非法入境、非法居留、非法就业。

第五章
结语：大趋势、大背景、大制度

当今世界，已经平面化。

曾任《纽约时报》长驻黎巴嫩采访主任的美国专栏作家托马斯·弗里德曼（Thomas L. Friedman），在《世界是平的：21 世纪简史》（*The World Is Flat: A Brief History of the Twenty-first Century*）① 一书中，描述了当代世界发生的重大变化。科技和通信领域如闪电般迅速地进步，使全世界的人们可以空前地彼此接近，竞争更加激烈，是否能让全球的资源为你所用，是你能否在这个平坦的世界上立足的标准。他把全球化进程划分为三个伟大的时代：第一个时代（全球 1.0 版本），从哥伦布起航开启世界贸易开始，这一时期全球化是由"国家"的力量在拓展，世界变圆了；第二个时代（全球 2.0 版本），这一时期"跨国公司"扮演着全球化的重要角色，世界变小了；第三个时代（全球 3.0 版本），这一时期的全球化将以个人为主，在全球范围内合作与竞争，以至于将世界变为平地，世界变平了。

在这个世界变平的大时代，族群大移动、物资大流通、信息大数据，一方面，在全球化的大趋势下，非洲人到中国来已是势不可当；另一方面，在"一带一路"的大背景下，中国人走向世界、走进非洲也是势不可当。那么，在来华非洲人的社会交往与跨文化适应中，我们的外国人出入境制度是否也应该与时俱进，以适应中国在国际交往中的需要呢？

一 大趋势：全球化浪潮与来华非洲人

全球化的浪潮席卷世界早已成为历史的大趋势，于是，跨国迁移已经成为潮流的必然。当今全球高达 2.14 亿的跨国迁移人口，已经形成对于民族国家边界的冲击，全世界绝大多数国家面对人口流出、流入或流动过境三种形态并存的人

---

① 托马斯·弗里德曼. 世界是平的：21 世纪简史［M］. 何帆，尚莹莹，郝正非，译. 长沙：湖南科学技术出版社，2008.

口生态。在当今世界上，一方面，全球化浪潮势不可当，走向"开放的社会"已成共识。另一方面，众多民族国家却无不严格地固守甚至日益强化着自己"封闭的边界"，民族国家利益至高无上。因此，"走向开放的社会"与"固守封闭的边界"就成为当今一个严重的时代悖论①。

移民时代的到来为中国带来了机遇也带来了挑战。在相互依存的全球化时代，没有一个国家和民族可以独享繁荣与太平。从根本上说，作为一个疆域辽阔的世界性大国，中华民族复兴大业将最终完成，而在对外方面，则需要以开阔之胸襟和多维之眼光，在与东西南北之世界多元文明交流汇合的过程中，锻造中华民族在全球化之时代与世界上所有民族共生存的能力和品质②。中国需要从政策的制定、制度的完善、心理接纳等多方面做好迎接移民时代到来的准备。

美国学者艾莫杰瑞（Emmerij）曾对全球化有一个分析，他认为：全球化就是指穿越国家和地区性的政治边界的经济活动在拓展。它反映在有形的和无形的商品和服务通过贸易和投资途径在不断地加快流动上③。因此，全球化使得市场和平等机会愈多，人们在全球化进程中为寻求更好的机会而流动就愈多④。经济全球化不可能仅仅是经济的全球化，资本、商品、信息的流通必然与观念、文化乃至人的流行并行不悖⑤。据查：2016 年，我国边防检查机关共检查出入境人员5.70 亿人次，同比增长 9.08%。入境外国人中，观光休闲 1419.74 万人次，访问 52.13 万人次，服务员工 594.36 万人次，会议商务 598.02 万人次，就业86.78 万人次，学习 32.43 万人次，探亲访友 96.44 万人次，定居 29.27 万人次，其他目的入境 931.44 万人次。2016 年，全国边防检查机关共查处非法出入境人员 2705 人次，查处其他违反出入境管理法律、法规人员 6.37 万人次⑥。2013 年居住在中国境内的外籍人士为 84.85 万人，近十多年的平均增长率为 3.9%⑦。据统计，2016 年共有来自 205 个国家和地区的 442773 名各类外国留学人员。其

---

① 李明欢. 国际移民政策研究 [M]. 厦门：厦门大学出版社，2011：352.

② 舒运国，刘伟才. 20 世纪非洲经济史 [M]. 杭州：浙江人民出版社，2013：280.

③ Emmerij L. Economic and Social Development into the XXI Century [C]. Inter-American Development Bank，1997.

④ Munch R. Nation and Citizenship in the Global Age [M]. New York：Palgrave，2001：118.

⑤ 周敏，张国雄. 国际移民与社会发展 [M]. 广州：中山大学出版社，2012：26.

⑥ 公安部出入境管理局：去年出入境人数 5.7 亿 [EB/OL]. 中国网 [2017 - 02 - 09]. http://www. china. com. cn/travel/txt/2017 - 02/09/content_40254766. htm.

⑦ 联合国经济与社会事务部. 2013 年世界移民报告 [R]. 2013.

中非洲来华留学人员为 61594 人，占当年来华留学人员总数的 13.91%，同比增长 23.70%①。虽然中国对外国人获得永久居留的"中国绿卡"控制非常严格，但事实上已经在中国形成了若干著名的外国人聚居地或"移民族群"，如北京的"韩国城"，义乌的"中东街"，广州的"巧克力城"，还有广西的"越南新娘村"等，不一而足②。

中非政治和经贸关系的发展促进了双方人员的来往。中国在经济全球化进程中发挥着越来越积极和重要的作用。其中包括为非洲在内的大多数发展中国家带来了共同发展的机遇。中国和非洲的贸易额已经超过 2000 亿美元。虽然中国与非洲发展的程度不同，但双方经济互补性很强。自 2009 年起，中国已经成为非洲最大贸易伙伴国③。目前，很多非洲国家发展呈现多领域和多层次需求，为中国提高对非洲贸易水平，推动对非洲国家贸易从规模扩张向提高质量和效益的转变，提供了巨大空间④。据报道，2016 年 6 月，实际在广州非洲国家人员约 1.1 万人，占在广州外国人总数的 14.8%⑤。据义乌市出入境管理局提供的数据，2013 年入境义乌的非洲人为 90254 人，2014 年为 94614 人，2015 年为 89089 人，2016 年为 93230 人，2017 年前 6 个月为 41770 人，从义乌市近 4 年非洲人入境情况看，数量较为稳定。对此，我们从对义乌塞内加尔商会负责人苏拉先生等非洲人的访谈中，可以窥见经济全球化背景下，非洲人来华实现"非洲梦"已经成为一种大趋势，非洲人来中国留学和经商成为其实现"非洲梦"的重要手段，而广州和义乌等城市已经成为其实现"非洲梦"的重要城市。

SL，塞内加尔人，义乌塞内加尔商会负责人，男，38 岁

其实我们这些在义乌的塞内加尔人，好几个都是以前在中国读书的。他在这里留学，那他可能有一些亲戚到义乌来采购。打个比方，你在北京，家里有人来买货，来的时候你可能也会陪他们去，这样你就了解中国了。另外

① 2016 年度我国来华留学生情况统计 [EB/OL]. 中华人民共和国教育部网站 [2017 - 03 - 01]. http://www.moe.edu.cn/jyb_ xwfb/xw_fbh/moe_2069/xwfbh_2017n/xwfb_170301/170301_sjtj/201703/t20170301_ 297677. html.
② 李明欢. 国际移民政策研究 [M]. 厦门：厦门大学出版社，2011：329.
③ 齐建华. 发展中国与非洲新型全面合作关系 [M]. 北京：世界知识出版社，2014：6.
④ 张宏明. 非洲发展报告（2012 - 2013）[M]. 北京：社会科学文献出版社，2013：12.
⑤ 广州到底有多少非洲人多少外国人？官方回应！[EB/OL] 网易新闻 [2016 - 09 - 27]. http://help.3g.163.com/16/0927/07/C1V1M7T000964J4O.html.

一个是像我这样的，以前自己来这里采购货物，后来遇到很好的机会，就留在了这里。或者说他们以前是在广州，后来他们来到了义乌，这样的人比较多一点。我认识两三个从广州过来的，他们从广州来的时候，可能在那边生意也不算好，可能根本没什么生意。但是到义乌来，因为义乌是一个新的市场，他可能会觉得在这里机会要比在广州多，因为广州本身是一个很旧的市场。但这里就是一个新的地方，了解的人不多，认识的人也不多。这又是一个机会，你就算来的时候不认识任何人。那你来的时候，也有可能发现有一个好的机会，那么你就可以在这里开一个公司，所以很多人愿意来这边。但广州不一样，那边相对来说机会可能要少一点。一个新的地方对你来说可能会有非常好的机会。但广州不一样，因为大部分人都已经去过广州了，但义乌没来过。在广州他可能不需要我这个人，他自己能把事情处理好。但是在义乌需要我推荐给他，他肯定会来，他来也是会找我。对他来说，这是一个新的机会，会比广州容易一点。因为我说义乌是一个刚发展的地方，这种机会你可能一辈子都碰不到。也可以这么说，你可能从出生到死都碰不到这种机会，这是刚刚出生的一个城市，这跟广州、上海是不一样的。（SDK：20150524）

我们从对 3 位广州的非洲商人的采访可以进一步验证经济全球化背景下非洲人来华已经成为一种必然趋势①。

　　菲力：来中国之前，34 岁的刚果民主共和国商人菲力曾走过世界很多地方，但他 2003 年第一次到达广州，就被这里丰富的商品和优越的营商环境吸引，从此扎根中国。"我为什么决定留在中国？"菲力说，"因为我发现，全世界的人，都将目光投向这里"。（FL：20150523）

　　约翰：他心中有一个萦绕不去的"非洲梦"。"我的'非洲梦'是将我看到、学到的中国改革开放的经验带回本国，和我的非洲同胞们分享，从中国的发展脚步中寻找经验，用于推动非洲的发展。"（YH：20141123）

　　詹姆斯："很多非洲人都在中国找到了机会。我刚来中国的时候是 26 岁，现在是 35 岁。我相信在我 40 岁之前，可以实现我在中国的梦想。"

---

①　在华非洲人的"中国梦"：我们为何选择中国［EB/OL］. 中国新闻网 . http://www. chinanews. com/gn/2013/03－24/4670453. shtml.

2011 年，詹姆斯被在华加纳人推选为中国加纳人社区的首任主席。在就职演说中，詹姆斯呼吁所有的加纳在华同胞们做到"诚实守法，彼此尊重，以负责的方式在中国生活，共同推进中加两国关系向前迈进。"（ZMS20141226）

历史的潮流是不可阻挡的。在全球化的大趋势中，非洲人来华的潮流也是不可阻挡的。我们只有顺应之、引导之、管理之，才能在全球化浪潮中与非洲人共生、共存、共享世界的和谐与发展。

二 大背景："一带一路"与来华非洲人

全球化发展到 21 世纪 10 年代，中国提出"一带一路"倡议，世界的天平开始从西方向东方倾斜，从发达国家向发展中国家倾斜，从而形成了新的大时代背景。

"一带一路"倡议不仅有利于形成中国全方位对外开放的新格局，建设一个包容性很强的互利互惠平台，也有助于促进欧亚非大陆腹地不发达地区的经济增长，改变全球经济政治的空间布局和活动方式及其流向，为世界范围内的均衡发展做出新的贡献。

全球化的发展史表明，世界经济的增长模式及其流向始终受交通运输模式的制约甚至牵引。进入 21 世纪，世界经济陷入停滞，其根本原因在于全球化只是世界沿海地区的全球化，世界经济的繁荣与增长只不过是世界沿海地区的繁荣与增长，广大的世界内陆地区并未真正被纳入全球经济体系之中。"一带一路"建设将创造牵引包括非洲在内的内陆地区及世界范围经济增长、繁荣的新物流模式和发展平台，沿途会形成发达的城镇和人口中心、经济活动中心，这些地方的丰富资源得到全面、合理开发，增大全球资源供应量，从而深刻改变全球地缘政治的空间布局，世界地缘政治景观也将发生革命性变化。

因此，共建"一带一路"势必会推动和发展中国与非洲的双边关系。非洲既是古代丝绸之路的途经地和目的地之一，也是"一带一路"倡议的必经之地，还是"一带一路"倡议不可或缺的参与者。非洲国家欢迎中国提出的"一带一路"建设计划并愿参与其中。中非双方在对接"一带一路"时挑战与机遇并存①。而"一带一路"背景下中非关系的发展势必推动双方经贸往来，推动双方

---

① 王南．非洲："一带一路"不可或缺的参与者［J］．亚太安全与海洋研究，2015（3）．

人文交往和人员的往来，推动双方教育交流和留学人员的往来。

中国经过 40 多年改革开放，拥有大量优质产业和富余产能需要到海外发展。把中国资金、技术、市场、企业、人才和成功发展经验等相对发展优势同非洲丰富的自然资源、巨大的人口红利和市场潜力紧密结合起来，必将为中非和世界人民创造出新的发展奇迹。中非合作发展具备天时、地利、人和的独特条件。随着新一轮国际产业结构调整和转移，非洲有可能率先从实施"一带一路"建设中受益，并成为拉动中国和世界经济发展的新增长极①。

经过 60 多年的交往合作，今天中非发展合作正处于"特殊的战略机遇期"，中国与非洲的经贸合作也正驶向提速增质的"高铁"时代。今天中国已经成为世界制造业的中心，而非洲处于工业化初期，中非在产业化、工业化、现代化领域，可以形成比较好的梯度合作。中国可以拉动非洲进入补位的位置，使得中非形成结构性的深度互补。随着全球发展动力越来越倚重于南方国家，中非已经形成了一种"梯度结构"——中国的发展可为非洲提供其工业化所需的大量资金、技术及人才，而随着非洲由相对贫困状态向中等收入国家迈进，一个逾 10 亿人口的庞大市场又将为中国提供新一轮增长动力。对中国而言，作为全球新经济增长点的非洲大陆无疑是"机遇之地"；对非洲而言，双方全面而深入的合作也越来越成为推动非洲整体发展的重要外部支撑和力量②。

中国和非洲正形成一种全新的发展结构关系，即在世界经济发展重心向南方国家、发展中国家倾斜过程中，中非能够利用各自独特的优势，合作建构一种新型的、具有自主自信自觉的战略意识并保持开放的协同发展关系。这种新型关系正以其全新的成效对传统的南南合作及其既存的南北关系产生深远影响。中非特殊的"命运共同体"也由此进一步向新的"机遇共同体"提升；而"中国梦"与"非洲梦"相融汇，正是这种全新关系深刻的时代表达③。

从非洲人口的角度来看，非洲人口红利也为中非合作带来了机遇。法国国家人口研究所（INED）发布的研究结果显示，非洲将成为未来几十年内人口数量增长最快的地方，于 2050 年增长至目前的两倍。据 INED 预测，2050 年非洲人口数量将从目前的 12 亿增长到 25 亿，2100 年将达到 44 亿人。而世界总人口将

①　非洲是建设"一带一路"的重要方向和落脚点. 中非合作论坛 ［2016 - 09 - 02］. http://www. fmprc. gov. cn/zflt/chn/zxxx/t1393977. htm.

②　刘鸿武：非洲地区发展报告（2013—2014）［M］. 北京：中国社会科学出版社，2014：20 - 21.

③　刘鸿武，卢凌宇："中国梦"与"非洲梦"：中非命运共同体的构建［J］，西亚非洲，2013：19.

于 2050 年突破 100 亿，并于 21 世纪末达到 110 亿人①。非洲快速增长的人口既为非洲和世界带来了挑战，也为世界和非洲带来了机遇。随着非洲人口的快速增长，在可以预见的未来，大多数非洲国家，特别是那些人口增长过快的非洲国家，服装、粮食、住房和交通之类事关民生基本需求的商品和产业，应该有一个大的需求和发展，才能满足和适应人口快速增长的需要。由于中国在这些方面拥有自己的优势和强项，所以中非合作特别是中非经贸合作机会和空间将会更多、更宽和更广②。中非之间不仅仅有经济合作，还有彼此文明的对话、知识的重建、思想的提升。今后，中非会继续扩大在"软领域"方面的合作，如治国理念的交流，人文、教育以及文化领域的交往等。这种通过高层往来推动的深入交融，对彼此的文明乃至全球多元化文明的丰富都有着有益的作用③。

中国的发展理念，主要集中于中国自身的问题，考虑中国自身如何发展。未来中国需要更多地考虑如何将自身的发展与世界的发展有机地结合起来，特别是如何与非西方世界、亚非拉世界、发展中国家的发展需求结合起来，形成新的发展共同体、合作共同体、命运共同体。只有这样，中国未来的发展才可能是可持续的。就此来说，21 世纪的"新丝绸之路"，应该延伸到非洲大陆，延伸到世界更广阔的地区，它应该成为 21 世纪人类交往新的制度模式与精神理念。国家和民族间通过平等相待的发展合作关系来建构和谐世界的新理念，将日益成为具有全球意义的新认同。而中非务实合作关系的深入发展，将有助于推进人类现代性新认同的核心内涵，由传统的"西方语境"转变为"全球语境"，在这些全球语境中，来自亚非的智慧、亚非的知识、亚非的话语，将逐渐受到重视与发扬④。中国与非洲是命运共同体。中国的崛起和非洲的复兴既是中非人民对幸福生活的期待，也是发展中国家争取平等的国际地位和公正合理的国际秩序的诉求。中国将继续保持本国经济稳定的增长带动全球经济的增长，非洲也将继续以其丰富的资源和巨大的市场滋养世界经济的发展⑤。

当代中非合作大体上包含政治、经济、人文三个方面的内容。在中非合作的

① 未来非洲人口增长将翻倍 30 年后达 25 亿 [EB/OL]. 搜狐网 [2017 - 09 - 20]. http://www.sohu.com/a/193461284_778452.
② 舒运国，张忠祥，刘伟才. 非洲经济评论 (2016) [M]. 上海：上海三联书店，2016：179.
③ 刘鸿武. 非洲地区发展报告 (2013—2014) [M]. 北京：中国社会科学出版社，2014：21.
④ 刘鸿武. 中非合作崛起与全球共享：新"丝路"之道与魂 [J]. 中国投资，2014：10.
⑤ 张宏明. 非洲发展报告 (2012—2013) [M]. 北京：社会科学文献出版社，2013：9.

第一阶段，即 20 世纪 50～70 年代，政治关系成为当时中非关系的核心内容，占据着主导地位。从 20 世纪 80 年代起，中非合作关系日益向经济与发展领域推进，经济合作的地位日显重要，中非合作关系渐渐演变成一种以经济为主导的关系。未来中非合作关系可能转入政治、经济、人文三位一体。近年来，随着中非经济合作关系的快速推进，中非关系对中非双方普通百姓的关涉日益明显，越来越多的中非普通民众参与到中非交往的进程中来，这是一种我们可以称之为中非关系走向社会、走向民间、走向草根化的新趋势，目前这种变化正在快速推进①。在中国广州和义乌有一些非洲商人在推动着中非贸易发展的同时，也在推动着人文交流和交往，他们不仅是贸易的实践者，也是中非关系构建的推动者。义乌非洲商人苏拉就是很好的例子②：

SL，塞内加尔人，义乌塞内加尔商会负责人，男，38 岁

到非洲的船基本上是转到欧洲或是别的国家，从那些国家到我们这里来可能是一些小船，那都是有原因的。有可能是港口不能进来一个大船，我们希望这个"一带一路"能来到我们非洲这些港口，想办法能有更多的大船到我们这里来，而且能够把这些用户发来发去的成本降得很低。这些都能鼓励我们非洲和中国来往贸易发展得更好。我的一个很大的梦想就是能为促进中非人民之间的深入了解尽一分力量。我觉得，中国人、中国真正能够给我们带来什么非洲人民还不够了解。有可能政府之间（了解）是很好的，但真正的非洲，中国人民也还不够了解。到现在有时候可能你要去非洲，带上中国人过去，（可能有人会说）"你敢去非洲吗？"这些都是因为不了解。所以我是相信"一带一路"这个想法是一个我们非洲人应该抓住的机会，所以去过（高峰论坛）的人，我们等他们回来能够把会议的内容传给他们身边的这些其他的国家领导，让大家都集合在一起做到一份工作，能够让更多的非洲人民知道"一带一路"这么一个好的想法。这方面的话，我认为是缺一份工作，所以我们不能说是能够做得很好，或者说能够做到位，但是参与进去能够解决一小部分的问题。[SL：SDK2015524]

① 刘鸿武. 非洲文化与当代发展 [M]. 北京：人民出版社，2014：326.
② 义乌非洲商会会长："一带一路" 是非洲人的机会 [EB/OL]. 央视网 [2017-05-17]. http://news.cctv.com/2017/05/17/ARTIvKEZQiQvgP8hRgzc1kVU170517.shtml.

三 大制度：全球化时代中国移民制度的创建

在全球化的大浪潮中，在共建"一带一路"的大背景下，中国已经成为世界重要的移民目的国。2016 年 7 月，国际移民组织在日内瓦举行特别理事会，以协商方式一致通过了中国的加入申请，中国正式成为该组织的第 165 个成员国。但中国的移民制度存在一些与之不相适应的地方，因此，需制定与之相适应的、新的移民制度。

移民制度涉及政治、外交、治安和民生等多个领域，是国家制度的重要组成部分，由行政、刑事、外交和民事等各类法律制度构成，移民制度需要一定的社会条件，也反映出一个国家的政治、外交、社会、经济发展水平和阶段。而从目前中国移民治理的角度来看，总结中国移民管理状况，可以用两句话简要概括：没有移民战略，只有零星政策；没有持续治理，只有临时应急①。所以，我们必须尽快建立全国统一的并与国际接轨的大移民制度。

（一）中国现有的移民政策和制度

从移民法律法规的制定和实施来看。改革开放以来，我国已经制定和完善了相关的移民政策和法规，保障了我国改革开放和国际化发展的需要，但是，相关法律和法规还相对分散，难以形成有效管理。在立法层面，相关的法律法规不仅不能满足现实需求，还存在着权限划分不明晰的情况。进而，在制度的操作和执行层面，机关之间、中央与地方之间存在着许多矛盾或重合的权力设置②。中国现有的入境政策和法律法规主要有 1986 年实施的《中华人民共和国外国人入境出境管理法》，1986 年实施的《中华人民共和国外国人入境出境管理法实施细则》，1996 年实施的《外国人在中国就业管理规定》，2004 年实施的《外国人在中国永久居留审批管理办法》，2013 年实施的《中华人民共和国出境入境管理法》，2013 年实施的《中华人民共和国外国人入境出境管理条例》。2004 年颁布的《外国人在中国永久居留审批管理办法》虽有比较具体的规定，但毕竟只是属于行政规章。立法的分散与不统一，使执法实践中难免会出现各种各样的问题。综观美国、加拿大、澳大利亚等都制定了专门的移民法典，对入境外国人依法实施居留管理③。

---

① 左晓斯. 全球移民治理与中国困局 [J]. 广东社会科学, 2014 (5).
② 解永照. 我国移民制度的发展环境与建设路径 [J]. 山东警察学院学报, 2014 (9).
③ 王辉耀. 中国国际移民报告 (2015) [M]. 北京：社会科学文献出版社, 2015：171.

从移民制度和管理来看。中国目前入境管理体制繁杂，不利于移民的管理，国家移民局有待成立。有学者统计，公安部下属的管理部门和其授权的公安机关下属的地方入境管理部门，及其他 6 个主管部门共同构成了现行的出入境管理体制，从以下不同的方面对出入境事宜进行管理：公安部下属的管理部门和其授权的公安机关下属的地方出入境管理部门负责中国公民因私入境的管理工作和外国人在国内递交的入境和过境申请；外交部和其授权外交部门负责因公出入境管理并受理中国境外递交的外国人出境、入境、过境、旅行和定居申请等。专门移民机构的设置，不仅仅着力于服务海外英才，更体现着一个国家对外的人才观、价值观。"聚天下英才而为我所用"，是每一个开放的时代都应具有的姿态，而要"聚天下英才"就迫切需要相关机构简化流程，做好各种服务，使得海外英才顺利来中国发挥聪明才智①。

从移民管理理念和文化来看。长期以来，中国官方都一直没有"移民"的概念，而使用"外国人"的称谓。相对于"本地人"，"外国人"和"外地人"一样，是一种带有文化和地缘防卫含义的用语，是身份政治的体现。中国现行的涉外法律、政策体系基本都沿袭"防控"的思想，已滞后于现实需求。因此，从这一点上看，中国也必须对外国人管理政策进行系统性研究，并从正面回应建立符合中国国情的移民政策②。

（二）对我国移民制度的建议

如何建构中国的移民制度？近年来学术界已有不少讨论，归纳起来有如下几点重要的建议。

1. 建立移民事务的管理机构

中国尚未建立专门管理移民事务的机构，目前移民管理主要是以外交部和公安部为主，涉及外专局、人社部、教育部以及各行业主管部门等。移民事务管理部门众多，各部门之间职能有交叉和重叠现象，不便于移民管理与服务③。在现行多头管理的情况下，需进一步明确各主管部门责任，解决管理职能交叉、法律和政策不统一、管理标准不一致等问题；大力推进信息平台建设，加强移民主管

---

① 开放的中国需要一个"移民局"［EB/OL］. 凤凰网［2016 – 07 – 21］. http://finance. ifeng. com/
a/20160721/14620909_ 0. shtml.

② 刘云刚，陈跃. 全球化背景下的中国移民政策：述评与展望［J］. 世界地理研究, 2015 (3).

③ 高子平. 我国外籍人才引进与技术移民制度研究［M］. 上海. 上海社会科学院出版社, 2012:
82 – 231.

部门的信息交流，实现管理部门之间的信息共享。发达国家在移民管理方面均指定明确的管理主体，设立依法行政的专责部门。例如，澳大利亚设立的"移民与多元文化及原住民事务部"，法国设立的"移民、融入、公民身份与共同发展部"，英国内政部下设的"移民及国籍行政局"，全权管理移民事务①。

2. 完善中国的绿卡法律制度

根据公开数据，2015 年获得美国绿卡的人数达到 105.1 万，而 2016 年中国批准的绿卡却只有 1576 人②。中国与全球化智库 2015 年的数据显示，自 2004 年中国开始发布外国人永久居留证至 2014 年，10 年间，只有 7300 名外籍人士获得永久居留证。因此，中国绿卡被称为"全球最难申请的绿卡"③。

《中华人民共和国出入境管理法》第四十七条规定，对中国经济社会发展做出突出贡献或者符合其他在中国境内永久居留的审批管理办法由公安部、外交部会同国务院有关部门制定。但是这一规定有些笼统而抽象，各个地方政府管理部门执行的标准不同，容易造成缺乏具体的可操作性。来华非洲商人中不乏一些成功商人，对促进中非贸易发展发挥了重要作用，对促进中国的经济发展和人文交流也发挥着重要的作用，他们有融入中国社会的渴望，希望在制度上和身份上可以得到保障，但是在目前中国实际情况中，"身份"难以实现。以义乌成功商人苏拉为例：

SL，塞内加尔人，义乌塞内加尔商会负责人，男，38 岁

我们来中国，肯定要先考虑到你能够待在这里的问题，因为这个也很重要。你们可能也比较了解，我们在义乌做生意，那我如果在别的国家，我可能需要这个国家的户口或者身份证，我可能也能拿到的，不用说两三年或者五年的签证了。……关于生意这方面的话，应该多给予，让他愿意在这里赚钱买房子。你要回去，这个房子是带不回去的。比如我买一个房子放在这里，那我要回去，我能把它背回去吗？背不回去的。因为有这些东西，所以

---

① 袁娟，徐维. 试论世界主要国家移民管理的发展趋势. 刘国福，刘宗坤. 出入境管理法与国际移民 [M]. 法律出版社，2013：459－470.

② 中国成立国家移民局时机开始成熟 [EB/OL]. 财新网 [2017－03－02]. http://www.sohu.com/a/127731463_186764.

③ 中国也将有移民局了！绿卡长啥样？如何移民到中国？[EB/OL] 搜狐网 [2016.08－03]. http://business.sohu.com/20160803/n462308915.shtml.

让他们能留在这里，这个钱用在这里，以后不是说我想离开就离开。那起码我要先卖掉这个房子，或者说我在这里待得很好，小孩子在这里长大，我肯定就想办法待在这里，因为你生意在这里。但现在的情况是给你一年签证，到期去办理的时候让你提供一些东西，特别是我们这些代表处的人，就像外商投资企业。那我是没有这种问题的，因为我在这里自己成立一个公司。那很多外国人在这里，政府给他们一个待遇，好像把他们固定在这里一样。义乌应该是要有这样的做法，让他们不是说想离开就离开。但是现在义乌所有的外国人都是赚了一点钱，或者说买了一个车，并没有任何的东西能够把他们压在这里，所以可以背着包就走。……（SL：20150524）

据了解，义乌市已经于 2015 年 7 月延长了外国人居留许可。为方便外国人工作和经商，从 2016 年 6 月 1 日起，在义乌市持有期限为 2 年的外国人工作许可证的外国人，便有机会申请到 2 年期外国人居留许可。外国人工作许可证有效期到期后，只要原持有人社保缴费记录情况正常，在义乌诚信守法，且就业单位无变更，并在义乌有长期工作的愿望，可给予该外国人工作许可证延长 2 年的有效期①。

其实，全球化浪潮中中国的发展，离不开世界各国的各类人才。2015 年 3 月，习近平主席在一场外国专家座谈会中说："当今，聚才用才应该包括国内国际，就是要择天下英才而用之。一个国家没有这样的眼光、这样的胸怀是很难快速发展起来的。一位经济学家说过，人类的未来并不完全取决于空间、能源和耕地，而是取决于人类智慧的开发。"所以，"不拒众流，方为江海。当今世界，经济全球化、信息社会化所带来的商品流、信息流、技术流、人才流、文化流，如长江之水，挡也挡不住。一个国家对外开放，必须首先推进人的对外开放，特别是人才的对外开放"。因此，"我们比历史上任何时期都需要广开进贤之路、广纳天下英才"②。在 2014 年国际友谊奖颁奖典礼上，李克强总理做出承诺：中国政府将继续简政放权、放管结合，营造公开、透明、可预期的制度环境，按市场规律和国际通行规则办事，让外国人在中国拿"绿卡"更容易，来华开展教

---

① 义乌市放开外国人 2 年期居留许可申请［EB/OL］. 中国义乌网［2015 - 07 - 09］. http://wqb. yw. gov. cn/tzgg/201507/t20150709_752999. html.

② 习近平：开放首先是人的开放［EB/OL］. 人民网［2015 - 03 - 09］. http://politics. people. com. cn/n/2015/0309/c1001 - 26664458. html? from = groupmessage&isappinstalled = 0.

学研究、投资兴业更便捷，知识产权更受保护①。

3. 加强移民的管理

目前中国尚未建立健全的移民法律和法规。在此情况下，需要加强对来华外国人的管理，尤其是来华非洲人，其群体特点是来华人口数量大、流动性大、成员结构复杂等。随着中国在非洲人员的增加，非洲人民对中国的印象开始发生变化，大量非洲人为中国所吸引，到中国来发展，由于广州等地的气候与非洲相近，大量非洲人集聚广州。越来越多的贫穷国家的移民将进入境内，这就要求提前部署国际移民管理与服务②。

外籍人员进入中国是一把"双刃剑"，必须在严管和放开上拿捏得当，做到服务和管控并重。对于合法、守法的外籍人士，应以服务为主，为其创造良好的经商环境，提供便利，使其能尽快融入我们的社会；而对于违法、犯罪、有暴力倾向甚至有恐怖组织背景的外国人，则坚决予以打击③。在来华外国人管理上要制定立足常态化、长远的管理模式。中国来华非洲人较多的城市如广州和义乌可以根据实际情况制定相应的管理法规和制度，探索移民管理模式。近年来，义乌市针对外国人管理复杂的问题，出台了一系列有针对性的外国人管理办法。义乌市公安局出台了《义乌市散居境外人员临时住宿登记管理工作规范》；还在国内公安出入境管理工作中率先创立《境外驻义商务机构邀请函发放登记簿》制度，及时掌握境外驻义乌商务机构邀请对象的构成及变动情况；义乌市公安局还开发了一套"义乌市境外人员管理系统"，将在各派出所收集的数据及时更新到出入境管理部门的数据库，并且利用"境外人员非法居留预警系统"，在居留即将到期时，主动提醒境外人员。这些措施为境外人员节省了时间也节省了开支，受到境外人员的广泛欢迎④。

在对移民的管理过程中，要加强对"三非"（非法居留、非法入境、非法就业）人员的管理，以建立良好的移民环境。广州市公安局先后成立了广州市涉外综合执法队、查处"三非"外国人专业队、外国人管理工作基层服务队，持

---

① 中国将放宽"绿卡"政策专家：中国人心态要改变 [EB/OL]. 凤凰网 [2015 - 10 - 30]. http://finance. ifeng. com/a/20151030/14049724_0. shtml.

② 王辉耀. 中国国际移民报告（2015）[M]. 北京：社会科学文献出版社，2015：49.

③ 我国外籍人员管理的三大对策 [EB/OL]. 求是网 [2014 - 12 - 22]. http://www. qstheory. cn/freely/2014 - 12/22/c_1113732129. htm.

④ 义乌首创邀请外商登记制 外国人管理由静态向动态管理转变 [EB/OL]. 人民网 [2015 - 03 - 19]. http://legal. people. com. cn/n/2015/0319/c188502 - 26718922. html.

续开展贯穿全年的系列专项整治行动。登峰街等重点地区是强力清理整治地区，经过多年的严查，该地区社会治安环境有了明显的改善。

义乌市公安机关近年来也加大了对外国人中"三非"人员的管控，并取得了一定效果。根据义乌市出入境管理局提供的数据，2013 年非洲国家"三非"案件为 311 起，2014 年为 283 起，2015 年为 227 起，2016 年为 120 起，2017 年前 6 个月为 35 起。从数据来看，"三非"案件呈下降趋势，优化了义乌的移民环境。

4. 完善移民融入制度

移民既是全球化的结果，同时也是移民输出国和接受国进一步变化的强大推动力量。它不但在经济方面的影响巨大而迅速，而且会影响到社会、文化、国家政治和国际关系。移民不可避免地在民族国家内部形成民族文化多样化，改变认同，模糊传统的界限①。目前，移民融入问题已经越来越引起移民接收国的关注和重视。新加坡在 2009 年 4 月建立了国民融合理事会。国民融合理事会成立的目的在于推动和促进新加坡人、外来新移民以及外国人三者之间的融合②。

对于中国目前的实际情况，移民融入制度和政策制定是不容忽视的。对于来到中国的外国移民而言，如果对移民所处的经济环境、社会环境和文化环境处理失当，将会打击外来移民的积极性，且会形成国内安全稳定环境的破坏诱因。对移民融入的关注是在世界范围内各个国家都有体现的，如欧盟委员会就强调："要保持各个层面、各个部门在移民融合和就业政策上的一致性，促进各国政府与研究机构、公共服务提供者和非政府组织的合作，解决移民融合问题。"③

就中国而言，出于还未出现大规模外来移民的现实情况，目前尚未有移民融入方面的详细配套规定。但随着中国不断融入世界，来华外国人的逐年增多，确立和完善外来移民融入的制度已是势在必行。具体而言，应在移民融入制度体系中着重关注就业、医疗、教育、家属安置、社会保险和永久居留权等方面④。为此，2016 年 2 月，中共中央办公厅、国务院办公厅印发了《关于加强外国人永久居留服务管理的意见》（以下简称《意见》），对外国人永久居留服务管理制度

---

① 斯蒂芬·卡斯尔斯. 全球化与移民：若干紧迫的矛盾 [J]. 国际社会科学杂志，1999（2）：23 – 30.

② 王辉耀. 中国国际移民报告（2015）[M]. 北京：社会科学文献出版社，2015：12.

③ 高祖贵，姚琨. 国际移民问题概况影响及管理 [J]. 国际资料信息，2007（8）.

④ 解永照. 我国移民制度的发展环境与建设路径 [J]. 山东警察学院学报，2014（9）.

进行全面改革和创新。这是 2004 年建立外国人永久居留制度以来出台的一项重要改革文件，也标志着我国外国人才永久居留制度更加务实、更加国际化，永久居留证待遇进一步明确，不再只是一张长期签证。《意见》中规定，持有永久居留证的外国人才可以凭证参加职业资格考试、购房、办理金融业务、子女入学、交通出行、住宿登记、缴纳社会保险和公积金。除选举权外，几乎在各方面做到与国民同等待遇。由公安部牵头建立永久居留服务管理信息平台，实现与外交、教育、科技、综治、人力资源和社会保障、外专、住房和城乡建设、金融、商务、卫生计生、税务等部门的信息互联共享，为外国人永久居留政策研究和服务管理提供支撑。《意见》将引领外国人永久居留相关的系列制度的持续变革①。

作为来华外国人比例较高的两座城市，广州和义乌在对外国人永久居留服务管理制度方面进行了有益的探索，加强了对来华非洲人的管理，促进了来华外国人的融入。《人民日报》等媒体报道了国际移民组织于 2016 年 6 月 30 日举行的特别理事会通过决议，批准中国正式成为国际移民组织成员国，开启了中国参与国际移民合作的新篇章。据报道，在申请加入的过程中，广州作为观察中国移民管理的窗口，除了出入境管理机构，还有专门设立的来广州人员服务管理局，11个区和各街镇都设立了来广州人员服务管理机构，把国际移民和国内移民统一到一个机构来服务管理。这些创新实践，都赢得了国际移民组织的高度评价，有力服务了国家外交大局②。

义乌还推出了外籍商友卡，可用于支付公共服务消费，在基本养老、医疗、子女教育等社会保障方面，享受与义乌市民同等待遇，目前办理数超过 1 万张，基本覆盖常驻外商人群。作为中国对外开放的一个窗口城市，义乌先行先试，不断创新外商服务与交流模式，外籍人员在此"留人又留心"，义乌也真正成为兼容并蓄的小型"联合国"，并给各地留下了一道道可以借鉴的"车辙"。成立于2012 年 1 月 6 日的义乌市国际贸易服务中心，主要为外商提供"一站式"政务、商务、生活咨询和服务。自 2015 年起，义乌还每年推出提升城市国际化的"十项举措"，从外国人签证、子女就学、就医等实际问题入手，切实便利其在义生

---

① 建立具有国际竞争力人才制度优势的重要一步 [N/OL]. 光明日报 [2016 – 02 – 20]. http://ep-aper. gmw. cn/gmrb/html/2016 – 02/20/nw. D110000gmrb_20160220_3 – 03. htm？div = – 1.

② 广州外国人管理服务创新 零距离服务"洋邻居"点赞 [EB/OL]. 南方网 [2016 – 07 – 08]. http://gz. southcn. com/content/2016 – 07/08/content_151008164. htm.

活、创业，营造良好国际营商环境①。与此同时，义乌还大力推进"融入社区"活动。在外国人居住较多的 27 个居民社区内，部署开展以"中外共建和谐社区，五洲同享改革盛世"为主题的"外国人融入社区"活动，通过组织发动外国人参与社区的文体活动、日常管理和治安巡逻，增进外国人与本地人之间的沟通了解，营造中外居民平等、和谐的社区环境②。

广州不断加强对在穗外国人的服务。在严查"三非"的同时，对外国人的服务也在不断加强。据广州有关规定，居住 200 名以上外国人的街道都要建立"外国人管理服务工作站"，目前建站数量已达 75 个；在居住 50 名以上外国人的社区建立的"和谐家园"达 119 个。国际移民组织总干事斯温 2015 年 8 月到登峰街道考察时，对广州外国人服务管理工作赞不绝口；2017 年 3 月，国际移民组织在广州举办了"移民和城市政策研讨会"③，为完善移民融入中国积累了有用的经验。

---

① 外籍人士管理的义乌经验：兼容并蓄成就"小联合国" [EB/OL]. 中国新闻网 [2017 - 06 - 19]. http://finance. chinanews. com/sh/2017/06 - 19/8255098. shtm.

② 义乌市公安局着力"四创新四突破"深化外国人管理工作 [EB/OL]. 中国法制网 [2012 - 07 - 13]. http://www. cermn. com/art149814. aspx.

③ 广州每天实有外国人数量在 8 万至 12 万 非洲人占 14.8% [EB/OL]. 新浪网 [2016 - 07 - 16]. http://www. sohu. com/a/106204936_149044.

参考文献

一 著作

阿瑟·S. 雷伯. 心理学词典 [M]. 上海：上海译文出版社，1996.

布尔迪厄. 文化资本与社会炼金术 [M]. 包亚明，译. 上海：上海人民出版社，1997.

陈庆德. 经济人类学 [M]. 北京：人民出版社，2001.

戴维·赫尔德. 全球大变革——全球化时代的政治、经济与文化 [M]. 杨雪冬，等，译. 北京：社会科学文献出版社，2001.

邓蜀生. 美国与移民：历史·现实·未来 [M]. 重庆：重庆出版社，1990.

费孝通，乡土中国 生育制度 [M]. 北京：北京大学出版社，1998.

风笑天，等. 落地生根：三峡农村移民的社会适应 [M]. 武汉：华中科技大学出版社，2006.

风笑天. 社会研究方法. 第4版 [M]. 北京：中国人民大学出版社，2013.

广田康生. 移民和城市 [M]. 马铭，译. 北京：商务印书馆，2005.

哈贝马斯. 公共领域的结构转型 [M]. 曹卫东，等，译. 学林出版社，1999.

汉娜·阿伦特. 人的条件 [M]. 竺乾威，等，译. 上海：上海人民出版社，1999.

郝时远，朱伦. 世界民族（第六卷非洲）[M]. 北京：中国社会科学出版社，2013.

加尔文·林顿. 美国两百年大事记 [M]. 谢延光，等，译. 上海：上海译文出版社，1984.

柯兰君. 都市里的村民：中国大城市的流动人口 [M]. 北京：中央编译出版社，2001.

李惠斌，杨雪冬. 社会资本与社会发展 [M]. 北京：社会科学文献出版社，2000.

李明欢. 欧洲华侨华人史 [M]. 北京：中国华侨出版社，2002.

李培林. 农民工 [M]. 北京：社会科学文献出版社，2003.

李强. 农民工与中国社会分层 [M]. 北京：社会科学文献出版社，2006.

李慎明，王逸舟. 全球政治与安全报告（2015）[M]. 北京：社会科学文献出版社，2016.

李亦园. 文化的图像（上册）——文化发展的人类学探讨 [M]. 台北：允晨文化出版公司，1992.

理查德·斯威德伯格. 经济社会学原理 [M]. 周长城，译. 北京：中国人民大学出版社，2005.

列维·施特劳斯. 结构人类学 [M]. 谢维扬，俞宣孟，译. 上海：上海译文出版社，1995.

刘鸿武. 非洲地区发展报告（2013—2014）[M]. 北京：中国社会科学出版社，2014.

刘烨. 马斯洛的人本哲学 [M]. 呼伦贝尔：内蒙古文化出版社，2008.

刘志山. 移民文化及其伦理价值 [M]. 北京：商务印书馆，2010.

陆益龙. 嵌入性适应模式：韩国华侨文化与生活方式的变迁 [M]. 北京：中国社会科学出版社，2006.

马克·格兰诺维特. 镶嵌：社会网与经济行动 [M]. 罗家德，译. 北京：社会科学文献出版社，2007.

马克斯·韦伯. 新教伦理与资本主义精神 [M]. 阎克文，译. 成都：四川人民出版社，1986.

马强. 流动的精神社区——人类学视野下的广州穆斯林哲玛提研究 [M]. 北京：中国社会科学出版社，2006.

马艳. 一个信仰群体的移民实践——义乌穆斯林社会生活的民族志 [M]. 北京：中央民族大学出版社，2012.

迈尔斯·休伯曼. 质性资料的分析：方法与实践 [M]. 张芬芬，译. 重庆：重庆大学出版社，2008.

丘立本. 从世界看华人：华人研究新探 [M]. 香港：南岛出版社，2000.

阮曾媛. 中国就业妇女社会支持网络研究 [M]. 北京：北京大学出版社，2002.

塞缪尔·亨廷顿. 文明的冲突与世界秩序的重建 [M]. 周琪，刘绯，张立平，等，译. 北京：新华出版社，2003.

舒运国，张忠祥. 非洲经济评论（2014）[M]. 上海：上海三联书店，2014.

汤应武，蒋年云. 中国广州社会发展报告（2008）［M］. 北京：社会科学文献出版社，2008.

王光仪. 婚姻法学教程［M］. 南京：南京大学出版社，1988.

王康. 社会学词典［M］. 山东：山东人民出版社，1988.

吴景超. 唐人街——共生与同化［M］. 天津：天津人民出版社，1989.

吴武典，张正芳，卢台华，邱绍春. 文兰适应行为量表指导手册［M］. 台北：心理出版社，2004.

项飚. 跨越边界的社区：北京"浙江树"研究［M］. 上海：上海三联书店，2000.

休伯曼·迈尔斯. 质性资料的分析：方法与实践［M］. 张芬芬，译. 重庆：重庆大学出版社，2008.

徐光兴. 跨文化适应的留学生活——中国留学生的心理健康与援助［M］. 上海：上海辞书出版社，2000.

许涛. 在华非洲商人的社会适应研究［M］. 杭州：浙江人民出版社，2013.

严文华. 跨文化沟通心理学［M］. 上海：上海社会科学院出版社，2008.

耶鲁·瑞奇蒙德，菲莉斯·耶斯特林. 解读非洲人［M］. 桑蕾，译. 北京：中国水利水电出版社，2004.

张宏明. 非洲发展报告（2013～2014）［M］. 北京：社会科学文献出版社，2014.

张继焦. 城市的适应——迁移者的就业与创业［M］. 北京：商务印书馆，2005.

赵旭东. 文化的表达——人类学的视野［M］. 北京：中国人民大学出版社，2009.

郑杭生. 转型中的中国社会与中国社会的转型［M］. 北京：首都师范大学出版社，1996.

中国社会科学院妇女研究中心. 转型社会中的中国妇女［M］. 北京：中国社会科学出版社，2004.

周大鸣. 现代都市人类学［M］. 广州：中山大学出版社，1996.

周敏. 美国华人社会的变迁［M］. 郭南，译. 上海：上海三联书店，2006.

周敏. 唐人街：深具经济潜质的华人社区［M］. 鲍霭斌，译. 北京：商务印书馆，1995.

周南京. 风云变幻看世界：海外华人问题及其他［M］. 香港：南岛出版社，

2001.

Adams R, Blieszner R. Old Adult Friendship [M]. CA: Sage, 1989.

Alba, R D, Nee V. Remaking the American Mainstream: Assimilation and Contemporary Immigration [M]. Boston: Harvard University Press, 2003.

Amersfoort H. Immigration and the Formation of Minority Groups: The Dutch Experience 1945 – 1975 [M]. New York: Cambridge University Press, 1984.

Aycan Z. New Approaches to Employee Management: Expatriate Management: Theory and Research [M]. Greenwich, CT: JAI Press, 1997.

Bodomo A. Africans in China: A Sociocultural Study and Its Implications for Africa-China Relations [M]. NY: Cambria Press, 2012.

Berry J W, Poortinga Y P, Segall M H. etal. . Cross-Cultural Psychology: Research and Applications [M]. UK: Cambridge University Press, 2002.

Berry S. The Cambridge Handbook of Acculturation Psychology [M]. UK: Cambridge University Press, 2006.

Brislin H C, Richard W. Applied Cross Cultural Psychology [M]. CA: Sage Publications Inc. , 1990.

Brislin R W. Cross-Cultural Encounters: Face-to-face Interaction [M]. NY: Pergamon Press, 1981.

Biswas M R, Chung D, Murase K, Ross-Sheriff F. Social Work Practice with Asian Americans [M]. CA: Sage Publications, 1992.

Burgess E W. The Growth of the City: An Introduction to a Research Project [M]. Ardent Media, 1925.

Coleman J S. Foundation of Social Theory [M]. Cambridge: Balknap Press of Harvard University Press, 1990.

Chun K, Organista P B, Marin G. Acculturation: Advances in Theory, Measurement, and Applied Research [M]. Washington D. C. : American Psychological Association, 2003.

Furnham A, Bochner S. Culture Shock: Psychological Reactions to Unfamiliar Environments [M]. London: Methuen, 1986.

Glazer N Patrick D. Ethnicity: Theory and Experience [M]. Bodton: Harvard University Press, 1975.

Granovetter M S. Getting a Job: A Study of Contacts and Careers [M]. Chicago: The University of Chicago Press, 1974.

Gordon M. Assimilation in American Life: The Role of Race, Religion, and National Origin [M]. New York: Oxford University Press, 1964.

Gordon M M. Assimilation in American Life [M]. New York: Oxford University Press, 1975.

G R Jeffrey. Warmth of the Welcome: The Social Causes of Economic successs in Different Nations and Cities [M]. Boulder: Westview Press, 1998.

Jeffrey G, Reitz Host Societies and the Reception of Immigrants [M]. La Jolla, CA: Center for Comparative Immigration Studies, 2003.

Jurner F. The Unites States 1830 – 1850: The Nation and Its Sections [M]. PerterSmith 1935.

Kim Y Y. Becoming Intercultural: An Integrative Theory of Communication and Cross-Cultural Adaptation [M]. Thousand Oaks, CA: Sage Publications Inc. , 2001.

Kim Y Y. Becoming intercultural: an integrative theory of communication and cross-cultural adaptation [M]. Sage Publications, 2001.

Marsden P, Lin N. Social Structure and Network Analysis [M]. Beverlyl Hills, CA: Sage, 1982.

Massey D S, Arango J, Hugo G. Worlds in Motjon: Understanding International Migration at the End of the Millennium [M]. Oxford: Clarendon press, 1998.

Matsumoto D. The HandBook of Culture & Psychology [M]. New York: Oxford University Press, 2001.

Manchuelle F. Willing Migrants: Soninke Labor Diasporas, 1848 – 1960 [M]. James Currey, 1998.

Park R E, Burgess E W. Introduction to the Science of Society [M]. Chicago: University of Chicago Press, 1921.

Timms D W G. The Urban Mosaic: Towards a Theory of Residential Differentiation [M]. Cambridge, England: Cambridge University, 1971.

Walder A G. Communist Neo-Traditionalism: Work and Authority in Chinese Industry [M]. Berkeley: University of Califonia Press, 1986.

二 论文

博艾敦，等．非洲人在中国：问题、研究与评论［J］．刘霓，编译．国外社会科
　　学，2016（1）．

蔡禾，叶保强，等．城市居民和郊区农村居民寻求社会支援的社会关系意向比较
　　［J］．社会学研究，1997（6）．

陈慧、车宏生、朱敏．跨文化适应影响因素研究述评［J］．心理科学进展，2003
　　（6）．

陈歆，曹建斌．试论拉康的镜像理论［J］．江苏工业学院学报，2008（3）．

陈宇鹏．非洲商人的中国文化适应——以来华尼日尔商人为例［J］．北方民族大
　　学学报，2017（1）．

陈宇鹏．非洲商人的中国文化适应——以来华尼日尔商人为例［J］．北方民族大
　　学学报（哲学社会科学版），2017（1）．

陈宇鹏．社会资本与城市外国人社区的形成——义乌××国际社区与广州黑人聚
　　集社区的比较分析［J］．前沿，2012（4）．

丹哈里斯，龚志伟．全欧反移民趋势日增站在十字路口的欧洲［J］．世界博览，
　　2016（1）．

党芳莉．全球化时代中国地方媒体对在华非洲人的媒体报道研究——以广州报刊
　　为例［J］．西安文理学院学报（社会科学版），2016，19（1）．

范可．移民与"离散"：迁徙的政治［J］．思想战线，2012（1）．

高承海，万明钢．民族本质论对民族认同和刻板印象的影响［J］．心理学报，
　　2013（2）．

高宣扬．欧洲移民的悖论性及其历史基础［J］．国外理论动态，2016（1）．

何艳婷．跨国族群的文化调适——以聚居于广州市矿泉街的非洲人为例［D］．厦
　　门：厦门大学，2011．

何莹，赵永乐，郑涌．民族刻板印象的研究与反思［J］．贵州民族研究，2011
　　（6）．

贺赛平．社会经济地位、社会支持网与农村老年人身心状况［J］．中国社会科
　　学，2002（3）．

贺文萍．中非教育交流与合作概述——发展阶段及未来挑战［J］．西亚非洲，
　　2007（3）．

贺寨平. 国外社会支持网研究综述 [J]. 国外社会科学, 2001 (1).

贾晓波. 心理适应的本质与机制 [J]. 天津师范大学学报, 2001 (1).

杰西. 中非关系视野下的在华非洲人商贸活动研究 [D]. 金华: 浙江师范大学, 2012.

兰燕飞. 非洲商人的广州梦 [J]. 小康, 2010 (1).

雷森远. 在华非洲黑人对中国人的种族态度研究——以在穗非洲黑人为例 [D]. 广州: 中山大学, 2012.

李安山. 中非关系研究中国际话语的演变 [J]. 世界经济与政治, 2014 (2).

李安山. 中国与非洲文化的相似性——兼论中国应该向非洲学习什么 [J]. 西亚非洲, 2014 (2).

李慧玲. 试论跨文化交流中的伦理精神——与来华非洲人相遇 [J]. 东北师大学报 (哲学社会科学版), 2016 (1).

李慧玲. 中非民间交往中形象认同偏差原因分析及对策 [J]. 广西民族大学学报 (哲学社会科学版), 2014 (11).

李加莉, 单波. 跨文化传播学中文化适应研究的路径与问题 [J]. 南京社会科学, 2012 (9).

李强. 社会支持与个体心理健康 [J]. 天津社会科学, 1998 (1).

李文刚. 非洲伊斯兰教的现状与发展趋势 [J]. 西亚非洲, 2010, (5).

李焱军. 广州市民对在穗非洲黑人的种族态度研究 [D]. 广州: 中山大学, 2011.

李因才. 中非 "命运共同体" 建设及其进展 [J]. 当代世界社会主义问题, 2015 (2).

李音蓓. 广州 "巧克力城" 非洲黑人音乐探索 [J]. 文化艺术研究, 2015 (7).

李泽华. 中国与非洲的相互需要——论新时期中非关系的特殊性质与前景 [J]. 贵州大学学报 (社会科学版), 2013 (3).

李志刚, 杜枫. "跨国商贸主义" 下的城市新社会空间生产——对广州非裔经济区的实证 [J]. 城市规划, 2012 (8).

李志刚, 杜枫. 中国大城市的外国人 "族裔经济区" 研究——对广州 "巧克力城" 的实证 [J]. 人文地理, 2012 (6).

李志刚, 刘晔. 中国城市 "新移民" 社会网络与空间分异 [J]. 地理学报, 2011 (6).

李志刚，薛德升，Michael Lyons，等. 广州小北路黑人聚居区社会空间分析 [J]. 地理学报，2008（2）.

李志刚，薛德升，杜枫，等. 全球化下"跨国移民社会空间"的地方响应——以广州小北黑人区为例 [J]. 地理研究，2009（4）.

练凤琴，郑全全，岳琳. 外籍员工在中国的文化与心理适应研究 [J]. 中国心理卫生杂志，2005（2）.

梁玉成，刘河庆. 本地居民对外国移民的印象结构及其生产机制——一项针对广州本地居民与非洲裔移民的研究 [J]. 江苏社会科学，2016（2）.

梁玉成. 在广州的非洲裔移民行为的因果机制——累积因果视野下的移民行为研究 [J]. 社会学研究，2013（1）.

刘贵今. 理性认识对中非关系的若干质疑 [J]. 西亚非洲，2015（1）.

刘鸿武. 非洲发展大势与中国的战略选择 [J]. 国际问题研究，2013（2）.

刘鸿武，卢凌宇. "中国梦"与"非洲梦"：中非命运共同体的建构 [J]. 西亚非洲，2013（6）.

刘文. 拉康的镜像理论与自我的建构 [J]. 学术交流，2006（7）.

柳林，梁玉成，宋广文，等. 在粤非洲人的迁居状况及其影响因素分析——来自广州、佛山市的调查 [J]. 中国人口科学，2015（1）.

柳林，梁玉成，宋广文，何深静. 在粤非洲人的迁居状况及其影响因素分析——来自广州、佛山的调查 [J]. 中国人口科学，2015（1）.

麻国庆. 从非洲到东亚：亲属研究的普遍性与特殊性 [J]. 社会科学，2005（9）.

马成城. 走进虔诚宗教信仰下的广州"巧克力城"——非洲人教堂音乐生活初探 [J]. 文化艺术研究，2014（2）.

毛园芳. 移民社会学研究对象探讨 [J]. 人民论坛，2010（6）.

聂立. 在粤非洲裔外国人的社会资本影响因素研究 [D]. 广州：中山大学，2012.

牛冬. "过客家户"：广州非洲人的亲属关系和居住方式 [J]. 开放时代，2016（4）.

牛冬. "过客社团"：广州非洲人的社会组织 [J]. 社会学研究，2015（2）.

牛冬. 移民还是过客？——广漂非洲人的现状观察 [J]. 文化纵横，2015（3）.

丘海雄，陈健民，任焰. 社会支持结构的转变：从一元到多元 [J]. 社会学研究，2007（4）.

邱昱. 清洁与危险：中—尼亲密关系里的去污名化技术和身份政治 [J]. 开放时代，2016（4）.

舒运国. "一带一路" 与 "2063年愿景" 中非发展合作迎来新机遇 [J]. 当代世界，2015（12）.

孙立平. "关系"、社会关系与社会结构 [J]. 社会学研究，1996（5）.

王苍龙. 新生代农民工的友缘关系分析 [J]. 当代青年研究，2012（5）.

王世华. 在粤非洲裔外国人的中文水平与社会适应的社会学研究 [D]. 广州：中山大学，2012.

肖建华. 图像文化的哲学基础 [J]. 国外社会科学，2009（1）.

许涛. 非洲商人迁移广州的行为特征分析 [J]. 浙江师范大学学报（社会科学版），2012（4）.

许涛. 广州地区非洲人的社会交往关系及其行动逻辑 [J]. 青年研究，2009（5）.

许涛. 广州地区非洲人社会支持的弱化、断裂与重构 [J]. 南方人口，2009（4）.

许涛. 广州地区非洲商贸居住功能区的形成过程与机制 [J]. 南方人口，2012（3）.

许涛. 在华非洲商人的双层叠加关系格局及其渗透与转化——广州地区非洲商人社会交往关系的再分析 [J]. 浙江师范大学学报（社会科学版），2011（4）.

亚当斯·博多莫. 全球化时代的非中关系：在华非洲商贸团体的角色 [J]. 肖玉华，编译. 西亚非洲，2009（8）.

张宏明. 非洲群体意识的内涵及其表现形式 [J]. 西亚非洲，2009（7）.

张继焦. 跨地区、跨国界的移民趋势 [J]. 思想战线，2006（5）.

张一兵：拉康镜像理论的哲学本相 [J]. 福建论坛（人文社会科学版），2004（10）.

甄静慧. 非洲黑人在广州 [J]. 南风窗，2009（19）.

周华蕾. 中国需要移民局吗？——非洲人的 "广州麻烦" [J]. 中国新闻周刊，2009（30）.

周金海，刘鸿武. 论文化的互通性与差异性对中非关系的影响 [J]. 浙江社会科学，2011，（6）.

周敏、刘宏. 海外华人跨国主义实践的模式及其差异——基于美国与新加坡的比较分析 [J]. 华人华侨历史研究，2013（3）.

周阳，李志刚．区隔中融入：广州"中非伴侣"的社会文化适应 [J]．中央民族大学学报（哲学社会科学版），2016（1）．

庄国土．近 20 年来中国大陆华侨华人研究述评 [J]．侨务工作研究，2001（1）．

Akyeampong E. Africans in the Diaspora：The Diaspora in Africa [J]. African Affairs, 2000（395）.

Bodomo A, Hall E T. The Anthropology of Manners [J]. Scientific American, 1955（192）.

Bodomo A, Ma G. From Guangzhou to Yiwu：Emerging Facets of the Afrian Diaspora in China [J]. International Journal of African Renaissance Studies, 2010, 5（2）.

Bodomo A. Introducing an African Community in Asia：Hong Kong's Chungking Mansions' [J]. A Squib to the International Scientific Research Network：The African Diaspora in Asia（TADIA）, 2006（46）.

Bodomo A. Cultural and Linguistic Parallels between Africa and China：The Case of Some West African and Southern Chinese Societies [J]. Third Roundtable Discussion on African Studies, University of Hong Kong, 2006（78）.

Bodomo A. The African Trading Community in Guangzhou：An Emerging Bridge for Africa-China Relations [J]. China Quarterly, 2010（203）.

Bodomo A. The African Trading Community in Guangzhou：An Emerging Bridge for Africa-China Relations [J]. The China Quarterly, 2010（23）.

Bodomo A. The Emergence of African Communities in Hong Kong and Mainland China [J]. Standford Africa Table, 2007（23）.

Bredeloup S. African Trading Post in Guangzhou：Emergent or Recurrent Commercial Form? [J]. African Diaspora, 2012（1）.

Brydon L. Ghanaian Responses to the Nigerian Expulsions of 1983 [J]. African Affairs, 1985（337）.

Chavez L. Settlers and Sojourners：The Case of Mexicans in the United States [J]. Human Organization, 1988,（2）.

Cissé D. African Traders in Yiwu：Their Trade Networks and Their Role in the Distribution of "Made in China" Products in Africa [J]. Journal of Pan African Studies, 2015, 7（10）.

Dijk R A V. From Camp to Encompassment：Discourses of Transsubjectivity in the Ghanaian Pentecostal Diaspora [J]. Journal of Religion in Africa, 1997 (2).

Gullahorn J T, Gullahorn J E. An Extension of the U-curve Hypothesis [J]. Journal of Social Issues, 1963 (3).

Heidi Haugen. African Pentencostal Migrants in China: Marginalization and the Alternative Geography of a Mission Theology [J]. African Studies Review, 2013, (1).

King R. Towards a New Map of European Migration [J]. International Journal of Population Geography, 1969 (2).

Killingray D. Africans in Britain [J]. Frank Cass & Co, 2013 (12).

Lysgaand S. Adjustment in a Foreign Society: Norwegian Fulbright Grantees Visiting the United States [J]. International Social Bulletin, 1955 (7).

Lyons M, Brown A, Zhigang L. In the Dragon's Den: African Traders in Guangzhou [J]. Journal of Ethnic and Migration Studies, 2012 (5).

Monica Boyd. Family and Personal Networks in International Migration: Recent Developments and New Agendas [J]. International Migration Review, 1989, 23 (3).

Morais I. "China Wahala": The Tribulations of Nigerian "Bushfallers" in a Chinese Territory" [J]. Transtexts Transcultures, 2009 (5).

Musakwa T, Bodomo A. Discusses His Research on Africans in China-The China Africa Project [EB/OL]. [2017/4/16]. http://www. chinaafricaproject. com/adams-bodomo-discusses-his-research-on-africans-in-china/.

Oberg K. Cultural Shock: Adjustment to New Cultural Environments [J]. Curare, 1960, 7 (2).

Rathbone R. World War I and Africa: Introduction [J]. Journal of African History, 1978, 19 (1).

Rennie N. The Lion and the Dragon: African Experiences in China [J]. Journal of African Media Studies, 2009, 1 (3).

Schiller N G, Blanc C S. From Immigrant to Transmigrant: Theorizing Transnational Migration [J]. Anthropological Quarterly, 1997 (1).

Ward C, Kennedy A. Acculturation Strategies, Psychological Adjustment and Sociocultural Competence during Cross-cultural Transitions. International Journal of Intercultural Relations [J]. 1994 (3).

附录 1
非洲人调查问卷（中文）

来华非洲人社会交往跨文化适应调查问卷

亲爱的朋友：

您好！本次调查的主要目的就是想了解您从非洲来到中国后的生活和工作方面的基本情况，重点是了解您在人际交往与文化生活方面的心理感受，遇到的困难和问题，以及需要哪些社会支持和帮助等，从而为政府有关部门制定相应政策提出建议，希望能得到您的支持与合作。

本次调查所得资料只用于统计分析，您不用填写姓名，请您不必有任何顾虑。答案也没有正确错误之分，请您根据自己的实际情况，说出您最直接、最真实的感受和看法。请在相应的选项处打"√"或在横线空白处填写。

衷心感谢您的支持与合作！

来华非洲人社会交往和跨文化适应研究课题组

2015 年 7 月

A. 背景资料

A1. 您的国籍：_____ （非来源于非洲大陆国家，即中止调查）

A2. 您累计来中国的时间：

①3 个月之内（3 个月之内即中止调查）　②3～6 个月　③6～12 个月

④1～2 年　⑤2～5 年　⑥5～10 年　⑦10 年以上

A3. 您的性别：_____　①男　②女

A4. 您出生于_____年

A5. 您的学历：①小学及小学以下　②初中　③高中　④大学　⑤研究生　⑥其他_____

A6. 您来中国的目的：

①经商　②旅游　③留学　④工作　⑤投资　⑥自由职业　⑦定居　⑧探亲（作为家属跟随）　⑨其他_____（请说明）

A7. 您所持的签证类型_____，签证时间_____。

A8. 您来中国前对中国的了解状况：

①非常了解　②有一些了解　③一般　④不太了解　⑤一点都不了解

A9. 您来中国前了解中国的渠道是：

①报纸　②电视　③网络　④同学或朋友　⑤家人或亲属　⑥其他_____

A10. 您掌握和使用汉语状况：

①非常流利　②很流利　③一般　④很不流利　⑤一点都不会

A11. 您的母语：

①英语　②法语　③葡语　④其他_____（请说明）

A12. 你到过_____个国家，第一个国家是_____。

A13. 您来中国之前对中国的印象是：

①非常好　②好　③一般　④不太好　⑤非常差

A14. 您目前对中国的印象是：

①非常好　②好　③一般　④不太好　⑤非常差

A15. 您的宗教信仰是：

①伊斯兰教　②基督教　③天主教　④佛教　⑤地方宗教　⑥无宗教信仰⑦其他_____（请说明）

A16. 您来中国后居住的地点：

①涉外宾馆　②租房　③工作场所　④自购房　⑤亲戚家　⑥朋友家⑦学校酒店　⑧其他_____（请说明）

A17. 您愿意向您的家人和朋友推荐来中国吗？

①非常愿意　②愿意　③中立　④不太愿意　⑤非常不愿意

A18. 您在中国的职业：

①经商（个体）　②贸易公司老板　③贸易采购　④翻译　⑤公司员工⑥外教　⑦留学生　⑧未工作　⑨其他_____（请说明）

A19. 您平均每月收入_____（美元）。是否比来华前收入有提高？①是　②否

A20. 您的婚姻状况：①未婚　②已婚　③离异　④丧偶　⑤其他_____

A21. 家人在中国状况（可多选）：

①配偶 ②子女 ③父母 ④兄弟姐妹 ⑤亲戚 ⑥没有 ⑦其他

_____（请说明）

A22. 总体而言您觉得来华后您的生活发生的变化：

①比以前好得多 ②比以前好一些 ③没什么变化 ④比以前差一些

⑤比以前差得多

A23. 您到中国以后去过_____个城市，请列举去的最多的三个城市是_____、

_____、_____。其中您在哪个城市住的最久_____。您对哪个城

市印象最好_____。

B 社会交往情况

B1. 您愿意主动与中国人交往吗？

①非常愿意 ②愿意 ③一般 ④不太愿意 ⑤非常不愿意

B2. 您平常与中国人交流时是否担心被拒绝？

①非常担心 ②有些担心 ③一般 ④不太担心 ⑤一点都不担心

B3. 与中国人交往您有困难吗？

①很困难 ②有点困难 ③一般 ④比较容易 ⑤很容易

B4. 您选择居住地点时愿意与谁做邻居？

①本国人 ②非洲人 ③欧美白人 ④中国人 ⑤无所谓

B5. 下列陈述中你认为最符合你的是

提问项目	愿意	不愿意
1. 愿意与中国人结婚		
2. 愿意与中国人成为朋友		
3. 愿意与中国人成为邻居		
4. 愿意与中国人成为同事		
5. 愿意成为中国公民		
6. 愿意以游客身份来中国旅游		

B6. 您对中国人的信任状况：

①不可信 ②多数不可信 ③可信者与不可信者各半 ④多数可信

⑤可以相信

B7. 您与中国人交往的目的是：（可多选）

①一起聊天　②获得支持帮助　③做生意需要　④获得关心尊重　⑤学习汉语　⑥恋爱结婚　⑦更好地适应中国　⑧其他_____（请说明）

B8. 您平时和中国人交往多吗？

①很多　②比较多　③有一些　④很少　⑤一个都没有

B9. 你有中国朋友吗？

①一个都没有　②很少（1~2个）　③有一些（3~5个）　④比较多（5~10个）　⑤很多（10个以上）

B10. 您的手机上大约有_____位中国朋友。

B11. 您平时交往的中国朋友主要是：（可多选）

①贸易伙伴　②房东　③邻居　④同事　⑤学生　⑥教师　⑦网友　⑧司机　⑨翻译　⑩房屋中介　⑪宗教人士　⑫政府工作人员　⑬社区工作人员　⑭市场管理人员　⑮警察　⑯其他_____（请说明）

B12. 您通常用哪种方式与中国朋友交往？（可多选）

①固定电话　②手机　③电邮　④QQ　⑤微信　⑥直接交往　⑦其他_____（请说明）

B13. 您通常用哪种交往语言与中国朋友交往？（可多选）

①普通话　②地方话　③英语　④法语　⑤手势　⑥词典　⑦计算器　⑧书写　⑨画图　⑩其他_____（请说明）

B14. 通常您一天的闲暇时间中和中国朋友在一起大约_____小时。

B15. 如果您在生活上遇到问题或困难，您会向谁求助？（可多选）

①房东　②家人亲戚　③生意伙伴　④警察　⑤同学　⑥宗教教友　⑦同乡　⑧中国朋友　⑨同事　⑩房屋中介　⑪本国朋友　⑫商会　⑬本国大使馆　⑭政府部门　⑮社区　⑯其他_____（请说明）

B16. 如果您在情感上需要倾诉，您愿意把谁作为您的倾诉对象？

①房东　②家人亲戚　③生意伙伴　④警察　⑤同学　⑥宗教教友　⑦同乡　⑧中国朋友　⑨同事　⑩房屋中介　⑪本国朋友　⑫商会行会领袖　⑬_____（请说明）

B17. 您对以下人员关系的评价是：

	很亲密	有一些亲密	关系一般	有些疏远	很疏远
1. 家人					
2. 亲戚					

续表

	很亲密	有一些亲密	关系一般	有些疏远	很疏远
3. 邻居					
4. 房东					
5. 同事					
6. 同学					
7. 同乡					
8. 生意伙伴					
9. 房屋中介					
10. 中国朋友					
11. 宗教教友					

B18. 您与中国同事的职业交往状况（经商的填答与生意伙伴交往、学习的填答与师生间交往）

	从不	很少	偶尔	经常	总是
1. 相互讨论工作（生意、学习）					
2. 彼此协助对方工作（做生意、学习）					
3. 向对方传授工作（生意、学习）经验或技巧					
4. 就工作（生意、学习）问题展开争论					
5. 聊天、谈家常、开玩笑					
6. 一起文体娱乐					
7. 讨论对方的感觉或情绪					
8. 一起吃饭、喝酒					

B19. 您与中国朋友生活交往状况是

	从不	很少	偶尔	经常	总是
1. 见面时打招呼					
2. 在一起聊天，拉家常					
3. 节庆日互致问候					
4. 平时互相串门，到对方家里做客					
5. 一起吃饭、喝酒					
6. 一起休闲、娱乐					
7. 日常生活中互相帮点小忙					

续表

	从不	很少	偶尔	经常	总是
8. 对方有经济困难时借钱、捐物					
9. 对方生病时给予问候					
10. 对方生病时给予照顾					
11. 相互排忧解愁、倾诉、开导					
12. 为对方解决婚姻、恋爱问题牵线搭桥					
13. 协助对方管教、照顾子女					
14. 帮助对方协调家庭矛盾与纠纷					
15. 在对方受到权利侵害时，为其主持公道					

B20. 您在中国参加下列集体性聚会状况

	从不	很少	偶尔	经常	总是
1. 与中国朋友一起聚餐					
2. 集体文化活动					
3. 集体体育活动					
4. 参加同胞聚会					
5. 参加行业协会活动					
6. 参加族裔社团活动					
7. 参加宗教活动					
8. 参加社区活动					

B21. 下列说法中您的看法是？

	完全反对	不太赞同	不好说	比较赞同	完全赞同
1. 我愿意邀请中国朋友到我家					
2. 我在中餐馆用餐					
3. 我被中国电影吸引					
4. 我阅读登载中国新闻的杂志					
5. 我在网络上阅读中国新闻					
6. 我喜欢中国的节日					
7. 我喜欢参观中国博物馆					
8. 我喜欢中国戏剧、音乐					
9. 我喜欢在中国各地旅游					
10. 我学习了汉语					

续表

	完全反对	不太赞同	不好说	比较赞同	完全赞同
11. 我除了母语精通另外一种语言					
12. 我已在国外多年					
13. 我 18 岁以前就到国外了					
14. 我的朋友的职业、兴趣和教育和我有很大不同					
15. 我的朋友的族裔背景与我不同					
16. 我的朋友的宗教与我不同					
17. 我的朋友的母语与我不同					
18. 我愿意移居到国外					
19. 我希望继续在中国做生意					
20. 外语应该从小学开始学					
21. 世界旅游在我的生活中具有优先性					
22. 在中国的时间对我来说是一个非常好的机遇					
23. 我被中国文化吸引					
24. 只要有需要，我相信中国人会帮助我的					
25. 只有少数中国人是开明的，多数人是有偏见的					
26. 在国外生活时，我绝大多数个人时间是与来自本国的人们度过的					

B22. 在中国生活期间，您觉得与中国居民有距离感吗？

①很小距离　②较小距离　③一般　④较大距离　⑤很大距离

B23. 目前您的人际交往关系对您的生活：

①有较大的促进作用　②有一定促进作用　③没有任何作用　④有一定的负面作用　⑤不清楚

B24. 您对自己在社会交往方面的评价是：

	非常满意	比较满意	一般	不太满意	非常不满意
1. 邻里交往					
2. 朋友交往					
3. 同胞交往					
4. 生意交往					
5. 学习交往					

续表

	非常满意	比较满意	一般	不太满意	非常不满意
6. 娱乐交往					
7. 信息交往					
8. 总体评价					

B25. 在您与中国人交往中，对下列方面您感觉困惑吗？

项　目	完全没有	比较少	一般	比较多	非常多
1. 语言差异					
2. 守时与时间观念					
3. 体触（拥抱、亲吻、拍打）					
4. 宴请					
5. 信用					
6. 饮食习惯					
7. 公务与友情的关系					
8. 着装					
9. 礼品馈赠					
10. 开玩笑					
11. 吸烟					
12. 饮酒					
13. 禁忌话题					
14. 恭维与祝贺					
15. 请求帮助					
16. 道歉					
17. 卫生习惯					
18. 公共秩序					
19. 娱乐方式					

B26. 在中国您感受到被歧视的程度？

①非常强烈　②有些强烈　③一般　④不太强烈　⑤一点不强烈

B27. 在中国您觉得自己在哪些方面受到了歧视？（可多选）

①因为肤色被围观　②中国人捂鼻子　③在语言上冒犯　④不被中国人信任　⑤被出租车司机拒载　⑥警察检查签证的方式　⑦与中国人通婚遭到

反对　⑧宗教信仰被干预　⑨礼仪上得不到尊重　⑩经济地位上受到歧视
　⑪行为被取笑　⑫民族文化被贬低　⑬其他_____（请说明）

B28. 在您看来，制约您与中国人社会交往的障碍是：（可多选）
　　①经济条件　②交往能力　③社会地位　④时间　⑤文化水平　⑥个人性
　　格　⑦语言　⑧文化习俗　⑨宗教　⑩中国人不好相处　⑪没有共同话题
　　⑫歧视　⑬不知如何交往　⑭没有必要交往　⑮没有机会　⑯其他
　　_____（请说明）

C. 社会适应状况

C1. 您适应中国的生活吗？
　　①很不适应　②不太适应　③一般　④比较适应　⑤很适应

C2. 您在中国有没有受到不公平的对待？
　　①完全没有　②有一些　③一般　④比较多　⑤很多

C3. 您在中国有没有被排斥的感觉？
　　①完全没有　②有一些　③一般　④比较多　⑤很多

C4. 您认为以下说法符合您的状况

	完全不符合	不太符合	不好说	比较符合	完全符合
1. 我不喜欢中国的生活					
2. 我已经适应了中国的生活					
3. 我希望自己能够留在中国					
4. 到中国后，我感觉自己的地位提高了					
5. 中国的生意对我很重要					
6. 我能够与中国人和睦相处					
7. 我能够与中国人成为朋友					
8. 我为中国的发展做出了贡献					
9. 我促进了中非交流					
10. 中国对我的各种限制太多					
11. 我增加了中国人的工作机会					
12. 中国签证制度对我来说不便					
13. 我适应中国的工作（教育）方式					
14. 我在中国能满足宗教生活需要					

C5. 您在中国对以下生活条件的适应状况

	非常满意	比较满意	一般	不太满意	非常不满意
1. 居住条件					
2. 气候条件					
3. 出行乘车					
4. 购物消费					
5. 饮食条件					
6. 娱乐场所					
7. 看病就医					
8. 邻里关系					
9. 同事关系					
10. 安全状况					
11. 工作条件					
12. 卫生状况					
13. 教育条件					
14. 环境状况					
15. 宗教设施					
16. 总的生活状况					

C6. 您对以下说法的态度是

	完全赞同	基本赞同	不确定	基本不赞同	完全不赞同
1. 我一直试图了解更多有关中国的知识					
2. 我活跃于由非洲人构成的组织和团体					
3. 我对于自己是非洲人的背景以及它对我意味着什么有清楚的认识					
4. 我很高兴自己是一位非洲人					
5. 我遵循了非洲文化的一些传统惯例，如食物、音乐和习俗等					
6. 我很少和来自非洲的朋友一起度过空闲时间					
7. 我总是和中国朋友一起度过空闲时间					
8. 我总是在社交场合受到周围的中国人的取笑					
9. 在公众场合，我遭到不公平的对待					

续表

	完全赞同	基本赞同	不确定	基本不赞同	完全不赞同
10. 由于与其他人种族不同，我常有威胁感					
11. 我感觉到自己不为所认识的中国人接受					
12. 我能使用流利的中文与中国人交流					
13. 对于我来说读懂中文书、报纸、杂志没有任何困难					
14. 我感觉听懂中国朋友的讲话很困难					
15. 用中文写作对我来说太难了					

C7. 您对下列说法是否认同

	完全赞同	基本赞同	不确定	基本不赞同	完全不赞同
1. 我喜欢和来自不同文化背景的人交往					
2. 我觉得来自其他文化背景的人很狭隘					
3. 我非常清楚如何与不同文化背景的人交往					
4. 和来自不同文化背景的人讲话，我觉得很困难					
5. 与来自不同文化背景的人交往时，我具备自如的社交能力					
6. 与来自不同文化背景的人进行交往的时候，我可以尽可能地融入其中					
7. 我不喜欢和来自不同文化背景的人在一起					
8. 我尊重来自不同文化背景的人的价值观					
9. 和不同文化背景的人交往时，我容易不愉快					
10. 和不同文化背景的人交往时，我感到很自信					
11. 对于不同文化背景的人，我不急于得出对其的印象					
12. 和不同文化背景的人在一起，我经常觉得很沮丧					
13. 我对来自不同文化背景的人很开明					
14. 和来自不同文化背景的人交往时，我很善于观察					
15. 和来自不同文化背景的人交往时，我常感到自己很没用					
16. 我尊重不同文化背景的人的行为方式					

续表

	完全赞同	基本赞同	不确定	基本不赞同	完全不赞同
17. 和不同文化背景的人交往时，我会尽量获取更多的信息					
18. 我不会接受来自不同文化背景的人的意见					
19. 和不同文化背景的人交往时，我对其表现出的一些微妙含义很敏感					
20. 我觉得自己拥有的文化背景比别人的好					
21. 和不同文化背景的人交往，我经常给予对方积极回应					
22. 我避免介入那些要和不同文化背景的人打交道的场合					
23. 和不同文化背景的人交往时，我经常通过语言或非语言的方式，让对方知道我对他/她的理解					
24. 对于不同文化背景的人与我之间存在的差异，我觉得很有意思					

C8. 下列说法是否符合您的情况

	完全赞同	基本赞同	不确定	基本不赞同	完全不赞同
1. 我觉得自己是个有用的人，至少不会比别人差					
2. 我觉得自己有许多优秀品质					
3. 总而言之，我倾向于认为自己是个失败者					
4. 我能像其他大多数人一样把事情做好					
5. 我觉得自己没有很多值得骄傲的东西					
6. 我对自己持积极肯定的态度					
7. 整体上我对自己是满意的					
8. 我希望能更自尊					
9. 有时我的确感到自己没用					
10. 有时我会觉得自己没什么好的					
11. 我的前途和命运主要靠我自己					
12. 在处理生活中的问题时，我经常感到无助					
13. 在生理上，我觉得疲劳					
14. 在日常生活中我觉得紧张又焦虑					

续表

	完全赞同	基本赞同	不确定	基本不赞同	完全不赞同
15. 即便我和人们在一起也会觉得孤独					
16. 我很难找到自己喜欢吃的食物					
17. 我觉得使用公共交通系统很困难					
18. 上街买东西对我来说是个难题					
19. 我很怕处理不令人满意的服务					
20. 我不习惯这儿的生活节奏					

C9. 您对您所在的城市有什么好的建议和意见？

附录 2
非洲人调查问卷（英语）

Cross-cultural Adaptation Questionnaire for Africans in China

Dear friends:

First of all, thanks for reading this. This survey is to get to know basic conditions of life and work here since you came to China from Africa so that we can offer suggestions to government departments for policy – making. The key part is to know your feelings, difficulties and problems in interpersonal communication and cultural life, as well as which kind of social support and help you need.

The survey data will be used for general statistical analysis only. You don't have to fill in your name and you do not need to worry about anything that you are going to write. The answer is open. Please tick √ at options or fill in the blank according to your own actual situation, the most direct and true feelings and views.

Thank you for your time.

African Research Team in China, July, 2015

A. Background

A1. Nationality: _____ (You do not need to do the rest part of this questionnaire if you are NOT from African countries)

A2. How long have you been here in total: (You do not need to do the rest part of this questionnaire if you have been here within 3 months)

①within 3 months　②3 months to 6 months　③ 6 months to 12 months

④1 year-2years　⑤2 years-5 years　⑥5 years-10 years　⑦ above 10 years

A3. Gender: _____　①male　②female

A4. Year of birth：_____

A5. Education：

①primary school or below　②junior middle school　③high school　④college

⑤post graduation　⑥others _____

A6. Purpose of coming：

①business　②tourist　③studying　④working　⑤investment　⑥freelance work

⑦settlement　⑧family visit（as families follow）　⑨others _____（Please

Fill in the blank）

A7. Visa type _____, Expiration Date _____。

A8. How much did you know about China before you came here：

①familiar　②understanding　③general　④Not too much　⑤Not at all

A9. Channels you know about China from before came here：（multiple choices）

①newspaper　②television　③internet　④classmates/friends　⑤families/rela-

tives　⑥others _____

A10. Level of Chinese

①quite fluent　②fluent　③general　④not very fluent　⑤not a little

A11. Mother tongue：

①English　②French　③Portuguese　④Others _____（Please fill in the

blank）

A12. How many countries have you been to? _____ And the first one is? _____。

A13. Impression of China before came here：

①excellent　②great　③good　④not so good　⑤bad

A14. Present impression of China：

①excellent　②great　③good　④not so good　⑤bad

A15. Religious belief：

①Islam　②Christianism　③Catholicism　④Buddhism　⑤Local Religion

⑥None　⑦Others _____（Please Fill in the blank）

A16. Your residence in China：

①hotels　②apartment renting　③working places　④own house　⑤relatives'

⑥friends'　⑦school hotel　⑧others _____（Please fill in the blank）

A17. Would you like to recommend your families and friends to come over here China?

①very willing　②willing　③neutral　④not too much　⑤will not

A18. Occupation in China：

①business（individual）　②trade company owner　③Trading & purchasing

④translator/interpreter　⑤company staff　⑥foreign teacher　⑦student

⑧non-occupied　⑨others _____（Please Fill in the blank）

A19. Average monthly income _____（USD）, Is it higher than pre-China period?

①Yes　②No

A20. Marriage：

①single　②married　③divorced　④widowed　⑤others _____

A21. Family in China（multiple choices）：

①Husband or wife　②children　③parents　④brothers and sisters　⑤relatives

⑥none　⑦others _____（Please fill in the blank）

A22. General change of your life after coming here：

①way better　②better　③not too much　④worse　⑤quite worse

A23. How many cities have you been to in China? _____ and please take 3 for examples _____; _____; and _____. In which one you live for the longest time _____? And best impression goes to _____?

B. Social Interaction Situations

B1. Are you willing to communicate with Chinese people?

①very willing　②willing　③average　④reluctant　⑤very reluctant

B2. Are you afraid of being rejected when you communicating with Chinese people in daily life?

①very afraid　②a little afraid　③normal　④not afraid　⑤never afraid

B3. Do you feel difficult to communicate with Chinese people?

①very　②to some extent　③general　④easy　⑤very easy

B4. Who are you willing to be the neighbors with when you choose place of residence?

①Natives　②Africans　③European and Americans　④Chinese　⑤All are OK

B5. Which is the best suit for you in the following statements?

Questions	Willing	Unwilling
1. Are you willing to marry Chinese people?		
2. Are you willing to be friends with Chinese people?		
3. Are you willing to be the neighbors of Chinese people?		
4. Are you willing to work with Chinese colleagues?		
5. Are you willing to become Chinese citizens?		
6. Are you willing to travel to China as tourists?		

B6. Do you trust Chinese people?

①not trust them at all ②most unreliable ③fifty-fifty ④most reliable

⑤trust of course

B7. The purpose of your interaction with Chinese people (multiple choices)

①chat together ②seek for some supports ③business need ④for care and respect ⑤learn Chinese ⑥love and marriage ⑦better to adapt China ⑧others

_____ (Please fill in the blank)

B8. Do you communicate much with Chinese?

①quite Much ②much ③some ④not too much ⑤none

B9. Do you have any Chinese friends?

①no one ②few (1 or 2) ③couple of (3 to 5) ④many (5 to 10)

⑤a lot (above 10)

B10. How many Chinese friends are there in your cell contact list? _____

B11. Who are your friends in daily life?

①business partner ②landlord ③neighbors ④colleagues ⑤students

⑥teachers ⑦net friends ⑧drivers ⑨interpreters ⑩real estate agency

⑪religious people ⑫staff in government ⑬community worker ⑭market

managing people ⑮police officers ⑯others _____ (Please fill in the

blank)

B12. In which way do you usually communicate with your Chinese friends (multiple

choices)

①telephone ②cell phone ③email ④QQ ⑤wechat ⑥face to face

⑦others _____ (Please fill in the blank)

B13. Most usage of your language or tools when communicating with Chinese friends

(multiple choices)

①mandarin ②dialects ③English ④French ⑤gestures ⑥dictionaries
⑦calculators ⑧writing ⑨drawing ⑩Others _____ (Please fill in the blank)

B14. How many hours do you spend with your Chinese friends in your spare time per day? _____

B15. When you encounter difficulties or problems, to whom would you like to ask for help? (multiple choices)

①landlord ②family and relatives ③business partner ④police officer
⑤classmates ⑥religious congregations ⑦hometown fellows ⑧chinese friends ⑨colleagues ⑩real estate agents ⑪friends for same country
⑫chamber of commerce ⑬embassy ⑭government ⑮community
⑯_____ (Please fill in the blank)

B16. If you need to pour out emotionally, to whom would you like to?

①landlord ②family and relatives ③business partner ④police officer
⑤classmates ⑥religious congregations ⑦hometown fellows ⑧Chinese friends ⑨colleagues ⑩real estate agents ⑪friends for same country
⑫chamber of commerce leader ⑬_____ (Please fill in the blank)

B17. Your comments on the following connections:

1 = very close 2 = a little close 3 = relations in general 4 = a little distant
5 = very distant

	1	2	3	4	5
1. Family					
2. Relatives					
3. Neighbors					
4. Landlords					
5. Colleagues					
6. Classmates					
7. Hometown fellows					
8. Business partners					
9. Estate Agents					
10. Chinese Friends					
11. Religious Congregations					

B18. Your connections with colleagues at work. （business man with business partner, as to student with classmates and teachers）

1 = Never　2 = Seldom　3 = Occasionally　4 = Often　5 = Always

	1	2	3	4	5
1. Discussions on work （business, learning）					
2. Help or assistant to each other's work （business, learning）					
3. Teach each other with work （business, learning） experience or skills					
4. Arguing with work （business, learning）					
5. Chat, chitchat, joking					
6. Together with sports entertainment					
7. Discuss each other's feelings or emotions					
8. Eat and drink together					

B19. Your contact with Chinese friends in life time：

1 = Never　2 = Seldom　3 = Occasionally　4 = Often　5 = Always

	1	2	3	4	5
1. Greeting when meet					
2. Together chatting, engaged in small talk					
3. Exchanging greetings in festivals					
4. Usually to be each other's guests					
5. Eat and drink together					
6. Entertainment together					
7. Help each other with a little business in daily life					
8. Borrow money or donations to each other's economic difficulties					
9. Giving greeting when they are sick					
10. Giving care when they are sick					
11. Solving problems, pouring and enlightening each other					
12. Helping in introducing girls or boys					
13. Assist with each others' child care and education					
14. Help each other to coordinate family conflicts and disputes					
15. Helping each other to guarantee the legitimate rights and interests					

B20. Your participation in following gatherings in China

1 = Never   2 = Seldom   3 = Occasionally   4 = Often   5 = Always

	1	2	3	4	5
1. Dinner with Chinese friends					
2. Cultural activities					
3. Sport activities					
4. Native fellow party					
5. Trade association activities					
6. Ethnic community activities					
7. Religious activities					
8. Community activities					

B21. What's your opinion of the following statement?

1 = Completely object   2 = Not so agree   3 = Hard to say   4 = Agree some   5 = Completely agree

	1	2	3	4	5
1. I'd like to invite Chinese friends to my home					
2. I have dinner at Chinese restaurant					
3. I am attracted by Chinese movies					
4. I read magazines which have Chinese news					
5. I read Chinese news on the internet					
6. I like Chinese festivals					
7. I like to visit Chinese museum					
8. I like Chinese drama or music					
9. I like to travel around China					
10. I learned Chinese					
11. I master another language besides mother tongue					
12. I have been in foreign country for many years					
13. I went abroad before 18 years old					
14. My friends' career, hobby and study are different widely from mine					
15. My friends' ethnic background are different from mine					
16. My friends' religion are different from mine					
17. My friends' mother tongue are different from mine					

续表

	1	2	3	4	5
18. I would like to migrate abroad					
19. I hope to continue my business in China					
20. Foreign language should be learned from primary school					
21. World tourism has priority in my life					
22. The time I spent in China is a good opportunity					
23. I am attracted by Chinese culture					
24. I believe Chinese will help me if only I need					
25. A few of Chinese are open, some are narrow minded					
26. I spent majority of time with people in my own country when I lived abroad					

B22. Do you have a sense of distance with Chinese residents during the period of life in China?

① little　② small　③ so so　④large　⑤great

B23. Your relationship now impacts your life：

①has a larger role in promoting　②has a role in promoting　③don't have any effect　④has a negative effect　⑤hard to say

B24. Your evaluation about your social communication：

1 = very satisfied　2 = relatively satisfied　3 = so so　4 = not very satisfied

5 = very dissatisfied

	1	2	3	4	5
1. with neighbor					
2. with friends					
3. with compatriot					
4. in business					
5. in study					
6. in recreation					
7. in information					
8. overall evaluation					

B25. Do you feel confused about the following aspects when you contact to Chinese?

1 = completely no   2 = seldom   3 = so so   4 = relatively more   5 = more

aspect	1	2	3	4	5
1. linguistic differences					
2. Punctuality and the concept of time					
3. body touch (hug, kiss, slap)					
4. Entertaining					
5. credit					
6. dietary habit					
7. Business relationship and friendship					
8. dress					
9. gift sending					
10. joke					
11. smoking					
12. drinking					
13. taboo					
14. flatter and congratulate					
15. ask for help					
16. apologize					
17. health habit					
18. public order					
19. recreation					

B26. Degree of discrimination you feel in China?

①strong   ② relatively strong   ③common   ④ not very strong   ⑤ not strong

B27. Which aspect do you feel you have been discriminated in China? (multiple choice)

①be looked by some people because of skin color   ②Chinese cover their noses   ③offended by language   ④not trusted by Chinese   ⑤refuse to take passenger by taxi driver   ⑥the way police check visa   ⑦intermarry to Chinese   ⑧religion was intervened   ⑨no respect in ceremony   ⑩economic status was discriminated   ⑪make fun of behavior   ⑫belittle national culture   ⑬others _____ (please fill in blank)

B28. What social barriers restrict your interaction with Chinese in your opinion: (Multiple choices)

①economic condition ②ability of communication ③ social status ④ time ⑤ educational level ⑥personal character ⑦language ⑧ cultural custom ⑨religion ⑩Chinese is hard to get along ⑪no common topic ⑫discrimination ⑬do not know how to contact ⑭no necessary to contact ⑮have no chance ⑯others _____ (please fill in blank)

C. Social Adaptation

C1. Can you adapt life in China?

①not adaptable ②not quite ③general ④relatively adaptable ⑤quite adaptable

C2. Have you been treated unfairly in China?

①absolutely not ②sort of ③general ④much ⑤quite a lot

C3. Do you have the feelings that being rejected in China?

①absolutely not ②sort of ③general ④much ⑤quite a lot

C4. Do you think the following statements meet with your circumstance?

1 = not meet at all　2 = not quite meet　3 = hard to say　4 = quite meet　5 = totally meet

	1	2	3	4	5
1. I do not like life here in China.					
2. I have already adapted life in China.					
3. I hope I can stay in China.					
4. I feel my status improved by coming here.					
5. Business in China means a lot to me.					
6. I can get along with Chinese people.					
7. I can make friends with Chinese people.					
8. I make contributions to development of China.					
9. I promote China-African communication.					
10. There are a lot of limitations for me in China.					

续表

	1	2	3	4	5
11. I added more job opportunities for Chinese.					
12. It is inconvenient for me under China Visa Policy.					
13. I can adapt Chinese way of working（Education）.					
14. The religious life in China can meet my needs.					

C5. our adaptation on the following living conditions in China.

1 = highly satisfied　2 = satisfied　3 = general　4 = not very satisfied

5 = very unsatisfied

	1	2	3	4	5
1. Living conditions					* /
2. Climate					
3. Travelling					
4. Shopping					
5. Diet					
6. Entertainment					
7. Medical Service					
8. Neighborhood					
9. Relations with colleagues					
10. Security					
11. Working Conditions					
12. Sanitary Condition					
13. Education					
14. Environment					
15. Religious Facilities					
16. Over All Living Conditions					

C6. Your attitude towards the following statement is：

1 = totally agreed　2 = basically agreed　3 = not for sure　4 = basically disagreed

5 = totally disagreed

	1	2	3	4	5
1. I have spent time trying to find out more about China, such as its history, traditions, and customs.					

续表

	1	2	3	4	5
2. I am active in organizations or social groups that include mostly members of African people.					
3. I have a clear sense of my African background and what it means for me.					
4. I am happy that I am an African.					
5. I participate in African cultural practices, such as special food, music, or customs.					
6. I seldom spend my spare time with my African friends.					
7. I always spend my spare time with my Chinese friends.					
8. Chinese people around always make fun of me on social occasions.					
9. I am treated unfairly in public places.					
10. I have threatened feelings by being different ethnic groups.					
11. I feel unaccepted by the Chinese people I know.					
12. I can talk with Chinese people in fluent mandarin.					
13. I have no difficulty in reading Chinese textbooks, newspapers, magazines, etc. .					
14. I feel it is difficult to understand what my Chinese friends are talking about.					
15. It is extremely difficult for me to write in Chinese.					

C7. Whether you agree with the following statement

1 = totally agreed   2 = basically agreed   3 = not for sure   4 = basically disagreed

5 = totally disagreed

	1	2	3	4	5
1. I enjoy communicating with people from different cultures.					
2. I think people from other cultures are narrow-minded.					
3. I am pretty sure of how to communicate with people from different cultures.					
4. I find it very hard to talk in front of people from different cultures.					

	1	2	3	4	5
5. I always know what to say when interacting with people from different cultures.					
6. When communicating with people from different cultures, I can try my best to be in it.					
7. I don't like to be with people from different cultures.					
8. I respect the values of people from different cultures.					
9. I get upset easily when interacting with people from different cultures.					
10. I feel confident when interacting with people from different cultures.					
11. I tend to wait before concluding an impression of people from different cultures.					
12. I often get depressed when I am with people from different cultures.					
13. I am open-minded to people from different cultures.					
14. I am very observant when interacting with people from different cultures.					
15. I often feel useless when interacting with people from different cultures.					
16. I respect the ways of living of people from different cultures behave.					
17. I try to obtain as much information as I can when interacting with people from different cultures.					
18. I would not accept the opinions of people from different cultures.					
19. I am sensitive to subtle meanings of expressions from people with different cultures during our interaction.					
20. I think my culture is better than other cultures.					
21. I often give positive responses to people from different cultures when I talk to them.					
22. I avoid being in those situations where I may have to communicate with people from different cultures.					
23. I often show my understanding through verbal or nonverbal ways when communicating with people from different cultures.					
24. I think it is interesting to have cultural differences with others.					

C8. Whether the following statement consistent with your actual situation?

1 = totally agreed　2 = basically agreed　3 = not for sure　4 = basically disagreed

5 = totally disagreed

	1	2	3	4	5
1. I feel that I'm a person of worth, at least on an equal plane with others.					
2. I feel that I have a number of good qualities.					
3. All in all, I am inclined to feel that I am a failure.					
4. I am able to do things as well as most other people.					
5. I feel I do not have much to be proud of.					
6. I take a positive attitude toward myself.					
7. On the whole, I am satisfied with myself.					
8. I wish I could have more respect for myself.					
9. I certainly feel useless at times.					
10. At times I think I am no good at all.					
11. What happens to me in the future mostly depends on me.					
12. I often feel helpless in dealing with problems of my life.					
13. Physically, I feel tired.					
14. In my daily life, I feel tense and anxious.					
15. I feel lonely even if I am with people.					
16. I feel it is difficult to find food that I enjoy.					
17. I feel it is difficult to use the public transport.					
18. Going shopping is a great difficulty to me.					
19. I fear to deal with unsatisfactory service.					
20. I am not used to the pace of life here.					

C9. Suggestions and advice for your city

附录3
非洲人调查问卷（法语）

Adaptation interculturelle des africains en chine

Cher（e）（s）ami（e）（s）：

Avant toute chose nous tenons a vous remercier pour l'attention particuliere que vous portez a ce sondage. Le but de ce sondage est comprendre les conditions de vie et de travail des ressortissants des pays africains vivant en chine et voir dans quelles mesures apporter des suggestions aupres des organismes gouvernementaux concernes pour une politique d'amelioration. Le point cle de ce sondage est de comprendre les difficultes, problemes que vous rencontrez dans vos relations interpersonnelles et interculturelles aussi l'appui et aide social dont vous auriez besoin.

Les donnees de ce sondage seront seulement utilisees pour une analyse statistique generale. Vous n'avez pas a ecrire votre nom et nous n'avez pas a vous inquieter pour ce que vous aller ecrire. les reponses sont ouvertes. Veuillez s'il vous plait cocher "√" dans la case appropriee ou remplir les espaces libres laisses a cet effet selon votre situation actuelle et dans les sentiments et points de vue les plus directs et sinceres

Merci pour votre soutien et cooperation

Equipe de Recherche Africaine en Chine, Juin 2014

A. renseignements generaux

A1. nationalite：_____（vous n'avez pas besoin de remplir le reste du questionnaire si vous n'êtes ressortissant d'un pays d'Afrique）

A2. duree de votre sejour en chine：（vous n'avez pas besoin de remplir le reste du questionnaire si vous avez fait moins de 3 mois en chine）

①moins de 3 mois ②entre 3 et 6 mois ③6 a 12 mois ④1 – 2 ans ⑤2 a 5 ans ⑥5 a 10 ans ⑦plus de 10 ans

A3. sexe: _____ ①homme ②femme

A4. annee de naissance: _____

A5. etudes:

①etudes primaires ②etudes secondaires ③lycee ④licence ⑤masters ⑥autres _____

A6. raisons de votre sejour en chine:

①affaires ②tourisme ③etudes ④travail ⑤investissements ⑥independant ⑦s'installer ⑧visite familiale (As families follow) ⑨autres _____ (preciser)

A7. type de visa _____, date d'expiration _____.

A8. quelles etaient vos connaissances sur la chine avant votre arrivee:

①familie ②comprehensible ③un peu ④pas trop ⑤pas du tout

A9. par quels moyens aviez-vous entendu parle de la chine avant votre arrivee:

①journaux ②Television ③Internet ④camarades/amis ⑤familles/proches ⑥autres _____

A10. niveau de la langue chinoise

①assez courant ②courant ③un peu ④pas tres courant ⑤pas le moindre

A11. langue maternelle: ① anglais ② francais ③ Portuguais ④ autres _____ (preciser)

A12. combien de pays avez-vous visite? _____ et le premier est? _____.

A13. vos impressions sur la chine avant votre venue:

①Excellent ②super ③bon ④pas tres bon ⑤mauvais

A14. impression presente sur la chine: ①Excellent ②super ③bon ④pas tres bon ⑤mauvais

A15. votre croyance religieuse:

①musulman ②chretien ③Catholique ④Bouddhisme ⑤animisme ⑥rien ⑦autres _____ (preciser)

A16. lieu de residence en chine:

①hotels ②appartement de location ③lieu de travail ④propre maison

⑤membres de familles   ⑥amis   ⑦dortoir de l'Université   ⑧autres _____ (preciser)

A17. seriez-vous prêt（e）s a recommender a vos proches et ou amis de venir en chine?

①tres dispose   ②dispose   ③neutre   ④pas vraiment   ⑤pas du tout

A18. ocupations en chine：

①affaires（individuel）   ②proprietaire d'une societe de commerce   ③commerce & achats   ④Traducteur/Interprête   ⑤membre d'une compagnie   ⑥enseignant etranger   ⑦etudiant   ⑧pas de travail   ⑨autres _____ （preciser）

A19. salaire mensuel moyen _____ （dollar）. Est-il plus eleve que ce que vous perceviez avant votre arrive en chine? ①oui   ②non

A20. situation matrimoniale：①celibataire   ②marie   ③divorce   ④veuf/veuve   ⑤autres _____

A21. situation familiale en chine（choix multiples）：

①mari ou femme   ②enfants   ③parents   ④freres et soeurs   ⑤proches   ⑥non   ⑦autres _____ （preciser）

A22. changements generaux operes dans votre vie après votre arrivee en chine：

①amelioration   ②mieux   ③pas trop   ④mauvais   ⑤assez mauvais

A23. combien de villes de chine avez-vous visite? _____ citez-en 3 _____ ; _____ ; et _____ . dans quelle ville avez vous passé plus de temps _____ ? Et le meilleur souvenir va a _____ ?

B. Social Interaction Situations

B1. etes-vous prêt（e）a communiquer avec les chinois?

①tres prets   ②prets   ③ un peu   ④reticent   ⑤tres reticent

B2. avez-vous peur d'etre rejete（e）par les chinois lorsque vous communiquez avec eux?

①tres peur   ②un peu peur   ③juste un peul   ④pas peur   ⑤jamais peur

B3. pensez-vous qu'il est difficile de communiquer avec les chinois?

①tres difficile　②juste a un certain niveau　③un peu　④facile⑤tres facile

B4. qui etes-vous prêt (e) a etre voisin avec lorsque vous choisissez votre lieu de residence?

①compatriotes　②africains　③les europeens et americains　④chinois

⑤peu importe

B5. lesquelles des declarations vous conviennent le mieux?

Questions	oui	non
1. etes vous prêt (e) sa marier un (e) chinois (e)		
2. etes vous prêt (e) a etre ami (e) s avec les chinois		
3. etes vous prêt (e) a avoir des chinois comme voisins		
4. etes vous prêt (e) a travailler avec des collegues chinois		
5. etes vous prêt (e) a etre citoyen (ne) chinois (e)		
6. etes vous prêt (e) a voyager en chine en tant que touriste		

B6. faites-vous confiance aux chinois?

①pas du tout　②pas fiable pour la plupart　③moitie-moitie　④la plupart sont credibles　⑤bien sur

B7. le but de vos interactions avec les chinois (choix multiples)

①Bavarder ensemble　②recherche de soutien　③les besions des affaires

④etablir des relations et etre respecte　⑤apprendre la langue chinoise　⑥relation amoreuse et mariage　⑦pour mieux s'adapter en chine　⑧autres _____

(a preciser)

B8. communiquez vous beaucoup avec les chinois?

①assez souvent　②souvent　③des fois　④pas trop　⑤jamais

B9. avez-vous des amis chinois?

①pas du tout　②tres peu (1or 2)　③quelques uns (3 to 5)　④un peu (5 to 10)　⑤beaucoupt (plus de 10)

B10. combien d'amis chinois avez-vous dans vos contacts telephoniques? _____

B11. qui sont vos amis dans la vie quotidienne?

①partenaires d'affaire　②proprietaire d'appartement　③les voisins　④les collegues　⑤les etudiants　⑥les professeurs　⑦les amis rencontres sur le net

⑧taximen　⑨les interpretes　⑩agents immobiliers　⑪personnes religieuses

⑫membres de gouvernement ⑬communaute des travailleurs ⑭gestionnaires des marches ⑮les amis rencontres sur le net ? officiers de police ⑯autres

_____ (a preciser)

B12. de quelles facons communiquez-vous souvent avec vos amis chinois? (choix multiples)

①telephone fixe ②cellulaire ③Email ④QQ ⑤Wechat ⑥Face a face

⑦autres _____ (a preciser)

B13. la langue que vous utilisez souvent quand vous discutez avec vos amis chinois (choix multiples)

①langue chinoise ②dialecte local ③anglais ④gestes ⑤dictionnaires

⑥calculatrices ⑦ecrits ⑧dessins ⑨autres _____ (a preciser)

B14. combien de temps passez-vous avec vos amis chinois pendant vos temps libres? _____

B15. lorsque vous rencontrez des difficultes ou problemes, a qui vous faites recours? (choix multiples)

①proprietaire d'appartement ②la famille et les proches ③les partenaires de business ④officier de police ⑤camarades de classe ⑥congregations religieuses ⑦les compatriotes ⑧les amis chinois ⑨les collegues de travail ⑩les agents immobiliers ⑪les amis du meme pays ⑫la chamber de commerce ⑬l'ambassade ⑭le gouvernement ⑮la communaute ⑯autres _____ (a preciser)

B16. si vous voulez confier vos emotions a quelqu'un a qui vous confierai vous?

①proprietaire d'appartement ②la famille et les proches ③les partenaires de business ④officier de police ⑤camarades de classe ⑥congregations religieuses ⑦les compatriots ⑧les amis chinois ⑨les collegues de travail ⑩les agents immobiliers ⑪les amis du meme pays ⑫les leaders de la chamber de commerce ⑬autres _____ (a preciser)

B17. vos commentaires sur les points suivants:

1 = tres proche   2 = un peu proche   3 = relations normales   4 = a un peu Distant

5 = very distant

	1	2	3	4	5
1. members de famille					
2. proches					
3. voisins					
4. proprietaire					
5. collegues					
6. camarades de classe					
7. compatriotes					
8. partenaire d'affaires					
9. agent immobilier					
10. amis chinois					
11. Congregations religieuses					

B18. vos liens avec vos collegues de travail (home d'affaire et partenaire d'affaires, sur le plan des etudes, commeles camarades de classes et professeurs)

1 = Jamais   2 = rarement   3 = occasionnellemt   4 = souvent   5 = toujours

	1	2	3	4	5
1. Discussions sur le travail (business, etudes)					
2. entraide sur le plan du travail (business, etudes)					
3. apprendre a l'autre comment travailler (business, etudes) experience ou competences					
4. argumenter par rapport au travail (business, etudes)					
5. Chat, parler de la famille, faire des blagues					
6. outre sports et divertissement					
7. discussion sur les sentiments et emotions de l'autre					
8. manger et boire ensemble					

B19. Vos interactions avec vos amis chinois dans votre vie quotidienne

1 = jamais   2 = rarement   3 = occasionnellemt   4 = souvent   5 = toujours

	1	2	3	4	5
1. salutation lorsque vous vous croisez					
2. bavarder ensemble, engager dans de petites causeries					
3. echanges de salutation lors des festivals					

续表

	1	2	3	4	5
4. chacun est l'invite de l'autre					
5. manger et boire ensemble					
6. loisirs et divertissement ensemble					
7. s'entraider mutuellement dans la vie quotidienne					
8. preter de l'argent ou aider l'autre lorsqu'il traverse des problemes financiers					
9. envoyer des salutations lorsque l'autre est malade					
10. prendre soin de l'autre lorsqu'il est malade					
11. s'entraider dans les resolutions des problemes et et se conseiller mutuellement					
12. aider l'autre en lui presentant des femmes ou des hommes					
13. aider l'autre en prenant en charge ses enfants					
14. entraide mutuelle dans la resolution des conflits et litiges familiaux					
15. s'entraider mutuellement pour garder les droits et interet legitimes					

B20. vos participations dans les rassemblements suivants en chine

1 = jamais 2 = rarement 3 = occasionnellemt 4 = souvent 5 = toujours

	1	2	3	4	5
1. dejeuner avec des amis chinois					
2. ctivites culturelles					
3. activites sportives					
4. moment recreatif avec les compatriotes					
5. activites d'association professionnelles					
6. activites communautaires ethniques					
7. activites religieuses					
8. activites communautaires					

B21. quels sont vos points de vue sur les declarations suivantes?

1 = totalement oppose 2 = pas trop d'accord 3 = difficule a dire 4 = relativement d'accord 5 = completement d'accord

	1	2	3	4	5
1. j'aimerais inviter des amis chinois chez moi					
2. diner dans les restaurants chinois					
3. je suis attire par les films chinois					
4. je lis les magazines chinois					
5. je lis les informations chinoises sur internet					
6. j'aime les festivals chinois					
7. j'aime visiter les musees chinois					
8. j'aime le theatre chinois et la musique chinoise					
9. j'aime voyager a travers la chine					
10. j'ai appris la langue chinoise					
11. je maitrise une autre langue a part ma langue maternelle					
12. j'ai vecu a l'etranger pendant des annees					
13. j'ai ete a l'etranger avant l'age de 18 ans					
14. les carrieres de mes amis, leur passe-temps et leur education sont carrement differents des miens					
15. les origines ethniques de mes amis sont differentes des miennes					
16. la religion de mes amis est differente de la mienne					
17. la langue maternelle de mes amis est differente de la mienne					
18. j'aimerais migrer a l'etranger					
19. j'aimerais continuer mon business en chine					
20. les langues etrangeres doivent etre enseignees a partir de l'ecole primaire					
21. le tourisme mondial a une priorite dans ma vie					
22. le temps que j'ai passé en chine est une bonne opportunite					
23. je suis attire par la culture chinoise					
24. je crois que les chinois peuvent m'aider tant que besoin se fait sentir					
25. peu de chinois sont ouverts d'esprit, la plupart sont etroits d'esprit					
26. j'ai passé la majorité de mon temps avec des gens de mon propre pays lorsque je vivais a l'etranger					

B22. Durant votre sejour en chine avez-vous un sentiment de distance envers les chinois?

①un peu distant ②juste un peu ③comme ci comme ca ④grande distance
⑤tres grande distance

B23. les relations que vous avez etablies en chine ont eu quel impact sur votre vie actuelle

①impact significatif dans ma progression ②ajoué un role dans ma progression
③aucun effet ④un effet negatif ⑤pas clair

B24. evaluation de votre interaction sociale：

1 = tres satisfait   2 = Relativement satisfait   3 = Un peu   4 = Pas tres satisfait
5 = Pas du tout satisfait

	1	2	3	4	5
1. rapports avec les voisins					
2. rapports avec les amis					
3. rapports avec les compatriotes					
4. par rapport aux affaires					
5. par rapport aux etudes					
6. dans les divertissements					
7. par rapport aux informations					
8. sur le plan general					

B25. dans vos rapports avec les chinois, lesquels des aspects vous rendent confus?

aspect	1	2	3	4	5
1. differences linguistiques					
2. ponctualité et concept de temps					
3. contacts physiques (accolades, les baisers, les tapotages)					
4. les fetes					
5. credit					
6. habitudes dietetiques					
7. relations publiques et amicales					
8. habillements					
9. les cadeaux					
10. blagues					
11. fumer					

续表

aspect	1	2	3	4	5
12. boire					
13. les questions tabous					
14. les flatteries et les compliments					
15. demande d'aides					
16. demander pardon					
17. propreté					
18. l'ordre public					
19. divertissements					

1 = completement pas   2 = rarement   3 = Un peu   4 = Juste un peu

5 = beaucoup

B26. quel est degréde discrimination vous avez eu a faire face en chine?

① tres fort   ② relativement fort   ③ un peu   ④ pas tres fort   ⑤ pas du tout

B27. dans quel (s) domaine (s) avez-vous ete discrimine (e) en Chine? (reponses multiples)

① couleur de la peau   ② les chinois bouchent leur nez   ③ propos offensants ④ les chinois ne vous font pas confiance   ⑤ les taxis refusent de vous prendre ⑥ la maniere dont la police verifie les visas   ⑦ refus de se faire accorder la main d'un (e) chinois (e)   ⑧ ils ont soulevé le probleme de religion   ⑨ manque de respect aux pratiques ceremoniales   ⑩ discrimination base sur le statut economique   ⑪ moqueries   ⑫ culture nationale denigree   ⑬ autres _____ (preciser)

B28. a votre avis quelles sont les barrieres sociales qui restreignent vos interactions avec les chinois： (choix multiples)

① conditions économiques   ② abilité a communiquer   ③ statut social   ④ le temps   ⑤ le niveau d'education ⑥ personnalité   ⑦ la langue   ⑧ moeurs et coutumes   ⑨ religion   ⑩ les chinois sont difficiles a comprendre   ⑪ pas de sujets de discussion   ⑫ discrimination · ⑬ ne pas savoir comment entrer en contact les gens   ⑭ pas besion d'établir des contacts   ⑮ l'occasion ne s'est pas presentée ⑯ autres _____ (préciser) _____

C. adaptation sociale

C1. etes-vous adapté（e）a la vie en chine?

①pas du tout adapté（e） ②pas trop adapté（e） ③un peu ④relativement
adapté（e） ⑤tres adapté（e）

C2. avez-vous ete traité（e）injustement en chine?

①absolument pas ②des fois ③un peu ④quelque fois ⑤a plusieurs reprises

C3. avez-vous le sentiment d'exlusion en chine?

①absolument pas ②des fois ③un peu ④quelque fois ⑤a plusieurs reprises

C4. Pensez-vous que votre situation repond aux declarations suivantes?

1 = totalement pas d'accord 2 = pas trop d'accord 3 = difficile a dire 4 = un peu
d'accord 5 = totalement d'accord

	1	2	3	4	5
1. j'aime pas la vie ici en chine					
2. Je me suis déjà adapté（e）a la vie en chine					
3. Je voudrais pouvoir rester en chine					
4. J'ai vu mon statut s'ameliorer en venant ici en chine					
5. Les affaires en chine ont une grande importancebeaucoup pour moi.					
6. J'ai pu vivre an harmonie avec le people chinois					
7. J'ai pu me faire des amis chinois					
8. J'ai fait une contribution au developpement de la Chine					
9. Je favorise les echanges chine-afrique					
10. Il ya beaucoup de limitations pour moi en chine					
11. J'ai augmente les possibilités d'emploi pour les chinois					
12. Je pense que le systeme d'obtention de visa chinois n'a pas changé					
13. Je ne suis adapté（e）au mode de travail chinois（Education）.					
14. J'ai été en mesure de repondre aux besoin de la vie religieuse en chine					

C5. Votre adaptation aux conditions suivantes de la vie en chine

1 = tres satisfait   2 = relativement satisfait   3 = Un peu   4 = pas tres satisfait

5 = Vraiment pas satisfait

	1	2	3	4	5
1. Condition de vie					
2. Conditions climatiques					
3. Voyage en voiture					
4. Faire de petites depenses					
5. Conditions dietetiques					
6. Divertissements					
7. Services medicaux					
8. Relations avec les voisins					
9. les relations avec les collegues de travail					
10. La sécurité					
11. Les conditions de travail					
12. Conditions sanitaires					
13. Systeme éducatif					
14. L'environnement					
15. Les édifices religieuses					
16. Les conditions de vie en general					

C6. Votre attitude par rapport aux déclarations suivantes est：

1. totalement d'accord   2. = partiellement d'accord   3. = pas sure   4 = partiellement en disaccord   5 = totalement en desaccord

	1	2	3	4	5
1. J'ai toujours essayé d'apprendre plus sur la chine					
2. Je suis actif dans les organisations et groupes de travail compose d'africains					
3. J'ai une idée Claire de mon origine africaine et de ce que cela represente pour moi					
4. Je suis content（e）d'etre africain（e）					
5. Je participe aux pratiques culturelles africaines, telles que nourritures speciales, musique, coutumes					
6. Je passe rarement mon temps libre avec mes amis africains					

续表

	1	2	3	4	5
7. Je passe souvent mon temps libre avec mes amis chinois					
8. Je me fais toujours moqué (e) par les chinois dans la societe					
9. J'ai ete traité (e) injustement en public.					
10. Je me sens souvent menacé (e) lorsque je suis avec des personnes de differentes races					
11. Je me sens mal accepté (e) par les chinois que je connais					
12. Je peux parler un chinois courant lorsque je discute avec les chinois					
13. Je n'ai pas de probleme a lire les livres, journaux et magazine chinois.					
14. J'ai des difficultés pour comprendre ce que mes amis chinois disent					
15. Il m'est extrement difficile d'écrire en chinois					

C7. Etes-vous d'accord sur les declarations suivantes

1. totalement d'accord   2. = partiellement d'accord   3. = pas sure   4 = partiellement en disaccord   5 = totalement en desaccord

	1	2	3	4	5
1. J'aime discuter avec les gens de differents milieux culturels					
2. Je pense que les gens d'autres milieux culturels sont simple d'esprit					
3. Je sais tres bien comment communiquer avec les gens de différents milieux culturels					
4. il m'est difficile de m'exprimer en presence des gens de differents milieux culturels.					
5. J'ai toujours le verbe facile quand je suis en presence des gens de différentes origines culturelles					
6. Je peux tenir dans la mesure du possible lorsque je discute avec des gens de differentes origines culturelles					
7. Je n'aime pas etre avec des gens de differentes origines culturelles					
8. Je respecte les valeurs des gens de differents milieux culturels					
9. J'ai tendance a etre desagreable lorsque je suis avec des gens de differents milieux culturels					

续表

	1	2	3	4	5
10. Je me sens confiant a chaque fois que je suis avec des gens de differents milieux culturels					
11. Je ne tire pas des conclusions rapides sur les gens de differents milieux culturels					
12. Je me sens souvent frustré（e）lorsque je suis avec des gens de differents milieux culturels					
13. Je suis tres ouvert lorsque je suis avec des gens de differents origines culturelles					
14. Je suis tres observateur lorsque je communique avec les gens de differents milieux culturels					
15. Je me sens souvent inutile quand je suis avec des gens de differents milieux culturels					
16. Je respecte la maniere de vivre des gens de differents milieux culturels					
17. J'essaie d'avoir le plus d'information quand je suis avec des gens de differents milieux culturels					
18. Je ne peux pas accepter les idées venant des gens de differents milieux culturels					
19. Lorsque je communique avec des gens de differents milieux culturels je suis sensible a comprendre le sens subtile de leur language					
20. Je pense que ma culture est la meilleure					
21. Je donne souvent des reponses positives aux personnes de differents milieux culturels avec qui je discute					
22. J'évite les situations dans lesquelles j'ai a faire face a des personnes de differents milieux culturels					
23. Je montre souvent ma comprehension par des moyens verbaux et non verbaux pour communiquer avec des gens de differentes cultures					
24. Je pense qu'il est interessant d'avoir des gens de differents milieux culturels					

C8. Les declarations suivantes sont-elles en accord avec votre situation actuelle?

1. totalement d'accord   2. = partiellement d'accord   3. = pas sure   4 = partiellement en disaccord   5 = totalement en disaccord

	1	2	3	4	5
1. Je ne sens comme une personne utile du moins pas pire que les autres					
2. Je pense que j'ai beaucoup de bonnes qualités					
3. Dans l'ensemble je suis enclin a penser que je suis un perdant					
4. Je suis du genre a faire advancer les choses comme la plupart des gens					
5. Je sens que je n'ai pas beaucoup a etre fiers					
6. Je prends une attitude positive envers moi-meme					
7. Globalement je suis satisfait de moi-meme					
8. J'aurai aime avoir plus d'estime pour moi-meme					
9. Parfois je me sens inutile					
10. Parfois je me sens comme un bon a rien					
11. Mon avenir et mon destin dependent principalement de moi-meme					
12. Je ne sens impuissant quand je fais face aux problemes de la vie					
13. Je sens physiquement fatigue					
14. Dans la vie de tous les jours je me sens nerveux et anxieux					
15. Je me sens seul (e) meme si je suis avec les gens					
16. J'ai du mal a trouver ma nourriture preferee					
17. Je pense qu'il est difficile d'utiliser les systemes de transport public					
18. Allez faire du shopping, pour moi c'est un grand probleme					
19. J'ai peur de traiter avec des services insafisfaisants					
20. Je ne suis pas habitué (e) au rythme de la vie ici					

C9. quels sont vos suggestions et commentaires sur votre ville actuelle?

_____

_____

Merci pour votre soutien et cooperation

附录 4
中国人调查问卷

中国人与非洲人交往调查

亲爱的朋友：

您好！本次调查的主要目的就是想了解您与非洲人的交往意愿、交往状况，对非洲人及非洲的认知和感受，从而为更好地促进中非交流及政府有关部门制定相应政策提出建议，希望能得到您的支持与合作。

本次调查所得资料只用于统计分析，您不用填写姓名，请您不必有任何顾虑。答案也没有正确错误之分，请您根据自己的实际情况，说出您最直接、最真实的感受和看法。请在相应的选项处打"√"或在横线空白处填写。

衷心感谢您的支持与合作！

来华非洲人社会交往和跨文化适应研究课题组
2015 年 4 月

A. 背景资料

A1. 您的性别：①男　　②女

A2. 您的年龄：_____岁

A3. 您的学历：
①小学及小学以下　②初中　③高中　④大学　⑤研究生　⑥其他_____

A4. 您的职业：_____

A5. 您是义乌户籍吗？　①是　②不是

A6. 您在义乌居住的时间：
①1 年之内　②1~2 年　③3~5 年　④6~10 年　⑤11 年及以上

A7. 您掌握和使用英语状况：

　　①非常流利　②比较流利　③一般　④不太流利　⑤一点都不会

A8. 您的宗教信仰是：

　　①伊斯兰教　②基督教　③天主教　④佛教　⑤地方宗教　⑥无宗教信仰

　　⑦其他_____（请说明）

A9. 您对非洲的了解状况：

　　①非常了解　②比较了解　③一般　④不太了解　⑤一点都不了解

A10. 您了解非洲的渠道是：

　　①报纸　②电视　③网络　④生意伙伴　⑤同事　⑥工作对象　⑦同学/朋友　⑧房客或邻居　⑨其他_____

B. 社会交往情况

B1. 您平常与非洲人交往多吗？

　　①很多　②比较多　③有一些　④很少　⑤完全没有（回答"完全没有"的请直接回答 C 部分）

B2. 你有非洲朋友吗？

　　①一个都没有　②很少（1～2个）　③有一些（3～5个）　④比较多（5～10个）　⑤很多（10个以上）

B3. 您平时交往的非洲人主要是：（可多选）

　　①生意伙伴　②房客或邻居　③同事　④工作对象　⑤客人　⑥网友　⑦乘客　⑧宗教人士　⑨其他_____（请说明）

B4. 您与非洲人交往的目的是：（可多选）

　　①做生意需要　②工作需要　③赚钱　④学习外语　⑤了解非洲文化　⑥恋爱结婚　⑦其他情感需要　⑧其他_____（请说明）

B5. 您通常用哪种方式与非洲人交往（可多选）

　　①固定电话　②手机　③电邮　④QQ　⑤微信　⑥直接交往　⑦其他_____（请说明）

B6. 您通常用哪种交往语言与非洲人交往（可多选）

　　①汉语　②英语　③法语　④手势　⑤词典　⑥计算器　⑦书写　⑧画图　⑨其他_____（请说明）

B7. 您与非洲人交往有困难吗？

①很困难　②有点困难　③一般　④比较容易　⑤很容易

B8. 在您看来，制约您与非洲人社会交往的障碍是：（可多选）

①语言不通　②文化习俗　③文化水平　④宗教　⑤非洲人不好相处　⑥没有共同话题　⑦没有时间　⑧不知如何交往　⑨没有必要交往　⑩个人性格　⑪交往能力　⑫其他_____（请说明）

B9. 您对非洲人的信任状况：

①全部不可信　②多数不可信　③可信者与不可信者各半　④多数可信　⑤全部可信

B10. 和非洲人交往后，您对非洲人的印象：

①变好了　②没变化　③变差了

B11. 您与非洲人的交往状况是：

项目	从不	很少	偶尔	经常	总是
1. 见面时打招呼					
2. 相互讨论工作（生意、学习等）					
3. 在一起聊天，拉家常					
4. 节庆日互致问候					
5. 平时互相串门，到对方家里做客					
6. 一起吃饭、喝酒					
7. 一起休闲、娱乐					
8. 日常生活中互相帮点小忙					
9. 对方有经济困难时借钱、捐物					
10. 对方生病时给予问候					
11. 对方生病时给予照顾					
12. 相互排忧解愁、倾诉、开导					
13. 为对方解决婚姻、恋爱问题牵线搭桥					
14. 协助对方管教、照顾子女					
15. 帮助对方协调家庭矛盾与纠纷					
16. 在对方受到权利侵害时，为其主持公道					

B12. 在您与非洲人交往中，对下列方面您感觉困惑吗?

项 目	完全没有	比较少	一般	比较多	非常多
1. 语言差异					
2. 体味					
3. 体触（拥抱、亲吻、拍打）					
4. 饮食习惯					
5. 吸烟					
6. 饮酒					
7. 宴请					
8. 着装					
9. 守时与时间观念					
10. 礼品馈赠					
11. 信用					
12. 开玩笑					
13. 禁忌话题					
14. 恭维与祝贺					
15. 请求帮助					
16. 道歉					
17. 卫生习惯					
18. 公共秩序					
19. 娱乐方式					

C. 认知情况

C1. 您愿意主动与非洲人交往吗?

①非常愿意　②愿意　③一般　④不太愿意　⑤非常不愿意

（回答"不愿意"的请填写原因_____）

C2. 下列陈述中您认为最符合您的是

提问项目	愿意	不愿意
1. 愿意与非洲人做同事/做生意伙伴		
2. 愿意与非洲人做邻居		

续表

提问项目	愿意	不愿意
3. 愿意与非洲人成为朋友		
4. 愿意与中国人交男女朋友或通婚		

C3. 您对下列陈述是否赞同？

提问项目	赞同	不赞同
1. 非洲黑人长得好看		
2. 非洲黑人是可信赖的		
3. 非洲黑人是勤奋的		
4. 非洲黑人是聪明的		
5. 非洲黑人是守时的		
6. 非洲黑人是天生的生意人		
7. 非洲黑人是天生的运动员		
8. 非洲黑人是天生的科学家		

C4. 您觉得义乌人歧视非洲人吗？

①完全没有（跳过C5）　②有一些　③一般　④比较多　⑤很多

C5. 如果有歧视，主要有哪些表现？（可多选）

①因为肤色被围观/指指点点/窃窃私语　②因为味道捂鼻子/皱眉/露出厌恶表情　③被出租车司机拒载　④警察检查签证的方式　⑤在语言上冒犯
⑥宗教信仰被干预　⑦礼仪上得不到尊重　⑧经济地位上受到歧视
⑨行为被取笑　⑩与中国人通婚遭到反对　⑪不信任非洲人
⑫民族文化被贬低　⑬其他_____（请说明）

C6. 您觉得非洲人对您的私人生活造成负面影响了吗？

①没有负面影响　②有一定负面影响　③有较大负面影响　④有很大负面影响

C7. 您觉得非洲人对义乌市民的生活造成负面影响了吗？

①没有负面影响　②有一定负面影响　③有较大负面影响　④有很大负面影响

C8. 您觉得非洲人对义乌城市的整体形象造成负面影响了吗？

①没有负面影响　②有一定负面影响　③有较大负面影响　④有很大负面

影响

C9. 当地政府/所在社区举行有没有举行一些活动以促进中非交流？

　　 1 □经常举行　　 2 □偶尔举行　 3 □从没举行

C10. 您是否愿意参加政府/社区组织的上述活动？

　　　 1 □愿意　 2 □不愿意（原因_____）

C11. 您希望社区或政府举行哪些活动以促进中非交流？

C12. 您对政府加强对非洲人的管理与服务有什么意见与建议？

C13. 您怎么看待非洲人的饮食/宗教/文化？

调查到此结束，再次感谢您的合作！

调查员：_____　 调查时间：_____　 调查地点：_____

图书在版编目（CIP）数据

来华非洲人社会交往与跨文化适应 / 李慧玲，陈宇
鹏，董海宁著. —— 北京：社会科学文献出版社，2021.11
ISBN 978 - 7 - 5201 - 8547 - 9

Ⅰ.①来… Ⅱ.①李… ②陈… ③董… Ⅲ.①非洲 –
外国人 – 社会生活 – 适应性 – 研究 – 中国 Ⅳ.
①D669.9

中国版本图书馆 CIP 数据核字（2021）第 119648 号

来华非洲人社会交往与跨文化适应

著　　者 / 李慧玲　陈宇鹏　董海宁

出 版 人 / 王利民
责任编辑 / 宋浩敏
责任印制 / 王京美

出　　版 / 社会科学文献出版社·国别区域分社（010）59367078
　　　　　　地址：北京市北三环中路甲 29 号院华龙大厦　邮编：100029
　　　　　　网址：www. ssap. com. cn
发　　行 / 市场营销中心（010）59367081　59367083
印　　装 / 三河市龙林印务有限公司

规　　格 / 开　本：787mm × 1092mm　1/16
　　　　　　印　张：21.75　字　数：389 千字
版　　次 / 2021 年 11 月第 1 版　2021 年 11 月第 1 次印刷
书　　号 / ISBN 978 - 7 - 5201 - 8547 - 9
定　　价 / 128.00 元